カール・シュミットとその時代

古賀敬太

みすず書房

カール・シュミットとその時代　目次

序　1

第三章　ワイマール共和国中期（一九二五―一九二九）におけるシュミット……111

凡例

一、本書で用いるシュミットの文献の表記の略称は、巻末の註の前に挙げている。

一、参照した邦語訳文献は、参照とのみ記しており、全面的にその訳を採用している場合もあれば、部分的に変えている場合もある。

一、人名索引は、本文における人名のみを挙げており、註の人名は除外した。

一、「生涯と著作」に記したシュミットの論稿については、特に本書のテーマに関係するものに限定して取り上げた。

一、引用文中の〔　〕は古賀による補足である。

序

本書は、第一次大戦勃発からワイマール共和国、ナチス体制、そして戦後のボン基本法体制に至るまでのカール・シュミットの憲法・政治思想の変遷や彼の精神的軌跡を、当時の時代状況との関わりにおいて、特に「非常事態＝例外状態」(Ausnahmezustand) との関係において描き出すものである。シュミットは、度重なる体制の転換における自らの姿を振り返り、「運命の我を翻弄せしは幾度ぞ、勝利・敗北・革命・復古」と述べている。このように、彼の運命はドイツ史の最も激動の時代と、密接不可分に結び合わされていた。彼にとって政治は運命であった。その翻弄されたシュミットの生涯において、一貫した思想は存在したのか、それとも彼の憲法・政治思想は変転する状況に対する反応にすぎず、彼はオポチュニストないしカメレオンにすぎないのか。こうした視角から、シュミットの憲法・政治思想を考察する。

そのさいに、特に以下の五点に着目することにしたい。

第一点は、シュミットの思想を、シュミットが生きた政治体制や政治的事件の文脈の中で考察することである。シュミットのような「状況」(Lage) を重視する憲法学者にとって、ドイツの内政・外交の危機の文脈を抜きにして、彼の理論的展開を考えることはできない。彼は憲法・政治学者として、状況を規範によって秩序づけるよりは、状況に応じて規範の解釈や適用を変えることを主張する「状況法学」に接近する。

第二点は、シュミットの憲法・政治思想を、特に緊急権や「非常事態＝例外状態」に着目し、当時の国法学者の議論の中に位置づけることである。シュミットだけを取り出して議論しても、時代の全貌は見えてこない。ワイマール憲法体制、および緊急権に関する当時のドイツの憲法学者の見解を調べ、その中にシュミットの理論を位置づけることが肝要である。そのために、ワイマール憲法の創始者であり、緊急権の行使にワイマール体制の存続を求めつつも、晩年において緊急権の乱用を憂慮したH・プロイス、そしてワイマール共和国の法実証主義の泰斗で、緊急権の行使を基本的に支持しつつも、拡大解釈に批判的であったG・アンシュッツやR・トーマ、そしてシュミットの「緊急権」や「非常事態」の概念を鋭く批判したH・ケルゼンやH・ヘラーといった社会民主主義者とシュミットの論争に注目することとする。と同時に、一九二四年のドイツ国法学者大会における「大統領の独裁」をめぐる論争、一九三二年のいわゆる「パーペン・クーデター」に関するライプツィヒ国事裁判所における国法学者の論争の考察を通して、当時の憲法学、国法学の潮流の中にシュミットを位置づけることにする。

第三点は、シュミットの日記や書簡を交えながら、時代の諸問題や憲法論争に取り組むシュミットの個人的な経験をも、シュミットの思想の解明に寄与する限りにおいて盛り込んでいきたい。時代の流れや憲法学の文脈を読むだけではなくて、シュミットがどのように時代の諸問題と格闘し、またそれらに応答し、行動していったか、その内面的な軌跡をフォローすることが重要である。思想史研究の本筋は、思想家の内面に肉薄し、追体験することが基本であるので、折に触れて、書簡や日記を参照することにする。

第四点は、『現代議会主義の精神史的状況』や『政治的なものの概念』の著者である政治思想家としてのシュミットと、『憲法論』や『憲法の番人』の著者である憲法学者としてのシュミットとの折り合いをどのようにつけるかという問題である。前者においては、シュミットの自由主義、議会主義、法治国家に対する批判が前面に登場してくる。多くの人が注目するのは、政治思想家としてのシュミットであり、議会主義、自由主義、法治国家に対して鋭利な批判を展開するシュミットである。ここではシュミットのイデオロギーや政治的立場にスポットライトが当てられる。しかしながら、前者のシュミット像を優先させて、あるいは前提として、シュミットの憲法学者としての歩みを考察しようとすると、そこには大きな乖離が生じてくることになる。したがって本書では、シュミットの憲法理論の発展を内在的に再構成することを優先した上で、その後で彼の政治思想関係の著作との整合性や異同を論じることにする。またシュミットの憲法思想と政治神学との関係なども、シュミットの「緊急権」や「非常事態」の意味内容を解明し、明確にすることに役立つ限りにおいて触れていきたい。シュミットは、実に法学や政治思想の分野を超えて、神学、哲学、文学などの領域にも関心を示し、著作を遺しているので、[1]彼の精神史的なバックグラウンドの分析は不可欠である。特にシュミットの場合は、カトリック的知識人や保守革命の思想家との人的・思想的関係の分析が求められるが、シュミットの政治・憲法思想を対象とした本書ではその考察は限定的にならざるをえない。

第五点は、シュミットの政治・法思想の変化を時代順に、彼の主要な著作を中心に丁寧に跡づけ、その変化の要因を明らかにすることにしたい。読者は、本書を通して、シュミットの生涯と著作、そして時代背景を見渡すことができよう。その意味において、本書はシュミットを専門的に勉強していない読者にとっても、入門の書となるはずである。

このような五つの点を念頭に置きながら、シュミットの憲法論や政治思想を時代の流れに即して、できるだけ忠実に再現していくことにする。

時代区分は便宜的に、六つの時期に分けることにする。

第一期は、第二帝政のヴィルヘルム時代、特に第一次大戦期である。シュミットは、意外ではあるが、ドイツにおいて第一次世界大戦時に発動された「戒厳令」に批判的であり、権力分立を破棄する軍国主義を鋭く批判している。

第二期は、一九一九—一九二四年までのワイマール初期である。ワイマール共和国初期にシュミットは、『独裁』に見られるように、ワイマール憲法第四八条の緊急権を持つ大統領を、ワイマール憲法体制を救出する「委任独裁者」として構成した。そのさいにシュミットは、緊急権の行使はあくまでも「措置」であり、立法行為ではないと主張している。シュミットは、特にワイマール初期に頻繁に行なわれていた「授権法」の慣行を鋭く批判した。ここには、第一次世界大戦下において、立法と行政の分離を主張したシュミットの主張が投影されている。同時に、「委任独裁」が、ワイマール憲法を破壊し、新しい憲法秩序を創設する「主権独裁」に転化することの危険性をシュミットは強調した。彼自身が「主権独裁」を意図していたわけではないことは、強調しても強調しすぎることはない。しかし他方において、シュミットが『現代議会主義の精神史的状況』において自由主義や議会制を批判していることにも留意する必要がある。

第三期は一九二五年から一九二九年までのワイマール中期で、比較的安定した時代であり、大統領の緊急権が一度も行使されなかった時期である。主著『憲法論』や『政治的なものの概念』(第一版)が公刊されるなど、シュミットの憲法論や政治思想の骨格が築かれた時期である。

第四期は大統領内閣時代に対応するワイマール後期の時代で、緊急権が結果的に議会制を掘り崩していく時期である。ここにおいて、シュミットは緊急権の行使によって存続する「大統領内閣」の理論的旗手として活躍することとなる。

第五期はナチス時代であり、シュミットが「桂冠法学者」として活動し、そして失脚する時期である。この時期の彼の活動は、彼が単にナチスのイデオローグに変身したというスキャンダルとして理解すべきではなく、彼の法・政治思考の展開にとって重要な意味を持つものとして、位置づける必要がある。ナチス時代のシュミットの憲法・政治理論にはナチズムの影響を強く受けている部分もあるが、またワイマール時代の思想の発展ないし帰結でもある。そして同時にシュミットの新たな法思想が展開される時期でもある。

第六期は、戦後のボン基本法体制の時期であり、シュミットはもはや公的には活動することはなかったものの、シュミット学派と呼ばれる国法学者たちを通して影響を及ぼしつづけた。なお一九六八年に緊急事態条項が基本法に追加された。こうした緊急権条項の議論の過程ないしその帰結において、シュミットはどのような立場に立っていたのであろうか。本書では特にシュミット学派のベッケンフェルデとスメント学派のヘッセの「緊急権」理論を紹介することによって、そこにシュミットの隠れた存在を認めることにする。またシュミットの戦後の著作である『大地のノモス』や『パルチザンの理論』は、現在なお理論的影響を及ぼしつづけているので、その思想史的意義について考察する。

以上の区分は、体制の転換以外は、緊急権の行使の実態に即した区分であり、必ずしもシュミットの思想の変遷に基づく区分ではない。シュミットの思想の変遷に基づく区分に関しては、「正統性」（Legitimität）の変遷に依拠したH・ホフマンの区分、つまり合理的正統性（一九一二—二二）、政治的実存主義的正統性（一九二三—三三）、人種的正統性（一九三四—三六）、歴史的正統性（一九三七年以降）が基本的に今もなお有効な分析枠組みを提供している。(2)

なお最近のシュミットの伝記で定評のあるR・メーリングの『カール・シュミット——台頭と没落』では、伝記という性質上、シュミットの生涯を第一部ヴィルヘルム時代、第二部ワイマール時代、第三部ナチス時代、第四部連邦共和国時代に区分している。(3)またそれ以前に伝記として読まれていたベンダースキーの『カール・シュミット論』は、第一部が「初期　一八八八—一九二一年」、第二部が「ボン時代　一九二一—二八年」、第三部が「ワイマールの最終的危機　一九二九—三三年」、第四部が「ナチス体験　一九三三—四七年」になっている。(4)

第一章　ヴィルヘルム時代におけるカール・シュミット

I　ヴィルヘルム時代におけるシュミットの著作と思想

1　シュミットのプロフィール

カール・シュミットは、一八八八年七月一日、ドイツのヴェストファーレン州プレッテンベルクに生まれた。父はヨハン、母はルイーズである。シュミットは父について、「彼は彼の生涯を通してディアスポラにおいてカトリックの信条に忠実であった」と述べている。ディアスポラ（離散）というのは、プレッテンベルクは圧倒的にプロテスタントが多く、カトリックは少数派だったからである。母ルイーズは、シュミットを聖職者にしたいという願望を持っていた。

シュミットは、隣町アテンドルンのギムナージウムに通っていた時、カトリックの寄宿舎に住んでいた。ギムナージウム時代に、彼は「我は我なり、我には我以上のものなし」と叫ぶ狂暴なエゴイストであるマックス・シュティルナーの『唯一者とその所有』（一八四四年）を読み、近代的思考の帰結を理解した。[1] シュミットは、一九〇七年卒業の後、ベルリン、ミュンヘン、シュトラスブルク大学で法律を学び、一九一〇年、刑法に関する博士論文『責任とその種類――一つの述語的研究』（一九一〇年）を出版し、シュトラスブルク大学の員外助手になった。指導教授はフリッツ・ヴァン・カルカーである。その二年後には『法律と判決』（一九一二年）を書いた。この書物には、正しい判決を下すこと以上に、紛争に決着をつけることが大事であるとする、後の「決断主義」の走りを見出すことができる。

一九〇〇年は、既存のものを破壊する前衛の芸術運動であるアヴァンギャルドが始まった年であり、シュミットもこの精神的運動の影響を強く受けていた。

一九一四年には、教授資格取得請求論文である『国家の価値と個人の意義』を公刊し、一九一六年にシュトラスブルク私講師に就任している。一九一五年二月にシュミットはパウラ・ドロティッチと結婚する。『政治的ロマン主義』や『独裁』の初版には、シュミットの名前と一緒にパウラ・ドロティッチの名前も載せられている。

和仁陽は、マックス・シュティルナーの独我論の衝撃を受け、アヴァンギャルドの唯美主義の空気を吸っていたシュミットの本質的特徴を『教会・公法学・国家――初期カール＝シュミットの公法学』の中で「無政治的個人主義」と特徴づけている。和仁によれば、「無政治的個人主義」の特徴は、「個人が国家（ないし秩序）に対し調和的に統合されることが決してなく、逆に、国家秩序は個人に支えを見出すことができないため、個人の国家（ないし秩序）に対する関係が根源的な意味で均衡を失している」ところにある。(2) この指摘はきわめて重要である。というのも、後に見るようにシュミットの国家との関係は、一方において国家に背をむけて自分の内面に逃げ込む反面、他方において国家に自らを余すところなくコミットさせるというように、たえず振り子のように揺れ動いているからである。均衡を喪失しているので、極端な個人主義と極端な国家主義との間をつねにピストン運動しているのである。次に述べる『国家の価値と個人の意義』は、不安定で均衡を喪失しているシュミットが、法を体現した国家の中に個人の価値を見出そうとする著作である。

2　『国家の価値と個人の意義』（一九一四年）

この書物は一九一三年に執筆され、翌一九一四年に刊行された。同書は新カント主義の存在と当為の二元論に依拠しており、第一章「法と権力」、第二章「国家」、第三章「個人」によって構成されている。

シュミットは、本書の冒頭で「初めに戒律があり、その後に人間が来る」というドイブラーの言葉を引用している[3]。法－国家－個人の系列において、法と個人を媒介するものが国家である。事実的存在としての国家の任務は、規範である法を経験的世界において実現することにある。

> 権力が国家の概念を構成する。したがって、ただこうした権力を実証する経験的現象のみが国家と呼ばれうる。それによって、権力それ自体が国家となるのではない。……むしろ国家の権威は権力にあるのではなく、国家が実現する法にある[4]。

シュミットにとって国家は「法治国家」（Rechtsstaat）としてのみ正統性をもちうる。しかし、その場合の「法治国家」は、実定法を遵守する国家ではなく、自然法理念を実現する国家である[5]。

国家は法に奉仕し、また個人も法を体現する国家に奉仕する。個人は経験的には無である。「具体的・経験的人間」は、「放縦で愚かなエゴイスト」であり、「野蛮な本能の嵐」に翻弄され、「自己中心的」で「邪悪で弱い」存在である。それは、「……まったく偶然な単位、アトムの寄せ集めであり、その形、個性、唯一無比性は、旋風によってつなぎ合わされるちり以外の何ものでもない[6]」。

こうしたシュミットの人間観は、後の『政治神学』においても反復されており、キリスト教の原罪意識と合体して、彼の政治思想の根底に流れているものである。このような悲観的人間観はシュミットの一生を通じて変わらなかった。彼の初期からナチス時代までの日記を貫いているのは、恐れや不安、自殺衝動であり、scheußlich（ゾッとする）という言葉に象徴される彼の精神的不安定性である。

『国家の価値と個人の意義』においては、個人は、そのままの状態ではなく、法を体現した国家に奉仕することによって価値を獲得する。個人そのものに価値があるのではない。国家があってこそ個人がある。

> 国家は、個人の奉仕者であるか、法の奉仕者であるかどちらかである。ただ後者が正しいので、法が国家の前にあると同時に、国家は個人の前にある。また国家の連続性（Kontinuität）がただ法から生じると同様に、国家に住んでいる個人の連続性は、ただ国家から生じる。国家は法的エートスの唯一の主体であり、卓越した意味において法への義務を有する唯一のものである。(7)

これは、個人から出発する社会契約論を否定するものである。アトムの寄せ集めで邪悪な個人の集合体から政治社会が構築されることは考えられない。シュミットにとって、社会契約論の前提となっている自由で自律した個人は、幻想以外の何ものでもない。

シュミットは、日記の中で、「「人格」（Persönlichkeit）がどのようなものであれ、それは、法秩序自身によって規定される(8)」と述べている。彼は彼の反個人主義的な国家観が、個人主義を金科玉条とする現代人にとって「名指しがたい先祖返りを、野蛮で反文化的な生の敵視を意味する(9)」時代錯誤の試みとして、嫌悪の念をもって迎えられるであろうと予測した。しかし彼は、現代が個人主義の時代であるという主張に断固として異議を唱え、「懐疑と厳密さを振りかざす時代は、個人主義の時代と称しえず、……懐疑主義も自然科学に特有な厳密さも個性を基礎づけられない(10)」と、現代における個人の運命に疑問を投げかけている。というのもシュミットにとって、世俗化や機械化が頂点に達した現代は、宗教や形而上学を葬り去ることによって人間から価値や尊厳を剥奪し、人間をも機械の一部として取り扱う非人間的な時代と映じたからである。シュミットは、そこに自らの赤裸々な姿を認めざるをえなかった。きわめて逆説的であるが、彼は人間の尊厳が法と国家への献身によって生み出されると指摘したのである。

ただ使命との一体化、責務への無条件な献身、……国家と国家の使命の僕《しもべ》であるという誇り、自己忘却、それのみが偉大で称賛に値する生を創出する。(11)

自己を忘却しようとしてもできず、たえず自己意識によって苛まれているのがシュミットであるが、そこには自己を超克して偉大な生に「飛躍」しようとするシュミットの絶望的な試みがある。

個人の内面と外面を糾合することによって、個人を完全に糾合し、個人に価値と尊厳、そして人格を付与する国家とは、まさに「地上の神」であろう。シュミットは、その事例として、プラトンやヘーゲルの国家を挙げている。ヘーゲルと同様にシュミットにとって、国家を個人の人為的構成物としたり、国家と個人を対立させ、国家を個人のための安全や福祉のためとみなしたりすることは、国家の本質を逸脱するものに他ならなかった。シュミットにとって、国家は法を媒介として個人と内面的に結びついているので、「国家は急場を救う神（deus ex machina）のように「外から」個人の領域に干渉するものではない(12)」。それはヘーゲルの『法哲学』の分類に従うならば、国家を個人の権利保障の手段とする「外的国家」（Außenstaat）ないし「悟性国家」（Verstandesstaat）ではなく、個人と国家が密接不可分の「理性的国家」（der vernünftiger Staat）なのである。

しかし、国家は果たして法を実現しようとするだろうか、またできるであろうか。法を無視して、単なる権力行使に腐心するようになるのではないか。国家が単なる権力機構に堕するならば、その場合に個人ももはや意味を持たなくなる。

シュミットはこうした国家の堕落、腐敗を念頭に置いて、法が完全に国家の媒介を経ないで実現される「終末」を設定する。シュミットは、『国家の価値と個人の意義』の末尾において、直接性の時代と間接性の時代を区別した。直接性の時代、つまり「人類にとって自明な理念への献身」の時代においては、もはや法を実現するための国家は必要とされないのに対して、「間接性」の時代においては、法は国家によってのみ媒介されて人類に知らされる[13]。したがって、「間接性」の時代において法が実現しなかったとしても、キリストの再臨時には法が実現するという終末論的な背景が厳然として存在する。これが、次に述べるドイブラー論の終末論的構成につながっていくのである。

そしてこの法－国家－個人の理想的な関係は、第一次大戦の勃発と軍国主義の潮流によって切断され、『テオドール・ドイブラーの極光』にみられるように、終末論的契機が全面に登場してくることになる。

ここで付け加えておかなければならないのは、すでに『国家の価値と個人の意義』においては、規範主義にはおさまりきれない決断の契機が含まれている点である。シュミットのいう自然法規範、つまり「自然主義なき自然法」は曖昧であるので、実際にそれを解釈し、実現するのは、国家の支配者であるが、それは、神法を解釈し、実現する教皇の役割と酷似している。

シュミットにとって不可謬の教皇は、「キリストの器であり、地上におけるキリストの代表＝再現前」であり、「神の僕の中の僕」(Servus servorum Dei) であった[14]。また不可謬のイメージを持つ国家の絶対者も、「一切の時代的相対性を超越し、人間とはみなされず、気まぐれや気分とも無縁にまったく法律になりきっている[15]」。こうした不可謬性を認めず、主権者の決断に不信を表明する人々に対して、シュミットは「善なる者、正なる者への不信は、自らをも破壊しさり、……奈落へと没せざるをえない[16]」と、激しい批判を浴びせている。というのも、もしも不可謬性という前提が崩れ、決断の正当性が疑問視されるならば、実定法における自然法の実現の程度、さらには自然法の内容そのものについて相異なる意見が戦わされることになり、「価値のアナーキー」が招来されることになるからである。そして当然のことながら、「価値のアナーキー」は早晩「国家のアナーキー」を招来するであろう。

シュミットは国家の主権者の決断によって単なる秩序を実現しようとしたのではなく、自然法規範にしたがった秩序を創出しようとした。しかし、自然法規範の内容が不明瞭であるので、『国家の価値と個人の意義』の「規範主義」においても決断主義的要素が貫徹しているのである。

ちなみに、このシュミットの『国家の価値と個人の意義』を高く評価したのが、意外にもウイーン学派のアルフレート・フェルドロースである。彼は、一九一四年七月四日のシュミット宛の手紙において、「ついに私は貴殿の内容豊かな著書を読む時間を見つけました。私は、国家学を生物学的ではなく、理想主義的に理解し、不朽の規範を信じる人々がいることを知り、喜びに満たされました」と述べている。また七月二十九日のシュミット宛書簡においては、フェルドロースがケルゼンの法哲学のゼミナールでシュミットの『国家の価値と個人の意義』を報告したところ、規範理論を取り扱うウイーン学派で大いなる賛成が表明されたことを伝えている(17)。

これは、シュミットとケルゼンの規範主義における不思議な、同床異夢の事例である。

ところで、シュミットは一九一四年七月に発生した第一次世界大戦をどのように経験したのだろうか。次に私たちは、第一次世界大戦という「非常事態＝例外状態」の中でシュミットが現実の国家をどのように経験したかを見ておくことにしよう。そこから浮き彫りになるのは、彼が『国家の価値と個人の意義』で描いた理想国家における国家と個人の関係とは、まったく対照的な姿である。振り子が別の極に揺れているのである。

II　第一次世界大戦時におけるカール・シュミットと戒厳状態

1　シュミットの戦争体験

シュミットの政治・法理論におけるキー概念は、いうまでもなく「非常事態＝例外状態」の概念である。それは、第一次世界大戦の経験に基づくものである。シュミットは一九一五年二月に軍隊に志願した。この点についてメーリングは、以下のように述べている。

シュミットにとって非常事態は、最初に軍事的な任務と人生の経験として生じた。戒厳状態と非常事態のテーマは、一九一五年ミュンヘンにおけるシュミットに職務上の問題として課せられたものである。シュミットは、当時またしてもかなり混乱状態にあった。彼は兵役で悩んでおり、絶望し、自分の妻を疑い、前線を恐れ、国家的権威とシュヴァーベンのアナーキー的生活との間に引き裂かれていた。[18]

彼は、自分がどこに立っているのかを正確に知らず、軍事行政における自分の活動を裏切りと感じていた。実際シュミットは、一九一五年九月六日の日記に、自殺衝動を書き留めている。

八時頃、私は、自殺する準備ができていた。私は静かな精神的誇りを抱きながら、夜と静寂の世界に沈んでいくのだ。次の瞬間、私は、この世界で出世することだけを考えた。二、三時間後になるとすべてがどうでもよくなり、喜んで軍人になろうと思った。このやりきれない支離滅裂さ。私は何をすべきであろうか。私は一時間たったら、私の虚無に対する憤りのあまり、自殺するだろう。[19]

シュミットは、E・ユンガーと同じように「前線世代」に分類されるが、ユンガーのように第一次大戦の勃発を歓迎したわけではない。シュミットの日記から、彼が当時戦争をどのように受け止めたかを見ておくことにしよう。

シュミットは、九月十三日の日記に以下のように書いている。「しばしば、恐ろしい戦争に対する不安。戦争はどうなるのか、誰もわからない。戦争遂行は、最も純粋な民族殺人（Völkermord）である」[20]。彼は十月七日の日記で、六年以上の親友だったユダヤ人のフリッツ・アイスラーの戦死を兄弟のゲオルク・アイスラーの手紙で知り、「私は、泣き、叫び、見、そしてもはや何も聞こえない」[21]とその死を悲しんでいる。そして彼は人生のはかなさを思い、「私は、ただ一人生き残っている。気が狂ってしまった。私は、長くは生きることはできない。人生はなんと愚かなものか」[22]と吐露している。シュミットが戦争で倒れた友人の死を心から悲しんだことは、シュミットの戦争に対する態度を知るうえで重要である。彼は傑作『憲法論』の冒頭に、「一九一四年九月二十七日に戦没したハンブルクの友人、フリッツ・アイスラー博士に捧げる」と書き記している。

一九一四年八月に第一次大戦が勃発する。シュミットは、一九一五年二月二十六日に予備歩兵部隊に志願兵として入隊したが、戦闘義務を遂行するに不適格とされ、三月にミュンヘンの参謀本部勤務に配置転換された。この頃シュミットは勝利の希望を持っていたのではなく、ただ戦争が終わることだけを望んでいたという。シュミットは、一九一五年五月二十日の日記で、「ベルリンのならず者たちのために殺されたくない」[23]と書き、戦争における英雄死の考えを全面的に否定している。メーリングは、シュミットが戦争を不正なものとみなし、参謀本部での勤務を否定的にしか評価していなかったと述べている[24]。シュミットは一九一五年六月十三日の日記に、「再度、フランスの新聞を読む。敵が勝利するときに、特別の喜びを感じる。最悪のことを期待する」[25]と書き記している。

シュミットは、参謀本部勤務中も一九一六年二月十六日に教授資格を取得し、シュトラスブルク大学の私講師として正式に就任した。一九一六年五月から八月までシュトラスブルク大学で講義するために、長期の不在許可が認められ、一九一六年の夏学期に刑法を講義している。また、一九一七年三月一日の日付で、ミュンヘンの参謀本部で戒厳令の執行に関する戦時局に配属され、一九一七年十月一日から、平和運動、独立社会民主党（USPD）の運動の調査、外国の新聞を含む印刷物の搬入、敵対的なプロパガンダの書物を監視したり、ミュンヘンの外での講演や集会の許可などの職務を遂行している。まさしく、シュミットは戒厳令下におけるドイツ、とりわけバイエルンの状況に関して最も知りうる立場にあったといえよう。ちなみにシュミットは、一九一九年六月四日に除隊している。

2　ドイツにおける戒厳状態法

私たちは、ワイマール憲法第四八条の緊急権を考察する前に、プロイセン憲法の緊急権規定とその適用に関して、前もって予備知識を持っておく必要がある。というのも、ワイマール憲法の緊急権をめぐる議論では、プロイセン憲法の緊急権の濫用がたえず議論の俎上にのせられたからである。

ドイツで最初に「緊急権」が憲法上規定されたのは、一八四九年三月二十八日のフランクフルト憲法である。フランクフルト憲法は発効されることなく終わったが、その第一九七条では、以下のように記されている。

戦争または騒乱の場合には、逮捕、家宅捜索、および集会の権利に関する基本権の規定は、ライヒ（国）政府または各ラント（州）の政府により、個々の地区について、これを一時的に失効させることができる。

ビスマルク帝国下における緊急権規定は、戦争状態の宣言を規定したビスマルク憲法第六八条にある。

皇帝は、連邦の領域内で、公の安全が脅かされる場合には、そのすべての地域に、戦争状態の宣言をすることができる。かかる宣言の条件、公布の形式、およびその効果を規律する帝国法律が発布されるまでは、一八五一年六月四日のプロイセンの法律規定が適用される。

ドイツでは、一八五〇年一月三十一日に制定されたプロイセン憲法第一一一条（非常事態における憲法の一時的停止）において、「戦争または暴動の場合で、公安に対する差し迫った危険があるときは、憲法第五条（人身の自由)、第六条(住居の不可侵)、第七条(裁判を受ける権利)、第二七条(意見表明・出版の自由、検閲の禁止)、第二八条(一般刑法による処罰)、第二九条(集会の自由)、および第三六条(内乱の鎮圧)は、一時的に、かつ場所を限って、その効力を停止することができる」と記されている。そしてプロイセン憲法第一一一条に依拠して、一八五一年六月四日にプロイセン戒厳状態法が制定された[26]。

ここで、プロイセン戒厳状態法の主要な部分を紹介しておく。特に第四条と第五条が重要である。

第四条「戒厳状態の宣言の告示に伴い、執行権は軍事指揮官に移譲される。文官当局および地方自治体役場は、軍事指揮官の命令および指示に従わなければならない。その命令については、当該軍事指揮官は、個人的に責任を負う。」

第五条では、戒厳状態の宣言にあたって、プロイセン憲法第五条(人身の自由)、第六条(住居の不可侵)、第二七条(意見表明・出版の自由、検閲の禁止)、第二八条(一般刑法による処罰)、第二九条(集会の自由)、第三〇条(結社の自由)、などの効力が一時的に停止されることが明記されている。

また第一〇条では、反逆、外的通報、謀殺、暴動、犯行行為、鉄道および電信の破壊、囚人の解放、集団反抗などの犯罪が、通常裁判所ではなく、特別裁判所である「軍法会議」で裁かれると述べられている。軍法会議についての規定は、第一一条〜一四条に記されている。

第二帝政下のドイツでは、このプロイセンの法律に依拠して、一九一四年七月三十一日に戒厳令が発せられた。一九一四年七月の戒厳令では、バイエルン以外のドイツでは、プロイセンの戒厳事態法が、バイエルンではバイエルンの戒厳状態法がそのまま適用され、軍事当局は緊急命令権(Notverordnungsrecht)を付与された。また八月四日には、授権法(Ermächtigungsgesetz)が制定され、連邦参議院に法律にかかわる法規命令の権限が付与された。それは、立法府内部における簡素化された立法手続であった。

シュミットは、参謀本部に勤務しているとき、戦争や戒厳令に対してどのような態度をとっていたのだろうか。

彼は戦争を賛美していたのか、それとも平和を願っていたのであろうか。シュミットは、一九一五年九月十七日の日記で以下のように述べている。

ただまず平和があればいいのに。この恐るべき悪夢。しかし、軍国主義からは救いは存在せず、いかなる助けもない。戦争後はますます悪くなるであろう。個人は無に等しい。ぞっとする。(27)

そして九月十九日の日記には、軍国主義に対する恐怖を述べている。

私は、監獄にいるようです。喜びが一切なくなりました。すべてのものが死を呼吸しています。私は監獄から出られないでしょう。なぜなら軍国主義は強化されるでしょう。ますます悪くなるばかりです。哀れな大地はこの恐るべきシステムに服従させられるでしょう。もはやいかなる喜びも楽しみもありません。終わりです。しばしば、最も悪いものは過ぎ去るという希望を抱きます。しかし、その感情ははかないものです。私自身がこの発展の完成のために働いており、多くの美しい報告を書いています！　私は、それは、歴史の進行であり、すべての個人は、単なる道具にすぎないと言いきかせることによって、自分を慰めているのです。(28)

シュミットは、軍国主義や戒厳状態における軍の圧倒的な権力を忌避しながらも、参謀本部において戒厳令に関する報告書を書かなければならなかった矛盾を、九月七日の日記には「戒厳状態について報告書を作成。よりにもよって私！　摂理が私に定めたものである」と書き記していた。二十四日の日記には、「軍事体制に対して不安を持ち、権力や相互のコントロールを導入することがいかに正当であるか。しかしそれらすべては、目的なきルサンチマンである」[29]と述べている。メーリングは、当時のシュミットが戦争を肯定していなかったように、自由主義的な権力分立や法治国家的な原則からの分離を肯定していなかったと述べている[30]。

シュミットは、一九一四年の『国家の価値と個人の意義』において、国家は自然法を体現し、その国家に対して個人は無価値であり、ただ国家にコミットすることによって存在意義が獲得されるという、反個人主義と国家主義の立場に依拠していた。彼のこうした確信が戦争体験によってもろくも崩れ去り、個人は共同体の外側に一旦投げ出されることになる。シュミットには、戦争の熱狂につきものの愛国主義の発露は見られない。

シュミットは、戒厳状態に対して軍事当局が緊急命令権を用いて権力分立を廃棄し、司法のコントロールを踏み越えることを危惧していた。そのことは、彼が戦時中に公表した「独裁と戒厳状態」という論稿からも見て取ることができる。

3 「独裁と戒厳状態」（一九一六年）

ミュンヘンの参謀本部で戒厳状態の実情を知ることのできる立場にあったシュミットは、理論的にも「独裁」や「非常事態」に関心を抱くようになる。彼は戒厳状態に関する二つの論文を書いている。「独裁と戒厳状態――国法的研究」と「正規の刑事訴訟法の手続への戦争状態の影響」である。後者は、一九一六年二月十六日の冬学期のシュミットの講演内容を敷衍したものである。本書では特に前者の論稿を中心に考察することにする。

シュミットは「独裁と戒厳状態」において、戒厳状態と独裁の概念的な対立を明らかにすることを目的としていた。シュミットは言う。

一八四八年の革命以来、国内の騒擾の克服のために発せられたいわゆる政治的な戒厳状態に軍事的独裁という名前を付与し、法制度としての戒厳状態を独裁と同一視することが通例になっている。このような二つの概念の同一視は、歴史的にまったく誤りである[31]。

戒厳状態と独裁の相違について、シュミットは以下のように述べている。

ここに戒厳（ないし戦争）状態と独裁の間の決定的な法的相違が求められる。戒厳状態においては、立法と執行の区別を保持したうえで、行政府内部における集中が登場する。独裁においては、たしかに立法と執行の区別は保持されているが、同じ機関が法律の発布と執行を手中にすることによって、双方の分離が除去される[32]。

このように、本来「戒厳状態」は、法治国家的な権力分立を前提とした行政権力の軍事的指揮官への集中であり、立法権や司法権を持ちえないものであった。戒厳状態における軍事的指揮官は、裁判官の独立に限界を見出すのであり、裁判官のコントロールに服する必要があった。

しかし、実際にシュミットがミュンヘンで見た戒厳状態は、それとはまったく異なっており、行政権力のみか立法権や司法権をも自己の手中に集中させるものである。それは、軍事的指揮官が単に法律を執行する役割を果たすのではなく、「非常事態」の克服という特定の目的を達成するために軍部に目的達成のための手段の選択が委ねられているので、立法と執行の区別にとらわれることなく行動するからである。シュミットはそのさい、「法律は後退し」、「立法と執行の分離はもはや存在せず」、「軍事的指揮官は、ゆだねられた自由な領域の内部では、法的状況は、あたかも分立が存在しないかのごとくである[33]」と批判している。

ここでは、軍事的指揮官の活動は、単なる法律の執行ではない。法律は単なる「大綱」（Rahmen）にすぎないので、執行は法創造的行為を行ないうるのである。

この点に関してV・ノイマンは、「行政は単なる法適用ではなく、法創造でもあり、行政が立法の後に位置づけられるのではなく、立法と同等なものとして位置づけられる」[34]と述べている。

シュミットにとって、独裁の場合は、立法府が行政権を引き継ぐ場合と、行政府が立法権を引き継ぐ場合の双方が考えられた。注意すべきは、シュミットがこの時点で「独裁」という言葉を使用する場合は、後にシュミットが『独裁』で展開する「委任独裁」ではないということである。なぜならシュミットは、『独裁』においては、独裁権限から立法行為を剝奪し、純粋に「措置」（Maßnahme）に限定することによって、独裁と法治国家を両立させようとしたからである。[35]

シュミットはこの時点では、「戒厳状態」が行政的行為の優位性のゆえに法治国家的制限を廃止して、軍国主義的支配に突進する危険性を把握していたが、それに対抗する概念として、「独裁」を概念構成しているわけではなく、まさにそれこそが独裁への道であった。この論文の独裁の定義では、独裁は、行政府ないし立法府が、行政権も立法権をも集中させる形態であるからである。後の『独裁』において、シュミットは、プロイセン憲法下における戒厳状態の反法治国家的行為に対抗して、法治国家と「非常事態」との両立をはかっているので、明らかに『独裁』における独裁の定義とは別物である。

ところで、シュミットはこの論文において、独裁と戒厳状態の相違とともに、対外的な戒厳状態（戦争状態）と、国内の治安の維持としての戒厳状態を区別し、特に後者を警戒の眼をもってみていた。たとえばフランスでは一七九三年の戦争が前者であるのに対して、一八四八年の革命は後者に属する。この区別の重要性に関して、メーリングは「シュミットは、一七八九年後のフランスの歴史から戒厳状態の発展を分析している。そのさい彼は、一八四八年を憲法史の転換点として強調した。一八四八年においては、「国内の反乱」が重要であった。……シュミットは、「対外的な戒厳状態」と対内的な「公共の安全を守る制度」としての戒厳状態を区別した。彼は、特に後者において法外な措置が「司法の領域」から、行政の領域を超えて、「立法」と行政にまで拡大するさまを確証している」[36]と述べている。
このように、フランスの憲法史を渉猟しながら、シュミットは戦争のための動員をスムーズにする「戒厳状態」と、治安の目的としての「戒厳状態」を区別し、特に後者においての緊急権の拡大と濫用を見ているのである。これはワイマール期にシュミットが大統領の緊急権の拡大解釈をする方向性とはまったく逆であるように思われる。しかしシュミットはワイマール期においても、緊急権が「法規命令権」を持つことに反対し、立法と行政の分立を守ろうとした。
この論文に対して、シュトラスブルク大学の法実証主義の大立者で、立憲主義を支持するパウル・ラーバント（一八三八―一九一八）は、一九一七年一月六日に、以下のようにシュミットに書き送った。

私はあなたの論文を多大な興味を抱いて読みました。独裁と戒厳状態の対立の発展、そして、立法と実践における二つの概念の混同は、明快で説得的です。見込まれている非常事態に関するプロイセンの法律の改正にさいして、貴殿の論稿は確実に考慮され、役立つでしょう[37]。

そしてラーバントは、シュミットがすぐにシュトラスブルクに戻り、アカデミックな活動を再開するようにと期待している。
また、当時シュトラスブルク大学の法学・国家学の正教授であったヴェルナー・ヴィティヒは、シュミットに以下のように返答している。

私は、多大な関心を抱いて、独裁と戒厳状態に関するあなたの立派な研究を読みました。そのことであなたに感謝します。一九六頁における二つの法的分離は非常に説得的で、全権を掌握した参謀本部の独裁の機能に対する驚くべき洞察を示しています。今日の時局が、軍事的な支配者の手中における立法権と執行権の統合がもたらす実質的な結果についてただ漠然としか認めていないのは、本当に残念なことです。(38)

戒厳状態に関するもう一つの論稿「正規の刑事訴訟法の手続への戦争状態の影響」に関して、シュミットは、軍事的指揮官が、いかなる権利を無効にしうるかを問い、裁判官の独立が軍事的指揮官によって危険に晒され、正規の刑事訴訟法の手続が侵害されていると告発している。(39)

このように、第一次世界大戦という「非常事態」の勃発に触発されて、シュミットは個人の脆弱性や無力さ、時には自殺衝動に突き動かされた。そして一九一四年に『国家の価値と個人の意義』で個人を救済するものとして積極的に描いた国家は、逆に軍事マシーンとして個人の生存や自由を脅かすものとなったのである。個人は、無力な存在として国家の外に投げ出されるとともに、国家の犠牲に供せられる運命にあった。

私たちは、この二つのシュミットの戒厳状態における論稿の中に、彼の国家論の出発点をみておきたい。それは、立法と行政、時には司法をもコントロールし、個人を無力化しようとする国家の全能に対する批判的立場である。意外に思えるかもしれないが、シュミットは、第一次大戦中であっても、権力分立や法治国家の原則が失われることに対する批判を行なったのである。ここに彼の自由主義的立場を認めることが可能であろう。この彼の立場は、ワイマール体制において変質し、ナチス体制に至って完全に捨てられることになる。「状況の法学者」であるシュミットは、国家体制の変遷や「非常事態＝例外状態」に応じて、自らの立場を変えていくのである。とはいえ、権力分立や法治国家を支持するシュミットの初期の自由主義的立場は、シュミットがワイマール憲法を解釈するときにも反映されているし、また彼の中に市民的法治国家をめぐる心の相克を生み出していく。この相克と葛藤を理解することがシュミットの憲法・政治思想の内在的解釈にとってきわめて重要である。

ところでシュミットは、この第一次大戦中、法学者としてだけ教え、執筆していただけではなかった。彼は、まさにこの期間中に二つの重要な書物を書いている。そこには当時の彼の歴史観や人間観が余すところなく示されている。

Ⅲ　『テオドール・ドイブラーの極光』（一九一六年）

第一次世界大戦の勃発は、ビスマルク帝国の安定を根底から脅かし、帝国の脆さを白日のもとにさらした。こうした「非常事態」を反映して、『テオドール・ドイブラーの極光』には、終末論が漂っている。メーリングは、「ドイブラー研究は、世界戦争を黙示録的な出来事として考察している(40)」と述べている。シュミットは一九一二年、F・アイスラーの紹介でミュンヘンでドイブラーと知り合い、ミュンヘンの参謀本部において一九一五年七月十四日から二十三日までの十日間でドイブラー論を書き上げた。

シュミットは、本来異教的なドイブラーの三巻の叙事詩『極光』をキリスト教的に解釈し、終末論を展開した。シュミットによるならば、ドイブラーの『極光』は、一見現代に対する関心が希薄のような印象を与えるが、実はドイブラーほど徹底的に現代の精神状況の本質に肉薄した人物はいないのである。彼は、他のいかなる人々よりも深刻に「現代の自己崩壊の結果である機械と精神の二元論を認識し、現代の醜悪さに対して根源的な恐怖を抱いた(41)」人物である。したがって、ドイブラーの『極光』の意義は、「精神喪失の時代を埋め合わせ、……機械主義時代に対抗し……精神を喪失した世界の精神的和解という役割をになう(42)」ことにあった。要するに、機械主義時代にあって死滅しつつある精神を救出することがドイブラーの最大の関心事であった。

シュミットは、こうしたドイブラー解釈に基づいて、機械化や世俗化が進行する現代に鋭いメスを入れた。彼によれば、現代は「資本主義・機械主義・取引・技術・組織」の時代であり、とりわけM・ヴェーバーの「経営」（Betrieb）という言葉によって特徴づけられる(43)。「経営」という言葉は、私たちに「ちっぽけな目的に対する壮大な手段」「機械化に伴う人間疎外の進展」という暗いイメージを喚起させる。人間は「経営」が象徴する現代において、巨大な物質的繁栄を達成した反面、精神的な貧困に陥ってしまった。シュミットは、この物資的繁栄と精神的貧困という二律背反を創出した根本原因を、神に背をむけ、自力で地上に天国を樹立しようと試みた人間の傲慢さに見出した。そこからすべての価値の転倒が始まったのである。シュミットは言う。

人間は万事を知りつつ、何事も信じない悪魔となった。彼らは万事に関心を持つが、何事にも感動しない。……彼らは、商工業のもたらす天国を欲する。その天国は、この地上に、ベルリン、パリ、ニューヨークに実現するのだ。彼らは愛の神も恩寵の神も求めない。このような驚異を築いた私たちは、今や地上に天国の塔を築こうではないか。こうして、最も重要で究極的なものが世俗化された。法は力に、誠実は予測可能性に、真理は一般的承認に、美は趣味に、キリスト教は平和組織と化した。価値の偽造と変造が至るところで魂を支配している。善悪の区別も利害の区別に置き換えられた(44)。

このように現実世界に介入する超越的神や摂理の観念が見失われ、技術化され機械化され尽くした世界は、カトリック教徒シュミットの眼に、「地上の天国」どころか、逆に人間の魂を隷属化させる「地上の地獄」と映じた。ドイブラーの『極光』における最も重要な形象は、「タルタロスの夜」と「極光（オーロラ）」である。シュミットは、信仰の眼をもって技術化され、世俗化された地上の「天国」を「タルタロスの夜」と解し、それを「極光」によって克服しようとしたのである。興味深いことに、大木英夫は、「タルタロス」の一例として、シジフォスの神話を挙げている(45)。シジフォスの神話とは、シジフォスが大石を坂の上にまで押し上げるが、やっと坂の上にまで押し上げると、その大石はころがりおちてしまい、それが何回となく繰り返される話である。この神話は、人間のいかなる努力をもってしても歴史や人間性を完成に導くことができないばかりか、逆に破局をもたらすことを意味するものである。事実、第一次世界大戦は、人間が物質的繁栄を謳歌し、地上の天国を築き上げたと豪語しているまさにその時に、世俗化と技術化の産物である総力戦によって人間がそれまで営々として築き上げてきたものを瞬時にして破壊し尽くしてしまったのである。

ここで注目すべきことは、シュミットの世俗化論が、それ自体独立したものではなく、神学的な救済史観の枠内に位置づけられていることである[46]。

したがって世俗化が頂点に達した現代には、終末論的意味が付与されている。シュミットは現代が終末の時代であることを示すために、「反キリスト」の像を導入する。反キリストは、キリストが再臨する前に登場し、終末の時代に暗躍する。彼によれば、反キリストは世俗主義の領袖である。反キリストは、人間を欺いて神から離れさせ、人間の魂を隷属化させる。シュミットは、このように反キリストによって誘惑され、世俗化され尽くし、価値観がまったく転倒した時代を、「魂を欠いた」無精神の時代として慨嘆したのである。

こうしたシュミットの世俗化論は、ワイマール中期に書いた『中立化と脱政治化の時代』においても継続され、技術の時代を「魂の抜けたメカニズム」、「魂の無力な時代」と彼は慨嘆している[47]。

世俗化が頂点に達した現代を、シュミットがバラ色に描くのではなく、黙示録的な「反キリスト」の像によって象徴させたことは、歴史や人間性の完成を主張する啓蒙主義の楽観的な進歩史観に対する公然たる挑戦を意味した。同時にシュミットは、「自然に帰れ」と叫ぶＪ－Ｊ・ルソーのロマン主義を、罪によって腐敗した自然の現実の姿を直視せず、それにベールを被せ、現実から逃避しようと試みるものだと断じた。それは、「極光」の精神に反しているのである[48]。

一見矛盾するようであるが、シュミットにとって、終末論はただ単に歴史の破局や断絶を意味しただけでなく、歴史の完成と成就を意味した。キリストが再臨し、反キリストが打ち砕かれる時、神の恩寵の象徴である「極光」がタルタロスの夜の真只中で灼熱のように輝き出し、歴史は完成する。

……結果は新天新地である。終わりは死の舞踏でもなければ、裁判の光景でもない。……大地は完成され、人類も完成される。というのもそれは、精神を獲得したからである。(49)

シュミットは、合理主義やロマン主義を批判するだけでなく、世俗化の行きつく先を見抜き、ペシミズムや懐疑主義に陥った世代の人々を批判する。シュミットより一世代前のM・ヴェーバーやW・ラーテナウもシュミットと同様、世俗化の帰結を見通し、技術主義が精神を圧倒し「魂の隷属化」が進行している現実を慨嘆して、ペシミズムと文明没落観に囚われていた。周知のようにヴェーバーは、「精神のない専門人、心情のない享楽人。この無のものは、かつて達せられたことのない人間性にまですでに登りつめた、と自惚れるのだ」と述べていた。しかしヴェーバーもラーテナウも機械主義と魂の喪失を「嘆く」が「批判」しないのであり、ましてや克服することができない。シュミットは彼らと現実認識を共にしつつも、一線を画し、絶望的な時代の終わりに救いを見たのである。

シュミットによれば、今日ペシミズムが多くの人々の心をとらえているという。世界と人間に対する不信、永遠に欺かれているのではないかという実存的な不安、そしてキリストと反キリスト、善と悪、正義と不義がそもそも区別されるかという懐疑が彼らを支配している。ドイブラーの『極光』は、このようなペシミズムを克服し、救いを告知するが、それは彼らにとって所詮「途方もない前代未聞の作り話」にすぎない。彼らは病気を診断するが、治療しようとしない。このように批判して、シュミットは「精神は疑いを克服する。最終的な否定はすべての相対性の克服、つまり超越（Transzendenz）を生じさせる(50)」と述べ、光に背をむけて、闇の世界に執着する懐疑主義者を批判している。

メーリングは、シュミットの精神史に占める『極光』の意義に関して、以下のように述べている。

キリスト教的な「精神」（Geist）に関するシュミットの叙述は、個人的な告白である。アイスラーの死を通して、シュミットは突然キルケゴールに慰めを見出した。ドイブラー研究は、キリスト教への飛躍を強調している。[51]

シュミットの終末論への傾倒は、ワイマール初期においても変わらず、『政治神学』（一九二二年）のドノソ・コルテス論や『ローマ・カトリシズムと政治形態』（一九二三年）においても明らかに認められ、戦後においても変化していない。

カトリックの中で終末論を強調するのは異色であり、また独特である。教皇庁を中心とする世界的な組織を有し、多大な影響力を有しているカトリック教会にとって、終末論は世界を混乱させる危険な要因でもある。ただし、シュミットは、『ローマ・カトリシズムと政治形態』において、「カトリック教徒はもはや終末論を信じてはおらず、彼らの誰も最後の審判を期待してはいないと断言するのは、まったくの誤解である」[52]と、カトリック教徒や教会の中にも終末論的信仰が脈打っていることを明らかにした。また「教会の可視性」（一九一七年）の中で、「信心深いキリスト教徒の期待にもかかわらず、世界が今日滅んでいないことは、キリスト教を反論することにはならない」と述べ、「敬虔な人間にとっては世の終わり（das Weltende）は、明日にも、あるいはすぐにも必ず到来するのだ」[53]と終末論を弁証している。

Ⅳ　秩序の原型としてのカトリック教会

シュミットは、終末論を展開したドイブラー論の一年後の一九一七年に、カトリック系の雑誌『ズマ』に「教会の可視性――一つのスコラ的論議」を掲載した。[54] シュミットが第一次世界大戦の衝撃による既成秩序の精神的・政治的崩壊を目の当たりにして秩序再建のモデルをカトリック教会に求めたことは想像に難くない。[55] カトリック教会は「政治秩序の歴史的変遷過程の真只中で、まさに「秩序自体」の最終的残滓かつ象徴として存続しつづけるのである」。[56] シュミットは終末論を展開するからとはいえ、現世における秩序形成の問題を無視したのではない。彼は「この世界が明日にも、あるいは百万年後に滅び去るからといって、この世界の事象をそのなりゆきに委ねることは正しいことであろうか」[57]と述べ、「神に帰ることは、世界から逃避することを意味せず」、「世界を自己運動に委ねることを意味しない」[58]と主張する。

シュミットにとって、カトリック教会は国家秩序のモデルを提供しているので、教会の秩序がいかに構成されているかを知ることはきわめて重要である。

すでにシュミットは、『国家の価値と個人の意義』において国家をカトリック教会との類比のもとに理解し、法－国家－個人を神法－カトリック教会－信者の類比のもとに理解した。そのさいの教会とは、ゾームが主張する霊的な不可視的共同体ではなく、教会法によって構成された可視的教会であった。神法と法的秩序を前提とするカトリック教会か、教会法は教会の本質と相いれないとするルターやゾームの立場かという教会論の二者択一をシュミットは示し、後者を斥けている。シュミットは、国家に教会を対峙させ、超越的な権威を体現する教会によって世俗的な国家を相対化させたのではなく、教会をモデルとして国家を構成した。シュミットは、「教会は……それ自体理想国家、つまり「神の国」として登場する」[59]と述べていたのである。

また後の一九二三年の『ローマ・カトリシズムと政治形態』において、シュミットは、教会が受肉したキリストを「代表＝再現前」(Repräsentation) する点に教会が技術的・経済的な思考に優越する根拠を見出したが、「教会の可視性」においては、「可視性」の概念によってカトリック教会を弁証している。「代表＝再現前」や「可視性」の概念は、ともに不可視的なものを可視的なものにするという点で、キリスト教を「不可視性」や「内面性」に解消するプロテスタンティズムに対するポレミークを含んでいる[60]。シュミットにとって教会が単に不可視的ではなく、可視的に存在する根拠は、キリストが「受肉」して、可視的になったという歴史的事実にあった。可視的教会とは、キリストが「受肉し」、可視的になったという事実を、聖職者制度を媒介にして綿々と具体的現実に結びつけているものである。「キリストが肉体をとったように、教会も肉体をとらねばならず、……神が人間になったことを信じるならば、可視的な教会も存在することを信じなければならない[61]」。

クリストファー・ドーソンは、『ローマ・カトリシズムと政治形態』の英語版序文において、「宗教とは本質的に私的な事柄であり、個人の意見であるとする見解に対して、シュミットはカトリック教会の公共的・代表的見解を弁証している[62]」と評している。事実シュミットは、「カトリック教会がキリストを単なる私人とは考えず、またキリスト教を私事とか内面的なものとはみなさず、それを一つの可視的制度へと作り上げ[63]」、さらには僧侶職を一つの位階職にまで高め、法秩序として構成したことを、カトリシズムがプロテスタンティズムに優越する根拠とみなした。というのも、シュミットによれば、プロテスタンティズムにおいては、個人の内面性と社会的・政治的生活の間にはいかなる関連性も存在しないからである。したがって彼は、「純粋なキリスト教徒は不可視性において神に仕え、可視性において富に仕えている[64]」と、プロテスタンティズムが孕む「内面と外面の分裂」の問題を鋭く衝いている。

プロテスタンティズムの「内面と外面の分離」を維持することは、世俗化、技術化、機械化が猛威を振るう時代においていかなる意味を持ちうるであろうか。おそらくこうした分離は、現実から逃避し、内面性に逃避する態度を惹起させるであろう。しかし、技術化や機械化の帰結が内面性をも脅かし、「魂の隷属化」がもたらされる危険性が存在することを否定することはできない。シュミットは、プロテスタント信者が「宗教を魂なき形式性へと機械化することを理由に、カトリック教会をキリスト教の堕落であり、悪習であると考える」反面、「合理主義的・機械主義的時代の非情さから逃れるため、カトリック教会に救いを求めてくる[65]」矛盾を指摘している。

シュミットにとって『極光』が機械主義時代の対極に位置していたように、カトリック教会も、地上における「神の国」として、機械主義時代の対極に位置しているのである。

V 『政治的ロマン主義』（第一版一九一九年、第二版一九二五年）

シュミットが第一次世界大戦中に書いたもう一つの重要な著作が『政治的ロマン主義』である。(66) この書の原稿が出版社のドゥンカー&フンブロートに渡されたのは一九一八年六月十六日であったが、公刊されたのは、体制が変わる一九一九年初頭であった。執筆されたのは、大戦中の一九一七年から一八年にかけてである。戦争中の産物であることは『極光』と変わらない。ただ、すでに一九一八年の八月中葉にドイツ参謀本部は休戦を申し出ており、十一月九日には皇帝の退任と共和国が宣言され、マックス・フォン・バーデン大公に代わって、フリードリヒ・エーベルトが首相になった。

『政治的ロマン主義』は「最近十年間においてロマン主義について書かれた本の中で最も重要なものである」というF・マイネッケの評価に明らかなように、ロマン主義の本質解明に寄与した書である。しかし本書はまた「我には我以上のものなし」と叫ぶ近代的人間に対する告発の書でもあった。というのも、シュミットが批判したロマン主義的人間の精神構造は、近代人の自我構造を典型的に表現したものに他ならなかったからである。シュミットは、すでに「ブリブンケン」（一九一七年）において「近代の主観主義」を攻撃していたが、『政治的ロマン主義』においてもこの批判を継続した。シュミット自身が極端な個人主義の特徴を有するとするならば、『政治的ロマン主義』はシュミットの自らとの葛藤の書であるといっても過言ではない。そこにシュミット自身の自己克服や自己超越のための内面的戦いを見ることができる。

ここで『政治的ロマン主義』の内容に立ち入る前に、この書が執筆された時代の精神史的背景について触れておく。

十九世紀末から二十世紀初頭にかけて、青年たちの間を「ネオ・ロマン主義」的風潮が支配していた。彼らは、主知主義、実証主義、合理主義からの解放を叫び、感性や本能を重視し、機械的なものに有機的なものを、合理的なものに非合理的なものを対置した。「ネオ・ロマン主義」は、まさに科学技術文明によって徹底的に機械化されつくした世界に対するプロテストであった。それは近代合理主義批判の攻撃点として、十九世紀初頭のロマン主義を呼び起こし、A・ミュラーやF・シュレーゲルといったロマン主義者たちを再評価するに至った。シュミットは、これらロマン主義者たちと啓蒙主義や合理主義批判の点では一致していた。しかしカトリックとして超越的次元を保持するシュミットにとって、理性か感性かの相違はあっても、神を追放し、代わりに人間を主権者の座に据える点において、啓蒙主義もロマン主義も結局同じ穴のむじなにすぎなかった。

シュミットの『政治的ロマン主義』がロマン主義研究にもたらした意義とはいったい何か。それは、シュミットが、ロマン主義を中世や廃墟や無邪気な自然人といったロマン主義の「対象」からではなく、ロマン主義の世界に対する態度から、つまりロマン主義の「主体」から考察した点にある。彼はこうした視点に立って、ロマン主義を「主観化された機会原因論」(subjektivierter Occasionalismus) と定義した。

最初に機会原因論を展開した思想家はマールブランシュであった。彼はデカルトが提唱した精神と物質の二元論を克服するために、精神と物質を含め、世界の中で生成する一切のものは神の「機因」(occasion) にすぎないと論じた。「機因」とは原因 (causa) に対立する言葉であり、因果性の法則の否定、ならびにあらゆる規範への拘束の否定を意味するものである。[67] したがって、マールブランシュが構想した神は、一切の自然法則や規範から独立しているばかりか、それらを破棄することさえ可能であった。

それに対して、ロマン主義の「主観化された機会原因論」においては、全能の神の代わりに個人の主観が最高の主権者となり、世界はロマン主義活動の機会となる。このようにして、ロマン主義者にとって、絶対的な視点や基準となる枠組みはもはや存在せず、善と悪、法と不法、キリストと反キリストなどとの区別は、美的な世界に解消してしまった。それだけでなく、自然や社会、そして政治さえもが、天才的自我の生産活動の機会に他ならなくなった。このようにシュミットは、表面的には個人を超えた共同体を希求するかに見えるロマン主義の本性が、実は神を主権の座から追放し、すべての規範的な拘束を否定する徹底した「主観主義」であることを白日の下に晒したのである。この点について彼は、「ロマン主義的機会原因論の特殊性は、それ以前の機会原因論の体系において主要な地位を占めていた神を主観化したことである。孤立し解放された個人は、自由主義的な市民社会においては、最終的審級、絶対者となる[68]」と述べている。

ところでシュミットは、ロマン主義者たちが政治に関しては、非政治的領域に留まり、政治的無関心を貫くか、その時々の政治的状況と政治的決断に追随する「日和見主義」に陥るかのいずれかの態度に至らざるをえないことを看破した。特にシュミットは、後者のケースを彼が政治的ロマン主義者の典型とみなしたA・ミュラーとF・シュレーゲルの思想と行動に即して論証した。一例をあげると、彼らはフランス革命が勝利している間は革命的にふるまったものの、革命後は保守的になり、ついには反動的復古と結びつくようになった[69]。とりわけA・ミュラーはゲッティンゲンでは親英的であったのに対して、ベルリンの封建的雰囲気では極端に封建的となり、ウイーンの聖職者グループの間では、非常に聖職者的にふるまうという、首尾一貫しない行動を示したのである。このように政治的ロマン主義が日和見主義に陥った原因は、彼らが人間と世界を根拠づける神学的・形而上学的根拠を喪失したため、道徳的判断やそれに基づく政治的決定をなしえなくなったからである。所詮、ロマン主義者の審美的世界では、宗教的・道徳的・政治的決定はありえない。彼らは、政治的活力の最も重要な源泉である「法」(Recht) に対する信仰と「不法」(Unrecht) に対する憤激をもはや持ち合わせていないからである[70]。

シュミットは、ロマン主義が中世を賛美し、カトリシズムの非合理的共同体や世界史的伝統への愛着をつとに表明したため、カトリシズムとロマン主義が同一のものとみなされる傾向があったことを批判し、以下のように両者の両立不可能性を主張した。

カトリック教会の中に、彼ら〔ロマン主義者〕は、彼らが求めていたもの、すなわち大きな非合理主義的共同体、世界史的伝統、そして古い形而上学における人格神を見出した、要するに彼らは、決断する必要なしにカトリックになることができうると信じたのである。……しかし彼らが内面的にもカトリシズムに圧倒され、真剣に敬虔なカトリックになろうとした時、彼らはその主観主義を放棄しなければならなかった。教会に対しても天才的主体としてふるまおうとしばらく努めた後、事実、彼らはその主観主義を放棄したのである。[71]

このようにシュミットは、カトリシズムの客観主義とロマン主義の主観主義とを対置し、前者を擁護し、後者を斥けた。さらに彼は、カトリシズムではなくプロテスタンティズムの中に、ロマン主義の個人主義や主観主義との精神的連関を発見した。そこにシュミットのカトリックとしての自意識が示されている。

シュミットは、一九二五年の『政治的ロマン主義』第二版において、第一版の序文を新たに加えたうえ、他の箇所をかなり修正し加筆している。しかし基本的に論旨は変化しておらず、より根源的にカトリシズムと政治的ロマン主義の対立が先鋭化されている。また、政治的ロマン主義の対象がA・ミュラーやF・シュレーゲルといったドイツのロマン主義者を越えて、バイロンやニーチェといったヨーロッパ規模での思想家の主観主義に迫っている。

シュミットは、第二版において、宗教を個人の内面性に解消するプロテスタンティズムがもたらした「私的祭司制度」がロマン主義の究極の根底にある、と鋭く指摘した。彼はロマン主義の「私的祭司制度」を、カトリック教会の階層的で公共的な祭司制度との対比を念頭に置いて、次のように説明している。

個人主義的に解体された社会においてのみ、美的生産の主体は精神的中心を自己自身の中に置くことができる。個人を精神的なものの中に隔離し、自分自身しか頼むものがないようにさせ、普通ならば一つの社会秩序の中でヒエラルヒーに応じて、さまざまな機能に分けられていた重荷を個人の肩にすべて担わせてしまう市民的世界においてのみ、それは可能なのだ。この社会においては、私的な個人が自分自身の祭司になればよいのだ。(72)

シュミットは、「私的祭司制度」を根底に持ち、客観的な規範を喪失したロマン主義運動の背後にある絶望とニヒリズムを看取して、次のように述べている。

人は、歪んだ顔で多彩なロマン主義のベールの向こうからこちらを見つめている三人の人間、バイロン、ボードレール、ニーチェを見なければならない。「私的祭司制度」の祭司長であると同時に、犠牲者であったこの三人を。(73)

シュミットは『政治的ロマン主義』において、法と不法を区別することを知らず、あれもこれもと揺れ動き、決断能力を喪失して「高次の第三者」に逃げ込むロマン主義に特徴的な唯美主義を槍玉にあげた。「ロマン主義者の超然性の基盤は、決断することの不可能ということであり、彼らが常に語る「高次の第三者」(höhere Dritte)……つまり二者択一(Entweder-Oder)からの逃げ道である(74)」と彼は述べている。私たちは、この言葉の中に、相対立するものを弁証法によって「高次の第三者」において止揚しようとするヘーゲルの媒介の哲学に対して、あれかこれかの決断を求めるキルケゴールの戦いを認めることができる。キルケゴールは、あれもこれもを求め、決断しようとしない「美的実存」に対して、自らを神に決断する「宗教的実存」を対置した。「美的実存の段階」は、まさにロマン主義に特徴的な審美主義であり、その基盤は、いかなる拘束も受けない美的主観である。シュミットはヘッカーを通してキルケゴールを学び、傾倒した。この点について、メーリングは次のように述べている。重要な指摘である。

シュミットのキルケゴールとの出会いはきわめて重要である。一九一四年以前、シュミットは、ペシミズムのドグマティックな拒絶と、彼がワーグナー、ショーペンハウアー、ストリンドベリそしてファイヒンガーに見出したペシミズムとの間を揺れ動いていた。……キルケゴールの助けを借りて、彼は最終的に宗教的ペシミズムを後にすることができた。一九一五年にシュミットは、当時ミュンヘンに住んでいたテオドール・ヘッカーが編集したキルケゴールを読み、彼と接触した。……シュミットはキルケゴールによって、敬虔さを疑いを含むものであることを確信した。……信仰への「飛躍」は永遠の課題である。[75]

シュミットは、キルケゴールを通して、信仰への飛躍を決意すると同時に、キルケゴールから審美主義批判を学び、それをロマン主義批判と結びつけたのである。この点に関して、メーリングは「シュミットは、テオドール・ヘッカー、フランツ・ブライ、コンラート・ヴァイスといったミュンヘンの知人と同様に、キルケゴールの印象の下に審美主義を克服し、宗教的拘束を更新することを追求した[76]」と主張している。

シュミットがキルケゴールから学んだ「あれかこれか」の二者択一は、また中立や妥協、第三者への逃避を許さないラディカルな戦いの原動力となり、後に「例外状態」や友・敵という政治的なものの概念を生み出すことになる。

しかし、キルケゴールの決断は単独者としての神への人格的決断であり、カトリック教会への決断ではなかった。その意味においてキルケゴールは、徹底したプロテスタントの個人主義者であった。この点、カトリック教会への決断を志向するシュミットと異なるものがあった。シュミットはこの点について、『政治的ロマン主義』の中で、ロマン主義の終結の方法として、カトリック教会への決断とは別に、キルケゴールによる単独者の神への決断を挙げている。

ロマン主義の立場の終結にはもう一つあって、これはロマン主義者たちの中で唯一の偉大な人物キルケゴールに見られるものである。彼にあってはイロニー、美的世界観、可能態と現実態の対立、無限と有限の対立、具体的瞬間との対立、具体的瞬間の感情などロマン的なもののすべての要素が働いていた。彼のプロテスタント的キリスト教は、彼を意識的にキリスト教の神の中に実存する単独の個人にした。神との関係の直接性の中でそれ自体として価値ある人間共同体はすべて止揚された。政治的ロマン主義にとってはこのような解決は問題にならない[77]。

ここにシュミットのキルケゴールに対する二律背反的態度が存在する。そして、第二章で述べるように、シュミットはキルケゴールの決断主義にひかれながらも、神への信仰の飛躍を求める厳しい戦いにおいて脱落するのである。彼は、超越と極端な自我意識との戦いの中で敗れ、自己に投げ返されてしまう。

以上私たちは、第一次世界大戦中にシュミットが書いたまったく分野の異なる三つの作品を考察してきた。「独裁と戒厳状態」では、彼は軍国主義の権力の拡大に対して、権力分立を擁護した。国家は、自然法的規範を失い、単なるマシーンと化してしまったのである。しかしそれは国家だけではない。超越的な視点や規範を見失ってしまった個人もまた、「法（Recht）に対する信仰と不法（Unrecht）に対する憤激を」喪失し、状況に応じて「機会原因論的に」行動する存在になりさがった。それは『テオドール・ドイブラーの極光』によれば、世俗化の結果であり、「精神」が見失われ、すべてが「機械」に変質していく過程であった。しかし、第一次世界大戦期のシュミットには、未来の救済、タルタロスの夜に「極光」が輝く日に対する期待感が躍動していた。また秩序のモデルとしてのカトリック教会が存在した。そこにシュミットのカトリック的バックグラウンドがあった。しかし同時に自己の無政治的個人主義や主観主義との戦いが内面的に繰り広げられているのも、シュミットの特徴である。こうしたシュミットの基本的スタンスは、ワイマール共和国の成立に伴う危機的状況の中で大きな変化を余儀なくされることになる。

第二章　ワイマール共和国初期（一九一九―一九二四）におけるシュミット

I　シュミットのワイマール憲法体制に対する評価

ドイツでは、一九一八年八月にドイツ参謀本部が休戦を提案した後、キールで兵士の反乱が起こった。その後ヴィルヘルム皇帝が退位し、一九一八年十一月九日に共和国が宣言された。

当時シュミットはミュンヘンにいて、革命の状況をつぶさに把握しており、自ら国家体制の変遷の生き証人であった。シュミットは君主制から共和制への急激な体制転換にどのように対応したのであろうか。彼は、新たな体制をどのような気持ちで迎えたであろうか。

シュミットが君主制の復活を望んでいたとは考えにくい。とはいえシュミットがプロイス、トーマ、アンシュッツのように自由主義と民主主義を中核とするワイマール憲法を心から歓迎したとも言えない。シュミットは体制の転換を必然的なものとして受け入れ、ワイマール憲法の範囲内で、ドイツの政治状況の安定化に尽力した人物であった。ベンダースキーは、法学者としてシュミットは成立した新体制の憲法に従うことを尊重したと述べ、「シュミットもまたワイマール憲法がドイツ国家の法的枠組みとなったという事実に、すぐに甘んじるようになった。というのも彼は、法学者かつ憲法の教授として、この法的枠組みの中で働くべく定められていたからである。合法的に確立された権威に対する忠誠が、常にシュミットの政治・法哲学の基本的格率であった(1)」と評している。

いる。

当時、新憲法に対しては右と左から強い異議が出されていたが、最終的に、マルクス主義のレーテ共和国か、議会制民主主義かの二者択一にさいして、後者が選ばれたのである。この点に関してシュトライスは、以下のように述べている。

憲法は革命主義者にとっては、革命の挫折や多数派社会主義者の裏切りのしるしであり、君主主義者にとっては、連合国によって押し付けられた憎むべき「共和国」の象徴であった。極右は議会主義のモデルを一般に拒否し、連邦主義者は、あまりにも強力になった中央主権的な傾向を批判し、中央集権主義者は再び強力になった地方分権主義を告発した。……レーテ憲法か議会制民主主義かの二者択一にさいして、明らかに後者が選ばれた。(2)

シュミットは、君主制の崩壊と新たな憲法秩序を受け入れ、新体制に適応していった。彼がワイマール共和国の秩序をどのように理解したかは、彼の『憲法論』の中に見事に表現されている。後に見るように、彼がワイマール共和国そのもの、またその立憲的秩序そのものに反対ではなかったことは、重要である。シュミットは立憲的秩序、市民的法治国家が国家を弱体化させることに対して警告してやまなかったが、国家の統一の範囲内において立憲的秩序の存在を容認したのである。特に軍国主義の脅威にさらされて、権力の分立や立憲的法治国家の必要性を学んだことが、シュミットがワイマール憲法を受け入れた理由の一つであった。しかし後に述べるように、ドイツの内外の危機に晒されて、立憲主義、ないし市民的法治国家は、シュミットにとってまた国家の統合の足かせになっていくのである。

II　ワイマール憲法第四八条と憲法の父H・プロイス

戦後のドイツの秩序はきわめて不安定であった。極右集団や極左集団の武装蜂起が頻発し、ホッブスの『リヴァイアサン』のように「万人の万人に対する闘争」という凄惨な「暴力的死の危険性」が現出し、たえず「ビヒモス」（無秩序の象徴）が国家の統一を脅かしていた。こうした状況下で、ドイツでは一九一九年一月十九日に国民議会選挙が行なわれ、社会民主党（得票率、三〇パーセント、一五六議席）、中央党（一九・七パーセント、九一議席）、民主党（一八・五パーセント、七五議席）がワイマール連合として政権を担い、新たな憲法を制定することとなった。

すでに一九一八年十一月十五日に憲法学者フーゴー・プロイス（一八六〇—一九二五）に憲法草案の起草が依頼されており、彼は内務大臣に任命されていた。選挙の結果を受けて、二月十一日、エーベルトが国民議会で大統領に選出され、シャイデマンを首相とするワイマール連合が与党として政権の運営を担った。そして国民議会で新憲法の審議がスタートした。ここでは、「非常事態」を克服するものとしての緊急権に関するH・プロイスの解釈、ならびに当時のワイマール憲法制定会議における緊急権に関する議論状況を概観しておきたい(3)。

まず、ワイマール憲法第四八条の緊急権の内容を紹介しておく。

第一項　もしあるラント（州）がライヒ（国）の憲法や法律によって課せられた義務を履行しない場合は、ライヒ大統領は武力の支援により、そのラントに義務の履行を強制することができる。

この条項に基づいて、一九二〇年、ゴータやチューリンゲンの諸ラントにおいて強制執行が行なわれ、一九二三年にはザクセン・ラントにおいてザクセン・ラント政府が罷免され、ライヒ・コミッサール（政府委員）が任命され、新政府が設立された。

第二項　もしドイツ国内における公共の安全および秩序が著しく脅かされた場合、ライヒ大統領は、公共の安全および秩序を回復するために必要な手段を講じ、必要があれば武力により介入することができる。この目的のため、ライヒ大統領はまた第一一四条（個人の不可侵）、第一一五条（住居の不可侵）、第一一七条（信書・郵便・電信・電話の秘密）、第一一八条（言論および表現の自由）、第一二三条（集会の自由）、第一二四条（結社の自由）、第一五三条（財産権の保障）に定められた基本的人権の全部または一部を一時的に停止することができる。

第三項　本条第一項または第二項に基づいて行なわれたすべての措置について、ライヒ大統領は直ちにライヒ議会に報告しなければならない。それらの措置については、ライヒ議会の要求があれば、効力を失う。

第四項　危険が切迫している場合は、各ラント政府は、その領域内で第二項に定められた一時的措置を講じることができる。それらの措置については、ライヒ大統領もしくはライヒ議会の要求があれば、効力を失う。

第五項　詳細は、ライヒ法律によりこれを定める。

すでに述べたように、ドイツ憲法史においてはワイマール憲法の緊急権に類似した条項がプロイセン憲法と戒厳状態法に規定されてあり、第一次大戦下のドイツにおいてもその法律が適用された。第一次大戦後、緊急権が軍当局によって広範囲に発動されたことに対して、シュミットは危機感を抱いたが、新憲法における緊急権をめぐる憲法制定議会の議論においても、戦争中における軍事指揮官による緊急権の行使に対して批判的な意識が醸成されていた。新憲法における緊急権の濫用の危険性に対して、特に独立社会民主党は強い危機感を抱いていた。

というのもワイマール憲法第四八条は、プロイセン憲法やビスマルク憲法が国王に与えていた権力よりも広範囲な権限を大統領に付与していたからである。この点を念頭において、プロイスは批判に答えるかたちで、第二読会において、前憲法とワイマール憲法の構造上の違いを指摘して、次のように述べている。

戦争中、ライヒ議会において、戒厳状態の行使に際して現れた過酷さや戒厳状態に関して告発がなされた時、当時生じていることに対して責任ある政府が責任を負うことができないことが最も耐え難いことであった。というのも戒厳状態の宣言によって、決定的な権力が最終的に軍事指揮官に移行し、軍事指揮官は、議会に対して責任を負わなかったからである。しかし、ワイマール憲法のこの条項は、それとはまったく異なるものである。そこにおいて命じられることは、ライヒ大臣の責任の下にライヒ大統領によってなされるのである。すべての個々の点における具体化は、ライヒ大臣の責任の下でなされており、……ライヒ政府はライヒ議会に対して、責任を負うのである。緊急命令は、ライヒ議会が議決した時には、無効とされる。(4)

第四八条第二項の緊急権は議会に対して責任を負う政府によって行使されるので、抑制が可能である、とプロイスは考えたのである。ワイマールの憲法制定議会では、第四八条の権限乱用のチェック機能としていくつかの点が議論された。

第一点は、ライヒ議会の事前の同意の必要性の有無である。社会民主党は、権力乱用に対する歯止めとして、大統領の緊急権行使にはライヒ議会の事前の同意が必要であると主張した。(5) しかし、プロイスは、そうすれば、緊急権の有効な行使が妨げられると反論した。(6) たしかに、事後ではなく事前の同意の方が緊急権の行使の抑制にとって望ましい。実際、ワイマールの緊急権行使を教訓にして、ボン基本法に緊急権条項が追加された場合には、議会の事前の同意が規定されている。しかし、プロイスにとって現下の危機的状況は、議会の議決を行なうには深刻であり、また緊急権の乱用の危険性は少ないと思われた。社会民主党は妥協し、ライヒ議会の反対があれば、事後に緊急命令が撤回されることに落ち着いた。第四八条第三項に「これらの措置は、ライヒ議会の要求がある時には、その効力を失う」とある通りである。しかし、憲法第二五条に基づき議会解散権を有する大統領が議会を解散してしまえば、もはや独裁権力に対する歯止めは存在しなくなる。ワイマール憲法第二五条には、「ライヒ大統領はライヒ議会を解散することができるが、同一の理由による解散は一回に限る。総選挙は解散後遅くとも六〇日目に施行される」とあるが、この規定も後に無視されるようになる。

第二点は、第五項にあるように、この緊急権の施行法を制定することによって、緊急権の発動要件を制約しようとしたことである。しかし、施行法を設定することによって権力の発動を縛り、危機克服に十分に対応できないという慎重な意見も根強く、結局施行法は制定されることはなかった。プロイスは、第四八条第五項で明記されている詳細な法律は平穏な時につくられるべきであって、しばらくは合憲的な独裁に可能なかぎりの迅速な行動の自由を保障すべきことを訴えた。

第三点は、第四八条の緊急権に関する裁判所のチェック機能である。例えばワイマール憲法第五九条は、大統領は、「ライヒ憲法または法律を理不尽に侵害した咎で」ライヒ議会の三分の二により国事裁判所に告発されるとして、「ライヒ議会は、ライヒ大統領、ライヒ首相およびライヒ大臣が、故意または過失によりライヒ憲法またはライヒ法律に違反したことについて、これらの者をドイツ国国事裁判所に公訴を提起する権限を有する」と定めている。

司法によるチェック機能に関して憲法制定者はどのように考えていたのであろうか。プロイス自身は、裁判所によるチェック機能に期待していた。彼は、憲法第五九条に依拠して、大統領の司法的コントロールを訴えたのである。しかし実際、ワイマール共和国の歴史においては、司法のチェック機能は生かされなかった。この点についてワトキンスは、以下のように述べている。

憲法制定者は、市民法の伝統に従って、緊急権力の乱用に対する主要な防衛として、立法府に信頼を置いた。この点に関して、コモンローの伝統のある国々が戒厳状態の制限のために信頼を置く司法審査は、真剣には考えられなかった。裁判所は、第四八条を根拠にとられた措置が実際に必要であるか否かを審査することを一貫して拒否してきた。(7)

ハンス・ボルトも大統領の第四八条の行使の問題点を指摘し、ワイマール憲法第四八条は、大陸の、特にプロイセン－ドイツ型の緊急権の伝統を継承し、大統領に広範囲な権限を付与し、裁判所のコントロールに服さないものであったと指摘している。彼は、大陸型の緊急権とアングロサクソンのコモンローの伝統を有する緊急権を比較し、後者においては緊急権が裁判所の審査に服すると述べている。(8)

司法審査に関する見解は、プロイスとシュミットでは明らかに異なっていた。つまりシュミットが司法のチェック機能を否定したのに対して、プロイスは司法的コントロールを訴えたのである。

第四点は、緊急権によって停止される憲法規定が七つの基本権に限定されていることである。この件に関しては、この制限を守るべきであるとするプロイスやアンシュッツと、拘束される必要はないとするシュミットとの間に解釈の相違が存在した。

これ以外にも、ワイマール憲法には、大統領の緊急権行使に対する法治国的制限が設けられていた。例えばワイマール憲法第四三条によれば、大統領はライヒ議会の三分の二の発議により、国民投票により解任されることができた。しかし、議会が分裂している状況下では、不可能な選択肢であった。さらには、大統領の緊急権の発動に対する大臣の副署の存在も、緊急権の乱用に対する歯止めたりうるものとして理解された。

またワイマール憲法は、第四二条において、ライヒ大統領がワイマール憲法を遵守する宣誓を義務づけている。それは、第四八条の緊急権が憲法侵害の目的のために利用されることを防ぐためにも必要であった。しかし、大統領が憲法を守る意思がなければ、第四八条の目的は根本から瓦解してしまうことになる。この問題は特にヒンデンブルク大統領において顕在化することとなる。最終的には、緊急権を誰が行使するのか、つまり憲法を擁護する大統領、ないし首相か、それとも破壊しようとする大統領、ないし首相であるかが重要である[9]。

次に憲法の本質から導かれる制限であり、このことに関しては多くの著名な国法学者は基本的に一致していた。つまり、憲法を変更するためではなく、憲法を守るための緊急権の行使であるので、国家体制を変更したり、新たな政治情況を創り出すことはできず、騒乱の勃発以前の状態に戻すことが必要とされた。また目的が達成されれば、早急に命令は取り消される必要があった。

プロイスは『政治学雑誌』に寄稿した「合憲的独裁」という論稿において、プロイセン憲法やビスマルク憲法と、ワイマール憲法では、法的構造が異なり、法治国家的抑制があるので、濫用の危険性を心配するには及ばない、とあらためて主張している。

以前は、緊急権という制度全体は、立憲的法治国家の基本思想に対立する君主の指揮権（Kommandgewalt）というそれ自体非常に疑わしい概念の現れであった。その概念は、立憲的法治国家の基本思想に対立するものである。その概念が実際に決定的な意味を持つのは、市民的権力に対する軍事的権力の優越性にある。今や緊急権は、立憲国家の枠組みの中に埋め込まれている。そして議会に責任を負う市民的なライヒ権力の無条件の優越に依拠している[10]。

つまり大統領の緊急権の乱用を防ぐために、プロイスは第四八条第三項の議会の事後のコントロールに期待したのである。プロイスは、制憲議会の第三読会において、ライヒ議会による事前の同意権を除去する代わりに第三項を追加した、と述べている。つまり大統領の効率的な緊急権の行使を優先させたのである。制憲議会において、「合憲的な独裁の即時の行動を可能なかぎり強化する必要性に対する認識」が定着していったと、プロイスは述べている。[11] それは、当時のドイツの危険な政治状況を反映していた。

またプロイスは、独裁者は「憲法によって制定された権力」(pouvoir constitué) であって「憲法制定権力」(pouvoir constituant) ではないので、憲法自体を侵害できないと主張している。最後にこの論文において、プロイスは「時代のすべての兆候は、ライヒ憲法に適合的な第四八条の独裁がライヒとその統一のために以前よりもより大きな役割を果たさなければならないことを示している」と締めくくり[12]、緊急権の行使の意義を強調している。

しかし彼はまた、大統領が「緊急命令法規権」(Notverordnungsrecht) を発する権限を持つことに反対し、議会の立法権を脅かしてはならないと主張している。プロイスは一九二五年に死亡したが、晩年になると彼は第四八条の緊急権の行使の実態に対して批判的になっていた。つまり第四八条の緊急権の乱用の危険性を見ていたのである。[13] ワイマール憲法における議会制と大統領制という二元的な統治体制において、プロイスが議会の機能の活性化を願っていたことは、肝に銘じておく必要がある。議会制の機能を補完するために導入された大統領が一転して議会制の存在を脅かすものとなることはプロイスの本意ではなかった。プロイスの緊急権行使に対する危機感はどの程度、他の国法学者に伝わったのであろうか。

次節Ⅲでは、ワイマール共和国初期における緊急権行使の実態と問題点を検討し、ⅣとⅤでワイマール共和国初期におけるシュミットの緊急権に関する議論を、『独裁』と『政治神学』に即して検討することにする。

Ⅲ　ワイマール共和国初期(一九一九—一九二四)における緊急権の行使

シュミットの緊急権の展開に触れる前に、ワイマール共和国において、緊急権がいつ、どのような目的で発動され、どのような効果を収めたかを概観しておくことにする。

ロシターは、ワイマール共和国において、緊急権は二五〇回以上発動されたと述べている[14]。その中で二四五回分の緊急権の発動年は、以下の通りである。そこからワイマール共和国初期と後期に緊急権の行使が集中していることがわかる。

一九一九年　五件　一九二〇年　三七件　一九二一年　一九件　一九二二年　八件　一九二三年　一二四件　一九二四年　四二件　一九二五年　一件　一九二六―二九年　〇件　一九三〇年　五件　一九三一年　四四件　一九三二年　六〇件　計二四五件

ちなみに、ワイマール共和国では一四年間に二一の内閣が誕生し、その平均寿命が八カ月という不安定な政府が続いた。

緊急命令の内容としては、最初は軍事的反乱や一揆の鎮圧目的が多かったが、一九二三年からは、超インフレーションに対処するために、経済・通貨・社会問題克服のための大統領の緊急命令が出された。一九二五―二九年の相対的安定期においては、緊急命令は一件しか出されていないが、一九三〇年以降の大統領内閣になると、第四八条が多用されるようになり、大統領命令が議会の法律を凌駕するようになる。大統領内閣は一九三〇年七月二十日のブリューニング内閣からパーペン内閣、シュライヒャー内閣と続いている。

ロシターは、ワイマール初期の緊急権の行使に対して、以下のように述べている。

ワイマール共和国の生みの苦しみに続く五年間に、政府および人民は、経済不況や失業、左右陣営からの暴力的な攻撃、ライヒ内の多くの地域やグループによる分離主義的傾向、もしくは征服者によるドイツの領土の占領に苦しんだ。ワイマールの代表者たちが民主主義の憲法に第四八条を設けた時、彼らが心配していたのは、まさしく全国的な無秩序および不協和であり、初期の動乱の時代に第四八条は一三〇回以上も行使されたのである。……第四八条において提供される緊急権力がなかったなら、共和制ドイツの支配者たちが、第一次大戦後のヨーロッパという嵐の海に向かって、揺籃期の民主主義を進水させることはほとんどできなかっただろう[15]。

ここには、ワイマール共和国初期の「非常事態」において緊急権が果たした役割についての積極的評価がある。緊急権の発動のためになされた措置は、軍隊の派遣、基本的人権の一時停止、大衆集会の禁止、反乱を扇動する新聞に対する検閲や禁止命令、略式起訴や拘束などである。また共和国に対する反乱が、ラント政府である場合は、第四八条第二項に基づいて、公共の秩序の回復を目的として、ライヒより広範囲な軍事的・行政的権力を付与されたライヒ・コミッサール（Reichskommissar）が派遣された。例えば一九二〇年のテューリンゲン、ザクセンがそうである。また一九二〇年のカップ一揆、一九二三年のヒトラーのミュンヘン一揆に対しても、大統領の緊急権が発動された。

緊急権は、単なる軍事的・行政的措置に留まらず、経済的目的のための法規命令としても発せられた。例えば、一九二二年十月には、外国通貨の投機を禁止する緊急経済命令が法律の権威を持つものとして発せられた。プロイスは、第四八条に基づく執行府への立法権限への委任は考えていなかったが、一九二二年の緊急命令によって新しい流れが生み出されたのである。

第四八条の緊急権が拡大されて、大統領の緊急命令が第二の立法として行使されるようになり、議会の立法権能を掘り崩していくことに関して、ボルトは以下のように述べている。

今や、第四八条に基づく緊急命令は、議会の権限を顧慮することなく、広範囲に用いられた。大統領が一九二二年から一九二五年までに発した六七の命令の中で、四四の命令が経済的・財政的・社会的諸問題のために行使された。そのようにして第四八条は、行政府のための緊急立法の手段となっていた。同様に重要なことは、ライヒ議会が自らの権限を侵害する命令に異議を唱えなかったことである。命令の取り消しを求めたのは、一度だけであった[16]。

ところで、共和国初期におけるこのような緊急権の拡大に対して、司法や国法学者たちはどのような立場を表明したのであろうか。「公共の秩序と安全」に対する脅威に経済的・財政的危機を含めることに対しては、どうなのか。ワイマール憲法の父フーゴー・プロイスは、こうした緊急権の拡大に明確に異議を唱えた。しかし、ライヒ裁判所は、緊急状態についての大統領の判断、および危機克服のためにとられる措置に関して、「統治行為」として、問題にしようとしなかった。また多数の国法学者も経済・財政危機への緊急権の拡大を容認した。

例えば一九二三年十月二十三日のライヒ裁判所の判決においては、「第四八条の前提条件が存在するかは、大統領の裁量によって判断される。それは司法審査に服さない」と説明された。戦争時に行なわれた戒厳令に対しても裁判所は同様な立場をとっていたのである。

ここで注目したいのは、行政府への立法権限の委託は、第四八条の緊急権とは別に、授権法の制定によってもなされたことである。授権法は、憲法改正の手続により、三分の二の多数で制定される。例えば一九一九年三月六日の「休戦条件遂行に関する法律」、一九一九年四月十七日の移行経済のための法律（一九二〇年五月二十一日まで）、一九一九年八月三十一日の講和条約に関する施行法律、一九二〇年八月三日の移行経済のための法律（一九二一年十一月一日まで）、一九二一年二月六日の移行経済のための法律（一九二二年四月一日まで）、また一九二三年二月二十四日にフランスの侵略に抵抗するための授権法（一九二三年十月三十一日まで）が制定された。

特に注目すべきは一九二三年十月十三日に授権法が賛成三一六票、反対二四票で成立し、シュトレーゼマンがこの授権法を通貨改革のために利用し、ドイツ・レンテン銀行およびレンテン・マルクを新設したことである。この授権法は一九二四年三月三十一日で効力が失われることになっていた。

また一九二三年十二月八日、マルクス内閣の時、授権法が一九二四年二月十五日までの時限立法で議会の三分の二の多数で成立した。まさにこの授権法に基づいて六六の法令が交付された。議会の同意なしに政府が法令を発する授権法は、「国民ならびにドイツ国の危急事態を考慮して必要かつ緊急と認められる」場合にのみ可能であった。この授権法は主に、経済政策、通貨・租税政策の分野で行なわれた[17]。

多くの場合授権法には、政府によって発せられた法規命令に対して議会はその廃棄を要求することができると記されており、一九二三年十二月八日の授権法は、ライヒ議会委員会とライヒ参議院委員会の事前の聴聞をも規定していた。

このように、政府の緊急法規命令は、授権法と第四八条の双方に依拠していたといえる。この点に関して、ロシターは次のように述べている。

緊急執行立法とその範囲、成功の程度において注目すべき実験は、次のような結果となった。一九二三年十月十三日から一九二四年二月十五日までの間、一五〇件あまりの立法措置がとられ、そのうち約一一〇件においては二つの授権法に基づき、また一七件については、第四八条を根拠として、内閣により布告された[18]。

このように、授権法と第四八条の緊急権が議会の立法権限に代わるものとして補完的に用いられている事実を見逃してはならない。したがって、議会の立法権限を脅かすものとして大統領の緊急権のみに注目することは間違いである。授権法は議会の三分の二の賛成で可能であるという条件が存在する必要があるので、後の大恐慌後のドイツにおいては、もはや授権法を成立する基盤が存在せず、大統領の緊急命令による統治が頻繁に行なわれることになる。しかし、ワイマールの法治国家を最終的に解体する原動力となったのは、ナチスの「全権委任法」に見られるように、緊急権ではなく授権法であったことを忘れてはならない。

この点についてシュミットは、授権法と緊急権との関係を、「立法的授権の諸問題の最近の発展に関する比較考察」（一九三六年）において分析している。彼は、権力分立的な法治国家的観点から「簡素化された授権法」を批判するトリーペルやペッチュ＝ヘフターの新派の理論を引き合いに出し、彼らが「法規命令の実践を、議会主義的な授権の方法から、第四八条第二項によるライヒ大統領の独裁権力に、……授権法のスキュラ（Scylla）から緊急命令のカリブディス（Charybdis）に転じさせた」[19]と論じている。

スキュラとカリブディスはギリシャ神話に登場する。スキュラとは、スキュラの海岸に住む六頭一二足の女の怪物であり、岩に近づいた船乗りたちを餌食にしたという。他方カリブディスは、大きな渦巻を意味し、航海の難所である。怪物であるスキュラを避けようとしてカリブディスという渦巻に近づいた船乗りがカリブディスの被害に遭うというのである。つまりシュミットは、授権法の被害をさけるために緊急命令に頼るようになったと解釈するのである。しかし緊急命令も、国家を飲み込んでしまう危険性を内包している。シュミットがワイマール時代、緊急権がカリブディスであるという認識を持っていたかどうかは微妙であるが、彼が授権法の危険性を認識していたことは間違いない。

一九二一年九月にバンベルクで行なわれた第三二回ドイツ法学者大会において、トリーペルは、授権法による法規命令を「どっちみち乱暴」と批判し、授権は特定の目的のために制限されると主張したし、ペッチュ＝ヘフターは、授権法を「ライヒ議会の立法権力への憲法違反的侵入」と宣言した。またトリーペルは、同大会において、カール・ビンディングが死の直前にトリーペルに書いた個人的な書簡から、「次の最大の課題は、法律の地位を奪い取ろうとする法規命令の克服である」を引用し、「不幸は、一九一四年八月四日の授権法と共に始まった」と憂慮の念を表明した。[20]こうした授権法に反対するスタンスという点では、ワイマール期のシュミットは一貫していた。後に述べるように、シュミットは大統領が法規命令権を持つことも、授権法も、権力の分立を廃棄するものとして反対したのである。そこに彼の法治国的思想が反映されていた。

Ⅳ 『独裁』（一九二一年）

シュミットは、一九一九年八月四日、ワイマール憲法が施行された後の九月一日からモーリッツ・ユリウス・ボンの尽力でミュンヘン商科大学講師に就任、『政治的ロマン主義』を発表し、一九一九年から一九二〇年までマックス・ヴェーバー（一八六四―一九二〇）の「講師のためのゼミナール」に参加している。そしてシュミットは、ミュンヘン時代に名著『独裁』を刊行した。

『独裁』に触れる前に、その執筆当時のドイツの政治的状況について触れておく。一九一九年五月初旬までに、ミュンヘンではクルト・アイスナーの革命政府など革命的状況が続き、シュミットは革命独裁の血なまぐさい日々を経験していた。一九二〇年三月、熱烈な君主主義者ヴォルフガング・カップとヴァルター・フォン・リュトヴィッツ将軍がベルリンで一揆を起こし、その直後には、ルールの重工業地帯において共産主義者が五万人の赤軍を率いて反乱を起こした。こうした極右と極左の一揆が続く危機的な状況の中、一九二〇年六月の総選挙では、中道の共和国支持派である「ワイマール連合」（社会民主党、民主党、中央党）が多数を失い、ワイマール憲法を支える議会の勢力基盤が弱体化するに至った。

第一次世界大戦終了時以後におけるシュミットの経験について、ベンダースキーは以下のように述べている。

思想の成熟過程にあったシュミットは、四年間の戦闘と殺戮の終局としてヴィルヘルム帝国が完全に敗北し、古き秩序が崩壊した事実を目撃して、権力の現実をあらためて認識するに至った。ヴィルヘルム時代の権威主義国家によってもたらされた安定は、ドイツ史上次の半世紀にわたる動乱や絶え間ない危機とまったく対照的なものであった。シュミットが、第一次大戦後、秩序・平和・安定というテーマと専心取り組むに至った動機も、この戦後の安定が失われてしまったということによって、大部分説明される。(21)

こうした状況で『独裁』は執筆されたのである。それは一九二〇年十月に印刷に回され、一九二一年初頭に公刊された。

シュミットは『独裁』において「主権独裁」と「委任独裁」を区別し、ワイマール憲法第四八条第二項に規定された緊急権の行使を「委任独裁」と論理構成した。「独裁」概念に共通しているのは、その委任的性格と一時的性格である。つまり委任された役割を終えれば、独裁者は退位するのである。ところで、法形式的に見れば、「主権独裁」が「憲法制定権力」によって委任されるのに対して、「委任独裁」は「憲法によって制定された権力」による委任を受ける。また課せられた任務の観点から見れば、「委任独裁」が既存の憲法体制の擁護のために一時的に法を「停止」することを目的としているのに対し、「主権独裁」は「革命独裁」として、既存の憲法体制を廃止し、「真の憲法とみなすもの」、「招来される憲法」の樹立を目的としている。

フーゴー・プロイスは、「ライヒ憲法適合的な独裁」において、大統領の独裁を「委任独裁」として理論化するシュミットの構成を高く評価して、以下のように述べている。

興味深い憲法史に関する著作『独裁』において、シュミットは、達成すべき目的のために、状況に応じて目的の達成の障害になる法的な制限や阻止を具体的に取り去ることを、独裁の法的性質と指摘している。独裁は、正当防衛行為と同様、単に行為のみならず、また対抗行為でもある。(22)

しかし、シュミットは委任独裁から主権独裁への移行の危険性をも認識していた。彼が主権独裁の事例として描き出した事例が、一七九三年のジャコバン独裁と一九一七年のプロレタリアート独裁であった。この点について、ベンダースキーは以下のように述べている。

しかしこの初期の段階においてさえ、シュミットは第四八条の委任独裁がワイマール国家と憲法とを破壊する主権的独裁に転換される可能性を予見したのである。シュミットは、スラとシーザーが委任独裁の伝統的慣行から逸脱し、現行憲法を廃棄した古代ローマに、この歴史的先例が存在することに注目した。シュミットは、大統領が危機的状況によって要請された適切な緊急措置を講じるさいに、例外的な自由裁量権を持つべきだと論じた一方、このような大統領権力に内在する危険性にも用心を怠らなかった。(23)

シュミットは、大統領が非常事態に行使する強力な権限を認めていたので、その権限が主権独裁に転化することを恐れたといえる。彼はこの点において次のように述べている。

ライヒ大統領は、自らの裁量に従い、事態にとって必要であるかぎりの、あらゆる措置をとることができる。……ここには、事態により目的達成に必要なことという言及の場合と同様に、いかなる限定も存在しないのである。ただ注意しなければならないのは、もし無制限の権限付与が、既成の全職権の解消およびライヒ大統領への主権の委譲を意味すべきでないとするならば、これらの措置が常にただ事実的な種類の措置であって、本来、立法行為とも司法行為ともなりえないものであるという点である。(24)

第四八条第二項の権限を措置から立法行為にまで拡大することは無制限の授権法を容認することになる、とシュミットは警告を発した[25]。

シュミットが委任独裁のモデルとして挙げたものは、ローマ共和制の独裁の政治的実践であった。独裁官は、元老院の要請に基づき、執政官の中から危機的状況を除去する目的で、六カ月を任期として任命された。シュミットは、ローマの独裁に関する文献であるマキアヴェリの『政略論――ティトス・リウィウス初期十編についての論考』に言及しつつ、独裁が「絶対的支配形態の一形態ではなく、共和体制に特有の、自由保持のための手段である」と述べている。独裁には憲法上の保障がはりめぐらされている。つまり、「独裁者は現行法規の変更はできない、憲法や官庁組織を廃止することも、「新法を作る」こともできない。……独裁者とは、常に例外的なものでありながら、合憲的な共和制的国家機関なのであり、執政官や他の「首長」と同様に、「頭目」なのである[26]」。

しかしシュミットは、ローマの委任独裁とワイマール憲法下の委任独裁にある本質的相違には触れていない。実はその点が最も重要な点なのであり、誰が「非常事態」であるかを判断するかにかかわってくる。ローマの委任独裁の場合、何が「非常事態」であるかを判断するのは元老院であるのに対して、ワイマール憲法の場合は大統領自身である。したがって、議会が「非常事態」の要件をそなえているかを判断し、危機克服を大統領の緊急権行使にゆだねるという論理構成ではなく、議会には大統領の緊急権行使を事後的にチェックするという消極的機能しか与えられていない。この点については、シュミットも、またワイマール憲法の制定者であるプロイスも、危機克服の迅速な行動のためには事前の議会の同意は妨げになると考えたのである。しかしそれによって、大統領の緊急権の行使には歯止めがなくなっていく。戦後、ボン基本法体制下におけるドイツが、緊急事態法を憲法に付け加えた時には、「緊急状態」であることを解釈する主体は連邦議会と連邦参議院になっているように、緊急権行使以前における議会の同意が義務づけられている。さらに「憲法裁判所」による緊急権行使の司法的コントロールも飛躍的に強化された。

ところで、『独裁』においてシュミットは暗黙裡に「主権独裁」を正当化しようとする意図を隠し持っているのではないか、というシュミットに対する根強い不信がある。これも、シュミットが政治思想的には自由主義や議会主義批判を展開したり、ナチズムに積極的にコミットしたりしたことが原因となっている。しかし、こうした評価は誤りであり、シュミットの真意はワイマール憲法体制を擁護する「委任独裁」であった。この点に関してメーリングは、「シュミットは、第四八条の可能性に対して警告を発し、行政的な措置への厳格な限定を要請している。ライヒ大統領が、第四八条によって立法権限を保持するならば、彼は主権的独裁者となり、憲法は「不安定で一時的なもの」になる。……シュミットが、主権的独裁への発展に対して警告し、マルクス主義的な運動をジャコバン独裁の相続人とみなしていることは、疑いえない[27]」と述べている。

そこには、第一次世界大戦下における戒厳状態における軍事的指揮官による権力の肥大化に対する教訓が生かされているといえよう。シュミットは、彼独自の立場からであるが、ワイマール憲法を守ろうとしたのである。シュミットは、『独裁』の序文において「プロレタリアートの独裁」を歴史哲学的に正当化するマルクス主義を批判していたが、「プロレタリアート独裁」こそ、彼が恐れた「主権独裁」であった。シュミットの『独裁』は一九一七年に生じたボリシェヴィキ独裁に対する反革命の書物である。シュミットは一九三〇年九月六日の日記においても「共産主義に対する不安」を吐露している。しかし後の歴史が示すようにワイマール憲法が葬り去られていくのは、プロレタリアートの独裁によってではなく、「ナチス独裁」というもう一つの「主権独裁」によってであった。

『独裁』を読んでその才能を認めたR・スメント（一八八二―一九七五）は、シュミットにグライフスヴァルト大学の正教授の職を、その後は自分の後任としてボン大学教授の職を勧めた[28]。それにしたがって、シュミットはグライフスヴァルト大学で一九二一年から翌年にかけての冬学期だけ講義した後、一九二二年四月にはボン大学の教授に就任した。

V　『政治神学』（一九二二年）

次に、『政治神学』（一九二二年）、『現代議会主義の精神史的状況』（第一版、一九二三年）、「大統領の独裁」（一九二四年）というワイマール初期のシュミットの憲法・政治思想を中心に考察することとする。ここで問題としたいのは、シュミットが「大統領の独裁」において、『独裁』に続いてワイマールの憲法秩序を擁護するための「委任独裁」を定式化する一方、他方において、『政治神学』でボナール、ド・メストル、ドノソ・コルテスといったカトリックの反革命的な思想家を「決断主義」の文脈で推奨したり、『現代議会主義の精神史的状況』において議会制に対する批判を展開していることとの整合性を、どう考えるかということである。前者の流れは、危機克服のためワイマール憲法秩序を守ろうとするシュミットの法理論的試みと考えることができるのに対して、後者の流れは自由主義や議会主義に対するイデオロギー批判である。一見すると相矛盾するシュミットのこの言動は、いったいどのように理解することができるのであろうか。いくつかの評価を紹介しておくことにする。

第一の解釈は、シュミットは合法性を重んじる憲法学者として、ワイマール憲法秩序の枠内において発言していたが、彼の政治思想は反議会主義、反自由主義であり、権威主義国家を目指していたとするものである。この解釈では、憲法学者としてのシュミットと政治思想家のシュミットというヤヌスの顔が浮き彫りになる。いわばシュミットは、憲法学者としての自己と政治思想家としての自己を使い分け、一方において国法学者としての名声を築くと同時に、他方においてワイマール共和国の拠って立つ自由主義や議会主義を攻撃し、民主主義を反自由主義・議会主義に変質させたといえる。

第二の解釈は、シュミットは彼の政治的立場から、ワイマール憲法体制を攻撃し、権威主義的、反議会主義的な秩序像を提示したという説である。

第三の解釈は、シュミットはあくまでもワイマールの市民的法治国家の憲法秩序を擁護しようとしたのであって、彼の議会主義や自由主義に対する診断は、客観的な現状認識であり、必ずしもシュミット自身の立場を反映しているものではないという解釈である。G・シュワーブやJ・ベンダースキーの立場がそうである。

これら三つの解釈は、それぞれ真理の一端を含んでいる。本書の立場は基本的に第一の解釈に依拠しつつも、シュミットの市民的法治国家や立憲主義に対するこだわりを重視する点において第三の解釈の成果を取り入れている。本節では彼の『政治神学』を考察し、つづく節で『現代議会主義の精神史的状況』と「大統領の独裁」をそれぞれ取り上げ、それから相互の関係について検討することにする。

シュミットは一九二二年の春にグライフスヴァルト大学からボン大学に赴任した。ボン大学に赴任したのは、エーリヒ・カウフマン（一八八〇―一九七二）の助力に負うところが大きいが、先に触れたように、ベルリン大学に移ったスメントの後任であった。このボン大学において彼の憲法学は開花して、憲法学者としてのシュミットの地位と名声が確立する。この時期にシュミットの指導を受けた傑出した若い学者も彼のゼミナールから輩出した。彼は一九二二年の夏学期から講義を開始したが、シュミットが「指導教授」として学位論文を指導したのは、ヴェルナー・ベッカー（学位を受けた年は一九二五年）、エルンスト・フォルストホフ（一九二五年）、エルンスト・ルドルフ・フーバー（一九二七年）、ヴェルナー・ヴェーバー（一九二八年）、エルンスト・フリーゼンハーン（一九二八年）、オットー・キルヒハイマー（一九二八年）などであった。また、学位論文をすでに別の教授のもとで書いて、シュミットのゼミナールに参加していたヴァルデマール・グリアンといった人々もいた。

シュミットは一九二二年に『政治神学』を刊行する。この著作は憲法解釈の書ではなく、神学と政治・法学の構造的類似性を指摘した書であり、どちらかといえば、法理論的考察というより社会学的分析が前面に登場している。『政治神学』は、一「主権の定義」、二「法の形式および決定の問題としての主権の問題」、三「政治神学」、四「反革命の国家哲学について――ド・メストル、ボナール、ドノソ・コルテス」によって構成されている。法規範の分析枠組みとして社会学や神学的視点を導入することは、実定法の分析に社会学的・形而上学的な方法を排斥する法実証主義に対する公然とした挑戦を意味したが、法実証主義に飽き足らない人々にとってはカンフル剤となったのである。

シュミットは一九一九年から一九二〇年にかけてミュンヘンでのM・ヴェーバーのゼミナールに参加したが、『政治神学』の最初の三章を、一九二二年十二月に刊行されたヴェーバーの記念論文集に寄稿している。[29]

1　主権の定義

シュミットは、「例外状況」が「常態」をも説明することに関して、キルケゴールの言葉を引用して、「例外は一般を説明し、また例外自身をも解明する。一般を正しく研究しようと欲するならば、まず現実的な例外に目をくばりさえすればよい。例外は、一般そのものよりはるかに明確にすべてを曝し出す[30]」と述べている。また「例外においてこそ、現実生活の力が、繰り返しとして硬直した習慣的なものの殻を突き破る」と「例外」の持つ革新的機能を指摘している。

ここに「非常事態＝例外状態」を前面に押し出すことによって、主権の問題、国家と法の問題を考察しようとするシュミットの基本的視点が明らかとなる。

『政治神学』の冒頭に記されている言葉は、「主権者とは、非常事態（Ausnahmezustand）に関して決断を下すものをいう[31]」という人口に膾炙した言葉である。この決断は、「公共ないし国家の利益、安全および秩序、公共の福祉などがどこに存するかの決定を、紛争時には誰が下すのか」という問題である。実際に非常事態を法律に書き込もうとすると、「いかなる場合に非常事態が存するといえるかを推定可能な明白さで列挙することもできなければ、またもし現実に極度の急迫事態となり、その除去が問題とされる場合、このような事態で何を行なうことができるかを内容的に列挙できない。権限の前提も内容もここでは必然的に無限定である」[32]。つまり「非常事態」の内容をまえもって予測することはできないのである。

シュミットは、主権者について以下のように述べている。

この主権者は、現に極度の非常事態であるか否かを決定すると同時に、これを除去するために何をすべきかを決定するのである。主権者は、平時の現行法秩序の外に立ちながら、しかも憲法が一時停止されるかいなかを決定する権限をもつがゆえに、現行法秩序の内にある。[33]

このような定義からすれば、ワイマール憲法の文脈においては、主権者は「非常事態」について決定し、ワイマール憲法第四八条の緊急権を有する大統領とみなすことも可能であろう。シュミットは、一九二六年のアンシュッツの著作についての書評においても、以下のように述べている。

すべての国家において、例外的に、また主権的な力によって行為する審級が存在しなければならない。……誰がこのような主権的行為を正当に行なうことができるかは、ワイマール憲法にとって根本的問題である。第四八条の緊急権の行使によるか、第七六条の憲法改正権力の行使か、さまざまな方法により、主権的行為に対して合憲的な基礎が付与された。[34]

こうした二者択一からすれば、シュミットの選択は前者にあった。問題は、例外状況において緊急権を行使する大統領を「委任独裁者」として論理構成した『独裁』との整合性である。

第四八条のシュミットの解釈を読めば、大統領が主権者であるという結論を導き出しても間違いがないように思われる。彼は『政治神学』において、大統領の権限が君主のそれに等しいと述べているからである。そのさいには、シュミットは、大統領を君主の地位をモデルとして論理構成したことになり、それは、「代用君主」の構想である。彼は、この点において次のように述べている。

一九一九年の現行のドイツ憲法では、第四八条で、例外状況はライヒ大統領によって宣言されるが、ただし国会の制約を受け、国会は常時その解除を要求できる。この規制は、法治国家的発展およびその実際に対応するものであって、権限の分立および相互制約によって、主権の問題をかぎりなく先へ伸ばそうとするものである。ただし、法治国家的傾向は、単に緊急権の前提を規制するに留まっており、第四八条の内容的規定ではない。第四八条はむしろ、無制限な全権を付与するものであって、したがって、もしも制約なしにこれに関する決定が下される場合には、一八一五年の憲法第一四条の緊急権が君主を主権者たらしめたのと同様に、これは、主権を付与するものとなろう。[35]

ちなみに、フランスの一八一五年の憲法（シャルト憲法）第一四条には、「国王は国家の元首である。彼は陸海軍を指揮し、戦争を宣言し、平和条約を締結し、……法律の執行と国家の安全のために必要な法規や命令を下す」とある。

このように読むと、シュミットは『政治神学』においては、第四八条の緊急権を持つ大統領に、現行秩序を破壊する「主権独裁」の地位を与えていると主張することが可能である。大統領を「委任独裁」として構成する『独裁』と、「主権独裁」ないし主権者として設定する『政治神学』との間には、いったいいかなる整合性があるといえるのであろうか。二つの著作の期間はたったの一年であり、後の「大統領の独裁」（一九二四年）でシュミットは明らかに「委任独裁」を理論化しているから、なおさらである。

H・ヘラーは、シュミットの主権論から影響を受け、国家を「決断の統一体、活動の統一体」と定義していたが、大統領を主権者とみなすことには我慢がならなかった。彼にとっては国家主権と人民主権とはリンクしているのである。ヘラーは『主権論』において、「シュミットの主権の構成は矛盾したものであり、根拠薄弱である」と批判し、「大統領の独裁が必然的に委任独裁であると主張し、また同時に大統領は「主権的行為を行なう機関」であると述べることは矛盾である」と述べている。[36] ヘラーによれば、シュミットの主権は「機関主権」であって、主権者である人民の存在を忘却しているのである。

またマコーミックは、『独裁』と『政治神学』における危機克服の手法を比較して、『政治神学』は主権独裁に接近していると述べている。[37]

しかし、この時点でシュミットが大統領を主権者ないし主権独裁と考えていると結論づけることはできない。第一の理由は、シュミットは「大統領の独裁」（一九二四年）やそれ以降の著作においても、委任独裁と主権独裁を区別し、大統領を委任独裁として構成しているからである。

第二の理由は、シュミットが『政治神学』で「主権」という言葉を使用する場合、あくまでも「非常事態」の克服の主体を示すものであり、ボダンやホッブズの言う「絶対的で永続的な権力」ではなく、その権限には限界があり、議会のコントロールを受けるものであった。また権力の淵源や正統性といった意味合いを、ここでの主権概念は持っていない。大統領は「憲法によって構成された機関」であって、伝統的な主権概念は、実はシュミットの憲法構造においては、「憲法制定権力」（pouvoir constituant）を指し、それは人民なのである。私たちは、シュミットの憲法論から切り離して、大統領の立場を考えることはできない。

第三に、シュミットは、ボダンに触れる文脈の中で主権について触れ、「主権」の標識として、「現行法秩序の廃棄」を挙げた。「現行法を廃棄する（aufheben）権限が、まさに主権の本来の識別標識なのである」。[38] たしかに、シュミットにとって大統領の緊急権は現行法を一時的に停止する権限を持ち、その意味において「法より解放され」（legibus solutus）ているが、それでもワイマール憲法秩序に拘束されているのであり、ボダンの君主のように実定法秩序全般を廃棄し、新たな秩序を産み出すことはできないのは自明の理である。

シュミットは一九二四年の「大統領の独裁」の学会報告の中で、プロイセン憲法における君主とワイマール憲法における大統領の立場を比較して、大統領は主権者ではない、と次のように述べている。

プロイセン王国憲法の国法に関しては、ともかく、この憲法は、第六三条に留保されている緊急命令のゆえに、国王が命令のかたちで法律をも、いや憲法そのものをも、副署さえ得られるなら変更する可能性を残している、という見解を主張することが可能であった。共和国の大統領が、この意味では決して主権者でありえないのは言うまでもない。したがって、正規の通常の国家組織のほかに、正規外の国家組織が第四八条から生じる、などと論じることはできない。[39]

シュミットが伝統的な「主権者」としてイメージしていたのは、君主が緊急命令で法を制定したり、廃棄したりする権限を持っているプロイセンの君主や一八一五年のフランスのシャルト憲法下における君主であって、ワイマール憲法下の第四八条の緊急権を持つ大統領ではない。

ただ、シュミットの中に混乱があることも事実である。主権者とは、「非常事態に関して決断を下すものである」というシュミットのテーゼだけを「主権の標識」として用いれば、大統領も主権者として位置づけられることも可能であるが、伝統的な主権者のイメージは、法制定権を持ち、また現行法を廃棄する権限を持つ絶対君主制の君主のイメージであり、立法権を持たず、現行法の枠内における大統領ではないのである。シュミットは『独裁』の中で、共和国の大統領は君主制的な意味での主権者には決してなりえないと述べている。[40] 大統領は君主制的な意味での主権者ではないが、共和制における危機克服の主体なのである。

もともと伝統的に「主権論」が展開されてきたのは、ボダンやホッブズといった絶対主義時代の思想家においてであり、法律に拘束されず、自由に法律を制定したり、廃棄したりできる君主権限においてであった。そうした文脈で議論されてきた主権論を、共和国下における非常事態の緊急権力に適用することは妥当ではない。シュミットは『独裁』の中で、主権と独裁を区別して、「主権とは、ラテン人が至高権力（Majestas）と呼ぶもの」で、君主か人民によって行使されるものであるのに対して、独裁者は主権者から特定の委託を受けた「行動コミッサール」（Aktionskommissar）であると述べている。[41]彼の真意はこの言葉に尽きているように思われる。

2　法治国家論批判

ところで、シュミットが『政治神学』において攻撃したのは、法＝国家を主張し、法治国家論を提唱するケルゼンなどの法治国家論者であった。シュミットの法治国家に対する批判は激しいが、彼がこの時点で全面的に法治国家を排斥していると考えるのは一面的な見方であろう。シュミットは、国家権力を法で縛って、制限しようとする立憲主義的な手法に対して、具体的な「非常事態」を前面に押し出し、国家を法の束縛から解放しなければならないと考えた。この点に関して、シュミットはケルゼンを批判して、次のように述べている。

非常事態であるためには、原理的に無制限の権限、つまり現行秩序の停止が必要である。……この状況が出現した場合、法は後退しながらも、国家は依然として存続することが明白である。……国家の存立はここにおいて、法規範の効力に対する明白な優越性を実証するのである。決断はいかなる規範的拘束からも免れ、本来の意味で絶対化される。非常事態においては、国家はいわゆる自己保存の権利によって法を停止（suspendieren）する。「法＝秩序」なる概念を構成する二要素が、ここにおいて相対立し、それぞれの概念的独立性を表明しうる。[42]

ここでシュミットが述べていることは、常識的には当たり前のことを言っているにすぎない。つまり、法秩序と具体的な国家は別物であるという認識である。こうした立場に立てば、法規範を遵守するだけでは、国家、国民を守ることができないばかりか、時には危険に晒す事態も生じることになる。シュミットは、法秩序が国家、国民を守りえない場合は、国家の決断がいかなる規範的拘束からも免れると述べているのである。ケルゼンのように国家を法規範の体系に還元しようとする試みは、実存する政治統一体としての国家を危険に晒すものであった。

しかし、だからといって、国家が法を無制限に廃止できるとはシュミットは考えなかった。あくまでも一時的に「停止」するのであり、「非常事態」が克服されれば、元に戻り、法規範の実効性は担保されるのである。そして「非常事態」を克服する権限は、憲法の中に規定されているのであり、憲法の外側から超法規的に行なわれるのではない。

ポール・ハーストは、「カール・シュミットの決断主義」と題する論考の中で、シュミットの決断主義は法を否定するものであるとする反論に対して、そうした主張は「あらゆる法が外部を持つという事実を無視するものである」[43]と述べている。ハーストは、シュミットが「法の外部」を強調するからといって、彼の議論が政治的な「非法状態」（non-law）に依拠しているとしても、「無法状態」を肯定しているわけではないと述べている[44]。憲法秩序を守るためにも、法の外側、つまり「非常事態」における決断が必要なのである。彼にとって「シュミットの価値は、あらゆる法秩序には外部があることを強調した点」にあった[45]。

しかし、マコーミックのようにシュミットが大統領を主権的独裁者として構成し、既存の法や体制を解消する権限を持つと考える人々は、例外と規範の関係をハーストのように考えない。シュミットは「非常事態」を一時的に克服されるものとしてではなく、永続的なものとして考えていると彼らは主張し、例外は規範を飲み込み、

「例外はもはや単に規範なきものであるにとどまらず、例外なきものである」(46)と結論を下すのである。しかし、こうした議論はあまりにも、シュミットの「非常事態」や緊急権をワイマール憲法秩序との関係から切り離し、外部の哲学的・神学的な基準を無批判に適用した結果であり、説得性に欠ける。シュミットは「非常事態」を「例外」として考えずに、それを「永続的」なものにしたという批判は枚挙にいとまがない。たしかに、「非常事態」が永続化する危険性はあり、また政治支配者は「非常事態」=「例外状態」を意図的に永続化させることによって自らの支配権を維持しようとする意図を持つものであるが、シュミットがそのことを最初から目指したと考えることには無理がある。ただ大統領が誰になるかによって、そのような危険性が生じてくることは否定できない。

3 政治神学

シュミットは、政治神学的手法を用いて、彼の「非常事態」や「主権」ないし「独裁」の概念を正当化したと批判される。そこには真理の一面が示されている。しかし、基本的にシュミットの政治神学は神学的正当化の理論ではなく、「概念の社会学」なのである。

「政治神学」には、政治の神学化と、概念の社会学としての政治神学がある(47)。たしかに、シュミットの『政治神学』の解釈として、ド・メストルやドノソ・コルテスのような十九世紀の反革命的なカトリックをモデルとして、シュミットの政治・法思想を位置づけることも可能である。そこでは、原罪を負う人間、黙示録的色彩を帯びた「非常事態」が現出することになる。これはシュミットがドイブラー論で描き出した事態である。そして、「非常事態」を克服するための巨大な権力を持つ政治支配者としてのイメージが浮き彫りにされる。こうした解釈を推し進めていけば、シュミットは有神論的立場から独裁者の緊急権を正当化し、独裁者に神に等しい全権を付与したと解釈することも可能であろう。そうしたイメージがシュミットにまったく影響を及ぼしていないと言い切ることはできないが、もともと全能の神とワイマール憲法秩序に制約された大統領の緊急権を「類比的」に考えること自体に無理がある。

シュミットは『独裁』の中で、ドノソ・コルテスの「独裁に関する講演」を引き合いに出して、国法を停止しうる独裁者を、自然法則を停止しうる神の奇跡と類比的に考えた[48]。そして彼は、国家・国法学と神学の構造的同一性を『政治神学』第三章の「政治神学」において本格的に展開するようになる。

シュミットはこの著作の中で「近代国家学の重要な概念は、すべて世俗化された神学概念である」と述べ、「ある特定の時代が構成する形而上学的世界像は、その時代に自明のものとして受け入れられている政治組織の形式と同一の構造を持っている[49]」と主張した。「世俗化過程」を念頭に置きながら、主権概念における神学と法学の類比を問題とする「主権概念の社会学」にとって重要なことは、「目先の現実的法律問題を志向する法的概念操作を超えて、究極的・根源的な体系構造を見出し、これとその時代の社会構造の概念的表現を比較することであった[50]」。したがって、特定の時代の法や政治の構造を理解するためには、根源にまで肉薄して、形而上学や神学の構造を理解する必要がある。ここにシュミットの概念のラディカリズムがあるといえよう。シュミットはこうした立場に依拠して、神学概念と法学概念の構造的類似性を追求したのである。

シュミットは第一に、神学における奇跡と、法律学における非常事態、第二に神学における理神論と、法律学における法治国家論の類比を指摘した。奇跡を排除し、理神論に移行していく過程は、「非常事態」が排斥され、法治国家が確立されていく過程に対応している。

近代法治国家思想は理神論の貫徹とともに貫徹した。理神論の神学や形而上学は、世界から奇跡を排除し、神が直接世界に介入して例外的に自然法則を破るという、奇跡概念に含まれている思想を排除したが、法治国家論も同様に主権者の実定的秩序への直接的介入を排除した[51]。

ここで問題となるのは、シュミットの『政治神学』が、法学の概念や構造を神学にまで遡って解明しようとする法学的方法論に留まるものなのか、それとも、彼の政治的立場を神学的世界観によって正当化しようとしているのかである。

たしかに「非常事態」を無視する「法治国家論」に対して、法秩序を停止する大統領の権限を根拠づけるために、自然法則を侵犯して奇跡を行なう神を持ち出したと言えなくはない。しかしながら、すでに何度も触れたように、例外状況を克服する大統領は、たとえ個々の憲法規定を侵犯したとしても、基本的にワイマールの憲法秩序に拘束された存在であり、ホッブズやボダンの絶対君主主義時代の主権者の概念に帰ることはできないのである。神は絶対的な存在であるが、非常事態を克服する大統領の権限は限定された相対的なものにすぎない。大統領を神の存在に引き上げることは「被造物神化」であり、それはシュミットが意図したことではない。

シュミットと同じ時期に「政治神学」的方法論を展開したのが、シュミットの論敵ケルゼンであった。シュミットは、ケルゼンが神学と法学の方法論的共通性を指摘したことを彼の功績として認めている[52]。しかし、シュミットにとって国家＝法を説くケルゼンの純粋法学は、理神論＝法治国家という過程をさらに推し進め、自然科学的思考によって神と国家を神学と国家学の領域から追放した産物であった。それは、まさに世俗化をさらに推し進め、自然法則の支配を構築しようとする試みであった。シュミットに言わせれば、ケルゼンの方がよほど「形而上学的」であり、特定の立場にコミットしているのである。シュミットは言う。

ケルゼンが国家と法秩序とを法治国家というかたちで同一化する根底には、自然法則と規範を同一視する形而上学が存在する。この形而上学は、もっぱら自然科学的思考より発し、あらゆる恣意の廃棄に基づいて、人間精神の領域からいかなる例外をも排除しようとする[53]。

シュミットとケルゼンの政治神学は、神学と法学の構造的同一性を説き、神学と法学の超越から内在への変遷を歴史的に描き出す点においては共通している。しかし、ケルゼンが自然法則と規範を同一視し、自然科学の法則概念を法学に適用し、法＝国家の法治国家論を展開したのに対して、シュミットは有神論的立場から奇跡と緊急権を同一視し、独裁者の非常大権を正当化したわけではない。

私たちは、シュミットが言う神と国家、ないし主権者の「類比」概念を正しく理解しなければならない。例えばJ・H・カイザーは、シュミットと親しかったカトリックの神学者プシュヴァラの説く「存在の類比」と、シュミットの説く神学と法学の類比の親近性を指摘した。[54] たしかに興味深い指摘であり、シュミットの『政治神学』を理解するうえで重要である。つまりプシュヴァラの「存在の類比」とは、「神の無限の卓越性を保持しつつ、神と被造物の質的区別を前提としたうえで、二つの原理的に比較不可能な存在の間の対応関係の統一を保持することであった[55]」。つまりストレートに神概念を地上の人物や機関に投影させるものではないということである。そこには不連続性が確固として存在しているのである。

4　ドノソ・コルテス

シュミットは『政治神学』第四章「反革命の国家哲学について――ド・メストル、ボナール、ドノソ・コルテス」において、反革命の国家哲学者の決断主義を自由主義の「永遠の会話」に対置した。シュミットによれば、彼らに共通しているのは、時代が「決断」を要求しているという認識であった。彼らは、ヘーゲルの「あれもこれも」ではなく、キルケゴールの「あれかこれか」という媒介を否定する対立を強調する。シュミットは「私は常に二つの深淵の中間に立つ。私は常に存在と非存在との中間を進む」というボナールの言葉を紹介し、「善と悪、神と悪魔という対立があって、その間に二者択一が存在し、いかなる総合も、「より高次の第三者」もここにはない[56]」と言い切っている。

またシュミットは、教皇の主権と君主の主権を類比的に論じ、ド・メストルの「主権論」に関して、「まさにきわめて重大な事柄にあっては、決断されるということがいかに決断されるかよりも重要であるから、決断自体が価値を持つ[57]」と、後にシュミットの「決断主義」で有名になった言葉を述べている。

私たちは、シュミットによって理解されたこのようなボナールやド・メストルの立場を、そのままシュミットに適用し、シュミットの「決断主義」が無目的な決断を要請していると即断することは控える必要がある。シュミットの決断は政治統一体の維持と密接に結びついているのである。

ところで、三人のカトリックの反革命主義者の中でシュミットが最も評価したのが、ドノソ・コルテスであった。なぜであろうか。そこには三つの理由があった。

第一の理由は、この三人の中でドノソだけが終末論を展開しているからである。たしかに、ボナールやド・メストルは、フランス革命を嫌悪し、合理主義や進歩主義を批判したが、彼らには「世界の没落や破局」に対する感受性が欠如している。

シュミットは、ド・メストルが『聖ペテルブルクの夜』(一八二一年)で、ロシアの議員に「カトリックは終末論を信ぜず、最後の審判を期待していない[58]」と言わせたことを批判している。「最後の審判」や「反キリスト」の到来といった終末論は、カトリック教徒の中に脈打っていると彼は信じて疑わなかった。シュミットは、ド・メストルとドノソの相違点を「一八四八年の恐怖の深淵を見たスペイン人と比較して、ド・メストルは旧体制の復古の貴族主義者であり、十八世紀の後継者であった[59]」と指摘している。ドノソは、ボナールやド・メストルのように「永遠の秩序」に逃げ込むことはしないで、「文明と世界の退行」を予測し、終末論を展開した。シュミットは「ドノソ・コルテスの如きスペイン人、ルイ・ヴイヨーやレオン・ブロワの如きフランスのカトリック教徒、ロバート・ヒュー・ベンソンの如きイギリスの改宗者、これらカトリック教徒の心中には、ローマの中に反キリストが住まうと考えた十六・七世紀の新教徒と同様、最後の審判に対する期待が脈打っていた[60]」と述べ、カトリックの中でも特に終末論を展開した人々を高く評価した。シュミットにとって、ドノソは「常に極限状態を想定し、最後の審判を待望する」心性を持った思想家であった。

またシュミットが彼の運命に自らを一体化させた第二の理由は、ドノソの終末論的な歴史認識はもとより、君主制が崩壊し、もはや正統主義が失われ、独裁しかないという共通認識であった。この点において、ドノソはボナールやド・メストルのような世襲的君主制を前提とし、王座と祭壇の結合を説く反動的な国家哲学者とは異なっていた。シュミットは、ド・メストルからドノソ・コルテスへの発展を、「正統性」から「独裁」への発展の中に見ているのである[61]。シュミットの場合は、第一次大戦後、君主制が崩壊し、極右極左の革命運動に対抗するためにもワイマール共和国を受け入れた上で「独裁」を支持したように、ドノソもフランスで一八四八年の二月革命による君主制の崩壊に遭遇し、バクーニンやプルードンの無政府主義的社会主義に対抗して、君主制と決別し、共和国における独裁を提唱したのである。双方とも革命に対抗する反動という性質を有している。「永遠の議論」に終始する自由主義は下からの革命運動に対処しえないのである。シュミットは、ドノソについて以下のように述べている。

一切の政治の形而上学的核心を根底から自覚したカトリック国家哲学者、決断的思惟の最大の代表者であるドノソ・コルテスが、一八四八年の革命にさいして王制の時代の終焉を認識したことは、測り知れないほど重大な事件である。もはや王もなく、したがって王制もなく、伝来の意味での正統性もない。彼に残されたものは独裁のみである[62]。

ドノソは、一八四九年一月の「独裁に関する講演」において、一時的措置として政府の独裁を提唱した。ここでの講演が行なわれた当時のスペインの政治状況について簡単に触れておくことにする。一八四八年に中道左派政権のナルバエス将軍は、憲法によって保障された個人の自由を停止し、事実上の行政独裁を樹立した。このような政府の措置に対して、進歩主義者は、議会において異議を唱え、違憲行為であると非難すると同時に、法による支配を要求した。特に進歩主義者のコルテイナ氏は、議会で「すべてのものは法によって、すべてのことは法律のために、そしてすべての場合は法の形式で[63]」行なわれることを主張した。これに対しドノソは、一月の講演の中で、コルテイナ氏に反論し、「法律が社会のために造られたのであり、社会が法律のために造られたのではない」とし、「すべてのものは社会を通して、社会のために」と強調した。彼は、法の形式が社会を救出するに不十分な場合は、独裁が必要だと考えた。

ドノソにとって問題であったのは「独裁が正しいか否かではなく、独裁を必要とする状況がスペインにあるかどうかであった[64]」。進歩派は、独裁は個人の自由を脅かすと警告した。しかしドノソにとって問題となっている定式化は、「自由か独裁か」ではなく、「反乱の独裁か、政府の独裁か」、ないし「剣の独裁か、短刀の独裁か」、あるいは「下からの独裁か、上からの独裁か」であった[65]。ドノソにとって「前代未聞の暴政」をもたらす無政府主義者の「剣の独裁」に比べれば、「短刀の独裁」の方が耐えやすいものであった。

シュミットからすれば、ドノソの政府の独裁、「短刀の独裁」が「委任独裁」に当たるのに対して、「剣の独裁」「反乱の独裁」は主権独裁に該当するものであった。シュミットは、ドノソの革命的独裁に対する恐怖を共有し、その対抗概念として「委任独裁」を提唱したのである。当時のシュミットにとって「下からの独裁」、「反乱の独裁」は、ロシアのボリシェヴィキ独裁であり、ドイツにおける共産主義の革命運動によってもたらされるものであった。

シュミットがドノソに傾倒した第三の理由は、ドノソの人間観に対する共鳴である。これはシュミットの政治思想の底流に一貫して流れているものであり、シュミットの「無政治的個人主義」にも通じる。人間を悪とみるか善とみるか、性悪説の立場に立つか、性善説の立場に立つかについて、シュミットは原罪を説くドノソと同じ立場に立っていた。彼はコルテスの人間観に触れて「ドノソの人間蔑視はもはやとどまるところを知らない。人間の盲目的な悟性、その薄弱な意思、その肉欲のこっけいな衝動は、コルテスの目にはいかにもみじめに映り、この生物の低劣さの全体を表現するには、あらゆる人間の言語のいかなる語彙をもってしても足りない[66]」と述べている。シュミットは、後に『政治的なものの概念』においても、「一切の真の政治理論は、人間を悪と想定する[67]」と述べ、マキアヴェリ、ホッブズ、ド・メストル、ドノソ・コルテスなどの名前を挙げている。これに対して性善説の立場に立つのが、J－J・ルソーであり、無政府主義者のバクーニンであった。徹底した性善説の立場に立てば、無政府主義に行き着かざるをえないが、性悪説の立場に立てば、ホッブズに典型的にみられるように、権威や権力が拡大されざるをえない。こうしたシュミットの人間観や権力観が、彼を自由主義批判に導き、独裁を要請せざるをえなかった原因であろう。シュミットの「委任独裁」に対する理論作業を支えていたのは、ワイマール期の内戦状態を克服しようとする法学者としての使命であったと同時に、彼の人間観や権力観の表れでもあった。シュミットの人間観は、彼が一九一四年に『国家の価値と個人の意義』において前提としていた「放縦で愚かなエゴイスト」と根本において変化していないのである。

VI　「大統領の独裁」（一九二四年）

『政治神学』が発表された翌年の一九二三年は、ハンブルク、ザクセン、テューリンゲンで共産主義者の一揆が発生し、またライン地方では分離主義運動が盛んになり、さらにはナチ党のミュンヘン一揆が発生したが、エーベルトは第四八条の規定に基づいて「非常事態」を宣言し、危機を克服した。こうした危機的状況の中でのシュミットの立場を、ベンダースキーは以下のように説明している。

危機のたびごとに、しばしば議会が麻痺し、互いにいさかいをする非妥協的な政党が、たいていの場合、状況を悪化させた。秩序と安定を回復する仕事は歴代の大統領の肩に重くのしかかり、彼らは、共和国期間を通じて、実に二五〇回以上も第四八条の緊急権を発動した。共和国初期の国内闘争の時期に共和国の存続が保証されたのは、大統領緊急命令が頻繁に行使されたからに他ならなかった。シュミットは自分が議会制に見出した欠陥に対する救済策を持ち合わせていなかったものの、憲法によって緊急権を付与された大統領が、政治秩序の完全な崩壊や急進派による権力の掌握をくいとめることができる、と信じた。しかしシュミットは、大統領を代用皇帝とみなしはしなかったし、憲法に基づく議会の権利の大統領による侵害を主張することもしなかった。それどころかシュミットは、大統領をワイマール国家の番人とみなしたのである。[68]

このベンダースキーの言葉からもわかるように、シュミットは、内憂外患にあったワイマール共和国において、国家を崩壊から救う唯一の手段を、大統領の緊急権に見出したのである。

シュミットは、一九二四年四月十四日と十五日の二日間、ドイツのイエナで開かれた国法学者大会において「大統領の独裁」と題する報告を行なった。[69] この大会における主要テーマは、「ドイツの連邦制」と「大統領の独裁」であり、前者の報告者はG・アンシュッツ（ハイデルベルク）とK・ビルフィンガー（テュービンゲン）、後者の報告者は、シュミット（ボン）とE・ヤコービ（ライプツィヒ）であった。

実は第四八条の緊急権の行使が終わりを告げる時期になって、国法学者の間で第四八条の議論が本格的に行なわれるようになり、その大半は、第四八条の行使に法治国的制限を設けることを試みたものであった。ワイマール共和国初期の緊急権の行使の実態に関して、多くの国法学者は危機感を感じていた。ここでは、通説を代表するものとしてG・アンシュッツの見解を紹介し、その後シュミットの「大統領の独裁」を検討することにする。

1　G・アンシュッツの見解

アンシュッツ（一八六七―一九四八）は、法実証主義の大家ゲルバー（一八二三―一八九一）やラーバント（一八三八―一九一八）の弟子であり、一八九九年にテューービンゲン、一九〇〇年にハイデルベルクの教授となり、一九〇八年から一九一六年までベルリン大学で教鞭をとり、その後、一九三三年のナチス支配までハイデルベルク大学教授でありつづけた。アンシュッツは、ワイマール憲法のコンメンタールである『一九一九年八月十一日のドイツ国の憲法』（初版は一九二一年）やトーマとの共同編集の『ドイツ国法綱要』によってワイマール憲法の通説を形づくった人物である。彼のコンメンタールの水準は、他の国法学者のコンメンタールをはるかに凌駕するものであった。[70] シュトライスは、法実証主義者で自由民主主義者のアンシュッツについて次のように述べている。

アンシュッツと一九二八年にボン大学に移ったR・トーマは、二人とも確信的な民主主義者であり、共和国の信奉者であった。彼らは、ハイデルベルク大学の法学部の自由主義的な雰囲気を形成し、法実証主義者としてベルリンにおけるトリーペル、カウフマン、スメントに対する方法論的な対極をなしていた。[71]

ワイマール共和国で最も権威あるワイマール憲法のコンメンタールは、一九二一年に出版されたG・アンシュッツのコンメンタールである。ここでは、シュミットの第四八条の解釈との比較の上で重要なポイントを五点列挙しておく。

（1）アンシュッツは、第四八条第二項の「公共の安全および秩序」の意味を単に警察的な権力の強化に限定しないで、経済的・財政的諸問題にまで拡大している。この点に関して、後に述べるようにシュミットは反対であった。

（2）アンシュッツは、大統領の緊急権が危機克服のための事実上の措置のみならず、法規命令（Rechtsverordnung）を含むと考えた。大統領の法規命令は、立法機関である議会の通常の法律に代わるものである。もちろん、この法規命令は一時的なものであり、緊急事態の期間に限定されるべきものであった。大統領の法規命令はできるだけ早く議会の通常の法律に帰ることが大事である。

この点に関し、リヒャルト・グラウは、第四八条第二項の七つの基本権以外の「憲法の不可侵性」を主張する点ではアンシュッツと同意見であるが、緊急権の法規命令権を否定し、措置に限定する点では、アンシュッツと対立する。彼は、緊急権に関する画期的な書物として知られる『ライヒ大統領の独裁権力とラント政府』（一九二二年）において、大統領は「通常の立法者ではなく、通常の立法者とともに存在する」と述べ、大統領の緊急権は、「基本権の条項に記されてある法律の留保の意味における法律を制定できない」と断言している。(72)

（3）アンシュッツは、大統領に「法規命令」を付与した結果、それは原則的に「法律の留保」の条項においても適用されると考えた。例えば「人身の自由」を定めた第一一四条は「「人身の自由」はこれを侵してはならない。公権力による人身の自由の侵害または剝奪は、法律の根拠に基づいてのみ許される」と定めているが、これは大統領の法規命令によっても侵害が可能となる。憲法が、単純な立法に限定している規定（六─一一、一四、一〇五、一一〇、一一一、一一二、一一四─一一八、一二一、一二二、一二九─一三四、一五一─一五三条の各条項）は、適切な前提条件の下で、第四八条第二項に基づく大統領の法規命令によっても代わりうるのである。(73)しかし彼はこの原則の例外として、独裁権力が代行できない「法律の留保」があることをも指摘している。これは、diktaturfeste Vorbehalt（独裁に対する留保）と呼ばれている。例えば第四五条第二項の「宣戦および講和は、ライヒ法律によってこれを行なう」の規定において、ライヒ法律の代わりに大統領の緊急権を行使することはできない。また第四八条第五項の「詳細は、ライヒ法律で決める」の規定において、大統領の緊急権の「法規命令権」

が議会の形式的な法律に代わることもできない。そうすれば、大統領の非常大権をコントロールする機能が失われるからである。

（4）アンシュッツは、大統領の緊急権が停止できる基本権は、第四八条第二項に規定されている七つの基本権に限定されていると考えたが、シュミットは、七つの基本権は例示したものにすぎず、秩序回復のためには七つの基本権に留まらないと考えた。アンシュッツは、シュミットの考えは「法的に間違いである」と拒絶している。ただシュミットの場合には、七つ以外の基本権は「効力の停止」を受けるのではなく、あくまでも法規範の効力を前提としたうえで、その「例外」として破毀（Durchbrechung）を受けるものであった。

（5）大統領の緊急権のコントロールに関してアンシュッツは、第四八条第三項に依拠して議会が事後的に廃止できると考えたが、裁判所の法的コントロールに関しては抑制的であった。例えば、第四八条第一項は第一九条第一項に基づいて、国事裁判所に訴えることができる。実際、ライヒ政府によるプロイセン政府の強制的な解体の場合に、ライプツィヒの国事裁判所での訴訟が行なわれた。しかし、通常の裁判所や行政裁判所は、大統領の緊急権行使の合憲性は審査しうる（例えば、副署がなされたか、第四八条の権限の範囲内で行なわれたかなど）が、緊急権の行使がなされる「非常事態」が存在するかどうかや、そのためにいかなる手段が行使されるかなど、緊急権行使の「必要性」や「合目的性」などは、審査できないとした。

アンシュッツの通説といえども、非常事態の判断や危機克服に使用される手段に関しては大統領の裁量に属し、法的コントロールを免れているという一点では、シュミットと一致していた。しかし、停止すべき基本権の範囲、緊急権が法規命令権をも含むものか否かについては、意見は異なっている。

シュミットは、アンシュッツのコンメンタールに対しては、個々の憲法条項の解釈においてだけでなく、より根本的な疑問を抱いていた。それは、アンシュッツが、法実証主義者のゆえに、ワイマール憲法の構造の本質的特徴を理解できていないという不信感である。

シュミットは一九二六年にアンシュッツのワイマール憲法のコンメンタールに対する書評を書き、アンシュッツの法実証主義の立場を鋭く批判した。シュミットはきわめて逆説的であるが、法実証主義は、法治国家の思想を正しく認識しておらず、権力分立を否定するものになると批判した。彼は、アンシュッツが法規範と措置との間の区別をせず、立法機関が立法手続の方法で行なうものがすべて法律であるという形式的法律概念に立脚しているので、法律が個別的な行政行為や司法を含むことによって、権力の分立が破壊されて、立法府の絶対主義に至るという。

シュミットが「権力分立」の視点からアンシュッツを批判していることは驚くべきことである。いったいどちらが法治国家思想に忠実であるかを疑わせるものである。そこに第一次世界大戦中におけるシュミットの軍国主義に対する批判的意識が投影されているといっても過言ではない。

それ〔法実証主義〕は、ワイマール憲法の組織的基礎を解消し、ドイツの戦前の法学に特徴的な方法で、いわゆる「権力の分立」の意味を軽視するので否定されるべきである。……もし立法者が法律の形式で行なうことがすべて法律であるとするならば、もはや理論的に立法、司法、行政の区別が失われるだけでなく、行政と司法の「法律適合性」(Gesetzmäßigkeit) の原理も失われる。要するに法実証主義は、絶対主義的思考から抜け出ることができず、市民的法治国家の基準となる概念を認識できないのである。(74)

アンシュッツのような通説は、後に述べるシュミットに比べれば、大統領の緊急権の範囲を限定していると思えるかもしれない。しかし、実際にはそうではない。この点に関して、E・R・フーバーは、『ドイツ憲法史』第六巻において、「停止 (Außerkraftsetzung) つまり、一般的な停止 (Suspension) は、七つの基本権に限定されているが、(個々の場合における) 具体的な「破毀」は、必然的に許容される」と説くシュミットに対抗させて、アンシュッツに代表される通説について以下のように述べている。

> より厳格な解釈は、一般的な停止と具体的な破毀の区別を否定し、枚挙されていない基本権を独裁の介入に対して不可侵と宣言した。しかし通説のテーゼは一見期待できるように思われるほど基本権に忠実ではなかった。通説は、大統領とラント政府の独裁の緊急命令に立法的性格を承認したことによって、ライヒ憲法が、一般的な「法律の留保」に服することを認めている基本権（七つの停止される基本権以外のもの）に対しても大統領が限定的に介入する権限を容認したのである。こうした回り道の解釈の方法により、七つの基本権以外の基本権も「法律の留保」から導き出される「緊急命令権の留保」（Notverordnungsvorbehalt）の下に置かれたのである。[75]

この文章にアンシュッツの第四八条第二項解釈の問題点がすべて指摘されている。このように考えると、実際に侵害される基本権は、大統領の緊急権が「措置」としての形態をとるか、「法規命令」として出されるかにかかわらず、通説においても広範囲に及んでいることがわかる。通説が緊急権の行使を経済的・財政的領域にまで容認していることを考えれば、通説はシュミット以上に大統領権限の強化を容認しているという「逆説的」な結論が生み出されるのである。

2　シュミットの見解

まず、シュミットが国法学者大会の報告の中で、大統領を「委任独裁」として位置づけているのか、主権者ないし「主権独裁」として考えているのかについて検討する。シュミットは、大統領の委任独裁とフランス革命後の「主権独裁」の相違に関して、国民の「憲法制定権力」――あらゆる権力の源泉で無制約な権力――によって委託された「主権的独裁」である国民議会は、無制約の法的権力を行使するのであり、ワイマール憲法において拘束される大統領とは異なると主張する。彼の『独裁』の主張と変わってはいない。

主権的独裁者は、特別の国家権力によって憲法上の諸組織の他に、常に新しい組織を作り出すことができる。第四八条第二項に基づくライヒ大統領の権限に関して、いかに「無制約な権力」や「全権」(plein pouvoir)とかの言い回しが用いられたとしても、大統領がこの憲法規定に基づいて、たとえ副署するライヒ政府と結びついたとしても、主権独裁を行使することは不可能であろう。主権独裁か憲法かの二者択一であって、両者は互いに排除しあうのである。[76]

とはいえ、シュミットは大統領の独裁が「必然的に委任独裁なのである」と主張しつつも、事実上「大統領権力は意図的に広範に及ぶものとされており、その法的根拠においてではないが、実際上では国民議会の主権独裁の残存のような効力を持っている」[77]と注意を喚起している。

このように、大統領を「委任独裁」と位置づけながらも、危機克服のための広範囲な権力を容認するシュミットは、できるだけ大統領の緊急権を制約しようとする通説とは異なる主張を行なった。つまり彼は、七つの基本権の一時的停止に加えて、第四八条第二項に基づき、他の憲法条項の破毀の可能性を主張した[78]。

シュミットは、第四八条第二項の成立過程に言及し、第二文での七つの基本権の枚挙が、第一文のライヒ大統領の一般的権限を限定するものではなく、単なる例示であり、「ライヒ大統領には、あらゆる必要な措置をとる権限が与えられている」と考えた[79]。実際に、一九二四年の時点で、第一〇五条の規定、つまり「例外裁判所は許されない。何人も法律の定める裁判官の裁判を受ける権利を奪われない」という基本権が停止されているし、「通商・営業の自由」を定めた第一五一条も商店および企業の閉鎖によって侵犯されている。また通説は、憲法の組織的規定の憲法法律も「不可侵」であると主張するが、緊急事態にさいして、執行権が大統領に集中すれば当然組織的規定も停止されざるをえない。総じて、通説は、非常事態の克服に対しては無力たらざるをえない。特にライヒとラントの権限分配を定めた第五条、第一四条、第一五条は非常事態においては侵害されざるをえない。シュミットによれば、こうした基本権の侵害や権限分配の侵害は第四八条第二項の緊急権によって可能なのであり、大統領は、国法上は無制限の権力を持つことになる。

こうした彼の憲法解釈からすると、シュミットは権力を制限する「立憲主義」をまったく理解しておらず、「法の外」にあるものによって、「法」そのものを内側から破壊していく憲法学者であると非難されるであろう。しかしそれは、シュミットが権利の制約や停止を自己目的としていたからではなく、危機克服のために広範囲に及ぶ大統領権限が必要だと考えていたからに他ならない。彼の緊急権理論と法治国家思想はきわめてアンビバレントであって、「緊急状態」や「非常事態」を無視する「法治国家」は批判するものの、法治国家思想そのものに批判的ではなく、できうるかぎり緊急権の展開を法治国家思想の枠内で展開しようとぎりぎりの努力を行なうのである。

シュミットは法制度としての緊急事態を「一般的な法治国家的思想」の中に組み入れようとできるかぎり努力した。したがってこの時点で、シュミットを法治国家的ないし立憲主義的思考の敵対者と考えることは間違いである。彼はフランス革命以降の「戒厳状態」に関する法規範も法治国家的な発展の中に位置づけている。[80]

シュミットといえども、大統領の権限を無制限に支持することはなかった。シュミットは、第四八条第三項の規定にある議会の緊急権に対する異議申し立てを承認した。さらにシュミットは、ライヒ大統領の緊急権が立法機能を伴うものではないこと、さらには、緊急権が議会や既存の官僚組織を廃止したりするものであってはならないことを強調した。この点に関して彼は、すでに『独裁』において、「ただ注意しなければならないのは、もし無制限の権限付与が既成の全職権の解消、およびライヒ大統領への主権の移譲を意味すべきでないとするならば、これらの措置が、つねにただ事実的な種類の措置であって、本来立法行為とも司法行為ともなりえないものであるという点である[81]」と述べている。

また「憲法上の制度そのものが、公共の安全、秩序を脅かすとか、また公共の安全、秩序の回復に必要という理由で、第四八条によって除去されるとかいうこともありえない[82]」とも彼は主張した。さらに「不可侵で組織上最小限必要なもの」、例えばライヒ大統領、ライヒ政府、ライヒ議会を破毀することはできない、とシュミットは強調する。第四八条は、憲法自体や憲法の個々の条項を廃止することはできない。

憲法自体が第四八条によって合法的に廃棄されるものでないことは、疑問の余地がない。すなわち憲法の廃棄は、いや単に憲法原文の改正といえども、概念上、公共の安全や秩序を回復するための手段ではなく、またここで説明した意味での、措置でないからである[83]。

シュミットは、大統領の第四八条の独裁権力が、憲法第七六条が持っているような憲法改正権力や第六八条の法律制定権を持ちえないと主張した。独裁権力は、状況に応じて憲法規定を一時的に「停止」ないし「破毀」するだけであり、恒常的な法制定権をもちえないのである。

シュミットが『大統領の独裁』で挙げている大統領の緊急権の限界の事例としては、例えば、ワイマール憲法第二章「ライヒ議会」の項目においては、第一二五条の「選挙の自由」、第二五条第二項の議会解散後六〇日目の総選挙、議員の定数、第三六条の「議員の免責特権」や第三七条の「議員の不逮捕特権」が独裁権力に対して保障されている。また第三章「ライヒ大統領およびライヒ政府」においては、第四三条第一項は大統領の権限を七年に定めているので、大統領は自らの任期を延長することはできない。また首相や大臣の副署に大統領が拘束されることを規定している第五〇条、政府は「議会の信任」を必要とし、不信任案が決議された時はライヒ首相や大臣の辞職を規定した第五四条は緊急権行使の限界をなしている。

シュミットはまた、第四八条第二項に基づく大統領の緊急権を「国家緊急権」と区別している。国家緊急権とは、シュミットの定義によれば「予期しえぬ極端な事例において、国家の存立を守り、事態によって必要なことを行なうために、行動する力を持つなんらかの国家機関が、憲法諸規定の枠外で、あるいは諸規定に反して、処置を行なうという点にある」のに対して、大統領の緊急権はあくまでも憲法によって規定された権限である。したがって、「国家緊急権」にとってクーデターの権限はありうるが、大統領の緊急権にとっては「憲法自体を排除し、別の憲法を持ち込むこと」はできない[84]。

さらにシュミットは、憲法制定議会では第四八条の緊急権に対する立憲主義的制約として、大臣の副署、事後における議会の同意、施行法の制定が考えられていたと述べている[85]。ただ、すでに述べたように、シュミットは主権独裁と委任独裁を区別し、後者における法的制限を承認しつつも、実際には大統領が主権独裁と同じ広範な権力を有しているので、それだけ、権限濫用の危険性が大きいことを認めざるをえなかった。

ライヒ大統領の独裁は、憲法が発効したという事情だけからいって、必然的に委任独裁なのである。しかしそれは、意図的に広汎なものとされており、その法的根拠においてではないが、実際上では、国民議会の主権独裁の残存のような効力を持っている[86]。

シュミットは、上述の危険性を避けるために、大統領の独裁権力に法律制定権を認めず、それを「措置」に限定した。彼は「措置」を定義して、「措置には、行動の内容が具体的な所与の事態によって規定され、実際目的に完全に支配される結果、その行動が事態により、各事例ごとに異なる内容を持ち、真の意味の法形式を持たない」としている。したがって大統領は、一時的な立法権となる「緊急法規命令権」を持ちえない。「緊急法規命令権」は、法律としての効力を持ち、正規の諸立法機関によって追認される必要があるが、それは、第六八条に規定されている議会の立法権を侵害するものであった。シュミットは「第六八条による正規の立法者と、第四八条による特別立法者という二重の意味での憲法上の立法者を想定することは、誤りである」として、「ライヒ大統領は立法者ではない」と断言している。[87] それは、シュミットが『独裁』において、大統領の緊急権は「それ自体では、立法行為や司法行政を含むものであってはならない」と述べていたことを確証したものである。ワトキンスは、「憲法制定者は第四八条において非立法的行動のみを考えていた」[88]とし、ワイマール初期における経済的な緊急立法の必要性が緊急権の性質に変化をもたらしたことを指摘しながら、「インフレーションの危機にさいして緊急立法を発する試みはすぐに、この問題を前面に登場させた。そしてしばらくの間、このことがドイツ憲法のすべての領域において、最も深刻に議論される問題となった[89]」と述べている。

特に一九二三年に、経済的な緊急立法が緊急権の名において多発された。これによって、緊急権の範囲が行政の領域だけでなく、緊急立法の領域にまで拡大された。さらには、裁判所が緊急立法を承認するようになったのである。[90] 通説は、第四八条の緊急権の経済的・財政的法規命令を認めたが、シュミットは認めなかった。

この問題がヒートアップしたのが、一九二四年イエナで開催されたドイツ国法学者大会であった。ここでシュミットは、緊急立法を大統領の側における「簒奪行為」とみなし、第四八条の緊急権を「措置」に限定したのである。こうしたシュミットの主張にもかかわらず、実際には緊急権の行使は立法の領域にまで拡大適用された。通説の主張者の中にはアンシュッツ、ギーゼ、ペッチュ＝ヘフターのように、経済・財政領域における緊急立法を容認する人々が多かったのである。

シュミットの主張には相対立する評価が可能である。小倉大は、シュミットが議会の立法権を侵害する大統領の法規命令権を否定したことを根拠に、シュミットの方が通説よりも、独裁権力を制限しようとしたと述べている。

皮肉なことに、何とかして第四八条第二項の大統領非常事態権限を抑制しようと考えていた支配的見解の方が結果的に、その権限を拡張する論拠になってしまった。そしてその支配的見解が具体的に論拠すべきと考えていた人物の方が、実はその権限を縮小する鍵を提示していた。その人物がカール・シュミットである。[91]

それに対してショイナーは、当時の憲法実践を考慮すれば、シュミットの議論は非現実的であったと主張する。彼は、「シュミットが概念的に措置と通常の法規設定との間に引いた鋭い分離線は、たしかに緊急権力の一時的性格を確認するものであったが、第四八条のすでに起こっている拡大を十分明確に表現したものではなかった[92]」として、シュミットのテーゼは、第四八条の法規制定権を認めないにもかかわらず、結果的に「第四八条の拡大された解釈と行使を強化し、正当化する傾向」に役立ったと述べている。たしかに大統領の緊急権を「措置」に限定したとしても、緊急権の行使によって多くの憲法条項が「破毀」されることになれば、上からの「非合法化」という批判は避けられないであろう。

この点に関して、共同報告者ヤコービも、基本的にシュミットと同意見であった。ヤコービは、シュミットと同様に大統領の緊急権の広範囲な行使を主張しつつも、他方において緊急権が経済・財政的領域における「法規命令」として行使されてきたことによって、「授権法や合憲的な緊急命令権が提供するような「簡易立法」の可能性が提供された[93]」と批判している。

ヤコービは、その事例として、特に一九二二年から二三年になされた為替とレンテンマルクに関する財政的領域における緊急命令を列挙し、第四八条第二項に基づく緊急命令と授権法が「簡易立法」として相互補完的に適用されている危険性を指摘している。ヤコービによれば、これは議会の立法権の「権力の横領」なのである。

3　国法学者大会の反響

一九二四年の国法学者大会は、当時のすぐれた国法学者が集まり、大統領の独裁の問題に関して議論したことのゆえに、重要である。この大会には、シュティア゠ゾムロ（ケルン）、ナヴィアスキー（ミュンヘン）、トーマとアンシュッツ（ハイデルベルク）、ヘラー（ライプツィヒ）、W・イェリネック（キール）、ビルフィンガー（テュービンゲン）が参加していた。後の「パーペン・クーデター」のさいに国事裁判所に出廷した国法学者とほぼ顔ぶれは同じである。

こうした国法学者の多くは、第四八条の濫用の危険性に警鐘を乱打した。シュミットとヤコービの見解は少数派にすぎなかった。シュミットは一九二四年四月十四日の日記に、自らの報告について「失敗ではなかったが、大いなる成功ではなかった」と記している[94]。

イエナ大会のシュミットやヤコービの報告の後の討論に関して、大会の報告書は「特に、第四八条第二項におけるライヒ大統領の措置は、憲法に抵触できないこと、第四八条第二項第二文は、停止される基本権を網羅していること、……非常事態や措置に範囲を定めた「施行法」を早急に制定することが主張された[95]」と書き記している。

以上、私たちは、「大統領の独裁」に即しつつ、シュミットが危機克服の処方箋と考える委任独裁の像を描いてきたが、実際は、シュミットの報告は国法学者大会の参加者の多数によって「危険なもの」とみなされたのである。この点に関して、ショイナーは次のように述べている。

彼ら（カール・シュミットとエルヴィン・ヤコービ）のテーゼ、つまり、第四八条第五項において規定されている施行法がまだ存在しないので、独裁の制限はすべての憲法規定によってなされるのではないこと、また

第四八条はたしかに憲法の維持を目的とするが、憲法の「不可侵の組織上最小限必要なもの」にのみ拘束されること、したがって、第四八条が国法上無制限な権力を保持していることは、国法学においては、一九二四年の大会の議論が示しているように、支持を得られなかったのである。(96)

しかし、奇妙なことに、シュミットの緊急権の措置の拡大が批判される一方、シュミットやヤコービが指摘した措置と法律の区別に関しては、ほとんど特別な反応が示されていない。しかしシュミットとヤコービの主権がまったく無視されたわけではない。イエナでの独裁権力に関するシュミットとヤコービの報告に対して、一九二四年秋に行なわれたドイツ法学者大会においては、緊急権の制限が強調され、大統領の緊急の法規命令を認めるにせよ、ライヒ参議院とライヒ議会の事前の同意という条件において承認するという提案がなされたのである。(97)

4　大統領の議会解散権

ところで、シュミットは、大統領の第四八条の権限の拡大を主張したが、それではシュミットは議会の権限に関してどのように理解していたのであろうか。彼は議会のコントロール機能を強化しようとしていたのか、それともそれを弱体化しようとしたのだろうか。この点において、シュミットが大統領の議会解散権を積極的に擁護したことに触れておきたい。

シュミットは、一九二四年「再度のライヒ議会解散」を『ケルン人民新聞』に、一九二五年に「ライヒ憲法第二五条によるライヒ議会解散における「一回性」と「同一の理由」」を、『公法雑誌』に掲載した。

ワイマール憲法第二五条には、「ライヒ議会の解散」に関して、第一項では「ライヒ大統領は、ライヒ議会を解散することができるが、同一の理由による解散は一回に限る」とあり、第二項では「総選挙は解散後遅くとも六〇日目に施行される」と記されている。

ところで、議会運営上の困難を理由に、一九二四年十月二十日に議会が解散された。しかし総選挙後同じ事態が生じた場合、同一理由による再度の解散は許されるのか、憲法違反ではないかという議論が行なわれる中で、シュミットは、再度の議会解散にゴーサインを出したのである。

シュミットによれば、憲法第二五条には、例えば、ライヒ議会がライヒ政府の法案を否決するというように、ライヒ政府と議会の立場が対立する場合に、総選挙において有権者が最終的に決定することが前提とされている。それは、議会において多数派形成が可能であることを前提としている。したがって、多数派形成が不可能で議会が機能を麻痺してしまう場合、議会の安定のため何度でも議会を解散することが可能なのである。シュミットは言う。

この場合〈議会の多数派形成が不可能な場合〉は、ライヒ憲法第二五条に違反する「同一の理由による」解散といった類のものではない。それは、ワイマール憲法全体が依拠し、そして当然ながら第二五条も依拠している前提条件、すなわち、政権担当能力ある多数派に基づく活動能力のある議会を生み出そうとする不可避の手段というものである。(98)

翌年シュミットは『公法雑誌』に「ライヒ憲法第二五条によるライヒ議会解散における「一回性」と「同一の理由」」を寄稿し、一九二四年十月の選挙の結果、多数派形成が困難なので再度の議会解散が許されることを再説した。(99)

ワイマール憲法における第二五条の大統領の解散権は、多数派を形成する議会の安定のためには、何度も行使されても許容されるという見解は、分裂状態にある議会を、解散・総選挙の手段によって、新たな活動能力のある議会制を創出したいという シュミットの願望の表れとみなすことも可能である。その点において、一九二四年と二五年の時点において、シュミットがまだ議会制の活性化に対する期待を抱いていたと考えることも可能である。少なくともシュミットは、議会制をトータルに否定することはしていない。しかし、大統領の議会解散権を積極的に認めることは、緊急権に対する議会のコントロールを否定することにつながる。実際、ワイマール共和国後期のブリューニング内閣の時、それは現実のものとなった。大統領の緊急権のコントロールは、議会が安定した政治的権威を持っていない場合は、事実上不可能になる。

シュミットは、一九二五年の「ライヒ大統領とワイマール憲法」においても、議会制の機能の回復には積極的であったし、大統領の独裁が国家的クーデターを引き起こし、憲法を破壊しないように、適切な大統領を選ぶべきことを大統領選挙にさいして訴えたのである。この時の第二回目の決選投票における大統領候補は中央党の党首ヴィルヘルム・マルクスとヒンデンブルク、そして共産党の国会議員テールマンであったが、シュミットはこの時点では中央党のマルクスを支持していた。

目下の大統領選挙においては、個々の有権者は少なくとも次のことを意識しておかねばならない。すなわち有権者は、七年間、一人の人間を大統領として選出するのであり、その者の法的・政治的勢力はワイマール憲法によれば計り知れないほど大きく、そしてその者は、危機や非常事態においては、独裁者となるか、独裁者のために道を掃ききよめるか、あるいは、独裁の道を防ぐこともできるのである。[100]

こうした認識、つまり委任独裁から主権独裁への転換の危険性をシュミットが『独裁』から一貫して主張しつづけてきたことは傾聴に値する。

とはいえ、大統領の議会解散権が議会の多数派形成のためであると好意的な解釈を行なったとしても、シュミットが一九二三年の『現代議会主義の精神史的状況』で事実上、議会制に死亡宣告を行なったことは、どのように理解したらいいのだろうか。議会制の否定は、とりもなおさず、法治国的なワイマール憲法の枠組みにある「委任独裁」の否定に通じるからである。

Ⅶ　『現代議会主義の精神史的状況』（第一版一九二三年、第二版一九二六年）

1　議会主義の変貌

シュミットは一九二三年、ボン大学のE・チーテルマンのための記念論文集に『現代議会主義の精神史的状況』を寄稿した。第一版である。第二版は、『高地』誌（一九二六年）に出された「議会主義と現代の大衆民主主義の対立」を序文に加えて、一九二六年に発行された。

シュミットは、本書の第一版序文において、議会主義に対するマルクス主義的、サンディカリズム的、君主主義的、貴族主義的批判に言及しながら、自らの議会主義に関する叙述の分析視角について以下のように述べている。それは議会主義に対する法的・社会学的分析ではなく精神史的考察である。

以下の研究の学問的関心は、これらの文献に賛成したり、反対したりすることにあるのではなく、現代議会主義の最終的核心をえぐりだそうとすることに向けられている。こうすることによって、今日支配的である政治的・社会的思想からは、現代議会主義の体系的基礎がいかに把握しがたいか、またこの制度が道徳的ならびに精神的にどの程度までその基盤を失って、単に空虚な機械として存在し、単に機械的な惰性のおかげで維持されているという問題がおのずと判明するであろう。改革のための諸提案は、この状況を精神的に意識する場合にのみ、展望を見出すことができる。[101]

まさに「空虚な機械」という言葉に、本書のキーワードがある。すでにドイブラー論でみたように、シュミットは世俗化によってすべてのものが機械と化すと述べていたが、議会制もその精神的基盤を喪失し、機能不全に陥ってしまったのである。シュミットは制度を支える精神的基盤に着目していた。

本書の構成は、第一章「民主主義と議会主義」、第二章「議会主義の諸原理」、第三章「マルクス主義思想における独裁」、第四章「議会主義の敵としての直接的暴力行使の非合理主義的理論」である。本書において重要なことは、シュミットが議会主義と民主主義との関係をどのように理解したか、また議会主義を脅かすマルクス主義やサンディカリズムの直接行動の理論をどのように評価したかである。

第一章で、シュミットは、民主主義をルソーに倣って「治者と被治者の同一性（Identität）」と定義し、ジャコバン独裁やボリシェヴィズムの独裁における少数者による多数者の支配の事例を出して、民主主義と独裁は対立物ではないと論じている。要するに、シュミットにとって民主主義において重要なのは、いかに人民の意志を形成していくかの方法であり、またいかに民主主義的正統性を保持しうるかであり、実際の民衆の政治参加ではないのである。彼は言う。

近代議会主義と呼ばれるものなしでも民主主義は存在しうるし、議会主義は民主主義なしでも存在しうる。そして独裁は、民主主義に対する決定的な対立物でもないし、また民主主義は独裁に対する対立物でもない。(102)

ちなみに、独裁は、民主主義の対立物ではないが、権力分立を廃棄し、立法と行政との区別を廃棄するものとして、自由主義の対立物なのである。

ここで私たちは、シュミットが民主主義と独裁を結びつけて、反議会主義的な民主主義的独裁を目指していると早急に結論づけてはならない。なぜなら、シュミットが独裁の事例として挙げているものは、ジャコバン独裁やボリシェヴィキ独裁であり、『独裁』の定義からすれば「主権独裁」にあたり、シュミットが反対してきたものだからである。『現代議会主義の精神史的状況』で使用されている「独裁」が、どのような文脈で用いられているかに注意する必要がある。議会主義と民主主義が密接不可分であると考える私たちの感覚からするときわめて挑戦的であるが、民主主義的正統性がいかなる政治システムと結びつきうるかという認識の表明に他ならないのである。

第二章の「議会主義の諸原理」において、シュミットは議会主義を直接民主主義に代わる実現可能な政治形態として理解するのではなく、整合的で包括的な形而上学である自由主義の制度的形態とみなしている。議会制の形而上学的基礎、精神的基礎が崩れれば、議会制も機能を喪失する。議会主義における特徴は、公開性における討論、権力分立、普遍的・一般的な概念としての法律概念――個別的・具体的な命令や措置と異なる――であり、シュミットが後の『憲法論』において、政治的構成部分に対して「市民的法治国家」部分と定式化したものである。議会制の精神的基盤は、公開性における討論によって真理が発見されるという信念にあった。シュミットは、多様な党派による弁証法的な討論のプロセスにおいても、双方の間で一定の共通の基盤が必要であることを力説した。

党派の対立を通じて行なわれる意見の均衡化は、決して世界観の絶対的な問題にまで拡げられず、その相対的な性質上こうした過程に適した事柄のみに関係する。まったく相反する対立は、議会主義を破棄するものであり、議会の討論は、共通な、論議の余地のない基礎を前提としている。(103)

シュミットの「精神史的方法」は、制度の理念的基礎を重視するものであり、いわば制度を支える精神を強調するものである。そして議会主義の精神的基礎は、十九世紀の自由主義にあった。しかし、シュミットは、議会が党派的対立の場と化し、決断が公開性ではなく、秘密に行なわれている現状を見て、「公開性と討論とが議会運営の事実上の現実において空虚で、取るに足らぬ形式と化してしまっているとすれば、十九世紀において発達した議会もまた、その従来の基礎とその意味とを失ってしまっている」(104)と結論づけた。

2　直接行動主義の神話理論

第三章の「マルクス主義思想における独裁」、第四章の「議会主義の敵としての直接的暴力行使の非合理主義的議論」では、反議会主義的主張が、その形而上学的な背景とともに展開されている。特にソレルのアナルコ・サンディカリズムの神話の理論は、ベルグソンの生の哲学を哲学的背景として持ち、議会主義が失った精神的基盤に代わって新たな精神的運動を創り出しているのである。

偉大なる熱狂、偉大なる道徳的決断および偉大なる神話は、推理や合目的考量からではなく、純粋な生の本能の深みから生まれるのである。熱狂した大衆は、直接的な直感によって神話的イメージを創造する。このイメージこそは、彼らの活力を推進せしめ、殉教への力ならびに暴力行使への勇気を彼らに与えるのである。ただこうしてのみ、一民族、一階級は世界史の原動力となる。こういうものを欠く場合には、いかなる社会的・政治的権力といえども維持されえず、またいかなる機械的な装置も歴史的生の新たな潮流が解き放たれた時にはその防波堤となることができないのである。(105)

しかしシュミットは、マルクス主義の独裁のみならず、直接的なソレルの神話理論をも無条件で肯定しているわけではない。それらの議会主義への挑戦を真摯に受け止めつつも、議会主義に代わるものとして提示しているのではないのである。神話理論に基づく直接行動主義に対するシュミットの態度はアンビバレントである。

> 神話の理論は、議会主義的思想の相対的な合理主義が自明性を失ったということを示す最も力強い表現である。無政府主義的な著作家たちが、権威と統一に対する敵意から神話的なものの意義を発見したとすれば、彼らは無意識のうちに、新たな権威の基礎づけ、したがって秩序、規律およびヒエラルヒーに対する新たな感情の基礎づけに協力していたのである。もちろんそのような非合理主義の理念上の危険性は大である。最後の、少なくとも若干の痕跡において存在する共属性は、無数の神話の多元主義において廃棄される。これは政治神学にとって多神論（Polytheismus）である。[106]（強調は引用者）

3　ヘラーのシュミット批判

シュミットにとって、ベルグソンの生の哲学を援用したG・ソレルの直接行動の神話理論は魅力的であった。精神的虚無に至る世俗化や技術時代において、このような精神的運動が生み出され、失われた「精神」が「神話」という形式でよみがえり、人間の行動を駆り立てていることに驚愕せずにはおられなかった。しかし、この時期のシュミットには、まだカトリックとしての有神論的立場から、非合理主義的な神話の理論が「政治神学的」には多神論に行き着くという醒めた認識を示し、その危険性を理解していたといえよう。

しかし、これとは別の評価も可能である。それは、すでにシュミットがカトリックの超越性や理念から脱し、ソレルの非合理主義的な精神運動に屈していたとする解釈である。この解釈に立つのが、シュミットの国法上の論敵、ヘルマン・ヘラーであった。

ヘルマン・ヘラーは、「ヨーロッパとファシズム」（一九二八年）においてシュミットをモスカやパレートなどの新マキアヴェリズムの系譜に位置づけた。パレートは、政治においてイデオロギーの果たす役割を強調するが、彼らにとってイデオロギーとは、政治権力を正当化する単なる手段にすぎず、実質的内容を持たず、現実的であることを必要としない神話である。それは実際には存在しないが、あたかもあるように機能するのである。ヘラーは、シュミットが評価するソレルの神話理論に対しても、それが「かのようにの宗教」（als-ob Religion）にすぎず、信仰なき信仰願望であると批判した。また彼は、「私はカトリックであるが無神論者である」と言ったシャルル・モーラスを引き合いに出して、モーラスとシュミットを「かのようにのカトリシズム」（als-ob Katholizismus）の提唱者と考えた。彼はシュミットをモーラスに引き寄せて、次のように述べている。

> ドイツにおいてフランスのソレル主義、ナショナリズム、そしてカトリシズムから出発して、議会主義を精神史的に死んだものとみなし、ファシズム独裁を宣言したのは、カール・シュミットであった。彼にとってローマ・カトリシズムにおいては上から下への構成、つまりヒエラルヒーの政治形態が本質的なものである。(107)

ヘラーは亡命後に書いた『国家学』においても、シュミットを「生の哲学」の影響下に位置づけている。

> 最近、生の哲学の影響下に、すべての政治は原則的に非合理的でかつ意味との関係を持たぬ権力闘争を意味するものに他ならないという意見が形成された。これといった意味内容のない暴力行使がすべての無法な政治の基本原則をなすという点においてソレル、パレート、シュペングラーはその意見をまったく同じくしている。……ドイツ・ファシズムの有力な弁護者であるカール・シュミットが理解する政治的なものの概念もこれと同様である。(108)

シュミット自身は、自分がパレートやソレルの系譜に位置づけられることに対して反発し、一九二八年十二月十八日のヘラー宛の書簡において、「あなたの論文の一六頁に私の名前と結びつけられて現れる標語、「新マキアヴェリ主義者の政治技術」「幻滅したブルジョワ社会」「赤裸々な権力闘争」、……「無神論的カトリシズム」は明らかに友・敵分類の武器です。……パレートの政治論文に関するこの論文に、私の名前が登場すること自体がふさわしいことではありません」[109]と述べている。

とはいえ、シュミットが『現代議会主義の精神史的状況』において、一九二二年十月ローマ進軍の直前にムッソリーニが行なった演説の中の、「われわれは一つの神話を創り出した。この神話は信念であり、高貴なる情熱であり、何ら現実たることを要しない。それは衝動であり、希望であり、信仰であり、勇気である。われわれの神話は民族である。われわれが具体的な現実となさんと欲するは、偉大な民族である」[110]を評価したことも事実である。また彼は一九二九年、「ファシスト国家の本質と生成」において、国家は「国民的高揚、ムッソリーニの個人的エネルギー、戦争参加者の運動」から新しいエネルギーを引き出し、「高次の第三者として決断する」として、ファシズムを肯定している。

メーリングはシュミットにおけるこのアンビバレンスについて、以下のように指摘している。

疑いもなく、シュミットは、新しい種類の権威——秩序・規律・ヒエラルヒーに対する新しい感情に基づく——の基礎としてイタリア・ファシズムを優先したが、同時にこの種の非合理主義が示す危険性、つまり多神教の危険性を強調している。[111]

ところで、シュミットは第一版の三年後に書いた一九二六年の『現代議会主義の精神史的状況』第二版序文において、「議会主義と現代大衆民主主義の対立」という論考を掲載し、「同質性」（Homogenität）——それは必然的に異質的なものの排除を伴う——を特徴とする民主主義と、自由主義的な個人主義によって担われている議会主義との根本的対立を、以下のように定式化している。

技術的な意味に留まらず、また本質的な意味においても、直接的な民主主義の前には自由主義的思想の脈絡から発生した議会は人工的な機械として現れるのに反して、独裁的・シーザー主義的な方法は、人民の喝采によって支持されるだけでなく、民主主義的実質および力の直接的表現でありうる。(112)

そしてシュミットは、「議会が明瞭な真理を持つ制度から単なる実用的＝技術的手段となる時には、赤裸々な独裁が成立するまでもなく、議会以外の方法でやっていけるということが何らかの仕方で事実上示されればよいのであって、その場合、議会はすでに役割を終えているのである(113)」と述べている。

シュミットは、技術というものをどうでもいいと考えているわけではない。例えば国家を考えた場合、その技術的な合法性体系は、国家の安定性のために必要不可欠であると考えた。しかし後にシュミットが『リヴァイアサン』（一九三八年）で論証したように、国家が精神的基盤を喪失し、単なる機械と化す時に、国民の忠誠心を生み出すことができず、内側から崩壊するというのである。こうした認識、そして精神史的方法は、シュミットの全生涯を貫いている赤い糸なのである。

ところで、シュミットの『現代議会主義の精神史的状況』に対しては、多くの批判があった。プロイスは、直接シュミットの議会主義批判に言及していないが、彼がこの書物に批判的であったことは想像に難くない。プロイスは、「ドイツの国家変遷」（一九一九年）の中で、「民主主義と議会主義と法治国家は、ドイツ共和国のライヒ憲法が依拠している三つの基本思想である」と述べていた(114)。こうした見解からすれば、民主主義と議会主義ないし法治国家を対立させること自体が暴論といえる。またプロイスにとって、民主主義をルソーを引き合いに出し、「治者と被治者の同一性」と定義することに批判的であった(115)。ルソー的な同一性は「同質性」を前提にせざるをえないので、ギールケのゲノッセンシャフト理論を継承し、多元主義の側に立つプロイスにとって、それは危険であると思われたのである。

基本的にプロイスと同じ立場に立ってシュミットの議会制批判を攻撃したのが、アンシュッツと並ぶ法実証主義の泰斗R・トーマであった。以下では、シュミットとトーマの民主主義と議会主義をめぐる論争に言及し、シュミットの民主主義論、議会主義論がどのように受け止められ、批判されたのかを検討することとする。

Ⅷ　シュミットとトーマの論争

1　民主主義概念をめぐる論争

シュミットとトーマの間には、すでに民主主義概念をめぐって幾度か論争が繰り広げられた。トーマは、ヴェーバーの記念論文集に「国家概念との関係における民主主義概念について」を寄稿した[116]。これに対して、シュミットは一九二四年に発表した「国家概念との関係における近代民主主義の概念」でトーマに反論した[117]。トーマは民主主義概念の混乱状況にあって、民主主義国家を「責任ある統治が普通・平等選挙権の基礎においてのみ存在する国家[118]」と定義し、このような定義は、民主主義の世界的な言語慣用と一致すると考えた。したがって、ある国家が民主主義国家であると定義されるのは、「その国法が人民のあらゆる階層に平等な選挙権や投票権を与え、あらゆる支配権力を直接ないし間接にこの基礎の上に置く程度に応じてなのである[119]」。

トーマはこのように民主主義を定義し、民主主義を自由主義的・反平等主義的民主主義と急進的・平等主義的な民主主義に区分し、前者の代表者をカントやフィヒテ、後者の代表者をルソーに求めた。トーマの選択は自由民主主義であり、後者の急進的民主主義思想を批判した。第一の理由は、「人民の支配」、「治者と被治者の同一性」を目指す急進的民主主義は、現実には存在しえず、民主主義のメルクマールとしては不適切であるからである。第二の理由は、トーマが急進的民主主義概念をワイマール・デモクラシーに向けられた「政治的・戦略的な」概念として受け取ったからである。[120] 彼が念頭に置いていたのは、シュミットの民主主義概念であった。「カール・シュミットの『憲法論』においては、自由主義と完全に対立し、治者と被治者の同一性を本質とするただ一つの民主主義しか存在しないような見解が際立っている」[121]。シュミットはシュミットで、「普通・平等選挙権は人民の自己支配を実現する意味しかもちえず、それゆえに民主主義の概念は、同一性から出発しなければならない」[122] とトーマを批判している。

シュミットが自由主義と民主主義を相互に区別（unterscheiden）するだけでなく、分離（teilen）し、さらに対立（gegenüberstellen）させるのに対して、トーマは民主主義概念に自由主義的要素を含ませた。トーマにとって民主主義と自由主義は概念的に密接不可分なものであり、そもそも自由主義なき民主主義はありえないのである。トーマは言う。

民主主義と定義されうる国家は、その国法がすべての人民の階層に平等な選挙権を与え、すべての支配権を直接、間接にこの基礎から構築する程度に応じてである。それは出版の自由、集会の自由、結社の自由を必然的に自らの内に含んでいる。[123]

トーマにとって民主主義国家の反対概念は「特権国家」であり、これは、プロイスの「人民国家」（Volksstaat）対「官憲国家」（Obrigkeitsstaat）の「官憲国家」に当たる。プロイスが第二帝政の「官憲国家」からワイマール共和制の「人民国家」への転換を定式化したように、[124] トーマは「特権国家」から「民主主義国家」への発展を以下のように定式化した。

生まれと財産による支配者の特権を強調する等級づけられた国家から、政治的特権を否定する普通・平等の投票権と選挙権を有する国家が登場する。特権に対して権利の平等が、専制に対して民主主義が、広範な大衆の潜在的な隷属化に対して潜在的自由が、勝利をおさめた(125)。

トーマにとって、とりわけ民主主義国家は、「特権国家」ないし「官憲国家」では臣民であった民衆を市民にすることであった。彼は「共和国」の概念を以下のように説明しているが、それはとりもなおさず民主主義概念でもあった。

共和国という言葉の本来的な意味は、国家を res publica としてすべての市民が参加し、すべての支配がその構成員に奉仕し、すべての構成員は全体に奉仕するような共同社会として理解される。共和国はその意味において臣民を市民にし、市民に権利と義務を付与して、フリードリヒ・ナウマンが「国家とは私たちである」と述べているような心と行動の準備を行なわせるのである。そこから自由の誇りと責任を意識した謙虚さが等しく現れる(126)。

民主主義概念から徹底して自由主義を排除するシュミットは、トーマが民主主義概念に自由主義を持ち込んでいるとして、以下のように批判した。

普通・平等の選挙・投票権は、道理上、等しいものの範囲内における実質的な等しさの結果に他ならず、そのような等しさを超えて進むものではない。このような平等の権利は、同質性が存在しているところで良き意味を持つ。しかし「世界的用語法」が考えるような種類の普通選挙権というものは、それとは違ったことを意味する。それは青年に達した人間は、誰でも単に人間として、そのこと自体によって当然に、他のあらゆる人間と同権であるべきだということである。これは自由主義的思想であって、民主主義的な思想ではない。それは、実質的な平等と同質性の観念に基づく。これまで存在している民主主義に代えて、人類民主主義を置く。この普遍的な人類民主主義は、今日地上を支配していない。[127]

こう述べて、シュミットは民主主義を第一に「同質性」（Homogenität）、第二に異質的なものの排除を前提とするとして、「民主主義の政治的力は、異質な者と不平等な者、すなわち同質性を脅かす者を排除ないし隔離できる点に示されている」と述べている。[128] この説明から明らかなように、シュミットにとって、民主主義は人民の同質性に基づく政治的統一体を意味し、自由主義ないし多元主義に対する論争的概念として構築されているのである。逆にトーマにとって、シュミットの民主主義理解は、人種、民族、階級を持ちだして特定の階層や階級を政治的意思形成から排除する裏返しの「特権国家」の試みに他ならなかった。トーマは、「開かれた民主主義」こそがさまざまな意見や利害の対立・調和によって国民的な統合を達成できる枠組みであると考えた。彼にとって「民主主義」は、権力からの自由という意味での個人的自由、権力に能動的に参加する市民的・政治的自由を保障するだけでなく、さまざまな価値観を持つ諸政党や諸勢力の開かれた自由な競争によって国民的統合を確実なものにする唯一の手段でもあったのである。シュミットのような「閉ざされた民主主義」、ないし民主主義と独裁の結びつきは、民主主義概念の歪曲に他ならず、シュミットの「同一性」概念は市民を政治的主体となすのではなく、独裁者に喝采する政治的客体を作り出すものであった。

2　議会制をめぐる論争

一九二四年、トーマは『社会科学と社会政策雑誌』において「議会主義と独裁のイデオロギーについて」と題するシュミット批判の論文を載せ、シュミットの議会主義に対する死亡宣言に異議を唱えた。[129] シュミットが精神史的方法を用いて、大衆民主主義下における議会主義の機能喪失を証明しようとしたのに反して、トーマは大衆民主主義状況下における議会の機能転換を主張したのである。たしかにトーマは、根本的な社会構造の転換に伴って、議会の機能が変化し、「議会主義の相対的合理性」が明証性を失い、代わって民主主義的な正統性が登場したことを認めた。しかし、トーマはシュミットと反対に、H・D・ラートが主張するように、「古典的・自由主義的な名望家議会から政党国家的な大衆民主主義への移行を、自由主義的・議会主義的原理の崩壊現象として理解したのではなく、国家と社会の変容した関係から帰結する必然的な構造転換として理解したのである[130]」。

トーマにとって、こうした構造転換における議会主義の実現可能な形態とは政党国家であった。したがってトーマは、後に述べるケルゼンやH・ヘラーと同様に、議会制が政党国家という形態をとることを承認し、国家意思形成において政党の果たす役割を強調したのである。トーマは、議会主義の構造転換を見据えて、シュミットの議会主義か独裁かという二者択一に代えて、少数の者が支配する特権国家か民主主義かという選択肢を提示した。この図式は、プロイスの「官憲国家」か「人民国家」かという二元論を継承したものであった。

現代の問題とは、決断が安定した少数者の手中にあるべきかどうか（官憲国家、極端になると独裁）、あるいは時には多数者となる不安定なものの手中にあるべきかどうか（政党国家）、国家構成員がすべて多数派の形式に均等に参加すべきであるかどうか（民主主義）、あるいはプロレタリアートであれ、ブルジョワジーであれ、ある社会階級が排除されるべきか優遇されるべきかどうか（特権国家）ということである。ヨーロッパが議会主義か独裁かのジレンマに立っているなどということは立証されない。[131]

トーマにとって、シュミットによる「議会の機能喪失」というテーゼは、「まったく古びた議会主義の精神史的基礎」に基準が求められているので、その出発点において疑わしいものであった。政治制度の基本原理は、決してただ一つのイデオロギー的正当性に依拠するものではなく、あらゆる制度は生き生きと発展を遂げ、目的の変容や構成上の変化を受けるものである。[132]

トーマは、議会の構造変化の具体的な事例として、議会を指導者選出の場として理解するM・ヴェーバー、H・プロイス、F・ナウマンらの名前を挙げ、彼らにおいては議会主義は、理念の上でも現実においても、依然として十分な生命力を持っていると述べている。これに対してシュミットは、トーマに反論して、こうした「政治的指導者」を選出する舞台としての議会の構想が「幻想」であるとして、「多くの国では、議会主義の結果として、すでにあらゆる政治的事項が党派とその従属者の妥協と獲得の対象に変わってしまい、政治はエリートの仕事であるどころか、かなりに軽侮された階級の人々のかなり軽侮された事業になってしまっている[133]」と批判している。

トーマは、後にシュミットが「憲法の番人」（一九二九年）で定式化する「多元的政党国家」の行く末に対して楽観的であり、シュミットのように「非常事態＝例外状態」という視角からドイツの政党政治の現実を見ていなかった。シュミットからするならば、トーマはいまだ自由競争と予定調和という神話に捉われており、ワイマールの議会の機能不全という危機を認識していなかった。トーマは、経済的危機が克服されるならば、政治の安定性が回復されるであろうと期待していたのである。トーマは、一九三一年の国法学者大会において、ライプホルツが「選挙法の基礎について」の報告の中で、政治的不安定をもたらすので比例選挙制度を廃止しようと提案したことに対して断固として反対して、以下のように述べている。

ドイツ民族がこの冬の時代に陥っているほとんど絶望的な状況は、議会制度やその民主主義的基礎に欠陥があるのではなく、ドイツの大いなる不幸は、経済的危機の深刻化にある。ワイマールの憲法形態はたしかに深刻な危機を受けているが、急進化が克服されて、民主主義と合法性が救出される可能性がいまだ存在するのである。危機の克服の後、議会制度は、ふたたび可能な程度機能するであろう。……政党の分極化は、今ではドイツの不幸ではなく、救いである。というのも大陸の状況下においては、二大政党制度は国民の不治の階級分裂を意味するからである。しかし、複数の政党が存在する多党制においては、統治可能な連立政権の樹立は、仲介的な政党が存在する場合の方が容易なのである。(134)

同じ「政党の分極化」という政治的現実にシュミットは国家解体の予兆を見、トーマは多元主義的な統合の「常態」を見た。トーマからすれば、ルソーの「一般意思」概念を継承し、「同質性」を強調するシュミットは、多元主義による統合に対する理解をまったく欠いていたのである。

ここでシュミットの精神史的・社会学的方法論の特徴を指摘しておくことにする。シュミットにとって具体的な法的・政治的現実の構造変化を把握し（begreifen）、それを概念（Begriff）にまでもたらすことが重要であった。シュミットの概念に対するパトスは他の国法学者の追随を許さないものがある。しかしそのさい、シュミットは、ギゾーやコンスタンというフランス七月革命期の自由主義の思想家に依拠して、古典的・自由主義的な議会制という「理念型」を設定し、大衆民主主義の議会制的政党国家をそこからの堕落形態として理解するのである。同様な手法は、「憲法の番人」における「中立国家」から「全体国家」、『合法性と正統性』における「立法国家」から「行政国家」、『大地のノモス』における「ヨーロッパ公法秩序」から普遍主義的な国際法秩序への転換においても認められるものであり、後者は前者の基準によって断罪されるのである。

ところで、シュミットは一九二三年の時点では精神史的方法で政党国家と化した議会制を批判したが、一九三〇年前後においては、「多元的政党国家」がもはや政治的統一を形成しえないことを、政治社会学的に立証しようと試みるのである。

IX　シュミットとカトリック知識人

シュミットはすでにシュトラスブルクやミュンヘン時代に、Th・ヘッカー、フランツ・ブライ、コンラート・ヴァイスといったカトリック知識人と懇意になっていたが、このボン時代にシュミットが親しくなったカトリック知識人は、『高地』の発行人であるカール・ムート、ボン大学でシュミットのゼミナールで学んだヴァルデマール・グリアン、ダダイズムからカトリックに改宗したH・バル、中央党の主要機関紙『ゲルマニア』のベルリン編集長であるパウル・アダムス、またボン大学神学部のE・ペーターゾン、W・ノイス、K・エッシュヴァイラー、H・バリオンなどの神学者、またフランスのネオ・トミストのJ・マリタンなどである。彼らはシュミットの一連の著作である『政治的ロマン主義』『独裁』『政治神学』『ローマ・カトリシズムと政治形態』に感銘を受け、シュミットに接近した人々である。またシュミットが一九二〇年代に寄稿した半分近くが、『高地』（カトリックの雑誌）、『ゲルマニア』（カトリック中央党の機関紙）、『ケルン人民新聞』（カトリックの日刊紙）、『西洋』（カトリックの保守的雑誌）などに掲載された。例えば『ケルン人民新聞』には、一九二四年に「ロマン主義」（これは『政治的ロマン主義』第二版の序文に当たる）、一九二五年に「ライヒ大統領とワイマール憲法」と「ライヒ憲法四八条の施行法、いわゆる独裁法」、一九二七年に「マキアヴェリ」が掲載され、『盾の会』（ロマーノ・グァルディーニを中心とするカトリック雑誌）には一九二六年に「政治的なものの運命」、『西洋』には一九二八年に「市民的法治国家」、一九三〇年に「非軍事化されたラインラントの政治状況」が寄稿され、『高地』には一九二九年に「知られざるドノソ・コルテス」などが掲載されている。またシュミットの一九二一年から一九二四年までの日記には、カトリック知識人との交流が生き生きと描かれている。

シュミットは一九二二年の夏『ローマ・カトリシズムと政治形態』の執筆にとりかかり、一九二三年四月の終わりに刊行された。第一版は、一九二三年にヤーコプ・ヘグナー社から出版されたが、第二版は一九二五年にテアティノ出版社から出版された。同書はいわば一九一七年の「教会の可視性」の続編である。ここでは、第二版から引用する。

本書でシュミットは、カトリック教会を「反対物の複合体」(complexio oppositorium)と呼び、多様な政治体制であるにもかかわらず、それが最終的に「きわめて厳密な教義および決断への意志」と結びつき、その決断の意志は「教皇不可謬の教義において頂点に達する」(135)と述べている。シュミットが、ロマン主義的カトリシズムに対して教皇の決断の審級を強調するのは、一九一四年の『国家の価値と個人の意義』や『政治的ロマン主義』(一九一九年)以来一貫している。同時にシュミットは、教会の経済的なものや技術的なものに対する優越性をその「代表＝再現前」に求めた。カトリック教会は「機械主義時代の対極」にある。

シュミットはカトリック教会を法的機構とみなし、「カトリック教会が僧侶職を一つの位階職にまで作り上げたこと、しかもこれを独特な仕方でやりとげたことは、カトリック教会の偉大な業績である。無規律な預言者のあらゆる熱狂的な野蛮性は、教皇は預言者ではなく、キリストの代行者であるといった論法で排除されてしまった。階職がカリスマから独立することにより、僧侶は自己の具体的人格を完全に捨象したかに見える一つの威厳を身に着けることになる(136)」と述べている。しかし、この確固としたカトリック教会のヒエラルヒーにおいては、一つの生き生きとした政治理念が脈打っている、それは国家の官僚機構や資本主義の経営組織のヒエラルヒーには見出されえないものである。この点についてシュミットは、政治的生の個別的・外面的契機を孤立化し、政治を単なる技術と化するマキアヴェリ的な政治概念に対抗して、カトリック教会はたしかに確固としたヒエラルヒーの組織であるが、そこには政治理念が息づいていることを強調した。

問題はただこの事態の中にいまだ理念が息づいているか否かである。どんな政治体制も権力主張の単なる技術だけでは、一世代間たりとも存続することはできなかった。政治的なものには必ず理念が含まれている。政治は権威なしに存在せず、いかなる権威も、確固たるエートスなしには存在しえないからである。[137]

こうした政治的理念は、経済的手段や軍事的手段を保有することによっては獲得されない。シュミットは、教会は具体的な人格、つまりキリストを「代表＝再現前」する点にその根拠を見ている。

教会は具体的人格を具体的かつ人格的に代表する。……教会が法的形式やその他さまざまな形式への力を持つのは、まさにそれが「再現前」への力を持つからなのである。教会は人類国家（civitas humana）を「代表＝再現前」し、あらゆる瞬間において、キリストの受肉と十字架の犠牲との歴史的結合を表現し、人格的にキリスト自身を、つまり歴史的現実の中で人間となりたもうた神を「代表＝再現前」する。経済的思考の時代に対する教会の優越性は、この再現前の中に存するのだ。[138]

シュミットは、カトリック教会の政治理念、およびカトリック教会が持つ三つの偉大な形式として、第一に芸術の美的形式、第二に法学上の法的形式、第三に光栄ある輝きに満ちた世界史上の権力形式への力をあげているが、これらは、教会がキリストを「代表＝再現前」することに根拠づけられているのである。[139]しかしシュミットはカトリック教会の世界支配を主張しているわけではない。彼は、教会はそのパートナーとして「完全なる社会」（societas perfecta）としての政治的国家を必要とするのであり、国家もまた教会と同様に「代表＝再現前」の形式であるべきであり、国家と教会という「代表＝再現前」の形式は、相互に協力しあうのである。国家が「リヴァイアサン」（ホッブズ）という単なる権力機構になる時に、国家は「代表＝再現前」の機能を失ってしまうのである。

シュミットは、ローマ・カトリック教会に批判的で、教会法を否定し、宗教を内面的なものに還元するゾームを批判して、次のように述べている。

カトリック教会がキリストを単なる私人と考えず、またキリスト教を単なる私人と考えず、またキリスト教を私事とか純粋に内面的なものともみなさず、それを一つの可視的制度へと作り上げたことを、ある人々は教会の大いなる背信だといって非難する。ルドルフ・ゾームは、教会に備わる法的なものに堕罪を見、ある人は、教会の堕罪はより大規模により根深く世界支配への意志の中にこそある、と考えた。[140]

さらにシュミットは『カラマーゾフの兄弟』の大審問官のくだりで、カトリック教会の聖職者の自由なき権力支配を批判するドストエフスキーを、「自己の中に潜在する無神論をローマ・カトリック教会に投影している」のであり、「世俗権力を全面的に拒否する無政府主義者である」として全面的に排斥し、ドストエフスキーのキリスト信仰への戦いを一顧だにしなかった。[141]

ここで、『国家の価値と個人の意義』や「教会の可視性」と『ローマ・カトリシズムと政治形態』の相違点について考えてみよう。

第一点は、『国家の価値と個人の意義』においては、国家は「自然主義なき自然法」を実現する目的を持っていたが、一九二五年の論稿では、自然法は消えているが、政治理念の重要性は依然として強調されている。

第二点は、カトリック教会の「代表＝再現前」の形式が強調されるあまり、『国家の価値と個人の意義』や『テオドール・ドイブラーの極光』に見られた終末論的留保が背後に退いていることである。

『ローマ・カトリシズムと政治形態』は、保守的なカトリック教徒には多大な影響を及ぼしたが、他面、この著作には激しい批判も浴びせられた。シュミットがカトリック教会を考察する場合、その公法的・再現前的側面を過度に強調したからである。例えば、マックス・シェーラーの弟子で著名なカトリックのジャーナリストであるH・ゲッツェニーは、シュミットの著作には福音の息吹が感じられず、「救いや恩寵の担い手、ないし提供者または贖いの仲介者としての教会」を認識していないと批判し、「教会における外面的な組織や再現前を過大に評価することの極端な帰結は、「私はカトリックであるが無神論者である」というシャルル・モーラスの有名な言葉に印象的に定式化されたあのカトリシズムである」と、シュミットをアクシオン・フランセーズの指導者のシャルル・モーラスに引き付けて理解している(142)。

シュミットをフランスの無神論的カトリック教徒シャルル・モーラスと同一視する見方は、ゲッツェニーだけではなく、『盾の会』の共同編集者でジャーナリストであるカール・ノインデルファーの他、W・ディルクスやW・グリアンもそのようにみなした。シュミットのボン時代の弟子でカトリック教徒であったグリアンは、一九二六年九月二十日にペーターゾンに宛てた書簡で「私は二、三日前に、モーラスについての回想録を読んだ。モーラスはシュミットと何とよく似ていることか(143)」と述べている。すでにF・ブライは、一九二一年十二月七日のシュミット宛の手紙において、明らかにシャルル・モーラスを念頭に置いて、「私にとって救いは何の意味もありません。……私はあなたと同様、神なき聖職者です。シュミット様(144)」と述べていた。シュミットはキルケゴールの審美主義批判の影響を受けて、信仰の決断を追求したが、結局はこの内面的な回心を経験することはなかったのである。彼は一九二二年一月二十二日のクルツィウス宛の手紙で、「私は、キルケゴールのアイロニーが止むまで、つまり彼のロマン的ではないプロテスタントのキリスト教が始まるところまで彼に付いていくことができなかった(145)」と述べている。シュミットは、ボン大学の講座でモーラスの機関紙『アクシオン・フランセーズ』をとっており、大学図書館でこの新聞を読むことを日課としていた(146)。

総じて、シュミットはキルケゴールに倣って神への人格的決断を強調し、初代教会の中に教会のあるべき姿を見出すTh・ヘッカー、H・バル、W・グリアンとは歩むべき道が異なっていた(147)。

ところで、シュミットはすでに述べたように、一九一五年にパウラ・ドロティッチという女性と結婚したが、一九二四年に離婚し、一九二六年にドゥシュカ・トドロヴィッチという正統セルビア系の女性と再婚したことで、カトリック教会から破門された。この破門は一九五〇年に妻ドゥシュカが死亡するまで続いた。

その意味において、一九二六年はカトリック教会との関係においては、シュミットの転換点であった。この点に関して、メーリングは以下のように述べている。

シュミットは、再婚によって公式に破門され、もはやサクラメントを受けることは許されなかった。……カトリックの国家理論家としてのシュミットの評判はそれによって大きく傷ついた。彼は、最初の結婚の無効を求める彼の法学的な試みが失敗したことを不正とみなし、教会を赦すことができなかった。(148)

この事件以降、シュミットが政治的秩序のモデルとして教会を引き合いに出すことはなくなった。彼から超越的視点は失われ、彼のカトリック的バックグラウンドはガタガタと音を立てて崩れていった。またボン時代にシュミットのカトリック性に疑問をいだき、シュミットから離れる人々も出てきたのである。そしてカトリック知識人のシュミットに対する離反は、ワイマール期の大統領内閣において一層広がり、ナチス期において決定的となる。

第三章　ワイマール共和国中期（一九二五―一九二九）におけるシュミット

一九二四年夏以後から一九三〇年までは、第四八条に基づく緊急権は一度しか発動されなかった。しかし、それとは対照的に、国法学者の間では第四八条をめぐって熾烈な論争が戦わされるようになった。議論は、大統領の独裁権力をいかに制限し、コントロールするかに集中した。第四八条の施行法をつくり、緊急権力を制限する決議がイエナの大会でなされ、内務省においても検討されたが、結局、議会で法案として審議されなかった。そこには、第四八条の権限の制約を好まなかった大統領や政府の存在ならびに議会の怠慢があった。

一九二五年に大統領選挙があり、大統領がエーベルトからヒンデンブルクに交代したが、当初は、それが緊急権の行使に及ぼす影響は感じられなかった。しかし元元帥ヒンデンブルクの政治的立場は、徐々にワイマール憲法体制を変容させていく。この点について、ショイナーは以下のように述べている。

ヒンデンブルクの歴史的‐伝統的な心情は、民主主義的・議会主義的諸力に疎遠であり、時の経過とともに、ゆっくりと憲法構造を変容させていった。ヒンデンブルクがこの時代に、自らの義務を忠実かつ良心的に行なったことが認められなければならないとしても、彼の基本的態度の中には、ライヒ大統領と執行府――それは政党や政党政治に対抗して大統領と結びついた――を強化する傾向があった。さまざまな声明において、ヒンデンブルクは再三再四大統領職の超党派性を強調し、政治的諸力の分裂を非難した(1)。

以下、特にシュミットの相対的安定期における著作や一連の論稿、特に『政治的なものの概念』(第一版)、『憲法論』そして『憲法の番人』(第一版)を通して、シュミットの対外的、対内的危機観を考察する。一方において、シュミットはベルサイユ体制を痛烈に批判するナショナリストとして立ち現れるとともに、他方においてワイマールの「多元的政党国家」の危機克服の処方箋に腐心する国家主義者としての相貌を示す。まさに内憂外患の中で、シュミットの関心は政治統一体としての国家を内と外の敵からいかに守り抜くかに集中するのである。それは、存在と当為の対立ではなく、まさしく存在と非存在の対立の時代である。

法学者としてのシュミットの著作活動は、ワイマール憲法体制との格闘を抜きにしては考えられない。その意味において、『憲法論』を通してシュミットがワイマール憲法体制やその政治的諸原理をいかに評価したかを分析することは、本章の不可欠な作業である。私たちはそこに「市民的法治国家」に対するシュミットのアンビバレントな態度を見ることができる。

I　シュミットの緊急権理論

ところで、ワイマール共和国初期との関係で、シュミットはいわゆる相対的安定期において、大統領の緊急権に対してどのようなスタンスを保ちつづけたのだろうか。シュミットは一九二六年、「ライヒ憲法第四八条の施行法、いわゆる独裁法」を十月三日付けの『ケルン人民新聞』に発表した。イエナの国法学者大会から二年後である。シュミットは、一九二四年の国法学者大会で多数派によってなされた施行法制定の要求に、どのような立場をとったのであろうか。

この点に関してシュミットは、一九二四年のドイツ国法学者大会における報告である「大統領の独裁」においては、施行法の制定によって、大統領の緊急権に対して法治国家的制限を課し、緊急権の前提そして内容に関する具体的な規定を主張していた。そうしなければ、「憲法上のあらゆる制度やコントロールが無意味となり、……憲法自体が崩壊する」(2)のである。シュミットにとって、ドイツの政治状況が正常である時に、施行法は作られるべきであった。施行法の制定の意図的な引き延ばしは「違憲」でさえありうるのである。

シュミットはその事例として、「非常事態」の諸前提やその宣言についての決定が、原則的に、独裁者自身から分離され、法律の形式によって議会に与えられている一八七八年のフランスの法律を紹介している。

そしてシュミットは、国法学者大会から二年後の一九二六年に「ライヒ憲法第四八条の施行法」において、施行法の制定による緊急権の法治国的制限を主張したのである。

同条第五項で予定されているライヒ法律が、これまで未解決とされてきた第四八条の暫定的な状態に終止符を打つとともに、法治国家的な概念に対応した非常事態を創出するということが正しい解釈である。……すべての独裁的な権限に関する前提条件と内容に関しては、より詳細な規定を設け、第四八条第二項にある一般的な授権から、上記のような形の法律という意味での非常事態法を創出しなければならないであろう。このような法律によって、ライヒ大統領の前提条件と権限が大幅に制約され、また新たなコントロールが行なわれることになろうとも、憲法改正法律は必要とされない。第四八条が成立した一九一九年の夏の段階においては、ドイツがきわめて異常な状況に置かれており、したがって決定的な行動を可能とするような権限が必要であるという点を人々は明確に知っていた。今日ドイツの状況は平常であり、非常権限（Ausnahmebefügnisse）の通常の法治国家的な発展に対応する規則を定める時が来ていると信じる者は、個々の点で満足してはならず、施行法のためにすべての独裁的な権限の前提条件と内容に関する詳細な列挙を行なうよう要求しなければならない(3)。

このようにシュミットは、「国家と憲法が合法性の中に埋没しないためにも」、効果的な緊急権の行使が必要であると留保を付しつつも、[4] 施行法が緊急権の前提条件と内容を定め、法治国的な制限を課すように訴えたのである。

シュミットは、「非常事態」の要件と緊急権の内容の規制以外にも、緊急権による措置の期間を定めること、措置に対する議会のコントロール、そして緊急命令に対する国事裁判所への異議申し立てにも言及している。[5] 前提に関しては、「公共の安全、および秩序に対する脅威」に経済的・財政的危機を含めず、「戦争や反乱」に限定することが提示されている。

結論としてシュミットは、現在が相対的平和の時代であるがゆえに、大統領に裁量の余地を認めつつも、「非常事態」における法治国家的要請を強調しているといえる。ワイマール後期の内憂外患の時期になると、シュミットはこうした立場から離れていくようになる。

II 『政治的なものの概念』(第一版、一九二七年)

1 ナショナリストとしてのシュミット

シュミットの『政治的なものの概念』(第一版) に触れる前に、シュミットのナショナリストとしての立場がいかに形成されていったかを素描しておきたい。第一次大戦の真只中、シュミットは、Th・マン、E・トレルチ、M・シェーラーのように、「一七八九年の理念」に「一九一四年の理念」を対置させ、アングロサクソンの自由や民主主義のイデオロギーに対抗してドイツのナショナリズムを煽り立てることはしなかった。彼はナショナリズムが荒れ狂う第一次世界大戦中、カトリシズムの普遍主義の立場をとりつづけ、終末論を展開していたのである。

シュミットがナショナリストとしての相貌を示しはじめるのはワイマール共和国になって後のことである。彼はマックス・ヴェーバーなどの知識人と同様、ベルサイユ条約に対して憤激を露わにし、ベルサイユ体制を一貫して攻撃した。シュミットはミュンヘン商科大学にいた時、一九一九年から二〇年にかけての冬学期に、M・ヴェーバーの「講師のためのゼミナール」に参加したが、ヴェーバーのベルサイユ条約に対する態度について、「私が経験したことは、ヴェーバーが当時、ベルサイユに対するあらゆる報復主義の中で最も急進的な報復主義者であったことです[6]」と述べている。シュミットは、ベルサイユに対する批判という点では、ヴェーバーに負けないほどラディカルであった。ドイツに苛酷な重荷を背負わせたベルサイユ条約は、シュミットをナショナリズムの陣営に押しやらざるをえなかった。ドイツ国家やドイツ・ナショナリズムに対するシュミットの強い関心は、ドイツ文化やドイツの民族精神の優秀性に対する確信によってではなく、対外的危機によって触発されたものであった。彼が帝政時代においてカトリックのゆえに距離を置いていたドイツ・ナショナリズムに接近し、最終的に一体化していく契機となったのは、まさにベルサイユ体制の衝撃に他ならなかった。

2　ベルサイユ条約

ここでシュミットのベルサイユ体制批判に触れる前に、ベルサイユ条約の主要な内容を六点列挙しておく。

第一に、ベルサイユ条約の第二三一条に規定されたドイツの戦争責任に関する規定である。この条項は戦争責任を一方的にドイツに押し付けるものであり、シュミットにとってはとうてい受け入れられるものではなかった。

第二点は、ドイツの戦争責任を前提として決定されたドイツに対する多額の賠償義務である。これは後にドーズ案やヤング案といったかたちで緩和され具体化されていったが、敗戦国ドイツにはかりしれない重荷を負わせ、ドイツのナショナリズムをいやがうえにも掻き立てた。ドイツが賠償を履行しない場合には、連合国はドイツに対する制裁を発動することができるとされた。

第三点は、第四二条に規定されたラインラントの非武装化である。つまりライン左岸地帯と右岸の五〇キロ幅地帯とを非武装地帯にするという構想である。連合軍のラインラント占領軍は、五年ごとに段階的に撤退するものとされたが、それはドイツが講和条約で定めた諸義務を履行することを条件にしてであった。またケルン市やマインツ市は一五年間、連合軍が占領するとされた。シュミットは一九二二年から一九二八年までボン大学で教鞭をとっていたという事情も手伝って、ラインラント問題に深くかかわるようになり、ラインラントの非武装化を批判する諸論文を発表した。

第四点として、ベルサイユ条約第一五九〜二一二条に規定されたドイツの武装解除が挙げられる。そこでは、国民兵役義務が廃止され、ドイツ陸軍は十万人に縮小された。さらに飛行機の製造が禁止され、ドイツの武装解除の履行状況を監視する監視委員会が設立された。そしてこの監視委員会には、第一一五条によって調査権が付与された。

第五点は、ドイツの領土喪失と植民地喪失である。エルザス・ロートリンゲンはフランスに、シュレスヴィヒはデンマークに割譲され、ポーランドは独立し、ザール、上シュレジエンといった地域は住民投票に委ねられた。またドイツのかつての植民地は国際連盟の委任統治領とされたが、ドイツは委任統治領の配分から排除された。ちなみにシュミットは、一九一六年からシュトラスブルク大学の私講師をつとめていたが、エルザス・ロートリンゲンの割譲によって、一九一八年十一月に失職したのである。

第六点は、世界平和を保障するための国際連盟の設立であり、第一〇条で国際連盟の加盟国は、相互に独立と領土不可侵が保障されるべきであることが定められた。ドイツが国際連盟に加盟を認められたのは、一九二五年になってからであった。

ベルサイユ条約に劣らず、シュミットのナショナリズムに火をつけたのは、一九二三年一月のフランス軍とベルギー軍のルール占領であった。フランスとベルギーは、ドイツの賠償支払いの不履行に対する制裁措置としてルール地帯に進駐し、工業施設を占領して、石炭・木材、その他の物資の提供を命じ、租税、公共の金庫、私企業の労働賃金を差し押さえた。シュミットは、この時ボン大学教授であったため、この事件をきわめて身近に体験し、かつ憤激したのである。G・マシュケによれば、シュミットはこの事件に触発されて、友と敵という政治的なものの帰結を導き出したという。(7)

3　シュミットのベルサイユ体制、国際連盟批判

ここでシュミットの『政治的なものの概念』（第一版）を検討する前に、シュミットがベルサイユ体制や国際連盟を批判した三つの論稿を紹介することにする。シュミットのベルサイユ体制批判は、一九二三年から一九二八年までボン大学で教鞭をとっていたシュミットにとって一大テーマであり、彼のナショナリストとしての立場を形づくったのがベルサイユ体制に対する不満であった。シュミットの闘いは、彼が一九四〇年に出版した論文集『立場と概念』の副題「ワイマール、ジュネーブ、ベルサイユとの闘い」という言葉に象徴的に示されている。シュミットの『政治的なものの概念』（第一版）には、彼がそれまで執筆していた三つの論文の内容が生かされていた。

この三つの論文の中でシュミットは、ベルサイユ体制や国際連盟がドイツを徹底的に弱体化することを狙ったものであることを白日の下に晒すと同時に、その支配方法が露骨な軍事的・政治的抑圧ではなく、巧妙に仕組まれた「間接的支配」であることを指摘し、ベルサイユ体制や国際連盟の「幻想破壊」を企てたのである。

第一の論文は、一九二五年に出版した『国際政治の対象としてのラインラント』である。これは、シュミットが一九二五年四月十四日にケルンにあるラインラントの中央党支部で講演したものである。シュミットはこの書物の中で、領土を併合する古い政治的支配の方法と、名目上は独立した国家として承認しつつもさまざまな間接

的方法で干渉する新しい政治的支配の方法を区別した。シュミットによれば、まさに第一次大戦後のドイツは、賠償、制裁、調査権などによって、独立国家でありながらたえず外国の干渉に晒されている国家であった。ドイツは巨額の賠償金を支払わなければならないので、経済的に外国に対して服従せざるをえない状態にあった。それだけでなく、賠償不履行のゆえに、一九二三年一月にフランス軍やベルギー軍によってルール地方が占領された事件が典型的に示しているように、制裁権の発動によってドイツはたえず政治的支配の危険性に晒されていた。そのうえ、ルール地方はドイツ重工業の中心地帯であるため、ルール占領はドイツを経済的に麻痺させ、間接的にドイツの安全と秩序を脅かすに至ったのである。シュミットは、このように弱体化したドイツの状態に関して、次のように述べている。

独立、自由、自己決定そして主権といった言葉は、その古い意味を失ってしまった。統制された国家の政治的権力は、多かれ少なかれ、掘り崩されている。それは決定的な闘争事例において、政治的な運命を自ら決定する可能性を有していない。それは、経済的な富を自由に処理しえない。外国の干渉権がただ例外的にしか行使されないことが問題なのではない。決定的なことは、支配され統御された国家が自らの政治行動の基準を自己自身の実存ではなく、他国の利害と決断の中に見出すことである。外国人は、自らの政治的利害になると考えると、安全と秩序、自国の利害と私有財産の保護、そして国際条約の遵守の名目の下に介入する。(8)

シュミットのベルサイユ体制打破の立場は、一九二五年カトリックの雑誌『高地』に掲載された「現状維持と平和」という第二の論文に一層明確に示されている。シュミットはここで「現状維持」(status quo)という言葉の持っている政治的機能を鋭く指摘した。つまりドイツにとって「現状維持」とは、ラインラントの非武装化、賠償義務、国際連盟の調査権、武装解除、ライヒ銀行や国有鉄道の外国によるコントロールといった一連の規定に見られるように、ドイツ国家の弱体化以外の何ものをも意味していなかった。したがってドイツは、「現状維持」を打破しようとするのに対して、ドイツの弱体化をもくろむフランスは、「現状維持」にしがみつくことになる。一言でいえば、「現状維持」とは、「武装解除された六〇〇万人に対する武装した四〇〇万人の軍事的・政治的優越を保持すること」[9]に他ならなかった。シュミットは、急激な政治的変遷の時代にあって、「現状維持」に固執し、「現存の状態を人為的に永続化し、合法化することの結果は、安定や平和ではなく、新しい闘争や対立の先鋭化、不安定な状態の永続化」[10]をもたらすと警告した。こうして、シュミットは「政治的に強力な者が、政治的に弱体な者から、生命のみならず権利や名誉までも剝奪する」[11]ベルサイユ体制の変更を迫るのである。

シュミットのベルサイユ体制批判は、当然のことながら、ベルサイユ体制と密接不可分な国際連盟への批判に連動する。シュミットは、ボン大学で講演した「国際連盟とヨーロッパ」を一九二八年一月に『高地』に掲載した。第三の論文である。シュミットの理解によれば、国際連盟は、ベルサイユ体制と同様、連合国の勝利の成果を神聖化し、「現状維持」を保障する機能を果たした。国際連盟は、戦勝国と敗戦国、武装国家と武装解除された国家、統制の対象となる国家とならない国家、被占領国家と占領国家、制裁をちらつかせる国家とそれにおののく国家の不平等を廃止できなかったのである。したがって、国際連盟は戦勝国の政治的道具に他ならなかった。

国際連盟は、こうして、ある国家群と闘争する国家群の政治的道具と化し、ベルサイユ体制の現状維持の組織や戦利品を正当化する組織となる。真の普遍性を云々するためには、それが個々の国家や国家集団の政治的エゴイズムを越え、外交辞令や儀式的発言ではなく、実質において勝者と敗者の区別を除去し、敗者が正当に処遇されていると感じるようなものでなければならない。ヨーロッパ諸国とその現状は、この真の普遍性から遠く隔たっているのである。[12]

シュミットは一九二五年にドイツが国際連盟に加入したことに対しても批判的であった。というのも、形式的に国際連盟の一員となり、しかも常任理事国になったものの、武装解除され、賠償支払い義務を負わせられたドイツの立場には変化がなかったからである。自由に自らを統治する国家のみが国際連盟の一員となるので、シュミットにとってこの状態は異常としか思えなかった。

4 『政治的なものの概念』（第一版、一九二七年）

シュミットの『政治的なものの概念』の第一版は、一九二七年五月にベルリンの政治大学で講演し、同年の『社会科学と社会政策雑誌』に発表したものである。[13] これは一九二五年におけるボン大学のゼミナールの産物であった。この第一版では、特に対外関係が考察の対象とされており、ベルサイユ体制や国際連盟、そして平和主義が批判の対象とされていた。この論稿における「内政」に対する「外交」の優位は、「戦争」という言葉が七七回も用いられているにもかかわらず、「内戦」という言葉は一回も用いられていないことに如実に示されている。シュミットの政治的なものの概念形成は、第一版に関するかぎり、ベルサイユ体制や国際連盟批判との関連でなされている。[14] H・ホフマンは慧眼にも、シュミットの政治的なものの概念が、「国際法的・法治国家的に現状維持を合法化することに反対し、勝者が永遠に正しく、敗者が永遠に不正であることを阻止するための政治形成を目指している」と述べている。[15]

それでは、第一版に従って、シュミットの政治的なものの概念の定義をみることにしよう。シュミットは、特殊政治的な区別を、「友と敵」の区別に求め、敵の概念には、「戦争の現実的可能性」が属しており、友・敵の概念には、「物理的殺戮の現実的可能性に関わっている」と述べている。[16]

こうした政治的なものの現実的可能性を無視し、「討論」や「競争」によって回避し、深刻な現実にベールをかぶせようとするのが、自由主義であった。シュミットは、赤裸々な権力にベールを被せ、道徳と経済の両極を揺れ動く自由主義のイデオロギーの構造にベルサイユ条約が符合していると考えた。というのも、一方においてドイツは、ベルサイユ条約の第二三一条の戦争犯罪条項に見られるように、道徳的に非難されると同時に、他方において、賠償という経済的手段によって政治的弱体化の対象とされたからである。

ベルサイユ条約のイデオロギー的構造は、倫理的情熱と経済的打算のこの両極性に正確に対応する。第二三一条でドイツは、あらゆる戦争による損害と損失についてのドイツの責任を承認するように強制されており、それによって法的価値判断と道徳的価値判断の基礎がつくられている。「併合」（Annexionen）という政治的概念は避けられている。エルザス・ロートリンゲンの割譲は、「還付」（désannexion）、したがって不法の回復である。ポーランドとデンマークの領域の割譲は、民主主義原則という理想的要請に仕えるものである。植民地の剝奪は、第二二条で無私の人道主義の賜物とすら宣言されている。こうした理想主義の経済的な反対の極を形づくるのが賠償、すなわち敗者に対する継続的で無制限な経済的搾取である。[17]

シュミットが『政治的なものの概念』の中で強調したテーマの一つは、ヘーゲルが『ドイツ憲法論』の中で指摘したのと同じ真理、つまりドイツは国家ではないということであった。というのもシュミットによれば、国家の概念には交戦権が不可欠であるが、ドイツは武装解除された国家であった。また国家は戦争という「非常事態」においては、自国民に戦闘行為を命じる権限を有しているが、ドイツ国民の兵役義務は禁じられていた。とりわけシュミットによれば、政治的統一体としての国家の本質は、友と敵を決断することにあったが、当時のドイツは、ベルサイユ条約に拘束されて、自ら敵を決断し、その敵に対して自国の独立を守る能力を喪失し、主権の侵害にいかなる有効な手段を講じることができなかった、半国家であった。ベルサイユ条約に従えば、戦後のベルサイユ体制の変更を企てるものが敵として規定されることになる。詰まるところ、「国家性」（Staatlichkeit）

を喪失したドイツ国家が政治的独立と交戦権を奪還するためには、ベルサイユ体制の打破しか残された道は存在しえなかった。

本質的に政治的統一体としての国家には交戦権（jus belli）、つまり、現実の事態の中で、自らの決断によって敵を定め、それと戦う現実的可能性がある。……決定的な政治的統一体としての国家は、途方もない権限を一手に集中している。すなわち戦争を遂行し、かつそれによって、公然と人間の生命を意のままにする可能性である。……それは、自国民に対しては死の覚悟を、また殺人の覚悟を要求すると共に、敵側に立つ人々を殺戮するという二重の可能性を意味する。……交戦権のこうした帰結を放棄する人間の団体は、政治的団体ではない。なぜなら、その団体は、誰を敵とみなし、敵として扱うかを決定的に判定する可能性を放棄することになるからである。[18]

こうした実存主義の影響は、後の『憲法論』と同様に『政治的なものの概念』にも浸透している。そのことは、彼の次の言葉に如実に示されている。

政治的統一体は、まさにその本質からすれば、その最終的な心理的諸力をいかなる動機から導き出すかにかかわらず、決定的な統一体である。それは実存する（existieren）か、実存しないかのどちらかである。もしそれが実存するならば、政治的統一体は、最高の、つまり決定的な事例において決定する統一体である。[19]

ベルサイユ体制との対決の中で、シュミットが強調したのは、友と敵を区別し、戦争遂行の準備をする政治的統一体であったが、同時に彼は、実存主義的立場から、戦争を倫理的・イデオロギー的に正当化する「正戦論」

を攻撃したのである。

ドイツの道徳的な戦争責任を主張する議論には、連合国が人類の名のもとに「正戦」を遂行したという戦争観が横たわっている。シュミットはドイツの戦争責任を否定するためにも、このような戦争観を否定し、「正義が戦争概念に不可欠ではないことがグロティウス以来一般に認められている」[20]と論じた。彼によれば、戦争は規範的意味を持たず、実存的意味を持ち、「人間が相互に殺戮するような合理的目的、正当な規範、正統性そして合法性は存在しない」のであり、「倫理的・法学的規範によっては戦争は根拠づけられない」[21]。彼によって戦争が正当化されるのは、ただ自らの存在様式や政治的独立を外敵から防御するためだけである。したがって、敵とは、自国の存在様式や政治的独立を脅かす勢力に他ならなかった。

しかし、シュミットの政治概念が極端な対立を相対化するものであるという議論が、シュミットの正戦論批判の文脈において行なわれた。そしてこのシュミットの正戦論批判は、二十一世紀に入っても、アメリカのアフガニスタンやイラクへの攻撃を批判する論者によってたえず引用されてきた。

注目すべきは、政治と倫理ないし道徳との関連で、アングロサクソンの「正戦論」が槍玉にあげられていることである。第一次大戦において、「人類」や「民主主義」といった概念を持ち出して、ドイツを「公敵」ではなく、「犯罪者」として攻撃するアングロサクソンの「正戦論」に対する批判として、シュミットは実存的な友・敵概念を定式化したのである。

ドイツの道徳的な戦争責任を主張する議論には、第一次大戦に連合国が「人類」や「平和」の名のもとに「正戦」を遂行したという主張がみられる。シュミットは、ドイツの戦争責任を否定するためにも、このような戦争観を否定しただけでなく、「人類」「共通善」「人権」「民主主義」といった普遍的な概念が対立をエスカレートさせる危険性を指摘してやまなかった。そしてシュミットは政治の実存的次元を指摘することによって、正戦論を批判し、対立を制限しようとした。徹底した唯名論者であるシュミットにとって、普遍的な概念は政治の世界から排除さるべきであった。彼は、普遍的概念を引き合いに出しての戦争が必然的に敵を「非人間化」せざるをえないとして、次のように述べている。

一国家が人類（Menschheit）の名において自らの政治的敵と戦うのは、人類の戦争であるのではなく、特定の一国家が他の国家に対してなす戦争である。「人類」の名を掲げることは、敵から人間としての性質を剥奪し、それによって戦争を非人間的なものにする恐ろしい意味を持ちうることに他ならない。[22]

彼はまた、戦争に反対する戦いそのものが対立をエスカレートさせる逆説について指摘した。「平和」という大義名分による戦争は敵を「非人間化」せざるをえないのである。

戦争は、その時々の人類の最終戦争というかたちで行なわれる。このような戦争は格別に激烈かつ非人間的戦争となる。なぜならそれは、政治の範囲を逸脱して、敵を同時に道徳的、その他のカテゴリーにおいても否定し、非人間的動物に仕立て上げざるをえないからである。非人間的な怪物であるならば、それは防御ではなく、徹底的絶滅の対象たらざるをえないであろう。したがって、もはや敵国の国境にまで追い返せば足りるような単なる敵ではないのである。[23]

このように『政治的なものの概念』（第一版）は、ドイツが主権を剥奪された「半国家」であるという実態を白日の下に晒すと同時にベルサイユ体制を批判した論争の書であった。シュミットは自らの立論が反道徳的であるという批判に反論するために、近代国家の創始者マキアヴェリを引き合いに出すのである。

5　マキアヴェリ論（一九二七年）

シュミットは一九二七年六月二十二日の『ケルン人民新聞』に「マキアヴェリ」という論稿を寄稿した。この論稿も、彼のベルサイユ体制批判の文脈の中で理解することができる。この論稿においてシュミットは、人道主義や道徳から政治的なものを解放し、政治的なものをありのまま直視することを訴え、そのためにマキアヴェリを高く評価した。こうした彼の姿勢の背後には、連合国が政治に道徳や倫理を導入することによって、ドイツを道徳や倫理を無視するマキアヴェリズムの国として宣伝し、攻撃していることに対する彼の憤激があった。彼は連合国の批判を逆手にとって、マキアヴェリが国家の統一の維持に腐心し、国家の実存を何ものにもまさって優先させた人物であることを強調する。

マキアヴェリの人間としての栄誉は、彼が政治的な議論を理想主義的な主張によって混乱させ、その混乱から利益を引き出すことを考えなかったことにある。今日、心理技術的な壮大な機構が大衆をプロパガンダによって確実にひっきりなしに説得し、道徳的熱情が政治的なもくろみのためにいとも容易に利用されることを知らない人はいない。私たちすべては、ドイツ人のマキアヴェリズムを流布する世界のプロパガンダを思い出すのである。(24)

シュミットにとって、友と敵が対立する政治的なものは、人間性の根絶しがたい部分を構成するものであった。というのも、人間が本来的に悪であるかぎりにおいて、友・敵の対立は避けられるものではないからである。シュミットは、「私の見解は、もし人間が善であるなら間違ったものである。しかし人間は善いものではないのだ(25)」というマキアヴェリの言葉を引き合いに出して、政治的なものの必然性を指摘している。

次に、私たちは翌年出版された『憲法論』の分析を通して、彼がワイマール憲法を体系的にどのように理解したか、特に「市民的法治国家」との関係においてシュミットの『憲法論』の特徴と問題点を明らかにしていきたい。またシュミットがどのようにワイマールの国内的分裂を克服する処方箋を示しているかについても、『憲法の番人』（第一版）において同時に検討することにする。

III 『憲法論』（一九二八年）

『憲法論』は、一九二七年十二月に執筆が終わり、一九二八年に出版された。シュミットの『政治的なものの概念』は一カ月で一気に書き上げられたが、『憲法論』も四カ月強で急いで執筆された。同年には、スメントの『憲法と憲法法律』（*Verfassung und Verfassungsrecht*）が出版されている。この時期はワイマール共和国の中で最も安定した時期であり、一九二六年から一九二九年までは第四八条の緊急権は一度も発動されなかった。

シュミットの『憲法論』は、第一編「憲法の概念」、第二編「近代憲法の法治国的構成部分」、第三編「近代憲法の政治的構成部分」、第四編「諸邦の憲法論」から成っている。この書は、憲法制定権力論、憲法改正の限界論、制度的保障理論など、後に多くの理論的影響を及ぼした。ここでは、主要な概念に関して説明をしておくことにする。

1　憲法概念

（1）絶対的憲法概念（国家）

この意味における「憲法」とは、「政治的な統一体と秩序の全状態（Status）」であり、いわゆる私たちが「国家」と呼ぶものである。それは、具体的な個々の国家の具体的な政治的実存を意味する。統一と秩序が失われれば、もはや国家は実存しなくなる。[26] そしてこの意味における憲法＝国家においては、国家に優越する諸団体を許容することはできない。

近代国家は完結した政治統一体であって、その本質上、状態、すなわちその中にある他のすべての状態を相対化する全体的状態である。国家はその中において自己に先行しまたは優越する、そしてそれゆえに自己と同等の公法上の状態を認めることができない[27]。

シュミットの一貫した関心は、特定の政治体制というよりは、政治的統一体としての憲法を守ることに向けられていた。

(2) 相対的憲法概念

相対的な憲法概念とは、個々の憲法規定の総体であり、憲法改正権力によってのみ改正されうる規範を意味しており、通常、憲法と呼ばれうるものはこの意味においてである。アンシュッツやトーマといった法実証主義者にとって、憲法とはまさに制定された規範の総体であり、その解釈に政治的な価値判断を加えることは厳に戒められた。シュミットは、法実証主義者に対抗して、憲法制定権力の決断としての憲法の実体という観点から、個々の憲法規定の解釈を行なうのである。

(3) 積極的憲法概念（憲法制定権力）

シュミットは第一編第一章「絶対的憲法概念」（統一的全体としての憲法）、第二章「相対的憲法概念」（多数の個別法律としての憲法）に続いて第三章で「積極的憲法概念」（政治的統一体の態様と形式に関する全体決定としての憲法）を示し、「積極的意味における憲法は、憲法制定権力の行為によって成立する[28]」と述べている。シュミットは、ワイマール憲法におけるドイツ人民の憲法制定権力の決定として、以下のように述べている。

ワイマール憲法についてのこのような基本的政治上の決定は、次の通りである。ドイツ人民が、人民として、意識的な実存の力によって下したところの民主制への決定である。このことは、前文（「ドイツ人民はこの憲法を制定した」）および「国家権力は人民に由来する」という一条二項に表現されている。さらに、「ドイツ国は共和国である」という一条一項における共和制と反君主制に対する決定、それから、ラントの存置、すなわち（同盟的なものではなく）連邦的な国家構造を維持するという決定（二条）、立法と政府の原則として議会主義、代表制形態の決定、最後に基本権と権力区分の原理を伴う市民的法国家への決定がこれである。これによってワイマール憲法下のドイツ国家は、「立憲民主制、すなわち連邦国家の構造を有する民主的共和国という政治形態での市民的法治国家」と特色づけることができる。[29]

以上の決断は、憲法の実体を構成し、個々の憲法法律と区別すべきものである。したがって、憲法第七六条の憲法改正の規定に基づいて、三分の二の多数による憲法改正権力により憲法法律を改正、ないし廃棄できても、ドイツ人民の政治的決断という意味での憲法を改正することはできない。いわゆる憲法改正限界論の主張である。例えば、ドイツを憲法第七六条によって、「絶対君主国またはソヴィエト共和国に変えることはできない」のである。

憲法制定権力は、憲法が決定されたからといってなくなるものではない。

「憲法制定権力はそれが一度行使されることによって片づけられ、また排除されるものではなく、憲法と同時（neben）に、またそれを超越して（über）この意思は存続している」。[30] それは、ワイマール憲法体制を内側から破壊する起爆剤となることも可能である。したがって、この「憲法制定権力」をいかに眠らせ、飼い慣らしておくかが、シュミットにとっては重要となる。

2　市民的法治国家と政治形態

シュミットは、『憲法論』が市民的法治国家の憲法論であり、「この種の国家が一般に支配的であり、ワイマール憲法もまったくこのタイプに適合している[31]」と述べている。私たちは『憲法論』の中にシュミットの「市民的法治国家」の理念型が余すところなく示されていることを知るのである。シュミットは、第二編で「近代憲法の法治国的構成部分」、第三編で「近代憲法の政治的構成部分」を取り扱っているが、双方の関係をとりあつかっているのが、第二編第一六章の「市民的法治国家と政治形態」である。ナチス時代になると市民的法治国家はトータルに否定されるので、『憲法論』において市民的法治国家における権力分立と基本権が政治的なものとどのように関係づけられているかが重要である。双方は組み合わされ、混然一体となっているのか、それとも緊張関係を孕んでおり、相互に対立的に理解されているかが問題である。彼は、この関係性に関して、「基本権と権力分立という二つの原理を持つ法治国的構成部分は、それだけを見れば、国家形態を含んでおらず、国家に対する一連の限界づけとコントロール、市民的自由の保障および国家権力の相対化の保障の体系を含んでいるにすぎない。この体系にあっては、コントロールを受ける国家そのものはあらかじめ前提されているのである。市民的自由の諸原則は、国家を変容せしめ、調節することはあっても、自ら政治形態を基礎づけることはできない[32]」と述べている。

これに対して、民主制は政治的構成部分として、権力の抑制ではなく、権力の構成を行なう。民主主義内部の統治者は、「自己の属する人民の同意と信任を得るなら、家父長的な君主や慎重的な寡頭制の支配に比べて、彼らのほうが強力かつ過酷に支配し、より断固として統治することができる」。まさにシュミットにとって、「民主主義ほど権力を与えても心配のない国家形態はない[33]」のである。シュミットにとって、国家権力を諸々のコントロールと阻止の体系の中で緩和し、弱める自由主義は、国家権力を弱体化させる機能を果たす。こうした認識は『政治的なものの概念』においても同様に表明されている。シュミットは、スメント宛の一九二七年十月十七日の書簡において、「憲法論の体系的叙述」の出版を準備していることを告げ、「自由主義の死の仮面を剝奪する課題に恐れおののいています」(34)と、その意図を語っている。

シュミットによれば、市民的法治国家、つまり立憲主義は、いかなる政治形態とも結びつくものであり、例えば立憲君主制や立憲民主制が可能となり、前者においては君主権力が、後者においては人民の権力が制限され、コントロールを受けるのである。シュミットにとって第二帝政とワイマール共和国の憲法においては、君主制と民主制という相違にもかかわらず、「立憲主義」という点では連続性が存在するのである。

シュミットが恐れたのは、市民的法治国家が国家のすべてであり、「立憲主義」を国家と同一視することによって政治的なものを無視する危険性である。シュミットの批判の眼目は、「立憲主義」そのものを批判したというより、「立憲主義」のみによっては政治統一体である国家を構成できないという点にあった。

国家から個人を保護するための法規範の体系以外のなにものでもないような徹底した憲法は存在しない。政治的なものは国家から切り離すことはできないのであって、国家を非政治的なものにするというのは、国家を非国家的なものにするということに他ならない。(35)

市民的自由主義の二つの要素として、国家以前に存在し、原則的に無限定な個人の自由という「配分原理」と、国家権力は権力分立によって限界づけられているという「組織原理」がある。一七八九年の「人権および市民権の宣言」第一六条にあるように、「基本権を持たず、また権力分立のない国家は憲法、すなわち市民的法治国家の理想概念の意味での憲法を有しない」のである。さらにシュミットは、基本権と権力分立以外に、「法律の留保（Vorbehalt）と優位（Vorrang）」、つまり行政の合法性の原理、国家権力の一般的予測可能性、裁判官の独立（ワイマール憲法第一〇二条）を挙げている。

シュミットは、『憲法論』において市民的法治国家をワイマール憲法の制定権力の政治的決断として客観的に考察しているが、そこに一定の批判的トーンが流れている。憲法の市民的法治国的構成部分と政治的構成部分はシュミットにおいては区分されているだけではなく、分離され、さらには対立せしめられているという印象を与えるのである。そのことは、彼が同年、『西洋』に掲載した「市民的法治国家」[36]においてより鮮明に認めることができる。この中で、シュミットは「人民が国家の中で政治的に実存するためには、ある一定の「同種性」（Gleichartigkeit）ないし「同質性」が必要である」[37]と述べ、そのためには、プロレタリアートをドイツ国家に統合することが重要であると主張する。そしてここでは、ドイツ国民の政治統一の新たな創造は、自由主義的要素における民主主義の隠蔽から民主主義を救い出すことによって成し遂げられると主張する。ここでは、市民的法治国家や自由主義が、民主主義や「同質性」の実現と対立させられている。そのような対立は、自由主義的な個人の平等概念と民主主義的な「同質性」における平等概念の相違として展開される。

シュミットは、『憲法論』においても、自由主義における「人類の普遍的平等」――人間の顔をしている者が有する平等――という意味での平等概念と、民主主義における実質的な平等概念を区別して、以下のように述べている。

　民主制的平等は、本質的に同種性しかも人民の同種性である。民主制の中心概念は、人民であり人類ではない。民主制が一般に一つの政治的形態であるならば、それは人類デモクラシーではなく人民デモクラシーである。[38]

注意すべきは、実質的平等の特性は、抽象的・算術的平等とは異なって、不平等を前提にしている点にあった。つまりシュミットによれば、実質的な平等は、概念上必然的に不平等を有し、不平等によって規定され、そこから意味を獲得する。したがって逆説的であるが、「平等とは、平等に属しない人々に対する不平等が大きいほど益々強力なもの(39)」なのである。彼は、国家の「同質性」を「国民的同質性」に求め、その内容を以下のように述べている。

国民は、人民という一般的な概念に対して、政治的な特殊意識より、個性化された人民を意味する。国民の統一性、およびこの統一性の意識には、種々の要因が寄与しうる。共通の言語、共通の歴史的運命、伝統と追憶、共通の政治的目標と希望など。……決定的なのは、歴史的世界の共通性、この共通性への意欲、大きな出来事や目標である。たとえ同じ言葉が話されていなくとも、真性の革命や勝利を収めた戦争は、言語上の差異を乗り越え、国民としての連帯感情を基礎づけることができる(40)。

まさにシュミットにとって戦争や革命といういわば「非常事態＝例外状態」が、「国民的同質性」を創出する契機となりうるものであった。シュミットの民主主義のための闘いは、「国民的同質性」のための闘いであり、メーリングは、「シュミットは民主主義という名称のもとで人民の実質的・同質的な統一体を構想している(41)」と述べている。

3　代表＝再現前と同一性

さてシュミットは、政治的構成の二つの原理として「同一性」(Identität) と「代表＝再現前」(Repräsentation) を挙げている。憲法制定権力の二つの主体である人民と君主もこの二つの原理の間を動いている。

人民が憲法制定権力の主体である場合は、国家の政治形態は国民が現存するという同一性の観念で決まり、国民はこれを代表する必要がなく、また代表することはできない……絶対君主制は、実際には単なる絶対的代表制であり、政治的統一代表により、すなわち示顕（Darstellung）により初めて代表されうるという理想に基づいている。「朕は国家なり」という命題は、国民の政治的統一体を代表する、ということを意味する。(42)

しかし、この二つの原理は、相互に排斥しあうものではなく、政治的統一体の形成のためには双方とも必要であり、同一性を排除する代表制が存在しないと同様、代表制を排除する同一性も存在せず、同一性と代表は、政治的形成が目指す「指向点」とされる。

それでは「同一性」とは何か。シュミットは、同一性を「現存する人民が自己の政治的自覚および国民としての意思により友と敵を区別する暴力を有する場合、政治的統一体としての自己自身と同一である(43)」と定義し、「同一性」の貫徹は、純粋ないし直接民主制であると述べている。

次にシュミットの「代表＝再現前」の特徴を二点指摘しておきたい。

第一点は、代表は「公開性」（Öffentlichkeit）の領域において行なわれるので、私的なもの、経済的な領域に属している「代理」（Vertretung）とは異なるということである。この点について、シュミットはすでに『現代議会主義の精神史的状況』において「公開性」と「討論」が失われた議会制に死亡宣言を突き付けていた。シュミットは『憲法論』においても、「議会活動の分野において、公開性のもとに演じられる事柄が単に無内容な形式と化し、決定がこの公開性の外で下されると信じられるようになれば、議会はなお多くの有用な機能を果たすかもしれないが、それはまさに人民の政治的統一体の代表者ではない(44)」と述べている。

ここで重要なのは、代表者は個々の人民を「代表＝再現前」するのではなく、人民の政治的統一体を「代表＝

再現前」するという点である。つまり人民とは異なるものとして「政治的統一体」が擬制されるのである。それは「自然的な」政治統一体ではない。「代表＝再現前」される「政治的統一体」は、価値あるもの、威厳を有するものでなければならない。

第二点は、「代表＝再現前」が規範的なもの、手続き的なものではなく、実存的なものであるということである。彼はこの点において、「代表するというのは、目に見えない存在を公然と現存している存在によって見えるようにし、現在化（Vergegenwärtigen）することである」と述べている。「死せるもの、劣等なもの、無価値なもの」は代表されず、「偉大（Größe）、高貴（Hoheit）、荘厳（Majestät）、名声（Ruhm）、尊厳（Würde）、および名誉（Ehre）」を持つ高度の存在が代表されるのであり、「代表＝再現前の理念は、政治的統一体として実存する人民が、何らかの共同生活を営む人間集団の自然的存在に比し、高度で強力な存在を有することに基づいている」のである[45]。

私たちはここで、シュミットが『ローマ・カトリシズムと政治形態』で述べた「代表＝再現前」の叙述を想起する。カトリック教会は受肉した神の子イエス・キリストを「代表＝再現前」することに、その価値が保証されていた。議会も、人民の政治的統一体を「公開性」の領域において「代表＝再現前」しなければ意味をもたなかった。

ところで、さまざまな党派的議員の分裂と化した議会が「代表＝再現前」的性格を喪失したならば、いったい誰が政治的統一体を「代表＝再現前」するのであろうか。そこで考えられるのが、大統領である。シュミットは、「ワイマール憲法の大統領は、代表者としての性格を有するものとされ、このために大統領は憲法第四一条により、全ドイツ人民によって選ばれ、また対外的にドイツ国を代表する（第四五条）」と述べている[46]。

シュミットにとって問題なのは、彼の第四八条第二項の緊急権の解釈よりも、大統領を政治統一体を「代表＝再現前」する地位に引き上げたことによって、議会の権能のみならず、議会の正統性を破壊する道を開いたことであろう。

4　大統領の権限と地位

ここで、シュミットが『憲法論』において大統領をどのように位置づけているかをより詳しく見ておくことにする。

まずシュミットは、ライヒ大統領が君主制の君主に似た大幅な権限をワイマール憲法において所有していることを、以下のように述べている。

ワイマール憲法は……純然たる議会制の要素を憲法の中に導入した。大統領は全ドイツ人民によって選ばれ、次のような一連の重要な政治的権限を有している。すなわち国際法上ライヒを代表すること（憲法第四五条）、ライヒの官吏および将校を任免すること（第四六条）、全軍隊に対する最高司令官（第四七条）、ランドに対するライヒ強制権（第四八条第一項）、非常事態措置権（第四八条第二項）、ライヒの恩赦権（第四九条）。議会に対する均勢を維持するための大統領の権能には、解散権（第二五条）、議会によって議決された法律に対して人民投票を命じること（第七三条）がある。[47]

さらにシュミットは、大統領が人民によって選ばれることから、大統領は人民との接触を持ち、「政党組織および政党官僚制の制限と枠を超えて全人民の信任を一身に集める人」、すなわち全人民の「信任者」であり、大統領選挙は「ドイツ人民の大規模な喝采である」[48]と述べている。ここでシュミットは、大統領を「中立的権力」というよりは、政治的指導者として位置づけている。それは、大統領が人民によって選挙されるからである。

> 大統領が、指導者でなくして政党的でない中立的人物として「客観的」人物であるならば、彼は中立的権力すなわち pouvoir neutre の保持者として、調停機関、調整権力であり、決定はせず、諸政党を和解せしめ、そして諸政党において彼が持っている信望と信任によって協調の雰囲気を作り出す調停者である。まだ全ドイツ人民によって選挙されたのではなかった大統領エーベルトは、いろいろ重要な場面においてこの任務を果たした……。これに反して、選挙される大統領は、現実に全人民によって選挙される。その場合、全人民は必然的に政治的存在であるから、大統領はとりわけ決定的に強い意味での政治家であり、政治的指導者であって、単なる中立的第三者ではない[49]。（強調は引用者）

シュミットは、付け加えて、大統領が選挙される場合であっても、それが政党間の協定に基づいて政党連合によって選ばれる場合、大統領は中立的な仲裁活動を行なうことはできず、「政治的決定も真の中立的権力も持たず、議会あるいは政府の付属物にすぎない[50]」と述べている。ただヒンデンブルク大統領の場合は、戦争中における彼の業績に対する信頼と名声ゆえに、政党を超越したドイツ国民の支持を得ていると付け加えている。

ここで、シュミットは大統領の緊急権を『憲法論』においてどのように位置づけているのかを、見ておきたい。基本的に一九二四年の『大統領の独裁』の講演と変わっていない。

シュミットは、大統領の独裁権力を憲法（Verfassung）と憲法法律（Verfassungsrecht）の区別に関係して、大統領の第四八条の権限は、「憲法」には及ばないが、「憲法法律」には及ぶとして、「憲法は不可侵であるが、これに反し、憲法法律は緊急状態の間、停止され、また緊急状態の措置により破られることがある[51]」と述べている。憲法の不可侵性から個々の憲法法律の不可侵性を引き出すことは、「個々の法律を政治上の存在形式の全体に優位せしめ、非常事態の意味と目的を顚倒することに他ならない[52]」ことになる。

シュミットにとって、「憲法」とは「基本的な政治上の決定および憲法の実体」であり、民主制と共和国、市民的法治国家（基本権と権力分立）、そして議会制である。個々の憲法法律は保障されても、憲法の実体が剥奪されるならば、もはや緊急権行使の意味や目的も見失われるのである。シュミットにとって守るべきものは、個々の憲法法律ないしその集大成としての憲法典ではなく、ドイツ人民としての政治的決定としての憲法であった。

5　基本権と制度的保障

シュミットは『憲法論』において、法治国家的意味における基本権を「前国家的‐超国家的」権利であると定式化した。ここにシュミットの基本権理論の特徴があり、アンシュッツやトーマといった法実証主義者が言うような憲法によって付与される権利ではなく、実定法に先立つ自然権としての基本権である。そしてシュミットは、基本権の廃絶について、「いかなるドイツの法律も、真正の基本権を廃絶してはならない。これらの基礎的な諸原理は、単純な法律によっても、第七六条による憲法改正法律によっても、除去されえず、ドイツ人民の憲法制定権力の新たな行為によってのみ、除去されうる[53]」と述べている。

前国家的・超国家的な基本権に該当するのは、個人主義的な自由権である。特に孤立した個人の自由権である。例えば第一一四条（人身の自由）、第一一五条（住居の不可侵）、第一一七条（信書・郵便・電信電話の秘密）、第一五三条（私的所有権）、第一三五条（信教・良心の自由）である。自由権こそ真正の基本権である。

また他の諸個人と結びついた個人の自由権は、第一一八条（意見表明の自由、検閲の禁止）、第一二三条（集会の自由）、第一二四条（結社の自由）などである。また基本権に対して、法律の範囲内で認められる権利は、第一五一条（経済的自由）、第一五二条（契約の自由）である。例えば、第一五一条第三項においては「商業および営業の自由は、法律の定めるところにより保障される」とある。

また自由主義的な個人の自由権ではなく、国家公民の民主制的‐政治的権利として、例えば、第一〇九条の「法律の前の平等」、第一二六条の「請願権」、第二二条、第一七条の「選挙権・投票権」、第一二八条のすべての公職につきうる権利がある。さらに、国家の給付を求める個人の社会的権利および請求権として、生活扶助を受ける権利や労働の権利、教育を受ける権利などがある。

シュミットが人間の基本権、特に自由権を国家によって付与された権利としてではなく、国家以前に存在する自然権の立場をとっていることの重要性は、強調してもしすぎることはない。当時の実証主義の解釈では前国家的基本権は認められていなかったのである。例えばシュミットは、法実証主義者のトーマを批判して、「トーマは、自由権を法律適合性（Gesetzmäßigkeit）、つまり自由権を法律に従って取り扱う権利に還元する。これでは立法者は不正をできないかのようである。……トーマはこのことを信じているように思える。私はみながこの信仰を持っていることを羨むものであるが、私はその考えを共有することはできない[54]」と述べている。自由権は、前国家的・超国家的な権利であるので、立法者といえども侵害することはできない。それは「法律の優越」や「法律の留保」の原則によって取り扱われてはならない権利である。このような立場に立つことによって、シュミットは第二次大戦後の憲法論に多大な影響を及ぼしたのである。シュミットが前国家的な基本権の立場に立つことができたのは、J－J・ルソーではなく、アメリカのヴァージニア州やペンシルヴァニア州の権利の宣言にフランスの「人権宣言」の源流を見るイェリネックの『人権宣言』（一八九五年）の影響によるものであろう。

さらにシュミットは、第一四章の基本権の箇所において「制度的保障」について触れている。制度的保障は、前国家的・超国家的基本権とは異なり、国家内において憲法法律によって保障された制度である。シュミットはその具体的事例として、ワイマール憲法においては婚姻（第一一九条）、私有財産制度（第一五三条）、職業官吏制度（第一二九、一三〇条）、地方公共団体の自治（第一二七条）、学問・教授の自由の保障（第一四二条）、宗教教育（第一四九条）をあげている。その中でシュミットが制度的な保障の典型とみなし、国家を支える永続的要素とみなしたのが、職業官吏制度であった。彼はこの点に関して、次のように述べている。

ワイマール憲法の官吏法上の諸規定は、制度的保障の真の事例である。それらは「全体の奉仕者であり、一党派の奉仕者ではない」（第一三〇条）ところの、したがって議会主義に伴う猟官制の、国家を解体させるような帰結から保護されなければならないところの職業官吏の維持を保障していく[55]。

シュミットの職業官吏制度に対する信頼は、後に述べる『憲法の番人』（一九二八年）においても多元的政党国家に対抗するものとして積極的に位置づけられており、『国家・運動・民族』においても、国家の支柱として要請されている。

6　連邦制

連邦制の問題は、シュミットにとっては、政治的統一体としての国家の実存にとって多元的な諸政党や諸団体と同様、切実な問題であった。この問題に関してシュミットは後に、一九三二年の「パーペン・クーデター」に政府側の代表として直接訴訟に関わったし、またヒトラー内閣が誕生した後、「ライヒ総督法」の成立にパーペンからの依頼で協力した。ここでは、『憲法論』におけるライヒとラントとの関係についてのシュミットの見解を見ておこう。

第一点は、シュミットの憲法＝国家概念、つまり政治的統一体の実存を維持するための友・敵決断は、ラントではなくライヒだけが行なうことができるということである。したがって、シュミットはラント政府に対して友・敵の決断、つまり国家的性格を否認したのである。ラント政府はライヒ政府の友・敵決断に従うべきなのである。ラントが自ら敵を決断するなら、ラント自体が国家になる。彼は言う。

固有の政治的実存からなされる友と敵の決定のような特殊政治的判断は、公の秩序と安全のような実存上の諸概念についての決断と同様、政治的統一体の全体のみがそれをなしうるのである。したがって、あらゆる真の連邦－国家連合（Staatenbund）ならびに連邦国家（Bundesstaat）では、連邦と並んで多数の政治的統一体が存在しているのに反し、政治的統一体は一つしかないのである。今日のドイツ国において、ドイツ人民の他にプロイセン、バイエルン、ハンブルクなどの人民が政治的意味において存在するかという問題は、あくまでも否定的に答えなければならない[56]。

連邦政府は各ラント政府に対して「監督権を持ち、連邦の維持、確保、および保護の手段について決定し、必要な場合は干渉」する。ただし各ラントの相対的な政治的自立性を否定することは許されない。

第二点は、連邦とラントの間には「実質的な同質性」が存在するべきだということである。これは、連邦とラント、ラントとラントが対立状態に陥らないために不可欠な条件である。シュミットはこの実質的な同質性を、一方において「国民的同質性」、他方において議院内閣制を伴う立憲的民主制という政治原理に求めている[57]。

Ⅳ　実存的正統性

以上、シュミットの『憲法論』の中心的な概念を検討してきた。では、シュミットの憲法論の正統性はいったいどこにあるのであろうか。

シュミットは、一九一四年の『国家の価値と個人の意義』においては、国家が自然法規範を体現し、実現すべきことを主張していた。またシュミットは、一九二五年の『ローマ・カトリシズムと政治形態』において、「政治的なものには必ず理念が含まれている。政治は権威なしに存在せず、いかなる権威も、確固たるエートスなしには存在しえないからである」と述べていた。しかるに一九二七年の『政治的なものの概念』（第一版）や『憲法論』（一九二八年）では、そのような超越的な規範の存在は否定されているばかりでなく、かえって対立を激化する要因と否定的にみなされている。H・ホフマンは、一九二三年から一九三三年の段階を国家や憲法の正統性の観点から「政治的実存主義」の段階と位置づけている。それは、超越から内在へ、規範主義から決断主義への移行である。シュミットは「積極的憲法概念」における「憲法制定権力」を念頭に置いて、以下のように述べている。

> 実存するあらゆる政治統一体の価値およびその存在根拠は、規範の正当性また有用性にあるのではなく、その実存にある。政治的な力として実存するものは、法学的に見れば、実存する価値があるのである。それゆえに、自己保存の権利は、その他のあらゆる前提である。すなわちその存在を維持せんとするものであり、「その存在、完全性、安全および憲法」——あらゆる実存上の諸価値——を守るのである。[58]（強調は引用者）

こうしたシュミットの実存主義的な見解に対して、ケルゼニストのM・クラフト゠フクスは「シュミットの『憲法論』に対する原理的批評」において、シュミットが『国家の価値と個人の意義』においては、存在と当為を峻別していたにもかかわらず、『憲法論』において、「当為を存在から造り出させるほどに頭が混乱してしまったのだろうかと思うと、驚嘆の念を抱かざるをえない」と評している。[59]

H・ホフマンは、シュミットとハイデガーの類似性について、「存在と当為が存在か非存在かに転化し、ハイデガーの基礎的存在論と同様に、倫理と存在論の関係の土台がもはや存在しない」[60]と述べている。『憲法論』そして『政治的なものの概念』に共通しているのは、政治的統一体の「実存」（Existenz）の圧倒的優位性である。

またハイデガーの弟子で、ハイデガーやシュミットのナチスへの加担を厳しく批判するようになるK・レーヴィットは、シュミットとハイデガーの共通性について述べている。

戦争という緊急事態において生じるような、政治状況のこの極度の先鋭化を、シュミットは彼の政治的存在の基礎としている。これはハイデガーの実存的存在論と一致するものであり、ハイデガーによれば存在の「根源的状態」は、まさにそれが「存在すること」」、そして……何のためかはわからないが、「存在すべきである」という点に存するのである。私がそもそも存在し、存在しないのではない。あるいはそもそも政治的単位が存在する。このことがハイデガーにおいてもシュミットにおいても本来の基盤となっている。(61)

Ｖ　「中立化と脱政治化の時代」（一九二九年）

すでに述べたように、シュミットは『テオドール・ドイブラーの極光』において世俗化が頂点に達し精神的虚無に達した時代を「タルタロスの夜」とみなし、「極光」によって精神を獲得し、新天新地が生まれるという終末論を展開した、

シュミットの「中立化と脱政治化の時代」も彼の歴史哲学であり、『憲法論』と『政治的なものの概念』の歴史哲学的な骨格をなしているものである。

シュミットは一九二九年十月にマドリードとバルセロナに講演旅行に出かけ、マドリードで十月二十三日に「知られざるドノソ・コルテス」についての講演を、バルセロナでは「中立化の中間段階におけるヨーロッパ文化」の講演を行ない、それを『政治的なものの概念』の中に「中立化と脱政治化の時代」というタイトルをつけて収載した。

彼は、この論稿の中で、ヨーロッパ精神の中心領域の変遷という視点から、ヨーロッパ精神の推移を、十六世紀の神学の時代→十七世紀の形而上学的時代→十八世紀の道徳の時代→十九世紀の経済の時代→二十世紀の

技術の時代への展開とみなした。そしてシュミットはこの最後の技術時代に到着したことによって、「精神的中立性は、精神的虚無に立ち至った」と断じ、まず「宗教と神学が、続いて形而上学と国家が捨象されたが、今や文化一般が捨象され、文化的死という中立性に達した。俗衆の信仰は、一見中立と思われる技術から地上の天国を待望したが、かの偉大な社会学者たちはこの近代西欧精神の段階的移行を支配した傾向のうちに文化自体を脅かすものを感得したのである」[62]と述べている。技術は、普遍的和解の基盤であるように思われるが、技術そのものからはいかなる人間的・精神的決断も生じえない。技術は自由と奴隷のいずれをも選ぶことができず、革命的でも反動的でもありえ、自由にも抑圧にも仕えることができる。技術時代においては、そもそも「決断」そのものが存在する余地はないのである。

このような世俗化の亢進とニヒリズムの状況の中で、『テオドール・ドイブラーの極光』や『政治的ロマン主義』におけるシュミットは、カトリシズムという確固とした思想的基盤から、時代のニヒリズムを克服しようと試みた。しかしそうした試みの過程において、シュミットのカトリシズムそのものが世俗化や技術化に飲み込まれ、超越的、規範的性格を失っていくようになる。彼の『憲法論』や『政治的なものの概念』も、規範的なものから解放された決断的行為として定式化されていく。

時代の脱政治化、中立化の亢進は、国家理解にまで影響を及ぼし、十九世紀的な自由主義的不可知論的国家を生み出すに至った。ケルゼンの法＝国家という規範的国家理論は、十九世紀の不可知論的国家をさらに徹底させた技術時代の産物にすぎない。国家がまさに技術的な合法性体系と同一視されてしまったのである。シュミットの課題は、このような価値中立的な合法主義を克服し、国家が精神を獲得することにあった。

政治の本質を友と敵の分類に求めるシュミットは、「敵・味方に分かれて争う主題は、主たる関心領域によって定まる」ので、「国家の現実性と力も各時代の中心領域に由来する」[63]と述べ、「一領土一民族」「一領土一経済」の事例を挙げている。しかし自由主義的な合法体系としての国家は、このような中心領域を欠くがゆえに、その力と現実性をどこからも引き出すことはできない。にもかかわらず、シュミットは、「今世紀の精神的意義を技術の世紀たることに求めるのは暫定的議論たりうるにすぎず、今世紀の究極的意味は、どの政治勢力が新技術を利用する力を持つか、この新たな基盤の上にいかなる敵・味方関係が生成するかが明らかになって、初めて明らかになる[64]」と述べて、新たな中心領域の出現と自由主義的な中立国家の克服の可能性を予言したのである。シュミットのこうした姿勢は、彼がロシア革命の衝撃について書いた一文にも示されている。

われわれ中部ヨーロッパ人は「ロシア人の眼下に」生活している。この百年来、彼らは、心理学的洞察力をもって、われわれの思想や制度を見抜き、強力な活力により、われわれの作り出した科学や技術をもって武装した。……こうして、彼らは、社会主義とスラブ魂を結合したのである[65]。

シュミットがここで言おうとしているのは、ロシアが精神的虚無に到達した技術時代を克服し、自由主義的中立国家に代わる新しい民族的政治的統一体を形成したこと、そして民族がふたたび政治的統一体に活力を注入する決定的な要素になったことである。K・レーヴィットが指摘しているように、「シュミットがロシアに驚嘆したのは、ソレルのように労働者階級の革命的な力に対してではなくて、彼らがロシアを中央集権化し、全体化したことであった。……マルクス主義的に考えられているが、現実には民族的なロシアを作り出し、ロシアをふたたびロシア的なものにしたのである[66]」。

シュミットは、『憲法論』においては「国民的同質性」にその実体を求め、ナチス時代に至っては「人種的な同質性」にその精神原理を見出すようになる。死せる機械に生き生きとした精神を吹き込むことは、超越的な恩寵や理念によってではなく、どの政治勢力が権力を掌握するかによって決まるのである。

シュミットは、「中立化と脱政治化の時代」の論稿の終わりに、「精神は精神と、生と生は相戦う。そして完璧な知の力より人間界の秩序が生じるのである。「秩序は完璧なものによって成る」（Ab intergo nascitur ordo）」と述べている。

しかしいかなる時代精神にコミットするかは、具体的状況における決断である。シュミットは一九二三年の『現代議会主義の精神史的状況』においては、いまだカトリシズムの超越性ゆえに、ソレルの非合理主義的な革命運動に対して距離を保っていたが、一九二九年になるとそのような確固としたカトリシズムの精神基盤はシュミットにおいては見出されないのである。

VI　ボンからからベルリンへ

シュミットは、『憲法論』を完成させた後に、優れた業績を残し、W・グリアン、W・ベッカー、E・フリーゼンハーン、E・フォルストホフなど優秀な弟子たちに恵まれたボン大学を去って、一九二八年、ベルリン商科大学教授に就任した。ここでは、ワイマール憲法の制定者フーゴー・プロイス、その後ヴァルター・シュキングの講座を継承した。問題は、なぜシュミットが学問的環境に恵まれたボン大学を去って、ベルリン商科大学に移ったのかである。この点において、シュミットの弟子のE・R・フーバーは以下のように述べている。

シュミットはベルリンに働き場所を探し、見出した。そのことは、シュミットに、国家政治の決断権力の中心的な部門に直接的に結びつく機会を与えた。彼はこうした出入りする機会を必要とした。というのも、国家政治的な深刻な事態の諸問題や必要性に習熟するためには、文官や軍人の行政府の指導者と直接的に関係を持つことが必要だったからである。……来たるべきドイツの混乱に対する彼固有の本能は、新しい危機的状況が生じる前に、ベルリンで権力に近い指導的な人々との接触をもたらしたのである。[67]

このようなフーバーの説明は、シュミットのベルリンへの移住においては、シュミットが彼の専門分野の対象である国家をより深く観察すると同時に、ベルリンという権力の中心地に行き、そこで自らの憲法的知識を投入して、実際の政治に間接的に関与する野心があったことを示している。しかし、権力と距離をとることを忘れたことがその後のシュミットの悲劇に繋がっていくことになる。しかし、シュミットのベルリン行きの理由はそれだけではなかった。この点に関してメーリングは、「ボンにおいてシュミットは、離婚の問題とカトリックの雰囲気に囚われていると感じており、新しい活動範囲を望んでいた」[68]という重要な指摘をしている。つまりカトリック的な精神的伝統や雰囲気の強いボンから、プロテスタントのベルリンへの脱出である。それは、シュミットのナショナリズムや国家主義に拍車をかけることになる。

Ⅶ 『憲法の番人』（第一版、一九二九年）

『憲法の番人』（一九二九年）は最初『公法学雑誌』に掲載された。[69]この論稿はシュミットのベルリン時代の最初の著作である。

「憲法の番人」という言葉は、シュミットのシュトラスブルク時代の師パウル・ラーバントが作り出したものであった。ラーバントは、皇帝を「ライヒ憲法の見張人、番人」と呼び、エーベルトはライヒ大統領を「ライヒ憲法とライヒ思想の番人」と述べている。[70]シュミットはこの標語を一九二九年の論文で取り上げたのである。

ここで注目したいのは、シュミットは、『憲法の番人』（第一版）を執筆する前、一九二八年八月末に「憲法の番人としてのライヒ裁判所」の執筆を完成し、一九二九年十月一日に、ライプツィヒのライヒ裁判所五〇周年を記念する書物に掲載していることである。[71]これは、一九二八年四月にウイーンの第五回ドイツ国法学者大会で

「国事裁判の本質と展開」というタイトルでケルゼンが講演したことに対するシュミットの批判であった。「憲法の番人」論争はすでに一九二八年に始まっていたのである。ケルゼンは、憲法を行政や立法の侵害から守るために、憲法裁判所の司法審査を提唱した。シュミットの論考「憲法の番人としてのライヒ裁判所」は、このケルゼンの主張に対する批判であった。[72]

シュミットは、司法審査に関して『憲法論』の中で、一九二四年の第三三回ドイツ法律家大会でグラフ・ツー・ドーナやH・トリーペルが、また一九二六年の第三六回ドイツ法律家大会でアンシュッツやメンデが憲法を解釈する裁判所の設置に賛成したことを挙げ、そうなれば争いを決定する裁判所が高度に政治的な審級となると批判している。[73] シュミットは、憲法の解釈と適用に関する一切の争いを国事裁判所に委ねようとするアンシュッツを批判する。アンシュッツのように争議の政治的問題と法的問題を区別して、法的問題のみを裁判所が決定することによって国法上の問題を「非政治化」することは、「混濁した擬制」(eine trübe Fiktion) である。またシュミットは、「統治行為」または政治的行為は、一切の裁判所のコントロールから除外されていると述べている。[74]

シュミットは、『憲法の番人』において、国事裁判所ないし最高裁判所が憲法の番人であることを否定し、大統領が憲法の番人であることを強調した。シュミットはここで大統領を、バンジャマン・コンスタン（一七六七―一八三〇年）を引き合いに出して、「中立的第三者」と呼んでいる。コンスタンは、一方においてボナパルティズム、他方において復古王政に対抗して、自由主義憲法を獲得しようとした古典的自由主義者であった。「中立的第三者」は、「君臨するが統治しない」仲裁的権力であり、ドイツの立憲君主制のように君臨し、統治する「高次の第三者」――シュミットの言葉を用いれば「憲法の主人」――と異なるものである。「中立的第三者」の特徴は、「立法が完全に議会に帰し、国家元首によって任命される内閣が完全に立法団体の信任に依存し、国家元首自体が万事につけ諸大臣の連署に拘束され、「君臨すれど統治せず」における君主の地位を定式化したもの」である。[75] シュミットは、「中立的第三者」の意義を以下のように説明している。

ワイマール憲法という実定法によれば、全国民によって選出されたライヒ大統領の地位は、ただこの中立的かつ仲介的権力の学説によってのみ構成される。ライヒ大統領は、一方で、議会の信任に依存する諸大臣の副署に拘束されているものの、彼を立法的諸地位に対して、独立たらしめる諸権限を付与されている。(76)

こう述べて、シュミットは、中立的権力が保持する憲法上の諸権限(官吏任命、恩赦権、法律の公布)は、典型的にすでにB・コンスタンが設定している国家元首の権限目録に対応しているとして、ライヒ議会に対するバランスの役割、独立諸権限に基づく独立性と、大臣副署の一般的要請(ライヒ憲法第五〇条)に基づく従属性、憲法第四八条による憲法の保護などを挙げている。「中立的第三者」は、他の憲法上の諸機関の上位に立つのではなく、並列的であるが、独自の独立した権力を備えている。

シュミットは、エーベルトもヒンデンブルクも「中立的かつ仲介的調停」の役割を果たしたと述べている。この「中立的第三者」の大統領こそが、憲法の番人であって、裁判所ではないのである。大統領は、第四二条に基づいて「ライヒの憲法と法律」を遵守する義務を負う。

シュミットは、この大統領の民主主義的性格を強調し、それを多元的な諸集団と対置し、多元的な諸集団から政治的統一を守る主体として位置づけている。

ライヒ大統領が憲法の番人であるということは、それだけでも、ワイマール憲法の基づいている民主主義原理に対応するものである。ライヒ大統領は、全ドイツ国民によって選出される。立法諸機関に対するその政治的諸権限(特にライヒ議会の解散と国民投票の実施)は、実質上「国民への提訴」にすぎない。ワイマール憲法は、ここにおいて、まさに民主主義的諸原理からして、議会の政党連合の支配に対する、また社会的・

経済的諸権力集団の多元主義に対する対抗力を作り、政治的全体としての国民の統一を保持し、合憲的秩序を諸党派の乱用から守ろうとする試みを行なっているのである。(77)

では、議会がこのように多元的諸勢力が暗躍する舞台として否定的に位置づけられるならば、どうして大統領の第四八条の緊急権行使をチェックする機能を持ちうるのだろうか。緊急権の行使は、国民的統一、全体的な利益を守るために、無制限に正当化されることにならないのか。多元的に分裂した議会は国民代表的機能を喪失し、大統領のみが国民代表的な性格を持ちうることになりかねない。このような思考様式を支えているのは、当時のワイマール議会の合従連衡や不安定さという事実のみならず、特殊意思と一般意思を区別し、政党や党派に特殊意思を割り当て、大統領を一般意思の体現者とするあのルソー的な二分法なのである。シュミットは言う。

党派的政治的分裂が、主として比例代表制度の結果、議会を社会的・経済的利害対立の縮図と化する。こうなると、実際には、もはや政治的統一体の統合などには到達せず、諸対立が並立する結果、議会は分解の道具となり、社会的・経済的権力集団の多元性を、まさに発展させるものになりかねない。これに反し、ライヒ大統領に関する規定においては、ワイマール憲法は全ドイツ国民の代表としての議会に、同じく全ドイツ国民によって選出された別の「代表＝再現前」を対置しようという試みを行なっている。このことは、民主主義原理にかなうものであって、かつ、全国民の政治的統一を、多元主義的傾向の道具と化した議会に対して守り通すという憲法律的意義を持っているのである。(78)

とはいえ、社会や議会の諸利害に対抗して政治的統一体を守る大統領は、議会の存在を前提としたうえで、議会と政府との対立、議会における諸政党の対立を和解する調整的、調停機関である「中立的権力」を越えている。

それは議会と併存するのではなく、議会の上位に立つ「高次の第三者」である。シュミット自身すでに『憲法論』において、全人民によって選挙される大統領は、政治的指導者であって、「中立的第三者」ではないと述べていたのである。

中立的権力としての大統領の位置づけには、一九二五年に『ケルン人民新聞』に掲載された「ライヒ大統領とワイマール憲法」に遡るものである。そこでは「中立権力」は、「ワイマール憲法が規定するライヒ政府・ライヒ議会・ライヒ参議院・ラント政府という多様な機関やファクターを調停する」権力として定義されている。シュミットは、エーベルト亡き後の大統領選挙において、誰が大統領になるかによって、中立的権力が脅かされ、新しい憲法秩序が生み出される危険性を乱打した。彼は、「新たな大統領とともに、ワイマール憲法は、憲法の文言を何ら修正する必要すらないままに、完全に新しい様相を帯びるかもしれない」と述べ、新しい大統領が「故エーベルトがたいそう懸命に守ってきた「中立的権力」に基づく政治とはまったく異なる政治制度に用立てることも可能である」(79)と、その危険性を警告していた。

繰り返しになるが、シュミットは『憲法の番人』(第一版)において、議会の多元的な利害の対立からドイツの政治的統一を維持する「中立的権力」としての大統領の権限を主張した。しかし、「中立的権力」がさまざまな政党を調整する役割を果たすのではなく、多元的利害に対抗して行動するならば、大統領は中立的権力ではなく、多元的諸政党や利害の上に立って行動する「高次の第三者」ではないだろうか。すでにシュミットは一九二九年の「ファシスト国家の本質と生成」において、「ファシスト国家は中立的第三者としてではなく、高次の第三者として決断する」(80)と述べている。なぜシュミットは『憲法の番人』において、大統領を「高次の第三者」としてではなく、「中立的第三者」として構成したのであろうか。そこに矛盾は存在しないのだろうか。私たちはそこにシュミットがあくまでもB・コンスタンの「中立的権力」や市民的法治国家の枠内に留まり、そこから大統領の地位や権限を弁証しようとするシュミットの強いこだわりを見るのである。シュミットは大統領内閣の時に公刊した『憲法の番人』（第二版、一九三一年）においても、大統領を「中立的権力」と定義しているが、これは明らかに実態とは異なるものであり、『憲法の番人』（第一版）における矛盾が第二版においては一層拡大するのである。

シュミットは「大統領内閣」が成立する以前の一九三〇年一月十八日にベルリン商科大学において、ワイマール共和国の創設を記念して、「フーゴー・プロイス――その国家概念およびドイツ国家学の地位」と題する講演を行なった。この講演の中でシュミットは、プロイスを自由主義的法治国家ないし立憲国家の代表者として位置づけている。そのうえでシュミットはプロイスが多元的な諸政党による自由主義的法治国家の解体の危険性に危機感を抱いていたと主張する。シュミットによれば、プロイスはその防御策として、第一に大統領の権威を対置し、第二に分裂を統一に導くために、「国民精神」、「国民的民主主義」を強調したのである[81]。

シュミットの『フーゴー・プロイス』を読めば、シュミットがプロイスに自らの姿を投影し、自由主義的法治国家の枠内において、「多元的政党国家」の危険性を克服しようとしたと考えることが可能である。しかしシュミットは、実際にはこのプロイスの防御策をラディカルに拡大し、大統領を議会に対置させるだけではなく優越させ、教養や知性に裏打ちされた「国民精神」（esprit de la nation）を排他的な「国民的同質性」に定義し直し、強力な国家を提唱したのである。シュミットは一九三〇年一月十八日の日記において、プロイスについての講演について「私はドイツ国家学について語ったが上首尾で大成功である」と記している[82]。

第四章　ワイマール共和国後期（一九三〇―一九三二）におけるシュミット

Ⅰ　大統領内閣と緊急権の行使

大統領内閣において、シュミットは緊急権の行使に関して間接的に関与している。シュミットが憲法問題について政府の顧問になるのは、一九二九年からであった。そのきっかけは、ライヒ財務相の事務次官ヨハネス・ポーピッツと、ヒンデンブルクの腹心クルト・シュライヒャー将軍と懇意になったからである。[1]ポーピッツは一九三二年にパーペンによってプロイセンへのライヒ・コミッサールに任命された。ベンダースキーは、「政治的指導者層や政府内部におけるシュミットの信頼度は、ポーピッツとの交友によって大いに高められた[2]」と述べている。また、シュミットがシュライヒャーと懇意になったのは、彼の側近のエーリヒ・マルクスやオイゲン・オットーを通じてであった。マルクスは、シュライヒャーの広報将校、国防省報道局長、一九三二年八月以後は、ライヒ報道担当官をつとめ、シュライヒャーに影響を及ぼした。またオットーは、国防軍軍部局長であり、シュライヒャーとヒトラーの取引の連絡役も果たした。シュミットの日記によれば、シュミットとマルクスは頻繁に会い、一九三二年には二人は毎日電話で連絡をする間柄であった。

大統領内閣の首相としてブリューニングに白羽の矢を立てたのは、シュライヒャーであった。この問題に関して、シュライヒャーは大統領腹心の官房長官オットー・マイスナーとともに、ブリューニングを首班とする大統領内閣をヒンデンブルクに承認させたのである。

大統領内閣と議院内閣制の相違とはいったい何であろうか。議院内閣制は、多数政党あるいは政党連合の多数決に基礎を置き、議会に責任を負う。それに対して大統領内閣における政府は、議会の多数決に基礎を置かず、大統領の信任に基礎を置いている。したがって、大統領内閣は議会の多数の支持を期待できないので、第四八条の大統領緊急権を行使して、統治する他に道が存在しない。ここでは、第四八条の緊急権の行使が「例外状態」ではなく「常態」となるのである。エーベルトの時代には、第四八条は、主として反乱、一揆といったいわば政治的危機、また経済的・財政的危機を解決するために行使されたが、大統領内閣時代になると、それは議会の立法を押しのけて、拡大・適用されるようになる。

一九三〇年三月、社会民主党のミュラー内閣が総辞職し、ブリューニングの大統領内閣が成立した。ブリューニングは、財政健全化のための救援法案を議会に提出したが、否決されたので、第四八条の緊急権を行使して、成立させた。社会民主党議員団は、この緊急命令の廃止を提起し、七月十八日の議会で賛成二三六票、反対二二一票で成立させた。これに対して、ブリューニングは「共和国憲法第四八条に基づき発せられた私の七月十六日の命令が無効にされることを要求する決議を議会が行なったので、私は、共和国憲法第二五条に基づき国会を解散する」とし、議会を解散した。

議会解散の後に、大統領は議会で廃止された緊急命令を新たに公布した。このブリューニングの行為に対して、G・ショルツは「この行為により、この日から、大統領の独裁権力による憲法体制の永続的な破壊が始まった」と述べている(3)。

ショルツが言うように、いちど議会で廃止された緊急命令を、議会を解散して、再度成立させることは、緊急権に対するコントロールを完全に取り除く行為であった。

議会の信任に依拠しない大統領内閣の成立の背景には、議会多数派の形成の困難や議会の過激派政党による分極化という事態が存在した。一九三〇年九月十四日の選挙において、ナチ党が一〇七人の勢力に躍進し、共産党も七七名を当選させた。一九三二年七月三十一日の選挙は、ナチ党は二三〇名の当選者を出し、第一党になり、共産党も八九名を当選させ、党勢を拡大させた。この新議会はすぐに解散され、一九三二年十一月六日の選挙では、ナチ党一九六人、共産党一〇〇人、社会民主党一二一名が当選し、ナチ党の第一党は変わらなかった。シュミットは、ナチ党や共産党といった反民主主義政党が政権を掌握し、憲法体制を破壊する危険性を警告したのである。

大統領内閣においては、緊急権による立法と議会の議決による立法の比率は、一九三〇年はそれぞれ一五件と九八件、一九三一年は四四件と三四件、一九三二年は六六件と五件と、一九三一年を転機として逆転している。議会の機能の麻痺の深刻さは明らかである。

この緊急命令の中には、政府がナチ党のSA（突撃隊）とSS（親衛隊）を禁止した一九三二年四月十三日の緊急命令があった。シュミットはブリューニングのこの緊急命令を支持した。シュミットはブリューニング内閣において特定の役割と地位を与えられていたわけではない。シュミットの日記では、シュミットがブリューニングに近づき、一定の役割を果たしたいという願望を持っているにもかかわらず、一向にブリューニングから声がかからないことに対する彼の焦燥感が記されている。シュミットはブリューニングは基本的にワイマール憲法に忠実な政治家であると考えていたのである。

ブリューニングの大統領内閣は緊急命令によって統治したが、シュミットは大統領内閣における緊急命令の行使を正当化した。またシュミットは、第四八条に基づいて財政上の緊急命令を発する大統領の権限について鑑定書を依頼され、一九三〇年七月に緊急命令を支持する鑑定書を送っている。すでに述べたように、ブリューニング内閣時に財政的分野における緊急命令が一九三〇年七月十六日に発せられたが、社会民主党は、「公共の安全と秩序」が脅かされている状況ではなく、「憲法違反」であると非難した。それに対して、政府を代表してヴィルトは、多数派を形成しない議会の機能麻痺と財政的緊急事態に対する緊急命令はすでに一九二三年の慣行があると反論した。大統領内閣の時に問題となるのは、まさに「憲法危機」であり、第四八条が法規命令として恒常的に発動されていくようになることである。第四八条が、議会危機、ないし憲法危機に対する救いの手段となったのである。[4]もはや第四八条の意味での非常状態ではなく、憲法の一機関である議会が機能しない点に緊急権発動の根拠が求められるようになった。これ以後議会は、立法機能を喪失し、大統領の緊急命令を審査し、同意を与える消極的機能に限定されていき、それさえも解散によって剝奪されていく。それに対してライヒ参議院の地位が上昇し、一九三一年十月の緊急命令発布の前には、意見交換がラントの代表者との間で行なわれた。

社会民主党は一九三〇年九月の選挙でナチ党が躍進したことに脅威を覚え、戦術を転換し、ナチ党との闘いを優先させ、ブリューニング内閣を「寛容」し、第四八条の緊急権の行使を認めるようになった。

ショイナーは、ブリューニング内閣について「全体として、たしかに憲法体系における諸権力は移動し、憲法によって規定された通常の統治様式から離れているが、「憲法の基本存立」を保持し、そこに帰る道が開かれている状態が現れた[5]」と好意的に評価している。

一九三二年六月、パーペン内閣が成立した。パーペンはナチ党の支持を得る見返りに、こともあろうにブリューニングが発したSA、SSの禁止命令を廃止した。

一九三二年七月二十日に「パーペン・クーデター」が発生し、後に述べるようにシュミットは、プロイセン政府が国事裁判所に提訴したため、政府側の証人として、プロイセンに対するライヒ政府の措置を支持した。その後の七月三十一日の選挙において、ナチ党は六〇八議席中二三〇議席を獲得し、過半数を獲得できなかったものの、第一党の地位を得た。第二党は社会民主党で一三三議席、第三党は共産党で八九議席、第四党は中央党で七五議席であり、左右分極化の傾向が著しくなった。中央党とナチ党が連立すれば、多数派形成が可能であったが、シュミットにとって多数派形成のためにナチ党と連立することは考えられなかった。

九月十二日に議会のパーペンに対する不信任案が通過し、パーペンは議会を解散した。十一月六日の総選挙の結果は、総議席五八四のうちナチ党一九六議席、社会民主党一二一議席、共産党一〇〇議席、中央党七〇議席、国家人民党五二議席であった。パーペンは十七日に総辞職した。パーペンは総辞職の前に、クーデターと憲法の廃棄と新憲法を提案したが、ヒンデンブルクはパーペンを解任し、シュライヒャーを一九三二年十二月三日に首相に任命した。シュミットは、否定的多数派による政府不信任決議や緊急権の失効決議を認めないという憲法第五四条と第四八条第三項の再解釈を、シュライヒャーに提示した。(6) 第五四条は不信任決議による首相の辞職を規定した条項であり、第四八条第三項は議会の要求により緊急命令が失効するという規定である。シュミットは、パーペン内閣の時、国防省から選挙を無制限に延期して議会を解散する緊急命令の理由付けを委託されていた。シュライヒャーは、大統領に対して、緊急事態を宣言し、ナチ党を禁止し、ライヒ議会を解散し、総選挙の時期を無期限延期するように要請したが、ヒンデンブルクが応じなかったため、シュライヒャーは一月二十八日辞職した。ヒンデンブルクは、緊急権を行使するよりも、ナチ党のヒトラーを一九三三年一月三十一日に首相に任命した。すでに大統領官邸も関係するかたちでパーペンとヒトラーとの間に妥協が成立していたからである。パーペンは副首相となった。ナチ党と国家人民党の連立内閣である。ここに、ワイマール憲法や共和国を明確に破壊する人物が政権を掌握した。

以下、一九三〇年三月から一九三三年一月までの大統領内閣時代におけるシュミットの言動を、大統領の「緊急権」に焦点を当てて、彼の著作の考察を通して跡づけることにする。それは、ワイマール共和国やワイマール憲法を擁護しようとするシュミットの表向きの意図にかかわらず、議会の多元的な分裂による危機から国家の統一を守るために、緊急権の広範囲な拡大により、法治国的なコントロールを排除していくプロセスである。

ただ、後に述べるように、彼が大統領権力を梃子にして、ワイマール憲法を破壊し、新たな国家を打ち立てようとしたわけではないことは、理解する必要がある。一九三二年に書かれた緊急命令に関する論考で、シュミットは次のように述べている。

大統領緊急命令は、何か革命的な意味における独裁やクーデターを意味するものではない。それは新しい統治原理を実現するものではなく、むしろ困難な状況下で、現行憲法の中心機関を破壊しようとする動きに対して、現行憲法を擁護しようとするものである。[7]

以下、この時期における大統領の緊急権に関するシュミットの著作である『憲法の番人』（第二版、一九三一年）、『合法性と正統性』（一九三二年）、「緊急権の国法的意味、特にその法的妥当性」（一九三一年）、「今日の緊急命令の実際に対する基本的論点」（一九三二年）などを通して、シュミットの緊急権解釈を憲法構造全体の枠組みの中で見ておくことにする。なお、ナチス時代におけるシュミットの緊急権の論稿には、「近代的な憲法のあり方における国家緊急権」（一九三三年）がある。

II　大統領内閣に対する国法学者の態度

シュミットが、多元的な政党国家に反対し、「大統領内閣」を積極的に支持したのに対して、国法学者の主流は「大統領内閣」には批判的であった。例えばアンシュッツは、ブリューニングの大統領時代においてはいまだ議院内閣制の復活に期待をかけていたものの、パーペンやシュライヒャーの大統領内閣の中にワイマール憲法体制の解体の危険性を見ていた。この点に関して、アンシュッツは以下のように述べている。

パーペンやシュライヒャーによって行使される大統領の独裁権力は、ワイマール国家の健全化の兆候ではなく、その権力の過度の強化に見られるように病気の兆候であり、発熱状態であった。それは議会の機能麻痺と共に、ワイマールの憲法体制が解体しつつあることを明らかにした。(8)

一九二六年にワイマールにおいて「憲法に忠実な学者の集い」が創設され、ドイツ民主党(DDP)に属していたアンシュッツ、トーマ、A・ヴェーバー、ドイツ社会民主党(SPD)のラートブルフ、ドイツ人民党(DVP)のグラフ・ツー・ドーナ、中央党のシュライバーをはじめ党派を超えてワイマール憲法を支持する学者たちが結集した。この集いは一九二六年と一九二七年、そして「ワイマール・サークル」と名を変えて一九三一年と一九三二年に開催された。ワイマール共和国の危機が進行し、大統領内閣が形成されていく中で、「ワイマール・サークル」内部でも、G・アンシュッツ、R・トーマ、G・ラートブルフのように、議会制民主主義と政党国家をあくまで擁護しようとする陣営と、F・マイネッケやドーナのように危機克服のための大統領制を強調する陣営との対立が顕在化した。例えばドーナは、「今日しばしば引用されている第四八条第二項の他に、ワイマール憲法に関して残っているものはあるだろうか。今日、誰がいまだなお憲法に忠実だというのか」とアンシュッツとラートブルフに書き送っている。(9)

ドーナから見ると、ワイマール憲法第四八条の大統領の緊急命令を行使して統治するブリューニング大統領内閣の成立によって、守るべき憲法そのものが有名無実になってしまったと思われたのである。「ワイマール・サークル」内におけるこうした不一致を覆い隠すために、一九三一年の大会では「大学におけるナチズムの侵入に対する闘争」、一九三二年十一月には「自由主義と全体国家」(特に教授の自由、研究の自由、人格理念を考慮した)というテーマが掲げられたが、参加者はそれぞれ五九名、三〇名に激減していた。後者の大会では、「パーペン・クーデター」(一九三二年七月二十日)を非難する決議を行なった。それに対して「ワイマール・サークル」と対抗して開かれた「全ドイツ大学教授大会」では、二五〇人の教授たちが「パーペン・クーデター」を歓迎すると同時に、ドイツを議会制の桎梏から解放するようにパーペン政府を激励した。[10]

次に、ドイツ国法学者大会において「大統領内閣」における緊急権による統治に国法学者たちがどのような態度をとったかを見てみよう。一九三一年十月、ハレで国法学者大会が開催された。[11] 大会では、「職業官吏の権利の発展と改革」というテーマでハンス・ゲルバーとアドルフ・メルクルが、「選挙権改革」というテーマでハインリヒ・パウルとゲルハルト・ライプホルツがそれぞれ報告した。この大会が開催される前に、ドイツでは緊迫した政治的状況が生まれていた。すでに一九三〇年三月に社会民主党のヘルマン・ミュラー内閣が倒れ、議会に基礎を置かないブリューニングの大統領内閣が出現していたが、ブリューニングが九月に議会を解散して総選挙を行なった結果、すでに述べたように、ナチ党の議席が一二議席から一〇七議席へと増加し、共産党も五四議席から七七議席へと勢力を拡大させ、議会制の危機は一層強まっていた。

この国法学者大会では、ブリューニングによる緊急令統治の是非が争われたが、多数派が緊急令の濫用に警告する決議を押し通したのに対して、これを擁護する反対派は、シュミット、ビルフィンガー、ヤコービの三名であった。この三人が後のライヒ対プロイセン裁判における政府側の訴訟代理人を務めることになる。

メーリングは、一九三一年のハレの国法学者大会について、「ハレでは、第四八条の広範囲な解釈が新たに議論された。当時になって初めて、その解釈は大統領内閣において実際的に発火した。シュミットにとって、ビルフィンガーとヤコービがそのさい、重要な戦友であった[12]」と述べている。

この大会では、シュミットがブリューニング内閣の第四八条の緊急権の行使を支持したのに対して、参加者のほとんどが、第四八条の緊急権の行使を憲法の乱用とみなしたのである。[13]

しかし、同時に、このハレの大会に参加していた多くの国法学者が、共産党とナチ党による議会制民主主義の破壊に対する危機感を表明していた。この危機感は、トリーペルがこの国法学者大会において、今日の戦いは、人格の固有の価値を肯定する大衆民主主義的諸力と急進的な集団主義の中で個人の自由を廃棄する神話的な運動との闘いであると宣言したことに如実に示されている。[14] またレーベンシュタインのような左翼の国法学者も、「二つの急進的な過激政党によって明らかに脅かされている国家は、断固として自らを防衛しなければならない」[15]と危機感を露わにした。

大統領内閣に賛成した国法学者の中には、シュミット以外に、E・カウフマン、R・スメント、G・ライプホルツといった人々がいた。彼らは等しく、議会が機能麻痺の状態にある中で、大統領内閣は不可避な選択肢であると同時にナチズムという全体主義に抵抗するために必要であると考えたのである。

例えば保守的な国法学者でボン時代シュミットの同僚であったE・カウフマンは、一九三二年の「民族意思の問題点について」の中で、「ある機関の弱さと機能喪失が、他の機関を強くし、またある機関の強さと機能強化が、他の法則を後退させるという法則は、すべての国家形態にあてはまる。それは民族共同体の有機的な性格から生じる」[16]と主張した。ただし「民族精神」(Volksgeist)を強調するカウフマンは、第四八条の緊急権による統治には反対した。またG・ライプホルツは、一九三三年に著した『ドイツにおける自由民主主義の崩壊と権威主義的国家像』において、全体国家に対抗する権威主義国家を選択し、それを大統領内閣に見ている。

わがドイツの場合は特に、この何年間の権威主義的国家指導の傾向がライヒ大統領職、またライヒ大統領の手足となって働く国防軍および官僚制と結びついた。……大統領は合法的独裁の形態で、しかし本質的には独自の立場で、機能を停止している議会に代わって非常時の立法者としての議会の機能を果たし、そうすることによって同時にワイマール憲法第四八条の意味における安寧と秩序を確保するという任務を与えられていた。[17]

ライプホルツにとって、権威主義国家は個人の自由の領域を保障するのに対して、全体主義国家は、個人や社会の領域を政治化することによって、個人の自由を完全に破壊する国家であった。これは、シュミットの認識と近いものであった。

ワイマール共和国後期においてシュミットは政治的にはE・カウフマンやR・スメントに近かったが、ベルリン時代の日記を読む限りにおいて、シュミットはカウフマンに対する嫌悪感をあらわにし、スメントに対しては自分がいつも批判されているという被害妄想に近い思いを抱いていた。それに対してアンシュッツやトーマとの個人的関係は良好であった。(18)

Ⅲ　『憲法の番人』（第二版、一九三一年）

シュミットは、一九二九年に『公法雑誌』に寄稿した「憲法の番人」に大幅に手を加え、一九三一年『憲法の番人』（第二版）を単行本として刊行した。その事情について、シュミットは以下のように述べている。

一九三一年の『憲法の番人』において、私は「現代の憲法状況」という一章を追加し、議会主義、ポリクラシー、連邦主義、全体国家への転回について詳述した。憲法の番人としてのライヒ大統領の独裁のテーゼは、一九二九年の「憲法の番人」において初めて展開し、「憲法の番人」としてのライヒ大統領の定式は、それによって、大統領制度の憲法上のキーワードとなった。(19)

『憲法の番人』の構成は、第一章「憲法の番人としての司法」、第二章「現代の具体的な憲法状況」、第三章「憲法の番人としてのライヒ大統領」となっているが、「憲法の番人」（初版）と比べて、第二章が追加されただけでなく、第一章、第三章にも大幅な加筆、修正がみられ、大統領の緊急権に関する内容的な変更に至っている。

シュミットは初版の「憲法の番人」が憲法の番人の論争に及ぼした影響について、次のように書いている。

ワイマール憲法以来、ふたたび憲法の特別の保障に対する関心が高まり、その憲法の番人と守護者は誰かが問われている。……一九二九年三月の『公法雑誌』で発表された「憲法の番人」に関する私の論文は、広範囲にわたる賛成を得、特にその結果、最近の数年間においては、大統領の憲法上の地位がしばしば憲法の番人のそれとして特徴づけられるまでになった。[20]

以下、『憲法の番人』（第二版）の内容を五つのポイントに分けて説明することとする。

1　司法の政治化批判

シュミットは、まずケルゼンに代表されるような裁判所を「憲法の番人」にする意見に反対した。彼は、裁判所は法律に拘束されるので、「憲法の番人」にはなりえないとして、裁判官の法律拘束性を主張した。シュミットによれば「すべての裁判が規範に拘束されており、そして規範自体が内容において疑義を生じ、論争を惹き起こすと、裁判は終了するのである」。[21] したがって、「裁判官の国法上の地位を変えることなしに、立法者の任務である政治的決断を裁判官に委ねることはできない」。[22] 裁判所は、通常の法律が憲法に反していると判断した場合は、その効力を否定するのではなく、その適用を拒否できるだけである。もし、裁判所がある法律内容から有権的にその法律の疑義を除去するならば、裁判所は立法機関になるのであり、それが憲法法律の疑義ならば、憲法法律制定者となる。[23] さらにシュミットは、裁判所の審査権は法律に及ぶが、憲法法律には及ばないとして、憲法改正権力が憲法そのものを破壊するか否かについての判断には踏み込めないという。

すべての政治的諸問題の解決を司法に求めるのは、シュミットによれば、政治の司法化ではなく「司法の政治化」である。「法治国家」という概念を、すべてのことが司法の形式で解決される国家と理解するなら、それは大いなる誤謬であり、国事裁判所は、政府の統治行為を判断する立場にはないのである。もしそうなれば、国事裁判所自体が政治機関となる。こう述べて、シュミットは、ブリューニングが第四八条第二項によって成立させた法律を議会が拒否したこのゆえに、議会を解散したことに関して、その正当性を国事裁判所は判断できないと主張し、「共和国議会が、現実的に、多数決能力と行為能力がない場合には、……裁判所といえども、この欠陥を回復することはできない」と結論づけている。[24]

2　多元主義批判

シュミットは、第二章の「現代の具体的な憲法状況」において、ワイマール共和国の憲法現実を考慮して、その特徴を「多元主義」「多頭権力」（Polykratie）「連邦主義」と述べている。この三つは「完結し均一的な国家的統一」（eine geschlossene und durchgängige staatliche Einheit）に対抗する点で一致している。「連邦主義」とは、連邦国家の内部において、複数の国家的な諸組織が国家の基礎の上に成立している状態を指す。「多元主義」は、強固に組織され、国家の隅々にまで浸透している多数の社会的な権力集団を意味している。「多頭権力」は、「法律上自律的な、公共的経済の担い手である」[25]。

特に「多元主義」という状況は、シュミットがワイマール憲法規範を解釈する上で無視できない要因であった。憲法規範の解釈に憲法現実を反映させようとするのがシュミットの戦略であった。シュミットの憲法学が「状況法学」と呼ばれる所以である。特に以下の言葉は「状況法学」の本質を衝いている。

どのような制度も、それどころか、どのような規範でさえも、それが存在し、もしくは妥当するための内在的前提として、それ自身の中に状況との関連を持っている。そしてその関連は、制度が国家意思形成の政治

的中心に接近すればするほど、ますます強烈かつ直接的になる。(26)

多元主義と連邦主義との関係について、シュミットは、全国的な堅固な諸組織としての多元主義がラントの分離運動の危険に対する防御策になりうる反面、ラントにおける指導的な政党がライヒにおける指導的な政党に対して、連邦主義的要素を引き合いに出して対抗することを憂慮した。それは表面的には、ライヒ対ラントの対立であるが、実質は特定の政党に対する別の政党の対立なのである。(27) シュミットは、後に述べる「パーペン・クーデター」の本質は、このような政党間の対立にあるとみたのである。

シュミットは、中世やアングロサクソン諸国において特徴的な「司法国家」(Justizstaat)、絶対主義国家に見られる「統治国家」(Regierungsstaat) そして十九世紀の市民的法治国家にみられる「立法国家」(Gesetzgebungsstaat) に国家を分類している。興味深いのは、それぞれの国家類型において、「非常事態」における国家権力の発動の形式が異なっていることである。

いわゆる非常事態＝例外状態において、国家のその時々の中心が公然と明らかになる。司法国家は、非常状態に対して、戒厳令(より正確には戦時即決裁判)を用いる。執行権としての国家は、まず第一に必要とあらば基本的人権の停止と結びついて、執行権力の委譲を用いる。立法国家は、緊急命令、非常命令、すなわち略式立法手続を用いる。(28)

この分類はあくまでも理念型であり、実際にはこれら三つを組み合わせた「混合政体」(status mixtus) であるが、シュミットはあくまでも国家活動の中心領域を基準として分類している。「立法国家」は、国家と社会、政府と議会の十九世紀的二元論に依拠しており、「多元主義」という現象はこの二元論を廃棄するものである。

一言で表現すると、多元主義という現象は、国家が「社会の自己組織化」となった結果として登場してきたのである。それとともに、今まで非政治的とされていた社会的・経済的問題が政治的問題となり、国家的–政治的領域と社会的–非政治的領域の区別が失われてしまった。シュミットは、こうした社会の自己組織化となり、社会のすべての領域に介入する国家を「全体国家」（totaler Staat）と命名している[29]。この「全体国家」は、国家と社会の二元論に依拠して、社会的領域に介入しない自由主義的な「中立国家」に対する論争概念である。シュミットにとって「多元主義」と「全体国家」は相対立する概念ではなく、社会の自己組織化としての国家の二つの側面である。しかし、本来「多元主義」を克服するのが「全体国家」であり、「多元主義」と「全体国家」が同じ意味で用いられるのは誤解を引き起こしやすいので、シュミットは、後の「ドイツにおける更なる全体国家の発展」（一九三三年）においては、「質とエネルギーにおける全体国家」と「量と規模における全体国家」を区別し、前者の国家を友と敵を区別する真の強力な国家であるとし、後者の国家を生活の全領域に介入する弱体な国家であると論じている[30]。

シュミットにとって今日の弱体な「全体国家」は「多元的政党国家」であり、政党によって国家的統一が分割され、議会においては「不安定な連立政党国家」の様相を呈している。そこでの議会は多数派形成が不可能であり、機能喪失状態にある。これは、堅固に組織されていない自由な諸政党が転轍機として、さまざまな利害を一般的な国家的意思にもたらす「議会主義的政党国家」と対照的である。「議会主義的政党国家」は、シュミットが『現代議会主義の精神史的状況』において、議会制の古典的形態として論じた理念型である。シュミットは、こうした「議会主義的政党国家」から「多元的政党国家」への移行によってもたらされる重大性と危険性を、以下のように指摘している。

堅固に組織されていない自由な諸政党を持つ議会主義的な政党国家と、国家意思の担い手として強固に組織された組織を持つ多元的政党国家との区別は、君主制と共和制あるいは何か別の国家形態の相違よりはるかに大きい。今日、多元的な国家の担い手である強固な社会的結合は、……議会を国家の多元的分割の単なる縮図となしている。……かくして議会は、自由な人民の代表者が統一を作り出す自由な討論の舞台から、政党の利害を超政党的意思へ転換する転轍機から、組織された社会的勢力の多元的分割の舞台になる。(31)

シュミットは、ここから二つの帰結が生まれてくると診断する。一つは、多数派形成ができない議会の機能麻痺である。第二は、多数を獲得した政党が合法性を利用して国家権力を掌握し、権力に接近する平等の機会を閉ざしてしまうことである。このことこそ、シュミットが翌年の『合法性と正統性』で強調したことであった。すでにシュミットは、この時点で合法性の方法によるナチスの権力掌握の危険性を見通していたといえよう。

ところで、「多元的政党国家」は、権力の多元性の他にもう二つの「多元性」をもたらす。一つは、「忠誠義務の多元性」であり、もう一つは、「合法性概念の多元主義」である。(32)「忠誠義務の多元性」によって、国家への忠誠が失われ、代わりにさまざまな社会的集団や諸政党に対する忠誠が生じる。また「合法性の多元性」においては、憲法に対する尊敬が失われ、多数を形成する政党が、自ら合法性を占有し、他の政党や方針を「非合法」「憲法の敵」とみなし、反対政党も同じことをする。多元主義、多元主義的政党国家は「権力の多元性」「忠誠の多元性」そして「合法性の多元性」をもたらすことによって、国家と憲法の基盤を掘り崩しているのである。

3　職業官吏制度

シュミットは、第三章の「憲法の番人としてのライヒ大統領」において、大統領以外にも、多元主義的な利害対立に抵抗できる主体を探し求めた。その中でシュミットが最も期待したのが「職業官吏制度」であった。すでに『憲法論』で述べたように、シュミットは制度的保障の最も重要な制度として、職業官吏制度を挙げていた。

また「憲法の番人」（第一版）においても、多元的利益に対抗する中立的・仲裁的権力として職業官吏制度を位置づけた。

この中立的第三者がなかったら、社会的・経済的諸対立は、公然と衝突し合うかたちとなり、もはやとても平穏な和解にはたどりつけないおそれがあろう。このような仲介者の役割こそが、きわめて典型的かつ教訓的に中立的であってもはや高次ではない第三者の国家理論を説明するものである。そのさい、職業官吏は、総体として、この中立的仲裁的機能の担い手として現れる。ワイマール憲法第一二九条における職業官吏制度の憲法法律的保障は、これにより、個々の公務員の主観的・個人的諸要素の保護を越える国法的意味を獲得するのである。(33)

しかしシュミットは、党派的な政治運営が職業官吏制度にも影響を及ぼし、「官吏層」から国家的な中立性を奪い去り、これを「情実主義や党派寄食の体系に変えてしまう」(34)危険性を指摘していた。第二版においてシュミットは、職業官吏制度はドイツの偉大な伝統であり、ワイマール憲法の第一二九条と第一三〇条によって保障されており、新しい民主主義の土台のもとに存続可能であると考えた。しかし、そこには前提があった。つまり、多元的な諸政党に対して中立を保つためには、官吏の任命を政党員である閣僚が行なうのではなく、大統領が行なうという前提である。シュミットは、職業官吏制度を保障した第一三〇条と官吏を任命する大統領の権限を定めた第四六条は一体をなしていると考えた。そしてシュミットは、多元主義的勢力に対抗するためにも、「憲法上保障されている職業官吏国家と人民投票的要素を支配するライヒ大統領の体系的関連」に注目したのである。(35)

一九三一年のハレの国法学会においては、職業官吏制度の法的位置に関してアドルフ・メルクル（ウィーン）とハンス・ゲルバー（テュービンゲン）が報告し、熱い論争が繰り広げられた。しかし職業官吏制度が中立的な立場で国家の統合の不可欠な制度であることには広範な合意が存在した。この論争に関してシュトライスは、「職業官吏制度に有利な法政策的な立場は、あの時代のほとんどすべての著作家たちによって共有されていた。職業官吏制度が民主制にとって不可欠であり、政治的に中立であり」、「政治的‐議会主義的な干渉から守られねばならないことは、共通の意見であった[36]」と述べている。

憲法を「日々の国民統合」と理解するスメントの統合理論の動態的統合と異なり、本質的に国家秩序の永続性や恒常性を重視するシュミットにとって、人民投票という民主主義的正統性を持った大統領だけではなく、ドイツの偉大な伝統である職業官吏制度と結びついた大統領制こそが「最後の救い」と映じたのである。

シュミットが、ナチスに対して敵対心を持ったのは、ドイツの伝統的な職業官吏制度をナチスの「強制的同質化」によって克服し、政治秩序をたえず変革していくそのすさまじい革命的エネルギーにあったといえよう。その意味において、シュミットもまた保守主義者であった。彼が保守的な国防軍の幹部たちと連携して国家を救出しようとするのも、その現れであろう。

4　憲法の番人としての大統領

ところで、多元主義に対する危機感が強ければ強いほど、反比例的に大統領の権威に対する期待も大きくなる。シュミットは「もし最後の柱である大統領と、多元主義の前の時代に由来する大統領の権威が確固として保持されていなかったならば、おそらく無秩序が目に見える形で顕在化し、秩序の外見すら失われていたであろう[37]」と述べている。

実際、大統領内閣時代においては、ワイマール期の相対的安定期に見られた大統領の第四八条の巨大な権限に対するコントロールも、シュミットにおいては一つ一つ抜け落ちていく。

一九二九年の「憲法の番人」においては、シュミットは、大統領を「中立的第三者」として構成したが、一九三一年の『憲法の番人』（第二版）においても同様である。しかし一九三〇年三月三十一日に成立したブリューニングの大統領内閣は、明らかに「中立的第三者」を超えている。なぜなら、「中立的第三者」の特徴は、「立法が完全に議会に帰し、国家元首によって任命される内閣が完全に立法団体の信任に依存し、国家元首自体が万事につけ諸大臣の連署に拘束されている状態」であるが、大統領内閣においてはこのような状態は存在しないからである。たしかに、大統領がさまざまな諸政党の特殊利益に与しないという点では大統領はなおも中立的であるが、諸政党や議会の上位に立って、国家と憲法の友と敵を決定するという意味においては、「高次の第三者」に接近する。(38)

シュミットは一九三一年の『憲法の番人』において大統領を「中立的第三者」として理論構成するさいに、「ワイマール憲法の実定法に従えば、全人民によって選挙された共和国大統領の地位は、中立的、仲裁的、調整的、防御的な権力の一層発展した理論の助けを借りてのみ、構成することができる」(39)と述べている。シュミットにとってコンスタンの「中立的で仲介的かつ調整的な権力」（pouvoir neutre, intermédiaire et régulateur）は、市民的法治国家の憲法理論に属するものであるので、すでに述べたようにシュミット自身もこの伝統の系譜に属していることをみせかけているのである。

シュミットは、大統領の「中立性」を担保するため、『憲法の番人』の最後のしめくくりにおいて、多元的政党国家に対抗するものとして、分割できない不可分の人民意思を体現する大統領の権威を強調している。そこでは、大統領の「中立性」と同様に、人民意思の不可分性という擬制が加えられている。

ワイマール憲法が、共和国大統領を人民投票的な、そしてまた政党政治的に中立な、制度と権能の体系の中心にすることにより、現行憲法は、他ならぬ民主主義の原理からして、社会経済的な権力集団の多元主義に対する対抗力を形成し、政治的全体としての民族の統一を守ろうとしている。……憲法は、特に大統領の権威に、ドイツ人民のこの政治的な全体意思と直接結びつき、またそのことによってドイツ人民の合憲的な統一と全体性の番人および守護者として行動する可能性を与えようと欲している。この試みの成功の上に、今日のドイツ国家の存立と永続が築かれるのである。(40)

このように、大統領の「中立性」というイメージを創出し、人民の不可分の全体意思＝一般意思を体現した大統領という擬制によって多元的な利害の分割の場となった議会に対抗しようとするところにシュミットの戦略があった。これに対して、後に述べるように、ケルゼンは、シュミットの「中立権力」のイデオロギー性を徹底して白日の下に晒すのである。

5　シュミットの緊急権解釈の変化

ところで、大統領内閣後に書かれた『憲法の番人』（第二版）においては、第四八条第二項の緊急権に対するシュミットの従来の立場からの明白な変化が現れている。

第一に、シュミットが第四八条第二項に法規制定権を認めたことであり、第二に、第四八条第二項が財政的・社会的領域における危機を含むと、「公共の安全と秩序」を広く理解したことである。この点に関して、メーリングは以下のように述べている。

以前は、シュミットは大統領の権限を、権力分立の組織原理によって制限しており、立法的な権限を大統領に対して留保していた。彼は、『憲法の番人』においては、今やこの権利を十年間の慣行と慣習法上の発展として承認した。しかし彼は、法外な措置と法律を区別しないことが実際には広く行なわれているが、相変わらず法理論的な過ちとみなすと明らかに述べている。……シュミットは、措置への限定に含まれている法

外な権限の法治国家的な限定は今やなくなったと述べている。(41)

議会が党派分裂の縮図となっている状況では、大統領の権限が立法機能にまで拡大されるのはやむをえないというのがシュミットの認識であった。しかし、この時点においても、シュミットが憲法を改変しようとする意図を有していなかったことは確認する必要がある。(42)

ブリューニング内閣において、授権法の制定が議会の分裂により不可能である状況下で、財政や税制に関する緊急命令が発せられ、法律の代わりを果たした。当時の多数の国法学者は、これを容認した。シュミットもまた、緊急権は立法的行為を含まないという初期の態度を転換したのである。これについてE・R・フーバーはこう述べている。

明らかに法治国家的傾向を有する多数の国法学者も、財政法律に代わる独裁命令を強く支持した。カール・シュミットもまた、「経済的・財政的非常事態」の登場に迫られて、独裁者の緊急法規命令に対する異議を放棄した。彼は今やこのような経済的・財政的危機事態において、財政法に代わる大統領の緊急命令が憲法上許容されると主張したのである。(43)

シュミットは『憲法の番人』において、以前の立場を放棄した原因を十年間の法の発展に求めている。突如、慣習法や憲法の発展といった思考様式が導入されるのである。

これら二つの結果——第四八条第二項に基づくライヒ大統領の、法律に代わるべき命令を発する権利と、非常事態と緊急権が持つ（また許容可能な）経済的・財政的性格——は、第四八条の解釈に基づいている。そしてこの解釈は十年間のラントの発展において確立され、かつ経済的に困窮し、賠償義務があると同時に社会的給付の責任を負う国家の苦境の具体的な特殊性を正しく評価するものである(44)。

シュミットは、緊急権に法的性格を認める法の発展が、アンシュッツなどの通説によって指導されてきたこと、そしてその通説に反対する立場をとってきた自らが、緊急権の経済・財政的領域への法規命令を認めざるをえなくなったそのジレンマを、以下のように説明している。

今日支配的となっている第四八条第二項の解釈は、措置と法形式的行為との区別を否定し、第四八条第二項に関わる大統領と通常の立法者とを等置している。私は、E・ヤコービと共に、措置と法形式的行為との区別を主張し、通説に対しそれを認めさせようとした。私は今日でもまだ、この区別の理論的正しさを確信しており、そして法律に代わるべき命令と措置の区別は、第四八条の今日の実際においても通用しているという意見である。しかし、この区別を理論的に行なわないことが通説としての地位を確立していただけに、当時、ほかならぬ国法上の教説の抵抗は猛烈であった。この理論は、まさにこの抵抗によって、法律に代わる命令権の今日あるところの承認の成立にさいし、ただ協力しただけではなかった。本当は、それが法的慣行を初めて可能にしたのである(45)。

シュミットによれば、通説は本来は「法理論的誤謬」であるが、それが「慣習法」となったのである。シュミットは、R・トーマが「誤謬が慣習法の父」となることは国法において「日常熟知された現象」であると述べたことを引き合いに出しながら、自己の立場の変更を弁明している。こうしたシュミットの弁明が適切であるかどうかは別にして、シュミットが自らの立場を変更したのは、当時ワイマール共和国が置かれていた苦境の打破という政治的考慮が主要な動機であったと思われる。

シュミットは、経済的・財政的領域における法律に代わる緊急命令の妥当性の理由づけに、以下の四つの要因を挙げている。

第一に、国法学の通説が、大統領を通常の立法者と同格に置いていること、第二に、実際に大統領によって法律に代わる緊急命令が発動された多数の先例があること、第三に、ライヒ最高裁判所、ライヒ国事裁判所が、もはや多数を形成しえない議会の状況を鑑み、例外的な法規命令権を経済・財政の分野にまで拡大することを認めていること、第四に、議会が、第四八条第二項によって発布された法律に代わるべき命令を無効にせず、その運用を黙認したことである。[46]

以上、特に大統領内閣におけるシュミットの緊急権の拡大への支持について検討してきた。それでは、シュミットは「大統領内閣」の時点で、大統領の緊急権と憲法との関係をどのように考えていたかを、再度検討してみよう。そこに、『憲法論』やそれ以前の時代におけるシュミットの解釈と整合性はあるのであろうか。

この問題を検討するにさいして、そもそもシュミットが「憲法」をどのように定義していたかを再度想起する必要がある。すでに何度か述べたように、シュミットにとって「憲法」とは憲法制定権力の決断であり、その決断の内容は、民主主義、共和制、連邦国家、基本的人権、権力分立である。[47] シュミットがこうした決定内容を最後まで守り抜こうとしていたのかが問題となる。

この問題を考慮する時に、いくつかの概念を区別する必要がある。第一は「憲法の廃絶」（Verfassungsvernichtung）であり、憲法制定権力の除去を伴う憲法の除去である。第二は「憲法の除去」（Verfassungsbeseitigung）であり、これは憲法制定権力が発動されて、既存の憲法を除去することである。第三は「憲法改正」（Verfassungsänderung）であり、これは憲法法律の改正を意味する。第四は「憲法破毀」（Verfassungsdurchbrechung）である。これは、憲法法律の侵犯であるが、侵犯された憲法規定は効力を持ちつづける。第五は「憲法の停止」（Verfassungssuspension）

で、第四八条第二項において許容される憲法法律の一時的効力停止である。こうした区別を用いるならば、シュミットにおいては、「憲法の廃絶」と「憲法の除去」は問題にならない。大統領は自ら憲法制定行為を行なうことはできないし、また「憲法改正権力」にはなりえない。大統領に許されているのは、「憲法破毀」と「憲法停止」のみである。[48]「憲法破毀」と「憲法停止」の違いは、前者が憲法法律の効力を前提とし、それを事実上一時的に破る者であるのに対して、「憲法停止」は、効力を一時的に停止するものであった。シュミットは、第四八条第二項に基づく大統領の権限はこの二つのものを含むと考えた。通説は、すでに述べたように、「憲法破毀」を認めず、第四八条第二項において明記された基本権に限定してのみ、「憲法停止」を許容するものであった。

シュミットは、すでに述べたように、大統領の権限をさらに拡大させ、「多元的政党国家」における最後の砦として大統領の緊急権を強調したが、それでも「憲法」を守るために一時的に「憲法」を破毀ないし停止することがあったとしても、憲法を除去ないし廃絶しようとは考えなかったことは確認しておきたい。この点についてメーリングは、「原理的には、シュミットが現行憲法の土台の上で議論していることは疑いえない。シュミットは包括的なライヒ改革や憲法改革の可能性をむしろ懐疑的に見ていた」と述べている。[49]そしてメーリングは、その証拠として、シュミットが一九三〇年に経済人の団体「ラングナム協会」での講演で、「私は、自動車が走っている時に自動車の機械の一部を取り外し、他の部品によって置き換えようとすることに警告する技術者の立場のようだと感じる[50]」と話したことを一例として挙げている。

しかし、シュミットが最終的に守ろうとしたのは、憲法制定権力の決断という意味での憲法概念であったのだろうか。第四八条第二項の緊急権の発動により、基本的人権の不可侵が損われ、立法と行政の分離という権力分立が侵害され、多元的政党国家による議会制の機能麻痺の状況の中で、守るべき憲法の内容が失われていくのが実態ではなかったのか。後の一九三二年七月二十日の「パーペン・クーデター」においては、連邦国家、連邦参議院という諸原理や制度も掘り崩されていくのである。それでもシュミットが「憲法」を守っているというならば、その意味における「憲法」とは、「政治的統一と社会秩序の具体的な全体状態」という絶対的な憲法概念であり、国家とほぼ同じ意味を持つといえよう。[51]

つまり、シュミットの最終的目標は、憲法の具体的な諸原理というよりは、国家の統一と秩序そのものであった。たとえ理想的な憲法を持っていたとしても、国家の統一が破壊されてしまえば、元も子もない。かくしてシュミットにおいて問題であったのは、憲法よりも国家の実存そのものであった。憲法論から国家論への転換である。彼は、既存の憲法のあらゆるリソースを投入して、そのぎりぎりの範囲内において、この統一を達成しようと試みるのである。

ところで、シュミットの『憲法の番人』には、当時の代表的な国法学者からさまざまな批判が展開された。そのことは、一九三二年十月の国事裁判所での審議でも繰り返されることになる。

シュミットのように、大統領を憲法の番人にすることは問題がないだろうか。そのことによって、憲法破壊が行なわれる可能性はないか、そのことの問題点を如実に示したのが、一九三二年七月の「パーペン・クーデター」であった。この問題に触れる前に、『憲法の番人』をめぐるシュミットとケルゼンの論争に触れておくこととする。

Ⅳ　憲法の番人をめぐるケルゼン－シュミット論争

すでに述べたように、一九二八年四月にウイーンの第五回ドイツ国法学者大会における「国事裁判の本質と展開」と題するケルゼンの講演に対して、シュミットは、一九二九年に「憲法の番人としての国事裁判所」を書き、ケルゼンを批判した。また一九三一年にシュミットが『憲法の番人』第二版を書いたときに、ハンス・ケルゼンは雑誌『司法』に「憲法の番人は誰であるべきか？」を寄稿し、シュミットに反論した。[52]

この論稿においてケルゼンは、シュミットが憲法第四八条の緊急権の無制限な行使を容認することによって憲法を破壊しつつあると批判すると同時に、シュミットの憲法論のイデオロギー的性格を容赦なく攻撃した。以下、ケルゼンのシュミット批判を、五点において検討する。

第一点は、シュミットが裁判官の判決は構成要件に即して判決対象事例を包摂（Subsumtion）するにすぎないとするのに対して、ケルゼンは彼の「法段階説」に依拠して、裁判に法創造機能という固有の価値を容認したことである。ケルゼンは、裁判所の判決は同時に法適用でもあり、法創造でもあるので、立法の政治的性格と司法の政治的性格の間には、実際には質的相違はなく、量的相違があるだけであると述べている。[53]

第二のケルゼンのシュミット批判は、シュミットが大統領を党派に対して中立的な存在に仕立て上げることについてである。大統領の選挙においてすべての有権者が投票するわけではなく、大統領選挙そのものも党派的対立に巻き込まれるので、大統領が「不可分の同質的な国民」を代表しているとは言いがたい。またヒンデンブルク大統領も特定の社会的な利害に依存していることを考慮すれば、「中立的な権力」は実態を覆い隠すものである。ケルゼンは「中立的権力」というイデオロギーを批判して、次のように述べている。

たしかに、一般的に国家元首と政治的統一体の観念が結びつくことは、そのとおりである。しかしそれはただ、統一への要求を象徴的に表現する役割を有することを意味しているにすぎない。しかし、シュミットがしているように、国家元首がもはや象徴としてではなく、国家の実際の統一の産物ないし創造者と偽造される時に、それは、イデオロギーになるのである。[54]

第三点は、シュミットがB・コンスタンの「中立的権力」を用いて、大統領を「憲法の番人」と言い張る問題点である。ケルゼンは、シュミットがB・コンスタンに依拠して、君主の中立的権力のイデオロギーを民主主義的な共和国の大統領に適用する時に、一方において大統領を他の憲法機関と併存する機関と位置づけるものの、他方において大統領の第四八条の権限を拡大解釈することにより、大統領を国家の主権的な主人としていると批判している。[55]これは適切な批判であり、シュミットの矛盾を鋭く衝くものである。

第四に、ケルゼンは「国家を形成する人民が統一的な同質的な集合体である」[56]という擬制を批判する。シュミットは、民主主義の前提とみなす「同質性」や「一般意思」という虚構を偽造して、多元的利益や意思を抑圧しているのである。唯名論者ケルゼンにとって存在するのは、個別的意思とその総和である「全体意思」に他ならなかった。ケルゼンは、ルソーやシュミットの「一般意思＝同質性」を虚構として退ける。二人とも民主主義理論の構築にさいして、ルソーの『社会契約論』から出発し、民主主義を「治者と統治者の同一性」と定義するにもかかわらず、ケルゼンが「社会契約」に着目して市民の最大限度の政治的自由を確保しようと試みるのに対して、シュミットは「一般意思」を「同質性」と解釈し、反多元的な民主主義論を構築しようと試みるのである。そこにルソーの『社会契約論』の相異なる継承が存在する。[57]

第五点は、シュミットが学問的認識と政治的価値判断を混同し、イデオロギーを混入することによって、法学や憲法学の客観性を著しく損なっているという批判である。

ケルゼンのシュミット批判はシュミットを激怒させた。[58]シュミットは『グロッサリウム』の手記において、「ケルゼンが中立的な憲法の番人についての私の理論を批判し、非学問的と誹謗した思い上りに愕然とする」[59]と感情を露わにしている。

ちなみに、日本では「純粋法学」の創始者ケルゼンに注目が集まるが、ケルゼンがワイマール共和国の国法学者の間では、どちらかといえば孤立していたことを指摘しておかなければならない。法実証主義者といっても、ケルゼンとアンシュッツやトーマとはその内実が異なっているのである。アンシュッツは、ケルゼンの「純粋法学」には反対であった。二人の相違点についてヴァルター・パウリは、「アンシュッツは、歴史的に成立した法律の条文に忠実に、歴史的に生成した法に注目するのに対して、ケルゼンは法規の概念から純粋法学を構築し、成文法を純粋法学に基づいて解釈する。二人の間に共通点は多くはない[60]」と述べている。アンシュッツは、一九三〇年七月十六日にカール・シュミットに宛てた手紙の中で、「ケルゼンのような学問的方法では何も把握できないので、彼から意識的に遠ざかっている」と書いている。また政治的には比較的立場が近かったH・ヘラーも、「ケルゼンの規範主義的思惟の空虚な抽象性は、まさしく倫理的理由づけを探し求め、現実に餓え渇いているドイツの青年たちに独裁思想を広めることに少なからぬ役割を演じている」と批判している[61]。

逆説的であるが、アンシュッツやヘラーは、政治的立場が近いケルゼンよりも、政治的立場が異なるシュミットの方に関心を持ち、また刺激を受けたのである。

V 『政治的なものの概念』（第二版、一九三二年）

1 第一版と第二版の異同

『政治的なものの概念』（第一版）は、圧倒的に国際関係、特にベルサイユ体制批判との関係で展開されていた。しかし、第二版はベルサイユだけでなく、ワイマールが問題とされており、内政の危機の克服が主題となっている。第一版では、「戦争」という言葉しか使用されていなかったのが、「内戦」（Bürgerkrieg）や「革命」という言葉が追加されている。例えば、第一版では「戦争とは諸国民間の武装闘争」とだけ書かれてあるのに対して、第二版では、それに続いて「内戦は組織された統一体内部の武装闘争[62]」という文言が追加されている。また第一版では「戦争は社会的ないし理想的なものではない」とだけあるが、第二版では「戦争あるいは革命[63]」とある。また第一版には、「内敵宣言」（hostis-Erklärung）の文言や説明はまったく見られなかったが、第二版では、ギリシャやローマに遡って、約二頁にわたって説明がなされている[64]。

総じて、八章によって構成されている点では同じであるが、第二版ではかなりの追加ないし修正がなされている。

ここでは、特にドイツ国内の政治状況との関係において、シュミットの『政治的なものの概念』の持つポレミカルな含意を検討することにする。

2　限界概念としての政治概念

シュミットの『政治的なものの概念』の目的は、「政治的なもの」を回避しようとする経済主義や技術主義が猛威を振るう中で、友・敵の対立が不可避的であることを示すことにあった。彼は、第一版でも述べたように、政治的なものの固有法則性を確保するために、「政治的なものは特有の意味で、政治的な行動がそこに帰着しうるような、それに固有な究極的区別の中に求めなければならない[65]」として、このような区別を友と敵の区別に求めた。彼にとって友と敵の区別は「結合ないし分離、連合ないし離反の最も強度な場合を表すもの[66]」であり、敵は実存的に他者（Andere）、「よそ者」（Fremde）であり、物理的手段を用いて殺害する可能性のある相手を意味した。どのような具体的対立も、友・敵の対立に近づけば近づくほど政治的となる。宗教、民族、人種、経済上の対立も激しさを増せば増すほど、友・敵の対立に高められる[67]。このように彼の『政治的なものの概念』においては、対立の内容ではなく、対立の強度が問題とされ、すべての非政治的領域が政治化する危険性が常に想定されていた。それは、潜在的な戦争や内戦を定式化したものであり、第一次大戦や戦後の内戦を経験したシュミットの実存から生み出されたものであった。

ここで重要なのは、シュミットの政治概念が現実の分析概念ではなく、また規範概念でもなく、「限界概念」（Grenzbegriff）であることである。つまり人間の思想や行動が戦争や内戦という極限状況や「非常事態」との関連で規定されていることである。この点において、彼は次のように述べている。

戦争は、決して政治の目標・目的ではなく、ましてやその内容ではないが、ただ戦争は現実可能性として常に存在する前提であって、この前提が、人間の行動・思考を独特な仕方で規定し、そのことを通じて特に政治的な態度を生み出すのである[68]。

概念が限界状況と関連して定義されるのが「限界概念」であるが、シュミットは「限界概念」について『政治神学』の中で、こう記している。

「限界概念」とは、通俗書の粗雑な用語に見られるような混乱した概念ではなく、極限形成の概念を意味する。その定義が常態の場合ではなく、「限界状況」とのみ関連しうるものであることは、これに対応している[69]。

シュミットが「限界概念」を導入した背景には、戦争や内戦といった「非常事態＝例外状態」が事物の本質を現し、「例外」が「常態」を裏づけ、支えているという彼固有の認識があった。彼が『政治神学』において述べたように、「まさに例外においてこそ、現実政治の力が、繰り返して硬直した習慣的なものの壁を突き破るのである[70]」。

こうしたシュミットの概念形成と酷似しているのが、『存在と時間』におけるハイデガーの思考様式である。ハイデガーは、日常性に堕落した「人」(Das Mann) を非本来的自己とみなし、本来的自己のあり方を「死への先駆的決意性」に見出した。死を生の延長線上に位置づけるのではなく、死を想起することによって生の意味が明らかとなり、一瞬一瞬緊張した生活を送ることができる。死を想起することによって生が否定されないように、戦争や内戦の現実可能性が想起されることによって「常態」が否定されるわけではない。そうではなく、「常態」が「例外状況」と関係づけられることにより、緊張感を獲得し、不断に戦争や内戦の勃発に備える思考や行動様式が生まれることとなる。

シュミットにとって重要なのは、「限界状況」を想定することによって、それに対する準備を怠らないことであった。特に対外的、対内的な敵に備えて、政治的統一体を強化することが重要であった。「限界状況」を想定することによって、おのずと国家権力の強化という結果が伴うが、それでも戦争そのものを目的としているわけではない。逆にシュミットの『政治的なものの概念』は、極端な対立に枠をはめる目的を持っていると考えることも可能である。[71]

シュミットの『政治的なものの概念』が対立を制限するものであると主張したのは、シュミットの高弟で、連邦憲法裁判所の判事も経験したE＝W・ベッケンフェルデであった。彼は「カール・シュミットの国法学上の著作を解読する鍵としての『政治的なものの概念』」において、シュミットの『政治的なものの概念』についての誤解を二つ挙げている。[72] 第一の誤解は、シュミットの政治概念が国家の内政上の対立を友・敵関係として特徴づけ、それに近づけて理解するというものである。こうした手法では、単なる抗争や対立が友・敵という和解不可能な対立にまでエスカレートし、友・敵の図式が政治分析の道具として押し付けられることとなる。第二の誤解は、政治的なものを規範的に理解し、友・敵の闘争を政治の目的とする解釈である。ベッケンフェルデは、戦争の可能性が「人間の行動・思考を独特な仕方で規定し、そのことを通じて特に政治的な態度を生み出す」という事実を承認したうえで、そうした対立を相対化し、制限することにシュミットの政治的なものの意義を見たのである。

こうしたベッケンフェルデの指摘にもかかわらず、政治を「非常事態」から規定するその方法そのものが、結果的に「非常事態」を否定ないし無視する自由主義や多元主義に対する批判、そして国家権力の強化を呼び起こさざるをえないことも事実である。「非常事態」を強調することによって国内を総動員体制に駆り立てたのが、一九三〇年代後半の日本の政治であった。またベッケンフェルデが主張したように、「常態」がたえず「限界状況」という思考様式のフィルターを通して把握されることによって、「常態」が「非常事態」に転化するだけでなく、「非常事態」が一時的なものではなく、永遠に続くものとみなされる危険性が存在する。マティアスは、シュミットにおいては「例外」が「常態」になっている危険性を指摘している。[73]

H・ヘラーは、シュミットの『政治的なものの概念』の危険性を指摘して、「政治という概念は「ポリス」に由来し、「ポレモス」、すなわち戦争に由来するものではない」[74]と批判すると同時に、「非常事態」の恒常化の危険性を警告しつづけた。

3　正戦論批判——国内的文脈

シュミットの政治概念にとって重要な特徴の一つは、友・敵の対立が規範的・精神的な対立ではなく、実存的対立であることである。「政治的実存主義者」であるといわれるシュミットは、政治が倫理や規範に従うべきであることを否定する。実存に先立つ本質が存在しないように、政治に優先する規範や道徳は存在しない。彼は、第一版において、戦争が規範的な意味を持たず、実存的な意味を有しており、「人間が相互に殺戮することを正当化しうるような合理的目的、正当な規範、倫理的な綱領、正当性そして合法性は存在せず」、「倫理的・法的規範によっては戦争は根拠づけられない」と述べていた。そして彼は、第二版においてもアングロサクソンの正戦論のイデオロギーを批判した。シュミットは「人類」「共通善」「人権」「民主主義」といった普遍的な概念が対立をエスカレートさせる危険性を指摘してやまなかった。そして政治の実存的次元を呼び出すことによって正戦論を批判し、対立を制限しようとした。普遍的・一般的概念の崩壊を信じるシュミットにとって、普遍的な概念は政治の世界から排除されるべきイデオロギーであった。また彼は、普遍的概念を引き合いに出しての戦争が必然的に戦争を「非人間化」せざるをえないとして、第一版より激烈な言葉で、以下のように述べている。

一国家が人類（Menschheit）の名において自らの政治的敵と戦うのは、人類の戦争であるのではなく、特定の一国家がその戦争相手に対して「普遍的概念」を掲げて、自らを普遍的概念と同一化しようとする戦争なのであって、平和、正義、進歩、文明などを、自らの手に取り込もうとして、これらを敵の手から剝奪し、それらの概念を利用するのとよく似ている。人類は、帝国主義的膨張にとって、特に有用なイデオロギー的道具であり、その人道的・人倫的形態において、経済的膨張主義のための特別な器である。この点に関しては、プルードンの表現になる次の言葉が、当然の修正を加えて、あてはまる。すなわち、「人類」を口にするものは、欺こうとするものである。「人類」の名を掲げ、人間性を引き合いに出し、この語を私物化すること、これらすべて、敵から人間としての性質を剝奪し、敵を非合法・非人間と宣告し、それによって戦争を、極端に非人間的なものに推し進めようという、恐ろしい主張を表明するものに他ならない[75]。

シュミットは、本来の敵が、非人間的な犯罪者と宣告され、徹底的な抹殺の対象となる一事例として、北アメリカのインディアン絶滅を挙げている。白人にとってインディアンは人食い人種であるという理由で、人間の名に値しないものとして、抹殺の対象となったのである[76]。

シュミットの政治的実存主義、つまり政治と道徳ないし倫理の区別は、対外的にアングロサクソンの正戦論に対する論争的な意味を持っていただけでなく、国内においても道徳と政治の結びつきが内戦に拍車をかけることに対する対抗概念でもあった。シュミットは、真・善・美を所有している対立相手相互の確信が最悪の敵対関係をもたらすというホッブズの認識を正当と認めている[77]。さまざまな教派が自らの教義の正当性を主張する宗教的対立が内戦を引き起こすというホッブズの認識を、シュミットも共有していたのである。ホッブズやシュミットにとって、政治的対立のただ中でそのような規範や正義を持ち出すことは、まさに「内戦のイデオロギー」に他ならなかった。

シュミットは、自らの実存的な政治概念が、友・敵の対立を相対化する意味を持っていることを確信していた。彼は一九二八年十二月十八日付のヘルマン・ヘラー宛の書簡において、自分は敵の根絶を語ったわけではないと、ヘラーに反論している。

もしあなたが私に、どの箇所で、またどの文脈で、「根絶されるべき敵」という表現を私が使ったかを教えていただければ感謝です。私は敵が根絶されるべきといった覚えはありません。むしろたえず政治世界の多元主義について語ったつもりです。敵の根絶は、政治概念を道徳化や法化によって歪曲したことによって生じるものであり、私の論稿の意図はこうした歪曲に対して、単純な真理を回復させることでした。(78)

たしかに、政治的対立から規範や倫理を排除するシュミットの試みが、対立のエスカレートを制限する意図を持っていたことは認めざるをえない。しかしその反面、シュミットの政治概念、敵概念があらゆる規範から解放されたことも事実である。政治を「共通善」と結びつける古典古代の政治観や、人権保障を政治の目的とみなす近代立憲主義からすれば、彼の政治観はあまりにも反道徳的とみなされるかもしれない。シュミット自身、友・敵という政治的思考を貫いた場合、「不道徳とかキニク主義という非難を受ける」ことを覚悟していたのである。(79)

4　シュミットの審美主義批判

シュミットの批判者は、彼の主張を受け入れず、彼の政治概念は戦争や闘争そのものに価値を置くものとみなした。そうした解釈の一つにシュミットを「審美主義者」とみなす見方が存在する。こうした見方は、エレン・

ケネディやハバーマスによって強調されている。ケネディは、シュミットの『政治的なものの概念』を表現主義、ダダイズム、アヴァンギャルドの運動と関連づけ、その特徴を「極限への志向」と主張した[80]。ハバーマスもまた、シュミットを十九世紀以来急進化した美的モデルネのアヴァンギャルドの系譜に位置づける。彼はシュミットを「審美主義者」と決めつけ、シュミットの非日常性への志向、政治的なるものの美化に対して警告することをやめなかった。彼はまた戦後の西ドイツにおいても、ユンガー、ハイデガー、シュミットといった決断主義者の影響を受けた青年保守主義者が政治や権力を美化し、民主主義を掘り崩していると批判した[81]。

またこうした見方と関係して、シュミットを決断の内容ではなく、決断そのものを強調する「能動的ニヒリスト」として理解する見方がある。カール・レーヴィットやクロコウの立場がそうである。ここでも「決断」や「敵」が自己目的とされる。シュミットを「能動的ニヒリスト」と見る見方は、当時のドイツの実存的な精神状況を反映しているといえよう[82]。シュミットの政治的実存主義という精神史的背景の指摘そのものは重要であり、レーヴィットやクロコウのシュミット評には傾聴に値する部分がある。シュミットがアヴァンギャルドの影響を受け、「審美主義」の特徴である極端な「無政治的個人主義」の特徴を最後まで持ちつづけたことも事実である。しかし、法学者としてのシュミットの思考と活動に注目せず、戦争そのものを賛美するという評価を下すことはシュミットの読み間違いであろう。

5　決断主義国家

シュミットの『政治的なものの概念』が一方において対立や闘争を緩和、制限する意味を持っていると認めたとしても、「非常事態＝例外状態」というフィルターを通して見る政治的現実を克服するためには、国家権力の強化が要請されることになる。それは、ホッブズが「万人の万人に対する闘争」という自然状態を克服するために、「リヴァイアサン」という巨大な怪獣を呼び起こさざるをえなかったこととよく似ている。

シュミットが国家をどのように個人との関係で理解したのか、必ずしも一貫しているわけではない。時代ごとに実は変化しているのである。例えば、第一次大戦の総力戦のさいの軍事力の強化・拡大にシュミットは恐れを覚え、個人は無であるとして、軍国主義に対する抵抗感を表明していた。しかし、ワイマール期においては、その成立から崩壊まで、ワイマール期の国内的混乱や対外的危機に触発されて、国家権力の強化に向かった。法学者としてシュミットは、慎重にワイマール憲法の枠組みの中で、特に大統領の緊急権に着目して、その緊急権の行使によって国家を救おうとし、政治思想家としては、比較的大胆にマキアヴェリ、ボダン、ホッブズ、そしてヘーゲルに依拠して国家の強化を提唱した。そして一九三六年のナチスの「桂冠法学者」としての失脚の後は、『ホッブズの国家論におけるリヴァイアサン』（一九三八年）において、全体主義国家の脅威に直面して「内面の留保」を擁護している。巨大な権力に対峙し、生命の危険性に曝された時のシュミットの恐怖が吐露されている。振り子は個人から国家に、また国家から個人に揺れて、止まることを知らないのである。シュミットは時には「無政治的個人主義者」となり、権力と衝突して「内面世界」に没入するのであるが、他方において振り子は正反対に揺れて、「国家主義者」として登場してくることになる。和仁陽が指摘したように、国家と個人との安定した関係を彼に望むことはできない。

シュミットにとって、国家の本質は「主体的に友と敵を区別し、必要とあらば戦争を遂行する能力と意思を有し[83]」、安全と秩序を創出することにあった。もし国家が決定的な闘争事例において、友と敵を決断して政治的統一体を創出できなければ、そもそも国家は存在しないのである。もし国家が対外的に友と敵を決断せず、敵と戦おうとしないならば、内戦によって国家は解体するであろう。まさにワイマール共和国はそのような状態にあった。シュミットは、決定的な事態の決断権が国家になければならないという意味において、国家を「主権的」と呼んでいる[84]。

シュミットは、すでに『憲法の番人』第二版で述べていたように、ワイマール共和国の現実を「多元的政党国家」と概念化した。こうした国家においては、国家は社会的諸集団や諸政党の妥協や調停の産物となり、あげくのはては分割されてしまう。シュミットは「多元的政党国家」に「決断主義国家」を対置するのである。

このような国家は、内部において国家に敵対し、阻止し、分裂させる諸力が登場することを許さない。この国家は新しい権力手段を自らの敵や破壊者に譲り渡したり、自由主義や法治国家といった標語の下で国家権力を掘り崩すことを容認しない。すなわち友と敵を区別しうる。(85)

シュミットにとって「多元的政党国家」における政党は、強固に組織され、精神的・社会的・経済的に党員を生活の細部まで把捉する「全体政党」であった。この種の政党は、党内部に官僚組織や支援組織を有しており、「国家中の国家」という様相を呈している。こうした「全体政党」は、必然的に国家を分割してしまうのである。

全体政党は、自らの中に全体性を実現しようとし、党員を全体的に把捉することを望み、人間をゆりかごから墓場まで、幼稚園から体育協会、クラブを経て、葬式、火葬協会に至るまで面倒を見る。それはまた政党の信奉者に正当な世界観、正当な国家形態、正当な経済制度、正当な外交を提供し、かくして国民の生活全般を、全体的に制度化し、ドイツ国民の政治的統一を分割してしまう。(86)

友と敵を区別する国家は、国内においては、国家秩序を脅かす集団に対する「内敵宣言」を下す権限を有している。国内において主権国家によって「敵」と宣言された人々はどのような取り扱いを受けるのであろうか。ここで注目すべきは、「内敵宣言」は、敵の政治的権利のみならず、私的な諸権利も「法律の保護の停止」にするということである。彼は「内敵宣言」と「法律の保護停止」（hors-loi Setzung）について次のように述べている。

危機的状況にさいして、政治的統一体としての国家が存続するかぎり、それは主体的に「内敵」をも決定することができる。それゆえ、ギリシャ共和国の国法が内敵宣言として、またローマ国法が内敵宣言として認めていたものが、なんらかのかたちであらゆる国家に存在するのである。追放とか、破門とか、人権剝奪とか法的保護の停止とか、要するに内敵宣言のさまざまなかたちが存在する。(87)

シュミットは、内敵宣言の緩和された形式として、没収、本国追放、集会・結社の禁止、公職追放などを挙げている。

シュミットは多元的諸集団や政党の上に、友と敵を決断する国家を位置づけた。彼は、国家と社会の対立を前提に、国家によって社会を秩序づけようとしたのである。しかし、社会に基盤を持たない国家が持続的な秩序形成を行なうことなどできるのだろうか。こうしたシュミットの試みを激しく批判したのがH・ヘラーであった。ヘラーは「国家は常に特定の社会的勢力によって支配される意思団体であり、高次の第三者として社会的な大海の上に浮かんでいるものではない。高次の第三者の理論は、国家が社会的に規定されている事実を見て見ぬふりをするものである(88)」と批判し、敵の排除による政治的統一体の形成ではなく、「複数性における統一」を強調した。ヘラーにとってシュミットのようにさまざまな社会的集団を超えたところで国家の統一を形成しようとする試みは、権威主義的な試みであり、それは政治の現実を無視した暴挙であった。

6　自由主義、多元主義批判

シュミットによれば、自由主義は経済と倫理との間を揺れ動いており、政治的なるものを無視するものであった。自由主義は極端な対立を避けるために、敵を経済の面からは競争相手に、精神の面からは論争相手に解消してきた。その場合には、決断の主体としての国家も不要なものとなり、国家はたかだか、自由の諸条件を確保し、自由の妨害を排除するという機能に限定されることになる。シュミットにとって自由主義は「個人的自由と私有財産制を守るために、国家権力を抑制、統御するための一連の方法を提供するものにすぎず」、「国家と政治についての積極的な理論に到達できない[89]」。シュミットは、『憲法論』における自由主義や市民的法治国家の位置づけからさらに進んで、それらを、政治的統一体の実存を脅かすものとして、克服の対象とするのである。

シュミットは、第一次大戦後に国家主権を攻撃する理論として注目されていたH・ラスキなどの多元的国家論を批判し、一九三〇年に「国家倫理と多元論的国家」を出版した。彼はこの論文の中で「国家の動揺は、同時に必ず国家倫理の動揺である。一切の旧来の国家倫理的観念は、常にそれが前提としている具体的国家と運命を共にし、したがってそれとともに、信頼を喪失せざるをえないからである[90]」と述べている。シュミットは国家を他の社会的諸集団と同列に引き下げる多元的国家論は、国家に対する一元的な忠誠を破壊し、忠誠や義務の多元性をもたらすと批判する。個人は国家、教会、労働組合、文化団体によって拘束されていると感じ、忠誠の相克が生じる。こうした相克において、何を優先するかを決定するのは、個人である。多元的国家論においては、個人の自由と自律を尊重する個人主義的倫理が前提とされている。しかしシュミットは、このような個人の自由と自律が幻想であることを指摘する。つまり国家の主権的統一が破壊された場合、決断を下すのは、国家でもなければ、個人でもなく、社会集団であり、社会的集団が国家に代わって個人を強制することになる。

国家の統一が喪失した場合、経験的にはさまざまな社会的集団そのものがそれ自身として、すなわちその集団の利益に即して、決定を下すという事態が生じるであろう。……かくして国家的統一に反対する社会的多元論が意味するところは、諸々の社会的義務の相克を諸々の集団の決定に委ねるということに他ならない。しかしそうだとすれば、個人の自由と自律を意味しているわけではなく、社会的集団の主権を意味しているにすぎない[91]。

シュミットが指摘するように、個人の自由に対する脅威はただ単に国家からもたらされるだけでなく、社会的集団からももたらされる。シュミットは、個人主義に立脚する多元主義的国家論が社会的諸集団の圧政をもたらすという矛盾を指摘したのである。そのさい、逆説的であるが、国家は社会的諸集団に対して個人の自由を保障する砦として登場することになる。シュミットにとって「自由の領域は、経験的には、強力な国家が個人のために保障しうる領域の他にはない[92]」のである。特に一九三〇年以後、共産党やナチ党という個人の生活領域のすべてに介入する「全体政党」の勢力が増大すると、シュミットのこのような危機感は一層深刻なものになっていった。そしてそれはナチ党の一党独裁によって現実となるのである。

彼は、『合法性と正統性』においても、人間存在の全体的政治化をもたらす「全体国家」に対抗して、「不可欠な脱政治化を実行し、かつ全体国家の中から、ふたたび自由な諸領域、生活領域を獲得するためには、安定した権威が必要である」という認識を示している[93]。

シュミットにとって「全体国家」は克服すべき対象であり、それは「全体政党」によって分割された多元主義国家の別名であった。彼は、その「全体国家」の危険性とその克服の処方箋について「ファシスト国家の本質と生成」（一九二九年）「国家倫理と多元論的国家」（一九三〇年）「全体国家への転回」（一九三一年）『憲法の番人』（第二版、一九三一年）『政治的なものの概念』（第二版、一九三二年）『合法性と正統性』（一九三二年）「ドイツにおける全体国家の更なる発展」（一九三三年）で、力説してやまなかった[94]。

シュミットは、国家と個人の関係について、『政治的なものの概念』において、ホッブズが「保護と服従」という国家論の真理を当時の英国の内戦状態において発見したとして、次のように述べている。

保護と服従という連関なしには、いかなる上下関係、いかなる合理的な正統性・合法性も存在しえない。「保護するがゆえに拘束す」（protego ergo obligo）ということは、国家にとっての「われ思う、ゆえにわれあり」（cogito ergo sum）であって、この命題を体系的に理解しない国家理論は不十分な断片にしかすぎない。[95]

シュミットにとって、国家はその統一を維持し、個人を保護するために必要なものであった。彼は、戦後においても、「完成した宗教改革」（一九六五年）というホッブズ論において、「当時の具体的状況の中でホッブズが到達している結論は、教会と預言者によって個人の自由に及ぼされる危険の方が国家的・世俗的官憲による恐れよりもゆゆしいということである」と述べている。[96] これは、強力な国家的権威によって個人の生命や自由を保障するという「権威的自由主義」の主張である。シュミットのこうした主張を認めるにしても、いくつかの疑問が生じざるをえない。たしかにホッブズの主権的国家「リヴァイアサン」は、個人の生存は保障したかもしれないが、権力分立は完全に破棄され、かつ宗教、言論・出版の自由といった基本的人権が大幅に制限された国家であった。それでも個人の自由を保障すると言えるであろうか。またシュミット自身が『政治的なものの概念』で描く国家は、国民に命をかけて前線で戦うように命じる国家であるが、ホッブズの国家は、生命を危険にさらす国家の命令に対する不服従を許されている国家である。国家によって個人の生命を守るというホッブズ的な見解と、国家のために生命をかけて戦うというヘーゲル的な見解とは、相矛盾する。ホッブズの国家は機械であるが、ヘーゲルの国家は「人倫の実現体」として個人の内面をも把握するものである。

シュミットは『政治的なものの概念』の中で何度かにわたって、国家がゲゼルシャフトではなく、ゲマインシャフトであることを力説している。国家は、個人の自由な結合によって形成されるゲゼルシャフトと異なり、自国民を戦闘に召集する生殺与奪の権利を持っているからである。シュミットは、自由主義的思考の個人主義は国家の生殺与奪の権利を根拠づけることができないと批判しているが、[97] ホッブズもまた例外ではないのである。シユミットは、「われわれは総動員の日にそれまで存在していた「ゲゼルシャフト」(Gesellschaft)が「ゲマインシャフト」(Gemeinschaft)に変わったということができる」というE・レーデラーの言葉を引用している。[98]
このように、シュミット自身、ホッブズ的な国家観とヘーゲル的な国家観、個人の自由と国家へのコミットメントとの間を揺れ動いているのである。そこに私たちはシュミットの思考に特徴的な「両極性」(Polarität)を見るのである。

VI 『合法性と正統性』(一九三二年)

『合法性と正統性』の扉には「この論稿は、一九三二年七月十日に完成して、提出される」と記されている。この日付は「パーペン・クーデター」の十日前である。出版されたのは「パーペン・クーデター」後の夏であった。シュミットは一九三二年にハンブルクの大学で第四八条について講演したものを、「今日の緊急命令の実際に対する基本的論点」というタイトルをつけて『ライヒ行政雑誌』に寄稿しているが、[99]その内容はすでに『合法性と正統性』の結論を先取りしており、議会制立法国家の解体を跡づけるとともに、司法国家への道を否定し、「行政国家」への道を指示している。この点に関して、メーリングは「この論稿は、緊急権の発展を概観し、ライヒ大統領が「新しい立法者」として台頭し、法律と措置の区別を放棄することの中に、原理的な転換を見ている」[100]と述べている。またメーリングは、『合法性と正統性』がシュミットの『現代議会主義の精神史的状況』と対をなすものとし、「議会主義の論稿は古典的諸原理の自己解体のプロセスを叙述しているのに対し、『合法性と正統性』は、死んだ議会主義がワイマールの立法国家に対してもたらす実際的帰結を分析している」[101]と述べている。

第四八条の大統領の緊急権に対するシュミットの態度を、ナチスが政権を掌握する前の大統領内閣の時に発表した『合法性と正統性』に依拠して、三点に絞って、考察することにしよう。

まず『合法性と正統性』は、序説「立憲国家の合法性」、第一章「議会制立法国家の合法性体系」（第一節「立法国家と法律概念」、第二節「合法性と政治権力掌握の平等のチャンス」）、第二章「ワイマール憲法における三種類の特別立法者」（第一節「実質に基づく（ratione materiae）特別立法者、第二憲法としてのワイマール憲法の第二編」、第二節「主権に基づく（ratione supremitatis）特別立法者、つまり立法国家の合法性に代わる人民投票的正統性」、第三節「必要に基づく（ratione necessitatis）特別立法者、すなわち議会制立法国家の法律を排除する行政国家の措置」）、そして結論によって構成されている。

1　四つの国家類型

シュミットは、国家の歴史的変遷を見据えながら、国家類型を四つに分類している。第一は、議会制立法国家である。これは十九世紀以降の立憲的法治国家である。ワイマール共和国もこの国家類型に該当する。この議会制立法国家においては、立法と行政の分離、法律と措置の区別が遵守されている。第二の類型は「司法国家」（Jurisdiktionsstaat）で、最終決定権が、規範を設定する立法者にではなく、訴訟の判決を下す裁判官にあるとする国家類型である。[102] 例えば、ケルゼンのように裁判所に「憲法の番人」を求める国家がそうである。第三の類型は「統治国家」（Regierungsstaat）であり、その特徴は統治する国家元首の最高の人格的意志、および権威的命令にある。そのモデルは、十七と十八世紀の絶対君主制の統治であり、そこにおける主権者は「最高の立法者であると同時に、最高の裁判官であり、また最高の命令権者であり、合法性の最終的源泉であり、正統性の最終的根拠である」[103]。最後の国家類型は「行政国家」（Verwaltungsstaat）であり、その特徴は「具体的状況に即して適用され、即自的・実際的合目的性から行なわれる措置」である。第四八条第二項の緊急権の発動がこの類型にあたる。それを支えるのは、職業官吏制度である。シュミットは、現代国家の変容を、措置と法律の区別を遵守する議会制立法国家から、措置のみならず立法権限を手中にした大統領を中心とする行政国家への発展の中に見たのである。

2 特別立法者

第二点は、シュミットが、本書において、議会制立法国家における立法者以外にワイマール憲法において三つの「特別立法者」の存在を指摘している点である。

第一は、実質的な価値を定めたワイマール憲法第二編が特別立法者である。実質的な価値は、ワイマール憲法第二編「ドイツ人の基本権および基本義務」において明記されている。そこには個人の基本権のみならず、教会、大学、家庭といった制度的保障が示されている。ここにワイマール憲法を機能主義的な合法体系、一種の中立的な機械に還元してしまう法実証主義に対するシュミットの批判が込められている。シュミットは第七六条の憲法改正権力によっても侵害されえない実質的価値が存在することを強調する。

第二は、ワイマール憲法第七三条と第七四条に規定されている「人民投票的立法者」であり、国民投票や国民発案の制度において国民が「特別立法者」として登場する。ここでの国民の権能はあくまで法律によって与えられた権能である。

第三は、第四八条の緊急権を行使する「特別立法者」としての大統領である。ここにシュミットの本意がある。すでに一九三一年の『憲法の番人』(第二版)において、シュミットはそれ以前の見解を翻して、大統領を立法者として認めるに至ったが、それが「特別立法者」という言葉によって表されている。シュミットは、「特別立法者」としての大統領の権限がドイツの憲法実践において受け入れられてきたことについて、「ライヒ憲法が、第四八条でライヒ大統領に対する非常権限の中に、法律、それもライヒ法律に代わるべき法規命令権を含んでいることは、今日では異論なく承認されているところである」(104)と述べている。

一九三一年十二月五日のドイツ国事裁判所の二つの決定、ならびに民事、刑事におけるライヒ裁判所による判決が、大統領の緊急権の法規命令を承認した。すでに『憲法の番人』で見たように、それまで措置と法律の区別に固執していたシュミットは、大統領の緊急命令が法規制定権を持つことを認めるようになっていた。しかし、議会から独立した立法手続の導入は議会制立法国家そのものの破壊に繋がるものであることを指摘しつづけた。

こうしてわれわれは、ワイマール憲法の第三の特別立法者、第四八条第二項の立法者を持つことになろう。……ところで常態の立法者は、異常事態にあって常態（安全と秩序）を回復する実行コミッサール（Aktionskommissar）とは別物である。後者を「立法者」とみなし、その諸「措置」を法律とみなす場合、……議会制立法国家の合法体系を破壊することになる。[105]

『合法性と正統性』において、シュミットは議会制立法国家から離れ、行政国家への道を歩むことになる。

こうしてライヒ大統領は、自由に現行の法規範の全体系に干渉し、かつそれを利用することができる。また一般的な諸規範を公布し、その適用、実施に関して、自ら独自にあらたな特別の諸制度を講じ、特別な執行機関を作ることができる。言い換えれば大統領は、立法と法律適用を併せ持つのであり、彼によって設定された諸規範を直接自ら実施することができる。[106]

シュミットによれば、立法府から行政府への立法機能の委託は、本来であれば議会で授権法が議決されて可能となるものであった。しかし多数を形成できない不安定な議会においては、授権法を制定できないので、第四八条第二項による法規命令（Rechtsverordnung）が寛容されたのである。[107]

法律制定と法律適用の権限を併せ持つ大統領の権限は巨大であった。まず大統領は、何が「緊急事態」であるかを自ら判断し、またその克服のためにとるべき「必要な」措置を自ら決定できる。たしかにライヒ議会は、措置の失効要求を行なうことができるが、遡及効力がないので、既成事実が造られてしまう。また、大統領は第四八条第二項に列挙されている七つの基本権を一時的に停止することができる権限を有し、他の憲法条項も破毀することができる。しかし大統領といえども、憲法の「最小限度」に触れることはできないし、憲法を廃棄して、新しい憲法を創造することはできない。

私たちは、シュミットが「議会制立法国家」を否定するからといって、議会制度そのものを否定したと結論づける必要はない。しかし実際、議会の立法権限は大幅に侵害されざるをえないのである。

3　権力掌握の機会の均等

第三点は、シュミットが議会制立法国家の合法性の問題を鋭く指摘したことである。議会制立法国家の法律概念は、本来は正義や規範と関係づけられていたが、今や法律が完全に価値中立的なものとなり、単なる権力掌握のための手段に変質してしまった。この点は、シュミットが首尾一貫して批判してきた問題であった。シュミットは、「もしも合法性体系が同時に崩壊してしまうのでないとするなら、一つの実質的な公正原理が、依然としてなお前提されなければならない」として、それは「ありとあらゆる意見、方向、運動に対して、かの多数へ到達すべき、無条件に平等のチャンスを与える原理である[108]」と主張している。

そしてこの「公正原理」とは、政権獲得の平等の機会を開いておくことであった。シュミットが危惧したのは、共産党やナチ党といった急進的な政党が、合法的に権力を掌握した後に、平等の機会を閉ざし、一党独裁を樹立することであった。

シュミットはナチ党と共産党の躍進という政治の分極化の中で、ナチ党が合法的に権力を掌握した後、政敵を「非合法」「違法」と断罪し、政権獲得への平等の機会を閉ざし、一党独裁を形成することを憂慮せざるをえなかった。

合法性の要求は、あらゆる抵抗、あらゆる反抗を、不正、違法、「非合法」としてしまう。多数派が合法性と非合法性とを恣意的に決定しうるからには、多数派はなによりもまず、自らを内政上の競合者に対して非合法の、すなわち法外（hors-la-loi）措置の宣言をし、これによって競合者を、国民の「民主主義的同質性」から排除することができる。五一パーセントを支配するものは、合法的に四九パーセントを非合法とすることができよう。彼は合法的に自らが潜り抜けた合法性の扉を背後で閉ざし、次いでおそらくは、閉じられた扉を長靴で蹴りつけるであろう党派政治上の敵を、下劣な犯罪者として扱うこともありうる。(109)

当時のドイツにおいては、G・アンシュッツに代表される法実証主義の憲法改正権力の無制約説が通説となっており、憲法改正権力といえども改正できない憲法の実質的価値を主張するシュミットの立場は少数派であった。憲法改正に限界を求める新派の提唱者は、H・トリーペル、C・ビルフィンガー、E・ヤコービ、O・ケルロイター、H・ゲルバー、O・ビューラー、W・イェリネック、K・レーベンシュタインなどである。(110) シュミットはこの中にR・トーマも含めている。

ただ何を実質的な価値とみなすかは、同一ではない。この中には特定の実質的価値を不可侵と認める立場と、R・トーマやW・イェリネックのように価値中立的な合法体系の前提——機会均等、自由討論、自由選挙——を不可侵とする立場に分かれている。

シュミットの立論からすれば、機会均等といった形式的な「公正原理」だけでなく、実質的な価値が、憲法改正の限界になるべきであった。『憲法論』の構造によれば、シュミットにとって憲法とは憲法制定権力の決断であり、それには基本的人権、国民主権、連邦制などが含まれる。またシュミットは、ワイマール憲法第二編の基本権や制度的保障（結婚（一一九条）、公務員（一二九条）、信教の自由（一三五条）、宗教団体（一三八条）、公立学校（一四六条）など）を不可侵と考えた。

シュミットは、アンシュッツの立場に言及して、「機能主義的にすぎない合法性体系の価値中立性は、自己自身に対する絶対的中立性にまで至り、合法性自体の排除まで合法的な方法を提供する」[111]と批判している。アンシュッツは、シュミットのこうした見解を、合法的革命を阻止する点で憲法政治上重要であり、歓迎すべきであると考えたが、実定法上、根拠を持たないと斥けてしまった。この点に関して、アンシュッツはシュミット宛の書簡で、以下のように述べている。

わけても重要なことは、あなたが憲法第七六条について繰り返し注意を喚起した点です。私のことを教えがいのない頑固な奴だと思わないでいただきたいのですが、私はあなたの御意見に賛成できません。そして第七六条によれば、たんに枝葉末節にかかわる憲法改正はもちろん、根幹にかかわる……憲法改正でも議決することが許されており、また可能であると主張せざるをえません。人々が、その許されており、かつ可能なことを利用するかどうかは、憲法の問題ではなく、政治の問題です[112]。

トーマもシュミットの実質的な価値に基づく憲法改正限界論に対し、「自由な民主主義的自己決定という理念を誤認するもの[113]」と批判したが、価値中立的な合法的体系そのものは不可侵であると考えた。シュミットは、トーマが自由主義的な価値中立性を一つの価値とみなし、ファシズムやボリシェヴィズムを政治的な敵とみなしていると述べている[114]。

シュミットは、アンシュッツの立場に立てば、ナチ党が政権を利用して、憲法を改正し、新たな国家機構を創出する危険性を阻止できないどころか、それを正当化することになると警鐘を鳴らした。

「古い」通説によれば、憲法違反の目標など存在しない。どんな革命的ないし反動的、反政府的、反国家的、反ドイツ的ないし無神論的な目的も許容されるのであって、合法的に達成される機会を奪われてはならない。この機会の制限・抑制はすべて違憲であろう。私は、ナチスの組織の合法性ないし非合法性、またこのような諸組織への所属についての公務員法上および労働法上の判定、彼らの諸集会の「平和性」に関する数多くの鑑定や裁判判決に対して、ナチス、共産主義者、無神論者、その他何であれ、この種の問題に対する決定的な答えは、……合法的体系、特にワイマール憲法第七六条の〔通説による〕この原則的な理解から引き出されうることを再度強調するものである。[115]

すでにシュミットは、一九三〇年のH・プロイスに関する論稿において、価値中立的な合法性による合法性の破壊の危険性を指摘し、ナチ党と共産党所属の公務員の政治活動の制限とラジオの利用に対する制限を主張していた。さらに彼は『合法性と正統性』で、一九三二年四月十三日に出されたSA（突撃隊）とSS（親衛隊）の解散を命じるブリューニング内閣による大統領緊急命令を支持していた。また彼は、一九三二年七月三十一日の選挙の前に、『日常展望』誌で、ナチ党が選挙で多数派になることを警告した。

七月三十一日の選挙でナチ党が多数派になることに手を貸すものがあれば、誰であれ、愚かな振る舞いをしたことになろう。……彼は、このイデオロギー的にも政治的にも未成熟な運動に対して、憲法を改変し、国家教会を樹立し、労働組合を解散する、などの可能性を与えることになる。彼はドイツを完全にこの集団に引き渡してしまうことになる。[116]

憲法第七六条の通説によっては、合法政党と非合法政党を区別し、急進政党の集会を禁止したりすることはできない。シュミットは後に、『合法性と正統性』の執筆の目的が「ワイマール憲法の最終的機会である大統領制度を、憲法の友と敵を問うことを否定した法学に対して救い出す絶望的な試みであった[117]」と述べている。シュミットは『合法性と正統性』の末尾で以下のように警告していた。

ワイマール憲法第二編の核心は、自己撞着や妥協的欠陥を除去して、その内的一貫性に従って展開していくに値するものである。これが成功するなら、ドイツ憲法典の理念は救われる。そうでなければ、価値と真理に対して中立の多数機能主義という虚構はやがて滅びる。つまりは、真理の報復を受けるのである[118]。

さらにシュミットは、ドイツ国民が選択を迫られている決断に関して、「実質的内容およびドイツ国民の諸力を承認するか、それとも無差別にすべての内容、目標、傾向に対しての機会均等という仮構を持った機能主義的価値中立性を保持し、継続するか[119]」という根本的な二者択一を要求している。

それでは、「実質的内容およびドイツ国民の諸力」とはいったい何であろうか。第二編の「ドイツ人の基本権」においては、第一章「個人」において自由権を含む基本的人権が規定され、第二章「共同生活」においては制度的保障が記されている。シュミットの危機克服の処方箋は、大統領の緊急権によって、第二編の実質的価値を救い出すことであった。それでは、シュミットは実質的価値として、「自由権」を想定していたのか、それとも「制度的保障」を考えていたのであろうか。たしかにシュミットは『憲法論』から『合法性と正統性』に至るまで一貫して、真の基本権である自由権が、「公共の秩序全体の基盤」であり、憲法改正権力といえども侵害できない権利であることを主張し続けた。しかし前国家的、超国家的権利としての自由権は、国家対個人という対立図式の上に成立しており、個人を国家へと統合する契機とはなりにくい。

この点においては、スメントの統合理論における基本権理解の方が望ましい。シュミットはR・トーマに要請されて『ドイツ国法綱要』に寄稿した「基本権と基本義務」（一九三二年）において、スメントの基本権理解について以下のように述べている。

スメントによれば基本権部分は、実質的な統合要素を示し、全ドイツ国民によって承認された文化価値の内容的な意味体系である。そして立法、統治、行政、そして司法のすべての国家的活動は、この価値に服するのである。[120]

しかしシュミットは、基本権の実質的価値による国家の統合に一方において共鳴しつつも、他方において懸念を抱かざるをえなかった。「無政治的個人主義」という特徴を持ち、個人と国家、社会と国家の二元論に依拠するシュミットにとって、スメントの統合理論はたとえ基本権を媒介しているにせよ、個人や社会が余すところなく動態的に国家に統合される危険性を孕んでいたのである。したがってシュミットは、ワイマール憲法の実質的な価値の中心を第二章の「制度的保障」に求めたのではないだろうか。[121]

Ⅶ　制度的保障

ここでは、シュミットが一九三一年に発表した「ワイマール憲法の自由権と制度的保障」を中心に自由権と制度的保障との関係について検討することにする。[122]

シュミットは、この論稿の中で、公法的制度様式の保障である「制度的保障」（institutionelle Garantie）と私法的法制保障である「法制保障」（Institutsgarantie）を区別している。前者に属するのが地方自治制度、職業官吏制度、公法上の団体としての教会、裁判官の独立などであるが、後者には婚姻、所有権、保険制度などが含まれる。この論稿の趣旨は、ワイマール憲法第二編の実質的価値における制度的保障の基本権に対する優越である。彼は、個人の基本権や自由権の置かれている脆弱な立場を表明している。

典型的な基本権や自由権を伝統的な方法で取り扱うことは、平易で的確ではあるが、今日の法状態を目にしたわれわれには、結局袋小路に見えるようなジレンマに終わった。憲法に基本権を並べることは「単なるプログラム」であり、まさにそのために実定法上意味がない。……あるいは基本権は「法律の留保」のもとにあって、単なる法律によって実定化される。するとそれは、一般的基本権を行政の法律適合性にただ書き改めたにすぎないし、立法者にではなく、行政と司法の法律適用官庁に向けられる。(123)

基本権が単なる法律適合性に堕するならば、憲法によって保障されており、立法によっては廃止できない「制度的保障」の方が法規範的には優越するという事態が生じる。したがって、「民主的憲法に個人主義的権利の憲法規定的特権化はなく、むしろ個人の主観的権利の憲法法律的保障はすべて、制度的保障の枠内で考えられる」(124)のである。

シュミットは、個人の基本権や自由権を二つの相異なるベクトルから検討する。一つは、弱体で干渉を受けやすい個人の基本的人権の保障を確実なものとするために、制度的保障が加えられる場合である。例えば第一三七条における公法上の宗教団体の制度的保障を、「信教・良心の自由」を定めた第一三五条の「妨げられることなく宗教を実践すること」、つまり、一般的な信仰および良心の自由に対する補完的保障としてとらえることである。

制度的保障を一般的自由に対する連結的・補完的保障とのみ認めさせることは、自由主義的法治国家の精神に一致する。この解釈にとって、例えば第一三七条の公法上の宗教団体の制度的保障は、ただ一般的な信仰および良心の自由に対する補完的保障であるし、第一三五条に保障された「妨げられることのない宗教上の行事」は憲法法律的な保障のもとに置かれなければならないであろう[125]。

しかし、もう一つのベクトルは、制度的保障が一般的な自由権から独立し、固有の発展を示す場合である。その場合には個人の自由権と制度的保障は対立する場合が生じる。

主観的権利の保障は――それが制度の担い手であれ、個々の関与者の個々の権利であれ――どの範囲まで制度的保障に属するかという別種の問題が存在する。……第一二九条第一項第三文の解釈において頻繁に登場するが、制度的保障と主観的権利を二者択一的に対立させることは、誤った思考法である。両者は互いに結合しうるのである。しかし、解釈としては、主観的権利の保障が制度の保障の下位におかれ、それに仕えるべきこと、したがって決定を下すのは、制度的保障であり、個人主義的＝利己主義的な主観的権利の利益ではない[126]。

例えば、ドイツ職業官吏制度の公務員の法的地位を定めた第一二九条第一項第三文の「公務員の既得権はこれを侵すことができない。公務員の財産法上の請求権については、裁判で争われる途が開かれている」において、シュミットは、「官吏の既得権と減俸」（一九三一年）や「緊急命令の国法的意義――その法的妥当性」（一九三一年）において、官吏の俸給を経済状況に応じて減給する大統領の一九三〇年十二月一日の緊急命令は、制度的保障とは矛盾しないと論じた。この緊急命令に関しては官吏の既得権を侵害するものだという異論が出されたが、シュミットは官吏の俸給という私法的な要求を制度的保障に組み入れることは、「職業官吏制度の国法的性格と矛盾するものであり、職業官吏制度から法的・政治的そして道徳的基礎を奪うものである」[127]と述べ、一九三一年五月二十五日のライヒ財政裁判所の判決を支持し、「官吏の義務と権利は密接に結びついており、ドイツ職業官吏制度の外側にあるような唯一の主観的な官吏の権利は存在しない」と述べている。[128]

「公務員は全体の奉仕者である」というドイツの伝統的な職業官吏制度において、経済が不況でたくさんの失業者が溢れ出ている中で、官吏の俸給の水準を維持すること自体が、全体の奉仕者の精神に矛盾するものである。シュミットが「個人主義的＝利己主義的主観的権利」という言葉を用い、個人主義的権利と利己主義的権利を同一視しているところに、シュミットの個人の権利に対するマイナスの評価が反映されている。

また第一三七条第一項で「国教は存在しない」と宣言しつつも、第五項において公法上の制度としての教会を保障しているが、当時、公法上の宗教団体と認められていたのが、ルター派、改革派、カトリックであり、他の教派は当時公認教会として認められていなかった。したがって、公立学校の宗教教育や教会税の徴収という特権を享受できたのは、主要なキリスト教の教派であったことを考えると、それは権利ではなく、特権である。したがって、シュミットからするならば、自由権と制度的保障との関係を「連結的・補完的」関係という観点からのみ考察する「自由主義的・法治国家的」解釈は一面的である。

さらに、シュミットは基本権と制度的保障との関係を、二つの関係を二者択一として理解するのではなく、互いに結合していると述べ、その結合のあり方において基本権に対する制度的保障の優越を結論づけている。

例えば、シュミットは、「団結の自由」を規定した第一五九条が、第一六五条第一項に記されている「労働者と被用者の共同決定」という制度的保障に発展し、既存の団体と労働組合の独占を憲法法律によって保障すると述べている。しかしそこでは、労働組合に加入しない労働者の権利は侵害されることになる。

こうした事例では、自由権の保障が制度的保障を要請しつつも、弁証法的発展によって、制度的保障がすべての人に平等に与えられる基本権を掘り崩すという事態が生じる。総じてシュミットは、この論文の末尾において「一般的自由から特権（Privilegium）への道はしばしばとても短い。それは、自由の特別の保障や保護を乗り越えてゆく」[129]と述べている。この点に関して、メーリングは基本権が義務に転化すると述べている。

自由主義的な自由権は、プログラムと実定法のジレンマの中で空転しているので、市民的法治国家は自由を「新しい保障」や保護規範によって保障する。かくして制度的保障は、それによって、自由主義的基本権の連結的・補完的保障になる。基本権の地位は変化する。それは、その前国家的性格を喪失し、国家的な保障となる。シュミットは鋭い調子で、「一般的自由から特権への道はしばしばとても短い、それは自由の特別の保障や保護を乗り越えていく」という言葉で終えている。それによってシュミットは、彼の多元主義批判にも対応する市民的法治国家の再封建化への傾向を暗示している。他方においてシュミットは、前国家的自由から制度的保障に切り替え、主観的権利をふたたび政治的留保の下にある国家の保障として考察することを体系的に説得的であるとみなしている。……彼は、古典的な自由権の解体を声高に語っているのではないが、権利から義務へ、つまり基本権の国家的な保障へのパースペクティヴの切り替えのようなものを定式化しているのである。[130]

私たちは、シュミットが『合法性と正統性』において強調したワイマール憲法第二編の実質的価値とは、「制度的保障」のことを念頭に置いていたのではないかと推測することができる。それは、シュミットがナチスの危険性を「憲法を改変し、国家教会を樹立し、労働組合を解散する」という制度的保障の完全な解体に見ていたことからも明らかである。シュミットは『憲法論』の時期から制度的保障、とりわけ「職業官吏制度」の意義を強調してきたが、それは、『憲法の番人』において一層重視され、ナチス体制以降においては「具体的秩序思考」

として、シュミットの憲法・政治思想の中核に登場してくるようになる。しかしシュミットが「防御権」としての自由権をトータルに否定していないことは確認しておく必要がある。

VIII　パーペン・クーデター（一九三二年）

1　事件の背景

一九三二年五月、ブリューニングに代わってパーペンが首相に就任した。パーペンの大統領内閣をシュミットは支持し、法的な助言を与えるようになるが、シュミットはパーペンの憲法改正と新国家の創設には反対であった。パーペンは、選挙権を制限し、ライヒ議会とは別に保守的な上院を創設し、実質的にワイマール共和制を破壊しようとしていたが、シュミットは、大統領の緊急権は「議会制の特定の障害に対する安全弁として構想されたのであり、この制度を救済するものであって、決して、ある種の新国家の樹立を意図したものではない」と『合法性と正統性』で述べた。[131]

プロイセンでは、パーペンによるSA（突撃隊）とSS（親衛隊）の禁止の撤廃の結果、突撃隊と共産党の武力団体「赤色戦線」が戦闘を行ない、七月十七日にハンブルクの隣町アルトナでの市街戦で一七人の死者と多数の重傷者が発生した。SA、SSの禁止を撤廃したことが、戦闘の原因となっていたのである。パーペンは、この事件を口実に、プロイセン政府の義務違反を根拠として、一九三二年七月二十日に第四八条第一項、第二項に基づいて発令された「プロイセン・ラントの領域における公共の安全と秩序の再建に関する大統領令」において、社会民主党主体のプロイセン政府のブラウン首相、ゼーフェリング内相をはじめ八名の閣僚を罷免し、プロイセン首相の職務をライヒ首相が肩代わりをし、内相には中央政府がコミッサール（政府委員）を派遣した。当時のプロイセンでは、一九三二年四月二十四日の選挙でナチ党が比較第一党となり、議席の多数を失った社会民主党のブラウン内閣は不信任投票を受け、辞職寸前であった。しかし、議会が新しい内閣を選出できなかったので、ブラウン内閣は「事務管理内閣」として存続していた。それは、ブラウン内閣がナチ党の躍進と権力掌握を憂慮して、ラント首相選出は議会の相対多数ではなく絶対多数による、と議員規則を改正していたからである。

このパーペンの緊急命令に対して、プロイセン政府側、中央党と社会民主党のプロイセン・ラントの議会会派、ならびにバイエルンとバーデンの各ラントが、国事裁判所に違憲として提訴した。[132] この裁判で、C・シュミット、E・ヤコービ（ライプツィヒ）、C・ビルフィンガー（ハレ）が、ライヒ側の弁護を受け持った。それに対して原告のプロイセン側を代表したのが、アーノルド・ブレヒト、またその弁護人としてゲルハルト・アンシュッツ、ギーゼ、バイエルンの弁護人としてハンス・ナヴィアスキー、社会民主党の弁護人としてヘルマン・ヘラー、中央党の弁護人としてハンス・ペータースが法廷に立った。またこの他にも、H・トリーペル、H・ケルゼン、W・アーベントロート、O・キルヒハイマーが論陣を張った。

まさにワイマール時代の錚々たる国法学者の論戦なのである。この裁判は、十月十日から十七日まで続き、二十五日に判決が言い渡された。このいわゆる「パーペン・クーデター」に関しては、速記録を公刊した『プロイセン対ライヒ』がある。[133] なお、本書で引用する裁判の各発言者の発言の終わりに、『プロイセン対ライヒ』の原書の該当頁を（　）で記しておく。

実は、ライヒ政府がラント政府を罷免したのは、今回が初めてではなかった。すでに一九二三年三月二十四日に、エーベルト大統領は第四八条第一項と第二項を行使して、公共の秩序や安全を脅かす行為をしているラント政府を罷免していた。当時ザクセン・ラント政府は、共産党と社会民主党の連立政権であったが、ラント首相ツァイグナーが激烈な国防軍反対演説を行なう一方、共産党系の閣僚が暴力行動と国防軍に対する抵抗を呼びかけていた。当時首相のシュトレーゼマンはザクセン・ラント政府が自発的に総辞職することを勧告していたが、拒否されたので、エーベルト大統領は十月二十九日に、憲法第四八条に基づいて、ライヒ首相に必要な権能を付与する大統領令を発布して、ラント政府の首相、閣僚を罷免し、新たな政府を任命した。しかし、これは一時的な措置であり、ザクセン・ラント議会が新たな首相を選出したので、大統領は十月二十九日に緊急命令を廃止したのである。[134]

ライプツィヒでの訴訟は、第四八条第一項の「ラントの義務違反」と第二項「公共の安全と秩序の攪乱」をめぐって争われた。どうしてライプツィヒの国事裁判所にその訴訟が持ち込まれたのであろうか。ワイマール憲法は、第一九条において、ライヒとラントの間、またラントとラントの間の憲法紛争に関する国事裁判所の権限を記している。ビスマルク憲法第七六条においては、ラント間の憲法訴訟は連邦参議院の調停に委ねられていたのであるが、ワイマール憲法においてはじめて、双方の紛争が独立の司法機関で裁かれることとなったのである。

2　シュミットの立場

「パーペン・クーデター」を支持するシュミットは、『ドイツ法律家新聞』（一九三二年八月一日）に「プロイセン・ラントに対するライヒ・コミッサールの任命の合憲性」を寄稿した。第四八条第一項には、「あるラントがライヒ憲法またはライヒ法律によって課せられた義務を履行しない時は、ライヒ大統領は武装兵力を用いてこの義務を履行させることができる」と規定されているが、これは、ビスマルク憲法の第一九条「連邦構成国が連邦の憲法上の義務を履行しない時は、強制執行の方法により、それを行なうよう促される。この強制執行は、連邦参議院によって決議され、皇帝がこれを実施する」を受けたものであった。

シュミットによれば第四八条によるプロイセン政府の解体は、プロイセン政府が緊急事態に対する義務を履行しなかったことに対する当然の措置であった。シュミットにとって、「一九三二年七月二十日のライヒ大統領の命令は、ワイマール憲法第四八条第一項（ライヒ執行）ならびに第二項（独裁権力）に依拠している」ものであり、同一の事態が第一項ならびに第二項の要件を満たしているので、双方の条項が合憲的に行使される」[135]のである。

つまり、シュミットによるならば、ラント政府が「公共の安全と秩序に対するあらゆる危険を防止する」義務を怠ったがゆえに、プロイセン政府の解体とライヒ政府の代執行をもたらしたのである。この事件の真の争点は、シュミットによるならば、ナチ党と共産党との対立・抗争にあった。それに対する有効な措置をプロイセン政府は執っていないとシュミットは判断したのである。

プロイセンのような一つのラントの中での内戦状況に直面して、ともかくも公然たる内戦が勃発するのを待つのではなく、むしろ、もし義務に従った裁量に則って必要だと思われるならば、第四八条の手段によって、こうした崩壊に抗して、ライヒの統一性と国家としてのラントの合憲的な地位を守ることが、ライヒ大統領の義務であり、ライヒの施政方針を決定しているライヒ政府の義務なのである。[136]

こうした危機意識の背景には、プロイセンのラント議会選挙が四月に行なわれ、ナチ党が第一党になったという事態があり、共産党とナチ党の市街戦が繰り広げられているという事実があった。プロイセンのラント議会選挙に注目していたシュミットは、一九三二年四月二十五日の日記で、「ナチスの大変な勝利、しかし多数を超えてはいない」[137]と書き記している。

「パーペン・クーデター」に反対するプロイセン政府は、一九三二年七月二十日に、ライヒ首相に対して、以下のような書簡を送った。そこにプロイセン政府の第四八条に対する解釈が見受けられる。

「プロイセン・ラント政府は、本日七月二十日に、ライヒ首相官邸において、……ライヒ政府の措置は、ワイマール憲法を侵害するものであると共に、プロイセン・ラント憲法をも侵害するものであると考える。したがって、プロイセン・ラント政府は、ただちに国事裁判所の判決を求めたいと思う。また同時に当該の措置の効力を失わせるために、仮処分を求めたいと思う」。

プロイセン側は、ワイマール憲法の第四八条に基づくプロイセン政府に対する強制執行によって、ワイマール憲法第一七条およびライヒ参議院の構成を定めた憲法第六三条の規定が侵害されたと考えた。プロイセン政府は、パーペン内閣の干渉を不法かつ無効と宣言し、その理由について「ライヒ大統領は、第四八条に基づいたとしてもなお、これらの条文を侵害しえず、逆にこれらの条文に拘束されるものであるというのは、判例においても、学説においても、一般に承認されている」(S. 48) と述べている。

ちなみに、第一七条は「ラント政府は、人民代表議会の信任を必要とする」と記されており、第六三条は「ライヒ参議院においては、ラントはその政府の構成員によって代表される」とある。

しかし、シュミットにとって、パーペンのとった行動は、憲法違反ではなく、大統領の緊急権の行使の範囲内であった。シュミットは、七月二十日事件には内乱状況と紛争状況の二つの原因があるとしている (S. 39)。内乱状況とは「複数の強力に組織された党派が、それぞれ非常に強力な武器をもって対立している状況」であり、紛争状況とは、誰が内乱状況において合法的であるか否か、誰が国家の敵で、誰が不法で、誰が憲法の敵であるかを決定するかに関して、ライヒとラントの間に判断の相違が現実に存在したことである。そして当然のことながら、誰が国家や憲法の敵であるかを判断するのは、ラントではなく、ライヒであり、ラントはライヒの判断に従うべきなのである。

それに対して、プロイセン側は、大統領は第四八条第二項の緊急権をプロイセン政府に行使するという誤りを犯したと主張した。さらには、第四八条には、大統領が合法的に成立しているラント政府を罷免する権限は明記されていないと批判した。それは第四八条の憲法違反的な行使である。そもそもアンシュッツによれば、第四八条第一項と第二項は、それぞれ異なる種類の権限を表しており、相互に独立しているものとみなすべきであった。またアンシュッツとギーゼは、大統領が第四八条に基づく権限の最終的解釈者ではなく、大統領は司法審査に服すると主張した。これは「憲法の番人」をめぐる論戦の継続であった。

ベンダースキーは、この裁判においてシュミットに反対していた法学者がシュミットの憲法論をどのように見ていたかを、以下のように要約している。

シュミットが、二〇年代に初めてこのような柔軟な憲法解釈を提起した時以来、彼がこの時法廷で対決していた法学者たちの多くは、一貫してシュミットの法的立場を支持できないものとみなしてきた。それゆえ、彼らが、シュミットは憲法問題において大統領を裁判所の上に置き、法を政治に従属させようとしている、と激しく抗議したとしても、何ら驚くべきことではなかった。彼らは、現状に応じて憲法解釈を行なおうとするシュミットの試みが、憲法を矛盾の塊へと化すおそれを有していると非難した。彼らはしばしばシュミットの立場を称して「状況追随的」と呼び、時には「状況法学」の罵声でシュミットの陳述を遮りさえした。裁判のわずか二、三カ月後には、こうした批判が再燃し、シュミットは憲法を相対化しているとして、激しい公の攻撃に晒されることとなった[138]。

以下、私たちは『プロイセン対ライヒ』の裁判速記録を読むことによって、シュミットとシュミットに反対する国法学者との論争を中心にすえて、「パーペン・クーデター」をめぐる議論を考察することにする。

3　ライプツィヒ国事裁判所における国法学者たち

（1）ペータース（一八九六―一九六六）

ラント側の法学者で中央党を代表したH・ペータースは、シュミットに対する反論を試みた。ペータースはこの時ベルリン大学の国法学の教授で、ボン大学のシュミットの所で勉強したこともあった。当時中央党は、パーペン内閣に反対しており、プロイセンにおいてもナチスに対抗するため、社会民主党と協調路線をとっていた。

ペータースにとって、議会に依存しない大統領内閣そのものが憲法違反であった。ペータースは、シュミットが第四八条の大統領権力によって憲法廃棄をねらっているとして、以下のように述べている。

一方の側では、ライヒ大統領という制度は、憲法によれば、中立的権力を持つものと考えられております。これに対し、シュミットは、ライヒ大統領に独裁権を与えています。そのため彼によれば、大統領は憲法の番人として、憲法の一部を失効させる権力、とりわけ憲法を「破棄する」権力を与えられるのです。(S. 57)

そしてペータースは、シュミットの憲法解釈を「状況に合致した国法解釈」と呼び、それは国法の危機を意味すると批判する。(S. 57)

一面においては、カール・シュミット教授は、憲法の政治的決断に異常にこだわり、その種のものは、第七六条の方法では改正すらできないと言われます。ところが第四八条については、突然、状況に合致した解釈によってほとんどあらゆることが可能となるのです。そのような場合、成文憲法をそもそも認めることにいったいどのような意味があるのかが、理解できなくなるでしょう。(S. 58)

さらにペータースは、シュミットが国事裁判所の合目的性を否定することによって、法治国家的思想を無視していると指摘している。またペータースは、「多元的政党国家」という概念が、政党の役割を否定し、「国家権力の崩壊を結論する役割を果たしている」と批判する。またペータースは、ラントが多党制のえじきであるのに対して、大統領内閣が超党派的であるというシュミットの主張は間違いであり、ライヒ政府もまた党派的であると反論している。(S. 282)

ペータースは、大統領の緊急令の事後審査を積極的に法治国家的コントロールとして評価し、最も広く裁判所の権限を解釈した。彼は、事後審査に関して法的問題、事実問題、裁量問題の三つを区分し、第四八条第二項に基づいてなされる措置が法的に許されていない場合、また裁量の範囲が「比例制の原則」を踰越《ゆえつ》（Überschreitung）している場合、裁判所の事後審査になりうると主張している。

さらに比例制の原則があります。過多ということは、通常は自由裁量の法的限界を踰越するものです。すなわち客観的に必要とされるもの以上に、無関係な法分野に強く干渉したりすることが、もはや必要なこととはいえないのは、確かでしょう。そのような法の枠を踰越することについて、裁判所が審理できることはもちろんです。（S. 368）

さらにペータースは「比例制の原則」の侵害のみならず、「目的拘束性」に違反するもの、つまり「公共の安全と秩序」の回復という目的以外の目的のために行使されることも裁判所の審査の対象となりうると主張した。緊急権の恣意的な乱用に対する司法審査について、ペータースはライヒ裁判所の判例を次のように引用している。

審査のさいには、ライヒ大統領の命令が、その性格からして、公の安全と秩序の再建に寄与するに相応しいかということ、あるいは、第四八条第二項により根拠づけられる権限が、恣意的に濫用されていないかということが問題となる。対象に応じて区別できる。（S. 368）

またペータースは、国事裁判所の判例も「公共の安全と秩序に対するかなり重大な障害とか危険が存在するかどうか」（それは警察的な観点から見た緊急事態だけでなく、経済的・財政的緊急事態を含む）を事後審査できると述べていることを紹介する(S. 369)。これは、事実問題に対する事後審査に該当する。つまり第四八条発動の要件が存在したかどうかという問題である。ペータースは結論として、ライヒ政府のプロイセン政府の解体に関しては、裁量の踰越が存在したばかりか、そもそも緊急権行使の要件が存在しなかったことを明らかにしたのである。(18-61)

(2) G・アンシュッツ(一八六七—一九四八)

次にアンシュッツのシュミット批判をみておこう。アンシュッツは、基本的に地方分権主義に批判的で、特に帝政時代は、ビスマルク憲法を中央集権的に解釈した国法学者であった。彼は、「ビスマルクは、……ライヒをドイツ諸ラントの単なる連合としてではなく、独立した国家、つまり主権的な国民国家として創設したのである。そして各々のラントは、……ライヒに編入され、それに従属すると共に、連邦国家の理念に従って、ライヒの意志を形成し、実行するにさいして、積極的に関与し、協力するのである」[139]と述べている。

第二帝政時代、ライヒの「国家性」をめぐって、諸国家連合の立場を採るザイデルやO・マイヤーの連邦主義者と、連邦国家説を支持し、ライヒの「国家性」を承認するP・ラーバントらの見解が対立していたが、アンシュッツは明らかに後者に与していた。ワイマール憲法下においても、アンシュッツはラントの分離運動に警告を発し、連邦国家の統一性を強調した。彼は「ワイマール憲法の三つの中心思想」を、ライヒの国家的性格、中央集権主義、民主主義に求めた。しかしワイマール後期の大統領内閣期になると、振り子は右に揺れすぎるようになり、アンシュッツは「パーペン・クーデター」において、ライヒに対抗するプロイセン側の弁護を引き受けた。彼は、ブリューニングの大統領内閣には好意的であったが、パーペンやシュライヒャーの大統領内閣には反対であった。彼は『回想録』で「議会の機能麻痺とともに、ワイマールの全憲法体制が解体しつつあること」を憂えたのである。[140]

アンシュッツは、ライプツィヒの法廷で、以下のようにシュミットの「状況法学」を批判した。この批判はアンシュッツのみならず、プロイセンの弁護に立ったほとんどの国法学者が等しくシュミットに対して抱いていたものであった。

教授（シュミット）は、憲法を政治的状況に応じて、すなわち「状況的」に解釈することが、合法的であり、許されているに止まらず、特定の状況のもとでは必要なことですらあると語られました。このようなやり方に対しては、私ははっきりと反対しなければならないと感じます。ワイマール憲法の解釈にさいして、政治的必要とか、政治的状況などが決定的であり、その方向を定めるものとして重要であるということを語るのは、いかなる状況下においても、国法学者としての責任を全うするものではない、と私は考えます。ワイマール憲法は、その時々の政治的状況とか、政治的な状況の必要が要求するように解釈されるべきではありません。そうではなく、ワイマール憲法は、まさにそれが意味している通りに解釈されるべきです。(S. 124)

そしてアンシュッツは、続けて憲法の条文などが疑わしい場合には、憲法の父たち、つまり憲法制定者の意図が重要であることを指摘している。また彼は、明らかにシュミットを念頭において、第四八条の規定のように権力が強化されるところでは、権利の保障も強化すべきであり、学問が権力の「内在的な限界や保障手段を強調することに重要性を置くべき」(S. 124) と主張している。そこでアンシュッツは、ラント政府の義務不履行によるライヒ政府の強制執行を規定する第四八条第一項に関しては、執行の要件、手続、限界が重要であると述べ、今回の件は執行の要件に該当しないと結論づけている。アンシュッツは、トリーペルのように、執行以前に、国事裁判所においてラント政府の義務違反が確定されていなければ、強制執行はできないとまで主張していないものの、義務違反の通告を事前に行なう必要性を主張することによって、ライヒ大統領の権限行使に対する歯止めを主張したのである。

アンシュッツは、第四八条第一項（ライヒ執行権）と第二項（独裁権）を区別して、第一項におけるラント政府の義務違反は、国事裁判所の判断が必要である一方、「公共の安全と秩序が重大な危機に瀕しているかの」判断を大統領が行なうことに関しては、その可能性を否定はしていない（S. 125）。しかし、たとえライヒ政府が第四八条第二項を基にプロイセンに対して緊急権力を行使しても、義務不履行の確定なくして、ラント政府を罷免することは、憲法違反となる。

こうしたアンシュッツの批判に対して、シュミットは、ライヒ権力によるラント権力の保障よりは、権力行使の迅速性を強調する。シュミットによれば、アンシュッツのように第四八条第一項と第二項を切り離すことは誤りであり、公共の安全と秩序の確保という義務を履行しなかったがゆえに、ライヒ政府はラント政府を罷免したのである。義務違反があったかどうかの判定も、シュミットによれば、国事裁判所の判断ではなく、ライヒ大統領の権限であった。シュミットは、ラントの権限の保障という言説が「公然たる分離」のための戦争の勃発に転化することを警告したのである。もちろん、アンシュッツも基本的に第四八条第一項と第二項の分離を主張するものの、一九二三年のザクセン・ラント政府に対する強制執行のように、「ラント政府の義務違反の行為、あるいは、不作為が、内乱のようなかたちで、公の安全と秩序の攪乱を引き起こす場合」（S. 161）は、第一項と第二項が結びつくことを認めていた。しかし、今回のプロイセンに対する強制執行はザクセンの場合とは異なるのである。

またアンシュッツは、第四八条第二項の緊急権の行使の要件、とるべき措置の範囲、その限界について議論を展開した。要件は、公の安全と秩序に重大な障害が生じている場合で、アンシュッツはこの意味を治安に限定されない広義の意味で理解した。重要なことは、アンシュッツが緊急権の法律的性格を容認していることである。

ライヒ大統領は、公の安全と秩序の再建のために、必要な措置をとりえます。一九一九年以来、今日に至るまで、第二項に基づいてとられました多くの措置が、一般的な命令としての性格を持っていること、すなわち法律家のことばで表現いたしますと、処分（Verfügung）と異なる命令（Verordnung）としての性格を持っていることも、すべての方々にとって周知のことであり、したがって、ただ簡単に申し上げればすみます。たしかにその発布されました措置の大部分、百パーセント近くが法規命令（Rechtsverordnung）であり、すなわち法律代行命令（gesetzvertretende Verordnung）でありました。そして、本件の今年の七月二十日のライヒ大統領の命令も、同じです。（S. 303）

アンシュッツは「独裁権の作用領域が、通常のライヒ立法の全領域に法制定というかたちで及ぶ」とさえ述べている。

またアンシュッツは、第四八条第二項において、ラントに対して、ライヒ・コミッサールを設置し、彼に執行権を委ねること自体は合法であると主張する。問題は、ライヒ大統領の独裁権の法的限界である。ここでアンシュッツは、ギーゼに依拠しながら、目的限定性、比例性、補完性、暫定性の四つを挙げている。もし公共の安全と秩序の維持という目的とは異なる目的で独裁権力が発動された場合には、それは「裁量権の乱用」（Ermessensmißbrauch）である。第二は、独裁権が「必要な措置」を超える裁量権の「踰越」である。第三の補完性は、目的に応じた措置の選択、第四の暫定性は、一時的で継続しない措置である。アンシュッツは、独裁権は通常のライヒ法律がなしえることは独裁権もすべてなしうるが、憲法制定者がなしうることはなしえないと主張する。（S. 304）

アンシュッツは独裁権力のこうした制約を「独裁に対する砦」（Diktaturfestigkeit）と呼んでいる。憲法の中でも七つの基本権の停止のように明文でもって記されていない憲法条項は、独裁権の制約となる。そして特にアンシュッツが独裁権力の侵害できないものとして挙げているのが、ライヒ憲法の第六条から第一一条までのライヒとラントの権限配分である。独裁権がラントの立法権を侵害することはできないし、ラント政府を任命することはできない。独裁権力にとって任命されるライヒ・コミッサールは、たとえラントの警察権力全体が移譲されることはあっても、ラント政府になり代わることはできないのである。

(3) ナヴィアスキー（一八八〇—一九六一）

ナヴィアスキーは一九二〇年に『ライヒ憲法の基礎』というワイマール憲法のコンメンタールを出している。バイエルンの弁護人で、分権主義的でラントの国家性を強調するナヴィアスキーは、第四八条の緊急権力の行使にさいしてもラントの自治権や連邦参議院での「共同決定権」は保障されると述べ、シュミットのライヒ大統領の権限に関する解釈がワイマール憲法を侵害していると批判した。またナヴィアスキーは、憲法制定者の意図が内外の危機克服のために、強力な大統領の権威を確立することにあったとシュミットが述べたことについて、次のように批判している。

シュミット教授が確信をもって語られましたように、ワイマール憲法の制定者たちが、ライヒ大統領に優越的な地位を与えようという考えを持っていたというのは、まったく正しくありません。……今その解釈が問題となっておりますワイマール憲法は、権威を持つ、独立の要素としての、このような大統領権力というものを知りません。ライヒ大統領は、もちろん罷免されることもできれば、訴えられることもできます。ライヒ大統領の命令は、ライヒ議会によって取り消されることもあります。したがって、ワイマール憲法によるかぎり、ライヒ大統領を国家権威の担い手とみなそうとするのは正しくありません。ライヒ憲法によれば、ライヒ大統領とライヒ議会が、ほぼ対等のものとして対立しています。重心は、おそらくはライヒ議会の側

にあると思われます。（S. 234–235）

一九二八年に『憲法論』を書いたシュミットであれば、このナヴィアスキーの言説を比較的抵抗なく受け入れたことであろう。ワイマール共和国の相対的安定期に、シュミットは法治国的保障を容認していたからである。それゆえにナヴィアスキーは、シュミットの主張が大統領の「中立的権力」から逸脱しているという批判をシュミットに向けたのである。

シュミット教授は、このライヒ大統領の立場について、ごく最近、その解釈を一八〇度変えられたのです。この教授は、以前はライヒ大統領は憲法の番人として、中立的権力であるという立場をとられていました。この「憲法の番人」という言葉は、そのような地位を自らに当てはめていました、前の大統領エーベルトに由来するものです。ところがその後、ライヒ大統領は、大統領政府を樹立することにより、政治決断というやり方で、決定的にライヒの政治を左右する権利を持つと、教授は語られるようになりました。かかる政治的決断を行なう人は、決して中立的でありませんから、このような二つの見解は絶対的に両立しません。（S. 118）

このナヴィアスキーの批判は、シュミットが大統領内閣における大統領をなおも「中立的権力」と言い張る矛盾を適切に指摘したものである。事実、議会の機能麻痺、そしてシュミットが「多元的政党国家」と定式化する危機が生じた以降は、シュミットは圧倒的に大統領の権威に傾かざるをえなかった。しかしナヴィアスキーの主張は、一九三二年の大統領内閣の時点においても、議会制が問題なく機能していると思わせる楽観的な発言である。憲法解釈が憲法現実から独立していなければならないことを認めたとしても、憲法現実を無視することは、憲法規範と憲法現実の大幅な乖離をもたらし、ひいては憲法の破壊に繋がるといえよう。

ナヴィアスキーは、シュミットと対立して、国事裁判所を「憲法の番人」にしたてあげ、国事裁判所の役割を「法規範を定立する」ことに求めており、そのさいシュミットの弟子フリーゼンハーンが、「国事裁判所が法規範について一般的に確定する傾向にあることを証明した」と述べている。こうした国事裁判所の法規範定立は、シュミットの見解とは真っ向から対立する考えであり、シュミットにとっては議会の立法権能の横取りであった。ちなみにフリーゼンハーンは、シュミットのボン時代の弟子であったが、裁判所が果たす役割についてシュミットと異なった見解を持っていたうえ、後にナチスとの関係でシュミットに批判的となった。

(4) A・ブレヒト（一八八四―一九七七）

ところで、プロイセンの訴訟代理人であるプロイセンの局長A・ブレヒトは、緊急命令によるプロイセン首相や閣僚の罷免、公務員の官職剝奪を第四八条第二項の絶対的な枠を超えるものであると批判した（S. 358）。緊急権は憲法を改正できないのである。

第四八条第二項によれば、シュミット教授もまた、とりわけ明確に説明されましたように、ライヒ大統領のみが、憲法上の安全と秩序とを再建するのに必要な措置をとることができます。ライヒ憲法の改正は、第四八条第二項に基づく命令の対象とはなりえません。（S. 361）

ブレヒトは、今回のプロイセン政府の罷免は、パーペン首相がナチ党の支持をとりつけるために、制服禁止令の廃止、SAとSS禁止令の廃止とともに行なわれたナチ党に対する政治的譲歩に他ならなかったと述べているが（S. 381）、適切な時局認識である。

ブレヒトは、パーペン政府が不信任投票を避けるために二度にわたって議会を解散し、また解散したままにすることによって、七月二十日の緊急命令を議会が廃止できないように決意していたと主張する。すでにライヒ議会の五分の四が緊急命令の廃止を要求することは確実であった。パーペンは、議会の解散により「四八条の基礎を崩した」のである。

なおブレヒトは、後にナチス支配下のドイツを逃れて、一九三三年にアメリカに亡命し、アメリカの大学で政治学の研究に打ち込んだ。[141]

（5）E・ヤコービ（一八八四―一九六五）

第四八条の緊急権の行使に対する裁判所の事後審査について、ペータースやナヴィアスキーが積極的な態度をとったのに反し、シュミットやヤコービは消極的であった。ヤコービは、すでに述べたように、一九二四年の国法学者大会での報告において、法治国家の行き過ぎに対抗して、大統領の第四八条の緊急権の範囲をできるだけ広く解釈することに賛成していた。彼は、憲法の限界に関する審査権が存在すべきことを承認し、大統領の権限の濫用や踰越という絶対的な限界を超える場合、また法律違反に関する場合の審査権は認めるものの、裁量に関する審査権は認めない立場をとった。ヤコービは、裁判所は統治行為、統治の裁量については審査できないと主張する。

> ある政治的行為が必要なものか、あるいは、目的にふさわしいものかということについて、一義的な判断に到達することができないということになります。せいぜいのところ、ある裁量の代わりに、今一つ別の政治的裁量を持ち込むことができるだけです。したがってこのような認識から、独裁者の行なう裁量を裁判所により事後審査することが拒否されるのです。（S. 370）

ヤコービにとって、大統領の決定の上に裁判所の判決を置くことは、国家の一体性を侵害するものに他ならなかった。

例えば、まず最初にライヒ大統領の政治的裁量に基づいて決断が下され、その後に、この政治的裁量が国事裁判所によって事後的に訂正されるという可能性を持つというかたちで、独裁者の権力が構成されていると考えてみてください。そのような構成は不可能です。なぜならこのような場合には、その他の決断をまとめあげて、全体のために統一的に下される決断こそがまさに必要だからです。国家指導の統一性とは、まさにこのような事態においてこそ、力を発揮するものです。(S. 307)

ヤコービは、裁判所の決断が政治的機関(大統領)に反対して行なわれるならば、国家権威、国家そのものに対する危機を生み出すとさえ主張するのである。そして、ヤコービは通説を持ち出して、自説の正しさを立証しようとする。

通説は、……裁判所による裁量の事後審査を、法的問題に繰り返し限定してきました。すなわち、明確に、ということはいかなる議論や論証がなくても、誰にとっても自明な裁量の踰越、あるいは明確な裁量の濫用がある場合という、最も外側にある限界に審査権を限定してきたのです。そのような考えに応じて、通説は、第四八条二項の適用を正当化する、公共の安全と秩序に対する重大な障害あるいは危機が存在するかどうかという要件について、裁判所による審査を認めてこなかったのです。同様に、その手段についても裁判所の審査を認めておりません。……要件と必要な手段が密接な関係を持つために、このような問題もライヒ大統

領の裁量に任されなければなりません。（S. 371）

以上のことを、ヤコービはすでに一九二四年の「ライヒ大統領の独裁」の報告において主張していた。

（6）H・ヘラー（一八九一—一九三三）

H・ヘラーは、社会民主党の訴訟代理人として、シュミットやヤコービに反論した。ヘラーは、第四八条第二項の大統領の「広範な自由裁量権」を承認しつつも、緊急権発動の要件や手段に関しても、国事裁判所は審査できると主張した。また彼はヤコービが述べた「主観的な善意」（Gutgläubigkeit）——大統領が善意により緊急命令を下しているという思い——を危険極まりないとして攻撃した。

ヤコービ教授は、法治国家的原則は、必要以上に強調されてはならず、本件においては、主観的な善意を、ライヒの側に認定することで満足すべきであると主張されます。このことはあまりにも過ぎたる要求です。政府の主観的な善意にすべてを委ねなければならないとすれば、法治国家がその終焉を迎えるに至ることは、自明だからです。そのようなことは、次のような事例を考えれば、ただちに理解されます。例えば、まったく法学的な知識を持たない共産主義者のライヒ大統領とか、国民社会主義者のライヒ大統領が、その職に就くという場合を、みなさん想定してみてください。その場合その大統領は、まったく主観的な善意において、自分がライヒ憲法第四八条に基づきながら、憲法に違反するあらゆることをなしうるという意見を持つだろうからです。（S. 379）

歯止めがなければ、共産主義やナチス出身の大統領によって憲法そのものが破壊される危険性が存在する。特にヘラーは、第四八条第二項を用いて、ラントとライヒの関係を覆そうとする憲法違反の試みを裁量権の濫用として批判した。

またヘラーは、シュミット自身が不可侵と考える「組織上最小限必要なもの」——ライヒ大統領、ライヒ政府、ライヒ議会、ライヒとラントとの関係——をシュミット自身が超えてしまったと指摘する。

ヘラーは「パーペン・クーデター」の背景について、A・ブレヒトと同様に、ヒトラーとパーペン政府との合意をあげており、パーペンがSAやSSの禁止令を撤廃し、プロイセンにおいて社会民主党のラント政府と対立していたナチ党に便宜をはかることによってパーペン政府に対する「寛容」を見返りに求めたと考えた。SAとSSの禁止の撤廃が七月十八日のプロイセン・ラントのアルトナでのSAと共産党の武装集団「赤色戦線」との大規模な武力闘争に至ったことを考えると、パーペンのプロイセン政府の罷免は明らかな緊急権の濫用に他ならない。パーペン自身が危機を演出した張本人であり、シュミットはその旗振り役を演じたのである。

(7) シュミット

シュミットは、国事裁判所での最終弁論においても、大統領を「憲法の番人」として位置づけている。

国事裁判所は、裁判を通して、司法形式で憲法を擁護するものでしかありません。憲法は政治的な建造物なので、そのうえさらに、より本質的には政治的諸決断を必要とします。こうした観点から私は信じるのですが、ライヒ大統領こそが憲法の番人です。そしてまさしく第四八条による彼の諸権限は、憲法の連邦主義的構成要素ならびにその他の構成要素に対して、とりわけ憲法の真の政治的番人を構成するという意味を持っているのです。[142]

シュミットは、「ライヒ執行がラントを否定しその存在を破壊するという意味を持っておらず、むしろ反対にまさにこうした国家とラントを脅かしている危険から守る意味を持っている」[143]と述べている。総じてシュミットにとって、ライヒの強制執行の構図は、プロイセン対ライヒではなく、ライヒやプロイセン対ナチ党や共産党という危険な政党との対立であった。彼自身は、ワイマール憲法の連邦国家の制度そのものを侵害する意図はないと主張する。

わが国の連邦国家の構造にとって、すなわち、連邦主義やラントの自立性に対する最大にして最悪の危険性は、ラントの境界を越えて厳格に組織されており、中央集権化された政党がラントを支配し、そのことによってラントの自律性が危険に陥る場合です。このようなサイドから、すなわちこのような政党によって特殊な性格の危険が、すなわち、絶えざる機能の混乱とか、公共の安全と秩序に対する絶えざる危険とか、ライヒに対するラントの義務の不履行などがもたらされることになります。[144]

シュミットは連邦主義と政党支配が結びついた状況を「党派的連邦国家」（Parteienbundesstaat）と概念規定し、批判するのである。

シュミットは、裁判中は、政府側に立ったヤコービ、ビルフィンガー、W・イェリネックと共に行動した。一九三二年十月九日の日記には、「ライプツィヒでH・フィッシャーとフォルストホフと会う。……ヤコービの家――そこにW・イェリネックがいた――に行き、ゴットハイナー（ライヒ内務省局長）、W・ホーヘ（ライヒ法務省局長）、ビルフィンガー、ヤコービと共にわれわれの計画について話し合う」[145]とある。ゴットハイナーとホーヘは、ライヒ側の訴訟代理人である。W・イェリネックは裁判で発言はしなかったものの、「パーペン・クーデター」でシュミットを支持した数少ない国法学者であった。[146]

一九三二年十月十日の裁判開始のさいのシュミットの人物評が興味深い。

ヤコービの家で十分に眠る。十一時半に法廷が始まる。E・ブムケ〔国事裁判所裁判長〕は尊大で、ブレヒト〔プロイセン側の代理人〕は涙もろく、情緒的で、非常に危険である。ヘラーはぞっとする。(147)

裁判が終わった前日の十六日に、シュミットはポーピッツ、マルクス、W・ゾンバルトに電話をしている。シュミットの当時の人間関係が知れる光景である。まさにシュミットはパーペン内閣の「桂冠法学者」なのである。

4　国事裁判所の判決

ところで、国事裁判所はどのような判決を下したのであろうか。国事裁判所の十月二十五日の判決は、第四八条第一項におけるプロイセン政府の義務違反を否定し、プロイセン・ラントに対するライヒ執行を違法であると退けた。したがって、判決は、プロイセン政府の大臣の罷免は違法であるとし、プロイセンの大臣の復職を命じ、ライヒ参議院を代表する今までのプロイセン政府を容認した。他方、国事裁判所は、七月二十日におけるような公共の秩序と安全が脅かされている状況では、ライヒ大統領はすべての権限を一時的にラント政府から剥奪し、ライヒ・コミッサールに委任する権限を持つことを認めた。そのさい、大統領の緊急権行使の前提条件が存在するかどうかについては、大統領の裁量に属するものとして踏み込まなかった。

シュミットはこのような中途半端な判決に悲しみ、一九三二年十月二十五日の日記に、旧約聖書に記されている真の母親をめぐるソロモンの判決を念頭に、「母親が子供を二つに裂くことを認めないことで、真の母親を見分けられる」と述べている。(148)明らかにシュミットはこの判決に不満であった。

ところで、パーペン・クーデターの後、選挙で選出された議会が九月十二日にパーペン内閣に対する不信任案を決議したので、パーペンはふたたび議会を解散した。すでにブリューニング時代にも行なわれたことであるが、第四八条第二項の大統領の緊急権を抑制するはずのライヒ議会が大統領によって解散されたので、もはや抑制手段は取り除かれてしまった。第四八条の緊急権と大統領の解散権が結びつくことによって、大統領の権限は無制限なものとなる。プロイセンの局長A・ブレヒトは、このような大統領の議会解散を違憲であると主張した。

大統領の命令の妥当性を審査するのは議会であるが、その議会を解散するのは、まさしく大統領を憲法の番人ではなく、主人にすることに他ならなかった。

ところで、大統領内閣ということで、ブリューニング内閣とパーペン、それに続くシュライヒャー内閣を同列に論じることができるであろうか。

ブリューニング内閣の形成が大統領内閣をもたらし、議会を政府の同意機関に制限したが、それでもブリューニング内閣を「寛容する」議会主義的基礎を保持していた。またブリューニング内閣は議院内閣制への復帰をめざしていた。しかし、パーペン内閣において、第四八条が権威主義的な体制の樹立のために利用されるに至った。その最たる事例が、パーペンが議会を二度解散したことと、プロイセンの強制執行である「パーペン・クーデター」であった。(149)

第一の点に関して、議会との対立にさいして国民に訴える目的でなされた一九三二年六月四日の解散は正当化できるとしても、緊急命令の廃止を目的とした一九三二年九月十二日の再度の解散は議会の権限を侵害するもので、憲法上容認できないものであった。(150) その解散は、政府を支持する多数派形成を可能にするとは考えられなかったからである。

第二の点に関していうと、パーペン・クーデターにおける第四八条第二項の発動が認められる前提条件が存在したとは思われない。それは大統領の裁量権の濫用であった。当時の通説に従って、国事裁判所は大統領の裁量の審査を行なうことを放棄し、ただ「裁量権の踰越」のみを審査したのである。「パーペン・クーデター」は、憲法秩序の「連邦制」を広範に弱体化させる役割を果したことは間違いない。

シュミットがナチスの勢力の拡大に脅威を抱いていたとしても、もともとSA、SSの解散禁止命令をナチスとの密約によって廃止したのは、パーペン首相その人であった。ナチスに対する戦いというブリューニングの路線は、パーペンになって「妥協政策」に転換していたので、ナチスに対する戦いというシュミットの主張自体も説得力と根拠を欠くものであると言わざるをえない。

国事裁判所の判決は、後のドイツ政治の展開に少なからざる影響を及ぼした。この点メーリングは、プロイセン・ラントに対するライヒ執行が違憲と判決されたことにより、ヒンデンブルクは緊急権の行使に慎重となり、「形式的な合法性」に退却したと評している。そのことがヒトラーを首相に任命することにつながっていくのである。

IX　大統領内閣の崩壊

ブリューニング（在位一九三〇・三―三二・六）の後に首相に就任したパーペン（在位一九三二・六・一―三二・一二）やシュライヒャー（在位一九三二・一二・三―三三・一・二八）の大統領内閣は、ブリューニングの大統領内閣が議会によって寛容された内閣であったのに対し、まったく議会に寛容される多数派を持たないものであった。

シュライヒャーは首相に就任すると、議会を解散した後に、六〇日間の期限を超えて選挙を延期するという計画をたてた。シュミットもシュライヒャーのブレーンとしてその計画を支持した。この計画は、ヒトラーの首相就任を阻止するという大義名分があった。

憲法第二五条では、ライヒ大統領が議会を解散した場合には六〇日以内に総選挙を行なうことが義務づけられていたが、それを延期するというのである。これは明らかに憲法違反である。

ところで、パーペンと内務大臣のガイルは、憲法を改正し、ワイマール憲法体制を除去して、保守的‐権威主義的な「新国家」建設の構想を抱いていた。その新国家構想は、選挙権の改正と上院の設置（上院議員はヒンデンブルク大統領の任命によって終身）を目標としていた。一九三二年十月にバイエルン企業家連盟で行なわれた演説で、パーペンは新しい憲法の制定によって、第四八条による緊急立法の時代は終焉すべきであると主張したのである。

シュミット自身はパーペンの憲法改正や新国家の試みに与しなかった。ベンダースキーは、この点について、次のように述べている。

シュミットが数年来しばしば語ってきた強力な国家は、あくまでワイマール憲法の枠内で実現されるべきものであった。というのも、ワイマール憲法は、正統性と政治的権威とを基礎づけうる唯一の法的枠組みだからであった。シュミットは、大統領と軍が安定を回復し、過激派による権力掌握を防ぐ最後の望みの綱であると信じていた。さらに彼は、大統領の権力がその憲法上の権威に基づいており、もしひとたび憲法の妥当性が問題にされるならば、大統領制の正統性までが侵食されてしまうであろうことを理解していた。憲法改正の試みは、必ずや抵抗を呼び、おそらく内戦を招来するであろうとシュミットは予想した。[151]

一九三二年八月三十日に新たに選出されたライヒ議会において九月二日に不信任案決議がなされ、パーペンは九月十二日に議会を解散したが、非常事態計画を実行に移すことはしなかった。ふたたび総選挙により、十一月六日にナチ党と共産党が多数を占める新議会が選出された。パーペンは「非常事態計画」により憲法改正をねらったが、シュライヒャーはそのような上からの国会改造が「内戦」を引き起こすことを恐れ、そのために国防軍を動員することをためらった。ヒンデンブルクもまた、パーペンの「非常事態計画」を認めず、シュライヒャーを首相に任命した。シュライヒャー内閣においても、シュミットは法的なアドヴァイザーとして活躍した。シュミットは一九三一年二月にシュライヒャーの部下である国防省広報局長E・マルクスや、国防局長E・オットーと個人的に知り合うようになり、彼らを通してパーペン政府やシュライヒャー政府に影響を及ぼしていたのである。[152] しかし、シュライヒャーが議会を解散して選挙期間を延期して統治するという計画がヒンデンブルクによって拒否されたため、彼は首相を辞職し、かくして大統領内閣は終わりを告げた。

X　保守革命派とシュミット

シュミットは一九三〇年十月に『政治的なものの概念』を機縁としてE・ユンガーと知り合うようになった。またシュターペルやフォアベルクといった青年保守派のジャーナリストと懇意になっていった。シュミットはユンガーの弟子アルミン・モーラーとも親しい関係を築いた。

シュミットは大統領内閣時代、特に一九三〇年頃から、保守革命の知識人やジャーナリストなどと交流を持った。ワイマール共和国後期のシュミットの人間関係を知るうえで、保守革命派との接触を知ることは重要である。まずシュミットの論稿がどれくらい保守革命派の雑誌に寄稿されているかについて見てみよう。

シュミットは一九三〇年には『指輪』に「誤った問題提起への警告」、また『クンストヴァルト』に「ドイツにおける政治状況について」を、一九三二年にギュンターとシュターペルが編集長を務める『ドイツ民族性』に「合法性と政治権力掌握の機会均等」と「民族精神の論理」を寄稿している。ベンダースキーは、こうした保守革命の知識人との接触について、「シュミットはベルリンに移って以来、知識人の間で一層有名になっており、保守革命派の注目も引きはじめていた。一九三〇年、右翼知識人の最も影響力ある二つの雑誌『指輪』と『クンストヴァルト』が、シュミットの講演と著作についての記事を掲載しはじめ、ほぼ同時期に『タート』（ユンガー編集の雑誌）もシュミットの著作に言及しはじめた[153]」と書き記している。シュミットの弟子のE・フォルストホフやE・R・フーバーも保守革命派の人々と交わり、彼らの雑誌に積極的に寄稿した。シュミットの日記を読むと、エルンスト・ユンガー、ヴィルヘルム・シュターペル、アルブレヒト・エーリヒ・ギュンター、エルンスト・ニーキッシュ、フリードリヒ・フォアベルク（『指輪』の編集者の一人）、ハンス・ツェーラー、カール・アントン・ローハンたちと頻繁に会って交流していることがわかる。彼らはシュミットの思想にいかなる影響を及ぼしたのか、あるいは彼らがシュミットの思想を政治的に利用しようとしたにすぎないのか、定かではない。

シュミット解釈においては、シュミットを「保守革命家」と見る見方とそれに反対する見方が対立しているが、シュミットを初めて保守革命派と規定したのは、『ドイツにおける保守革命』（一九五〇年）を書いた、アルミン・モーラーであった。保守革命とはいったい何であろうか。それは、思想的には、合理主義や啓蒙主義、自由主義に対する批判で一致し、ニーチェのニヒリズムに共鳴する思想である。政治的には、ワイマール共和国に対する批判と新しい国家の創設を主張するものであった。モーラーは一九八六年にシュパイアーで開催された「シュミット・シンポジウム」においても「シュミットと保守革命」について報告し、「カール・シュミットは単に保守革命と接点を持っているばかりでなく、完全にその一員であり、その最も重要な代表者の一人なのです[154]」と主張した。しかし、シンポジウムに参加していた人々は、モーラーの主張に反発した。とりわけシュミットはカトリックとしての自己意識を持ち、思想的にはニーチェに批判的であったし、政治的には新国家構想を目的としていなかった。保守革命派のH・ツェーラーは、「シュミットとヘラーは、彼ら自身の思想的最終的帰結を前にしていまだに尻込みをしている。……けだし彼らには新たなる目標が見えていないからであろう[155]」と書いている。

すでに述べたように、シュミットは、工業家組織ラングナム連盟の会合での講演で、大統領緊急命令は「何か革命的な意味における独裁やクーデターを意味するものではない。それは新しい統治原理を実現するものではなく、むしろ困難な状況下で、現行憲法の中心機関を破壊しようとする動きに対して現行憲法を保護しようとするものである」と強調していた。ベンダースキーは、保守革命派が自らの新国家建設を樹立させるためにシュミットの議論を利用したのであり、シュミットはまったく新国家構想とは無縁であったと断定している。[156] 本書ではこの問題にこれ以上触れることはできないが、基本的にベンダースキーの立場に立つ。

またこの時期、シュミットとカトリック知識人との関係は悪化していた。シュミットは、三〇年代にカール・エッシュヴァイラー、ハンス・バリオン、パウル・アダムスなどのカトリック神学者やジャーナリストと交流したが、彼らはカトリックの右翼であり、ナチズムにも迎合した人々である。ワイマール初期に交流したW・グリアンやC・ムートといった知識人や政治的カトリシズム関係の雑誌との関係は、疎遠になるか破綻していた。

XI　ワイマール共和国における緊急権の行使――総括

ここで、第四八条の緊急権の行使がワイマール共和国の崩壊にいかなる影響を及ぼしたかについて、総括することとする。

ショイナーは、第四八条だけにワイマール憲法体制の崩壊の責任をなすりつけることに異議を唱える。実際、ワイマール共和国初期に、第四八条は授権法を補完する緊急命令として行使され、単に軍事的な領域だけでなく、経済・財政的な領域に拡大適用されていたが、議会制の枠組みの中で行なわれていた。問題は一九二五―二九年の相対的安定期に大統領の独裁権力を制限する施行法が作られなかったことである。施行法の制定の必要性についてはシュミット自身も認めていた。その間に、議会制の機能麻痺と並行して、強力な超党派的な大統領権力を求める政治的・思想的潮流が加速され、大統領内閣においてますます議会が排除され、内閣は大統領の権威に依存することとなった。

ワイマール初期と後期において第四八条の大統領緊急権が多用されたことは事実である。初期と後期を比較すると、共産主義やナチスの革命的一揆、バイエルンやザクセンの分離運動など、公共の安全と秩序に関するかぎり、圧倒的に初期の方が危機は深刻であったが、ショイナーが述べるように「緊急権力の援用は、共和国の統治制度における構造的な変容をもたらさなかった」[157]。

それでは、なぜ後期、つまり大統領内閣における第四八条の緊急権の行使が、ワイマール憲法体制の崩壊につながっていったのであろうか。それは、ワイマール後期においては、前期と異なり、「国家危機」（Staatsnotstand）と同様に議会が機能しない「憲法危機」（Verfassungsnotstand）の背景が存在したからである。ショイナーは、ワイマール憲法崩壊の原因を、憲法内部の問題としては、帝政時代の遺産であり、「代用皇帝」としての大統領の権威を求める憲法の基本的特徴に求めた。同時に憲法の枠組みの外においては、ワイマール憲法に敵対した有権者や政党、そして政党の対立によって多数派を形成しえなかった議会、そして議会制に代わって、議会外の「国民的統一」に解決を主張する思想的潮流に求めたのである[158]。

国家危機ではない憲法危機を、第四八条第二項の大統領の緊急権によって克服しようとしたことのゆえに、議会の存在理由を否定し、更なる議会制の機能麻痺をもたらしたというのである。戦後の西ドイツの緊急事態の憲法条項は、このワイマールの教訓を念頭に、「国家危機」と「憲法危機」を峻別し、緊急権を「憲法危機」に適用することを拒否している。

ワイマール憲法第四八条における緊急権の行使には、事前の同意ではなく、事後の同意が義務づけられた。なぜ事前の同意ではなかったのか。シュミットが独裁のモデルとしてあげるローマの独裁者は、いかなる措置をとるかは独裁官にゆだねられていたが、緊急事態かどうかの判断は元老院にあった。いわば、独裁官の権限には、元老院の事前の同意が必要であった。この点においても、戦後のボン基本法の緊急事態の憲法条項においては、緊急権の発動の前提として議会の事前の同意を規定している。また大統領制と議院内閣制の混合を定める一九五八年のフランス憲法も、第四八条の教訓から学び、大統領が緊急事態を宣言する権利を有しているものの、政府や議会の事前の同意を必要とし、緊急事態の期間は、大統領は議会を解散できないように定めたのである。

シュミット自身の第四八条の解釈も状況に応じて拡大していった。シュミットは、危機克服のために、大統領の権限の強化、拡大を意図していたが、法律と措置の区別を強調し、大統領の緊急権に法律的な性格を付与せず、また「公共の安全と秩序」に経済的・財政的な緊急措置を含めなかった。また施行法の作成を求め、緊急権の前提や内容についても制限する意向を示していた。しかし、大統領内閣になり、こうした立場を変更すると同時に、緊急権に異議を唱える議会の解散を主張し、さらには「パーペン・クーデター」を積極的に支持し、憲法制定権力の決断である連邦制国家におけるラントの自立性を剥奪したのである。こうして、シュミットは彼が『独裁』や『憲法論』で憂えた道、つまり大統領を主権的独裁者にするという道を意識せずに開いていった。たしかにシュミット自身の自己意識としては、ワイマール憲法体制という枠組みの中で、内憂外患を示すドイツの統一を守るために、ぎりぎりの選択を行なったのであろう。しかし、「憲法危機」におけるシュミットの緊急権行使の主張が、ワイマール議会制と法治国家を掘り崩す役割を果たしたことも、否定できない事実である。

シュミットが、当時「憲法の不可侵性」を主張し、第四八条第二項に列挙されている基本権条項以外の憲法法律への侵害を否定したアンシュッツなどの通説を批判し、通説の持っている矛盾を鋭く指摘し、法律と措置との区別を強調したことはすでに述べたところであるが、たとえ措置であったとしても、憲法条項を破ることは、憲法典に対する規範意識を低下させざるをえない。憲法規範と憲法現実は、たえず緊張関係を孕んでいるものであるが、憲法現実を無視した憲法規範が実効性を持たないように、憲法現実のみを強調し、憲法の規範力を軽視するならば、憲法の存立を支える市民の規範意識は衰退していかざるをえない。シュミットが陥った陥穽は、後者であった。

第五章　ナチス時代におけるシュミット

Ⅰ　シュミットのナチス体制への態度決定

シュミットはワイマール末期において、ワイマール憲法の友と敵を区別し、共産党やナチ党を権力掌握の平等な機会から排除する憲法理論を構想した[1]。彼は、ブリューニングが第四八条第二項の大統領緊急権を用いて、ナチスのSAやSSの組織の解散を命じたことを高く評価したのである。しかし、シュミットのこうした試みは結局は功を奏さず、一九三三年一月にナチ党が合法的に政権を掌握した後、ヒトラーは、最初はナチ党と国家人民党の連立政府を形成したが、その後ナチ党以外の政党を解散させ、一党独裁を樹立したのである。シュミットが『合法性と正統性』で危惧していたことが現実となったのである。

中央党党首のカースは、一月二六日、中央党の機関紙『ゲルマニア』に、選挙を無期限に延期するシュミットの相対主義的憲法解釈を批判する論説を「カース、非合法性に警告」と題して掲載し、それをシュライヒャーとヒンデンブルクに送った。憲法法律に忠実であるという合法性の立場からは、シュミットは憲法を破壊する危険な人物と映じたのである。

この前、私どもが個人的に協議いたしました折に、貴殿が示唆なさったことに基づいて、私は緊急権を理由としてライヒ議会の選挙期日を延期するためとして諸方面から持ち出されている法的構成を、詳しく検討することにいたしました。……あの時私は、すでに力を込めて、全国家法を相対化するカール・シュミットとその追随者たちの基本的傾向に反対だという意見を述べましたが、私はこの特殊な事情のもとでも、声を大にして、この道を歩むことに対して警告することができます。この道を正当化することは、法律上は不可能なことだからです。……この隘路から抜け出す途は、憲法違反を犯すことではなく、このような状況に耐える能力のある連立政権を生み出すための、憲法上根拠ある手段によって、意味のある結果がもたらされるような、そういう方法に、真剣になって、かつ計画的に立ち戻るよりほかにありません。……上からの非合法は下からの非合法を刺激するかもしれず、その程度たるや予測もできません(2)。

カースが言っている危険なこの道とは、第四八条を行使してナチ党を禁止し、安定が回復するまでライヒ議会を解散し、選挙を行なわないことであったが、それは、六〇日以内の選挙を定めた憲法第二五条に違反するものであった。シュライヒャーは、この案に同意し、ヒンデンブルクに要請していたが、ヒンデンブルクはシュライヒャーの要請を拒絶して、ナチ党党首ヒトラーを首相とする連立政権の道を選択したのである。

この書簡がシュライヒャーに送られた翌日の一月二十七日、シュミットはシュライヒャーの側近エーリヒ・マルクスの家に招かれた。シュミットの日記によれば、マルクスはまったく意気消沈しており、彼に次のように言った。

ヒンデンブルクの神話は終わった。まさに身の毛のよだつような状態である。シュライヒャーは辞任し、パーペンかヒトラーが首相になるであろう。老人は気が狂ってしまった(3)。

この二人の状態に関して、シュミットの弟子のE・R・フーバーは、「マルクスとシュミットは迫りくる一党独裁に対する戦いからのヒンデンブルクの退却について等しく憤激し、共和国の「最終的救出」の失敗に直面して、意気消沈の思いに満たされていた」(4)と述べている。すでにこの時点でヒンデンブルクはシュライヒャーを見捨てており、翌日シュライヒャーは正式に辞任した。

ところでシュミットは、一月二十九日に『ゲルマニア』誌に掲載されたカースの批判に度を失ってしまった。彼はその日の日記に書き記した。

よく眠れなかった。手紙はなし。しかし『ゲルマニア』紙上で、カースのライヒ政府への書簡が掲載され、私が名指しされた。そして第四八条に関する私の解釈に警告が発せられ、それは憲法違反と宣言された。こうなれば、老人はヒトラーを任命せざるをえなくなるであろう。私は非常に興奮し、ポーピッツと電話で話したところ、彼はカースに私が書簡をしたためるように提案した。(5)

シュミットは、ポーピッツの提案に従って一月三十日にカースに書簡を送ると同時に、その写しを、ヒンデンブルク、パーペン、国事裁判所所長官、『ゲルマニア』『ケルン人民新聞』に送った。そこには、次のように記されている。

私の憲法解釈は、たえず移ろう党派党略を顧慮することなく、ドイツ憲法の意義と重要性とについての認識を伝えると共に、ドイツ憲法を戦術の道具へと貶めることに反対する努力によって貫かれている。私は、憲法を相対化するどころか、一貫して合法性概念の誤用と価値中立的、現実中立的機能主義とに対して闘ってきた。(6)

まさにこの言葉の中にシュミットの戦いの真意が吐露されている。シュミットは『合法性と正統性』で警告したように、ナチスが価値中立的な合法性を利用して、独裁を樹立し、ワイマール憲法を破棄することを最も警戒していたのであるが、ヒンデンブルクの決断によってそのことが現実となった。シュミットによれば、第四八条の緊急権が行使されなかったことによって、ナチズムの独裁が生まれたのである。

シュミットは、学問的には対立していた当時法学部長をしていたケルゼンの同意の下に、一九三三年四月一日からケルン大学法学部の正教授に就任し、同年十月一日にベルリン大学の法学の正教授になるまで、約半年間をケルン大学で活動した。シュティア＝ゾムロの後任である。

ところで、ナチスに対立していたシュミットは、なぜ態度を変えて、ナチス体制を正当化したのであろうか。シュミットがナチスに関与する最初の仕事は、ヒトラーと妥協してヒトラー内閣の副首相に就任したパーペンから来た。この辺の事情に関してベンダースキーは、以下のように述べている。

三月三十一日ミュンヘンに着いた時、シュミットはパーペンから、ベルリンへ戻って翌日午後の会議に出席するよう指示した、予期せざる電報を受け取った。シュミットは、ライヒとラントとの関係を大幅に修正する法案を起草するための委員会のメンバーに指名されたのである。この法律は、事実上ナチスによる諸ラント政府の接収を合法化することを狙いとするものであった以上、シュミットがパーペンの支持を受諾したことは、シュミットの人生と仕事における決定的な転換点となった。これがシュミットの第三帝国への協力の始まりであった。(7)

これはライヒ総督法作成への誘いであった。シュミットは四月一日にパーペン委員会に参加したが、その日の日記にはこう記されている。

四時に非常に好奇心を抱いて国務大臣室に行く。パーペン、ポーピッツそしてノイマンと前もって相談、〔彼らは〕非常に愛想がいいが、〔私は〕気が重く、消極的である。パーペンは非常に同情的であり、自分の存在のために戦っていた。私たちは諸ラントにおけるライヒ総督について話し合った。パーペンは、最終的目的は君主制にあると語った。(8)

シュミットは、プロイセンをライヒ政府に一体化する「ライヒ総督法」の作成に積極的に関与した。こうしてラントとライヒの二元論が克服され、この法律は、「諸ラントとライヒとの強制的同質化(Gleichschaltung)に関する第二法律」として四月七日に公布された。シュミット自身も『ライヒ総督法――国民的革命の法』を公刊している。(9) またシュミットは、ケルン大学での就任演説を一九三三年六月二十四日、「ライヒ・国家・連邦」というテーマで行なっている。(10) その演説でシュミットは、四月七日の総督法に基づき、アドルフ・ヒトラーの政治的指導によりライヒの名においてラント権限を行使する総督が任命され、「党派的連邦国家」の悪しき根源であったラントの議院内閣制が廃止されたと主張した。

ライヒ総督法は一九三二年七月二十日事件に対するシュミットの関与の延長とみることができるが、そこには大きな変化がある。つまり七月二十日事件に関して、シュミットはワイマール憲法の連邦制を基本的に承認したうえで、国家の危機克服の手段として一時的にプロイセン政府に対するライヒの強制執行を支持していたが、「ライヒ総督法」は、ライヒとプロイセンの一体化を目的とする「強制的同質化」の具体化であり、ワイマール憲法の基本原理の明確な破壊であったからである。

シュミットは、一九三二年七月のパーペン・クーデターの原因となったライヒとプロイセンの相克の事例をあげて、「ワイマール憲法は、ドイツに「党派的連邦国家」と適切に呼ばれるような憲法体制を導入した。これに対してライヒは防御に立たされ、必要不可欠の政治的統一を維持するために、ワイマール憲法第四八条の、大統領の緊急権力を用いざるをえなかった[11]」と述べている。「党派的連邦国家」とは、連邦主義と政党支配が結合した状態で、例えばプロイセンにおいて選挙でナチ党が多数を獲得し、連邦政府と対立するという事態を指す。

シュミットは、全権委任法の制定に伴い、ナチス支持に転向し、ワイマール憲法の憲法制定権力の政治的決断である民主主義、基本的人権、権力分立、議会制、連邦参議院、連邦制の諸原理をことごとく否定してしまった。ベンダースキーは、シュミットの反ナチから親ナチへの転換の理由について、「シュミットは常に、合法的に構成された権威への服従を自らの基本的な政治的格率とみなしていた[12]」と述べているが、法学者の身のこなし方としてはわからないではない。しかし、たとえ憲法体制が変化したという客観的事実があるものの、それに応じて自らの政治的信念をやすやすと放棄できるものであろうか。シュミットは、ナチス体制以前から、上述した政治的諸原理が国家の統一の障害となりうると考えていたのではないだろうか。あるいは、ぎりぎりまで市民的法治国家の枠組みの中で内憂外患にあるワイマール国家を守ろうとしたが、もはや守れなくなったということだろうか。つまり彼にとって、国家の統一が憲法的諸原理よりも優越していたのではないか。そう思うほどに、シュミットの転換には理解しがたいものがある。

II　第三帝国における国法学者の明暗

シュミットは、一九二四年の国法学者大会における緊急権の報告にさいして、多数の国法学者から、緊急権の拡大を試みていると批判された。またワイマール後期に「大統領内閣」を支持し、とりわけ「パーペン・クーデター」を正当化したことによって、プロイセンのラント政府側に立つ多数の国法学者たちとの対立を引き起こした。彼は、いわば「独自の道」を歩んできたのである。そして、シュミットがナチスの「桂冠法学者」になったことは、他の国法学者たちとの関係を決定的に悪化させた。

ところで、ワイマール共和国で活躍した国法学者のナチスに対する態度は、総じて三つの形態があった。第一は、ユダヤ人であったため、ナチスから公職を剝奪され、亡命した人々である。第二は、国外に亡命はしなかったものの、ナチスに対する「内的留保」を保ちつつ、ナチス時代を生き抜いた人々である。第三は、ナチスを支持し、ナチスのために働いた人々である。この三つの形態のそれぞれにおいても、さまざまな相違点が存在した。以下、この三つの選択肢を個々の国法学者に即して説明することにする。

1　ユダヤ人国法学者

まずユダヤ人の国法学者は、一九三三年四月の「職業官吏制度再建法」によって大学を追われた。ただ失職した時期や外国に亡命した時期は、過去の経歴により個人によって異なる。

（1）E・カウフマン（一八八〇―一九七二）

E・カウフマンは、第一次大戦にも参戦したナショナリストであったが、ユダヤ人であったため、一九三四年にベルリン大学を追われ、ベルリンのニコラスゼーの自宅で弟子たちを集めて私的に講義した。スメントはこうしたカウフマンの活動を「ドイツ人の抵抗において決して欠くことのできない一章」として評価した[13]。しかしこうした講義も一九三八年に禁止され、一九三九年にオランダに亡命した。強制収容所行きの危険性が存在したにもかかわらず、彼は守られ、一九四五年五月のドイツの敗北をオランダのハーグで迎えた。

シュミットは、彼の『政治神学』（第二版、一九三四年）から、カウフマンの名前を削除しただけでなく、カウフマンがベルリン大学から追放されることに加担した。シュミットにとってカウフマンは、ケルゼンと同様、ユダヤ人の代名詞的存在であった[14]。

戦後、カウフマンは、E・フォルストホフが一九五八年に『キリスト者と世界』に「内乱の国法学者」と題するシュミットを賛美する論稿を寄稿したのに対して、同年『展望』誌上に「カール・シュミットと彼の学派――エルンスト・フォルストホフへの公開書簡」を発表し、ナチスを支持したシュミットとフォルストホフを鋭く批判した[15]。

カウフマンは「秩序自体が法と不法の区別の前提である」と主張するフォルストホフを批判し、逆に「法と不法の区別が秩序にとっての前提である」と主張し、シュミットとフォルストホフが「底なしのニヒリズムからの救済策として、底なしの決断主義を告白している」と断じている。さらに「ニヒリズムは規範によって拘束されないすべての恣意的な決断に道を開く」と述べ、「カール・シュミットやあなたが述べているように、状況がどれほど無秩序であったとしても、法と不法の区別に基づく秩序の真の基礎に思いをはせることが、国法学の任務ではないか」と力説している。

カウフマンは、第一次大戦後のシュミットの精神的軌跡を以下のように描き出している。

私たちは二人ともドイツ民族が第一次大戦後に精神的危機に陥ったことを知った。私はこの危機を、私たちの存在の超越的根源を想起することによって克服しようとしたが、シュミットは次第にこの危機に陥ってしまった。彼の学問的出発点は国家が法の僕《しもべ》であり、法的エートスの唯一の担い手であるということであった。こうした見解は、ローマ・カトリシズムにその根を有している。……しかしシュミットにおいては、ますますこの基礎が失われ、規範への拘束が存在しない現代ニヒリズムの要素が優勢となり、そこでは「無からの決断」が最後の言葉となり、ついにニヒリズムに陥ってしまった[16]。

（2）H・ケルゼン（一八八一―一九七三）

ケルゼンは一九三〇年八月にケルン大学の国法、一般国家学、法哲学教授に就任するため、長年勤めたウィーン大学を辞職した。彼は「職業官吏再建法」に基づき一九三三年四月に休職処分にされ、一九三四年一月に解雇処分にされた。学部長であるハンス・カール・ニッパーダイは教授会を代表して、ベルリンの教育省宛にケルゼンの復職を訴える嘆願書を提出したが、その嘆願書の署名には、教授会メンバーのただ一人の名だけがみられなかった。カール・シュミットその人である。(17) ケルゼンはケルン大学を罷免された後、ジュネーブに亡命した。一九三六年チェコスロヴァキアのプラハ大学に招聘されるが、チェコスロヴァキアもナチスによって占領されたため、一九四〇年にアメリカに亡命し、カリフォルニア大学バークレー校で教鞭をとった。

（3）H・ヘラー（一八九一―一九三三）

一九三二年にヘルマン・ヘラーはフランクフルト大学正教授に任命されていたが、ライプツィヒ国事裁判所で「パーペン・クーデター」をめぐって激しくシュミットと論争した。また折に触れてシュミットの「非常事態＝例外状態」や友・敵思考を批判してやまなかった。ヒトラーが首相に任命された一九三三年一月には、彼はロンドン大学とオックスフォード大学での講演のためロンドンに滞在中であったが、ユダヤ人であったため、三月末にスペインに亡命した。彼はマドリード大学法学部教授に就任したが、十一月に心臓発作で死去している。一九三四年に彼の主著『国家学』が刊行されるが、そこでもヘラーはシュミットを攻撃しつづけた。フランクフルト大学でヘラーの後任となったのが、シュミットの弟子のE・フォルストホフである。

（4）G・ライプホルツ（一九〇一―一九八二）

ライプホルツは、一九二一年にハイデルベルク大学のR・トーマのもとで「フィヒテと民主主義思想」によって学位を取得し、一九二五年、ベルリン大学のハインリヒ・トリーペルの指導のもとで教授資格請求論文『代表制の本質』を完成させた。彼は一九二九年にグライフスヴァルト大学、一九三一年にゲッティンゲン大学の教授に就任した。ユダヤ人であったため、一九三五年にナチスによる授業妨害が盛んになり、大学に辞表を提出、後任にはR・スメントが就任した。一九三八年九月に家族と共にドイツを去り、スイス、フランスを経由してイギリスに亡命し、一九四二年オックスフォードのクライスト・カレッジの講師に就任した。彼がドイツに戻り、ゲッティンゲン大学の教授に復帰したのは一九四七年であった。なお彼の妻は、神学者でナチスに抵抗して処刑されたディートリヒ・ボンヘッファーの妹のザビーネである。

ライプホルツの教授資格請求論文『代表制の本質』はシュミットの「代表＝再現前」の影響を強く受けている。ライプホルツは『代表制の本質』の執筆にさいして一九二六年からシュミットと書簡の交換をするようになり、一九二九年以後ベルリンで頻繁に会っている。(18)

ユダヤ人ライプホルツにとって、シュミットがナチスの桂冠法学者となり、ナチスの反ユダヤ主義を公然と支持したことは、人間として許しがたい行為であった。彼は一九七三年七月二十四日の『フランクフルター・アルゲマイネ新聞』に、「カール・シュミットの態度」という短い評論を寄稿している。(19) 彼のシュミット批判には四つのポイントがあった。

第一点は、シュミットがナチス体制をイデオロギー的に正当化したことである。第二点は、シュミットが一九三四年六月、レームなど突撃隊員（SA）に対するヒトラーの殺害を正当化し、総統を法の擁護者と断じたこと、第三点は、シュミットが反ユダヤ主義に加担したことである。後に述べるように、シュミットは「私はユダヤ人から身を守ることによって、主の御業のために戦っているのだ」というヒトラーの言葉を好意的に引用したが、これはD・ボンヘッファーの告白教会の抵抗運動に共鳴するライプホルツにとって、神への冒瀆に他ならなかった。第四点は、シュミットの「状況法学」に対する批判であり、ライプホルツは、あらゆる政治体制を、その特質が正義にかなっているのか不正なものであるかにかかわりなく正当化するシュミットのニヒリズムを批判したのである。カウフマンにとってと同様、キリスト教的自然法の立場に立つライプホルツにとっても、シュミットはニヒリストと映じたのである。

(5) E・ヤコービ（一八八四―一九六五）

ヤコービは一九一二年ライプツィヒ大学で講師に就任し、一九二〇年に正教授になっている。シュミットとの関係で特筆すべきは、すでに述べたように、一九二四年のイエナの国法学者大会で、「ライヒ大統領の独裁」と題して講演し、シュミットの議論を支持したこと、また一九三二年のパーペン・クーデターにおいて、シュミットと共にライヒ政府の措置を支持したことであり、その後も連絡をとりあっていた。シュミットは一九三三年三月十日の日記では、「ヤコービはナチスの運動に共感していた[20]」と述べている。少なくともナチスの政権掌握後しばらくまでは、シュミットとヤコービは盟友であったが、その後、二人の運命は、「桂冠法学者」と強制追放に明暗が分かれる。ヤコービは「職業官吏制度再建法」に基づいてライプツィヒ大学教授の職を罷免された。彼は「告白教会」の一員でもあった。戦後彼は、ライプツィヒ大学の教授職に復帰し、一九四九年に退官するまで学部長や学長を務めている。ヤコービの後任として確信的なナチスであったハンス・ゲルバーが、一九三四年から一九五一年までライプツィヒ大学教授を務めた。

(6) ヴァルター・イェリネック（一八八五―一九五五）

W・イェリネックは、ゲオルク・イェリネックの息子である。彼は一九二八年にボン大学に移ったR・トーマの後任として、ハイデルベルク大学で一九二九年から国法学の教授として活動したが、ワイマール後期の一九三一年にはシュミットと親しくなり、「パーペン・クーデター」の時も彼を支持し、行動を共にした。彼はナチスの権力支配に服従しようと試みたが、ユダヤ人であったため、一九三五年に教授職を追われた。

(7) H・ナヴィアスキー(一八八〇―一九六一)

一九三二年にライプツィヒ国事裁判所でシュミットと論争したハンス・ナヴィアスキーもユダヤ人であったため、ミュンヘン大学教授の職を解任され、スイスに亡命し、ザンクト・ガーレン商科大学で職を得た。ミュンヘンには、一九三三年にケルロイターがイエナ大学から、教会法学者ヨハネス・ヘッケルがボン大学から一九三四年に移ってきた。ヘッケルは、ナチスに加担し、帝国教会の監督ルートヴィヒ・ミュラーとドイツ的キリスト者の法的アドヴァイザーとして活動し、ドイツ福音主義教会の「強制的同質化」に尽力した人物である。

(8) オットー・キルヒハイマー(一九〇五―一九六五)

キルヒハイマーはボン時代のシュミットの弟子であり、『社会主義とボリシェヴィズムの国家学』で学位を取得した。彼は社会民主党に入党した社会主義者であり、マルクス主義者であった。彼の名を一躍有名にしたのは『ワイマール、そしてその後――ワイマール憲法の生成と現在』(一九三〇年)であり、ここでキルヒハイマーは、ワイマール憲法を分析し、将来的に国家の基礎となりえないと主張した。「左翼のシュミット主義者」の走りである。

キルヒハイマーの仲間には亡命後に『二重国家』(一九四一年)を書いたエルンスト・フレンケル(一八九五―一九七五)や『ビヒモス――ナチズムの構造と実際』(一九四二年)を書いたフランツ・ノイマン(一九〇〇―一九五四)がいた。二人とも労働法の大家フーゴー・ジンツハイマーの弟子であり、社会民主党左派に属していた。前者は、ナチズム国家の合理的で規範的な側面と恣意的な特権国家の側面の共存を分析し、後者は、ナチズムの無法でアナーキーな特質を描いた。ちなみにノイマンは、一九三〇年から一九三二年までシュミットのゼミナールに参加していた。[21] キルヒハイマーとノイマンはワイマール末期、頻繁にシュミットを訪ね、議論している。

キルヒハイマーは、一九三二年、社会主義雑誌『社会』に「合法性と正統性」の論稿を寄稿し、ワイマール憲法を「形式的なゲームのルール」と批判している。シュミットは彼の『合法性と正統性』の中でキルヒハイマーの論稿に触れ、議会制民主制の合法性は正統性による根拠づけが必要であるという認識に立ち、合法性が正統性と理解されていることに対するキルヒハイマーの批判を正当なものと評価している。キルヒハイマーは、ヒトラー政権の成立後フランスに亡命、一九三七年にニューヨークの社会調査研究所で活動した。シュミットのナチ加担によって決裂した二人の関係は一九四九年に復活したが、一九六一年に再度決裂する。キルヒハイマーは戦後何度かシュミットを訪問している。

総じてメーリングは、一九三三年前後におけるシュミットとユダヤ人学者や知識人との決裂に関して、以下のように述べている。

> シュミットのフーゴ・バル、ヴァルデマール・グリアン、エルンスト・ローベルト・クルツィウス、エーリヒ・カウフマン、ヘルマン・ヘラーとの関係は、すでに一九三三年前に終わっていた。……ゲオルク・アイスラー、フランツ・ブライそしてルートヴィヒ・フォイヒトヴァンガーはシュミットの親友であったが、シュミットのナチ参加のゆえにその関係は決裂した。彼はまた、アルベルト・ヘンゼル、オットー・キルヒハイマー、フランツ・ノイマンといった弟子たちとの関係も失った。[22]

2　国内亡命の国法学者

それでは、ユダヤ人ではなく、ドイツ国内の大学で教授活動が許されたが、ナチスに対して反対であった国法学者はどのような選択をしたのであろうか。彼らは辞職するか、沈黙を守り、専門領域に閉じこもり、ナチスの圧力から身を避けようとした。もちろん彼らのナチズムに対する批判の程度には温度差があった。

(1) G・アンシュッツ(一八六七―一九四八)

ワイマール共和国における最も著名で法実証主義者の泰斗であるアンシュッツは、ユダヤ人でもなくマルクス主義者でもなかったため、ナチスが権力掌握した後もハイデルベルク大学に留まることが可能であった。しかし、彼は国法学者として第三帝国に対して忠誠を尽くしうるか、自問自答せざるをえなかった。彼は恩給を受給できる年齢に達していたこともあり、一九三三年三月三十一日にバーデン文化省と教育省に退職願を提出し、受理された。『回想録』の中で、アンシュッツは退職の理由を次のように書き記している。

> 私の教授活動は、第一義的にドイツ国法に関係しています。この専門領域は、私の確信に従えば、……単に法学的性格のみならず、政治的責任を持つ義務を大学教授に課すものです。すなわち国法学者の任務は、単にドイツ国法の知識を伝達するのみならず、現行の国家秩序と内面的に結びついていることが不可欠です。しかし私は、目下のところ、現在生起しつつあるドイツ国法とこのような関係を持ちえないことを率直に告白せざるをえません。[23]

アンシュッツは一九四〇年に「ドイツ福音的教会憲法の変遷に関して」と題する教会法関係の論文を発表した。そこにおいて、彼はナチズムの指導者原理や「強制的同質化」を教会体制や聖職者制度に適用することを批判し、教会や聖職者が国家の支配から自立したものでなければならないと主張した。さらに彼は、信仰箇条、教義、信仰告白、聖書解釈といった純粋に宗教的な事項に国家が介入することを厳に戒めたのである。[24]

（2）R・トーマ（一八七四―一九四八）

トーマもまたワイマール時代にシュミットと激しく論争した一人であった。彼はナチスの権力掌握後も公職に留まった。職を辞するように暗黙のうちにアンシュッツに強制されていると彼は感じていたが、一九三三年十月二十二日にアンシュッツに書簡を送り、彼が公職に留まった理由を説明すると同時に、アンシュッツの辞職の理由が、「恩給を受ける資格のない若い者に対する軽率な無遠慮さを示している」として、アンシュッツを批判した。[25]また彼は、自分だけではなく、ベルリン大学教授のトリーペルもアンシュッツの行動に奇異の念を抱いていると述べているが、アンシュッツは書簡の余白に「トリーペルは私より右だったので、新しい国法を教えることははるかに容易であるのだろう」とコメントしている。このことが機縁となって、アンシュッツとトーマとの関係には少しひびが入ったといわれている。トーマは、ナチズム独裁の間、彼の教授活動を比較的に政治的に中立な行政法の領域に集中させた。[26]それがナチス時代において生き残る道であった。

（3）R・スメント（一八八二―一九七五）

スメントは一九二二年にベルリン大学教授となり、一九二八年に「統合理論」を展開した『憲法と憲法法律』を公刊したが、ナチスの権力掌握後、一九三五年にゲッティンゲン大学に移動させられた。彼は国家人民党に属していたが、シュミットと異なり、ナチスには「内的留保」を保っていた。当然スメントはシュミットのナチスへのコミットメントに批判的であった。メーリングは二人の関係について次のように述べている。

一九二四年から一九二八年まで、二人の関係は特に密接で友好的であった。しばしばシュミットは、スメントに同僚としての助言を求め、文部省に対するスメントの影響力を求めた。二人の関係は一九二九年から疎遠になり、一九三〇年から二、三年後にほとんど完全に終わった。三〇年代初期にはただ若干の書簡しかなく、一九三三年以降は、政治的に距離を保っていた。一九三三／一九三四年の冬学期から一九三五年の夏学期まで二人はベルリン大学の同僚であった。……一九三六年末にシュミットがナチスの指導層から失脚したことが、ナチスとの完全な決別とはならなかったことに、スメントはいたく失望した。[27]

スメントは戦後シュミットとナチスとの関係を以下のように批判した。

カール・シュミットの著作は、ワイマール共和国の憲法上の病理を容赦なく解明し、国法上の支配的な考えに対して、人々を眩惑するような決断主義の反対テーゼを対置した。彼はそうすることによって、ナチスの権力制度を支持する先駆者たることを印象的に実証したのである。[28]

3　ナチスに加担した国法学者

(1)　オットー・ケルロイター（一八八三—一九七二）

オットー・ケルロイターはシュミットより五歳上の国法学者である。彼はフライブルク大学のリヒャルト・シュミットの弟子で、一九二〇年に教授資格請求論文を終え、一九二一年にイエナ大学の招聘に応じた。『公法雑誌』の編集者などをつとめ、国法学者大会における指導的な人物にもなった。ケルロイターは一九二六年から一九三〇年までドイツ人民党（DVP）の党員であり、自由主義者でもあった。一九三二年にドイツの政党国家の現状に飽き足らず、ナチスの国民革命に期待してナチ党員になった。その甲斐もあり、彼はナチス体制になって、ハイデルベルク大学とミュンヘン大学から招聘を受けたが、後者を選択した。国法学者の中ではナチスの政権掌握の前にナチ党員になった稀有な人物であった。彼はワイマール時代にはシュミットと比較的良好な関係にあったが、ナチス時代には「桂冠法学者」たらんとする二人の争いもあり、シュミットをオポチュニストとして攻撃し、シュミットを権力の座から追い落そうと試みた。M・シュトライスは、ケルロイターについて以下のように書いている。

ケルロイターは一九二六年から政治的にたえず右に動き、「政党国家」に反対し、最終的に危機からの救いをナチズムに期待した。一九三三年、彼は自分こそがナチ党員になったドイツの最初の国法学者であると再三再四強調し、とりわけシュミットに対抗して、ナチスにおける指導的役割を導き出そうとした。(29)

このシュトライスの評価は、一九三一年ハレの国法学者大会での彼の発言に如実に示されている。

自由主義が永遠の価値を有することに、私はトリーペル氏と同意見です。……同じことが法治国家の超時間的な価値についても言えます。……しかし、法治国家思想の憲法的形成は一民族が置かれている具体的な政治状況によって常に広範囲に規定されざるをえません。……世界戦争とその影響によって制約された今日のドイツ人の状況においては、自由主義的・個人主義的に色づけられた法治国家思想は、社会的で国民的な諸要素を優先させて、後退させせなければなりません。(30)

彼は自由主義的な「市民的法治国家」に「国民的法治国家」(nationaler Rechtsstaat) を対置して、ナチズム国家を法理論的に正当化した。

(2) E・フォルストホフ（一九〇二―一九七四）

フォルストホフは、一九二五年にボン大学でシュミットの下で博士の学位を取得した。その時の学位論文「諸ラントの例外状態」は、まさに緊急権を扱ったものである。ワイマール後期に、彼は『指輪』や『ドイツ民族性』などの雑誌に匿名で寄稿し、一九三三年には『全体国家』というパンフレットを書いた。この小冊子で彼は「ユダヤ人は敵とされ、無害化されなければならない」と主張し、「指導者の権力」は制限されたりしてはならず、「包括的で全体的」であり、「指導者に忠誠と服従を義務づけられるすべての民族同胞を把捉する」と述べている。

一九三三年にフォルストホフは、ヘラーの後継者としてフランクフルト大学の招聘に従い、その後一九三五年にハンブルク大学、一九三六年にケーニヒスベルク大学で教鞭をとっている。シュミットとフォルストホフの書簡の交換は、一九二六年から一九七一年にまで及んでいる。[31] 彼は終生シュミットに忠実であった。

(3) E・R・フーバー（一九〇三—一九九〇）

フーバーの業績が今日重要視されているのは彼の『一七八九年以来のドイツ国制史』（全七巻）のゆえである。フーバーは一九二七年、ボン大学でシュミットの指導のもとに博士論文を執筆し、一九三一年にボン大学で教授資格請求論文を書いて教授資格を得た。彼は一九三二年にシュミットの依頼を受けて国防軍の幹部と会い、ナチスの政権掌握を阻止するために、非常事態計画を推進することに努力する。彼はフォルストホフと同様、保守革命の青年保守派に傾倒し、『ドイツ民族性』や『指輪』といった保守革命の雑誌に寄稿していた。ナチス政権が成立するとシュミットと同様、一転して五月一日にナチ党に入党し、「職業官吏再建法」によって職を奪われた著名な国際法学者ヴァルター・シュキング教授の後任としてキール大学の国法学教授に就任する。シュミットとの関係は、二人の往復書簡に詳しい。彼はナチスのイデオロギーによってドイツ国法学を再編成し、青年保守派をナチズムに取り込もうとした。この点、シュミットと同様である。彼は一九三三年四月十四日にボンからシュミット宛に次のような書簡を送っている。そこで彼は、「ケルロイターに従い、ナチ党に入党し、ドイツ国法学者大会から脱退する準備」があることを伝え、「国法の専門家グループをナチ党の中に組織することが必要である」と主張している。フーバーはベルリンで「シュターペルとギュンターの指導下にある『ドイツ民族性』の寄稿者にナチ党に入党するように尽力しましたが、フォアベルクとローハンは非常に慎重です」と述べている。[32]概して保守革命派の知識人は、E・ユンガーに代表されるようにナチズムに批判的であった。E・ユンガーは一九三六年までシュミットとの交友関係を断絶したし、シュターペルもシュミットとは距離をとり、ナショナル・ボリシェヴィキズムの旗頭エルンスト・ニーキッシュは公然とシュミットに敵対した。[33]

フーバーは一九三五年の終わりから一九三八年までシュミットとの関係を断ち、一九四五年後も距離を保ちつづけた。後に述べるように、連邦共和国におけるシュミットの交友関係において、E・フォルストホフやE・W・ベッケンフェルデのようにシュミットの復権に尽力する公法学者の中に、彼の名前は見当たらない。しかしシュミットとフーバーとの間には一九二六年から一九八一年までの往復書簡が存在する。

Ⅲ　緊急権と全権委任法

1　緊急権の行使

ヒトラーは政権掌握後、第四八条第二項の緊急権を用いて「民族と国家を保護するためのライヒ大統領命令」（一九三三年二月二十八日）を発した。この命令は、ワイマール憲法第四八条第二項に基づく大統領命令であり、二月二十七日夜のライヒ議会議事堂放火事件の翌朝に出された。法律の冒頭に「ライヒ憲法第四八条第二項に基づき、共産主義的な、国家公安を害する暴力行為を防止するため」とその目的が記されているので、事実上共産党の組織の壊滅を目指したものであった。

第一項の「基本権の停止」には以下のように記されている。

ライヒ憲法第一一四条、第一一五条、第一一七条、第一一八条、第一二三条、第一二四条および一五三条は、当分の間その効力を停止する。人身の自由・言論の自由権（出版の自由を含む）、結社および集会の権利の制限、信書・郵便・電信および電話の秘密に関する干渉、家宅捜索および押収の命令ならびに所有権の制限には、これに関する一定の法律上の限界を超えるときにおいても認められる。

今や「保護拘禁」という名のもとに、裁判所の許可なく逮捕され、出版の自由はふみにじられた。この措置は、ナチス・ドイツが崩壊するまで続いた。

以上の事情に関して、ベンダースキーは以下のように述べている。

ナチスによるテロルと威嚇のキャンペーンと並んで、ヒトラーは、掌中にした国家機構の統制権、とりわけ第四八条の権限を、以前の大統領内閣には許されなかったような仕方で濫用した。二月初めに発令された緊急命令が、出版と集会の自由に厳しい制限を課したのに続いて、二十八日の命令は、事実上すべての基本権を停止するに至った。(34)

この事件こそ、いかなる人物が首相ないし大統領になるかによって、いかに緊急権が乱用されるかを示している典型的な事例である。

2　全権委任法の成立

一九三三年一月にヒトラーがヒンデンブルクによって首相に任命されたことで成立した政府は、表向きは、ナチ党と国家人民党との連立内閣であり、パーペンは副首相の肩書で政府の一翼を占めた。それまでシュミットはナチ党が政権を掌握することを極力阻止しようとしたが、功を奏さなかった。シュミットが明白にナチスを支持するようになるのは、全権委任法（Ermächtigungsgesetz）が制定されてからである。

一九三三年三月五日に行なわれた総選挙では、国家人民党五二名、ナチ党二八八名、中央党七四名、社会民主党一二〇名、共産党八一名（総数六四七名）であったが、共産党議員は総選挙後に議席を剝奪された。

ナチスは、一九三三年三月二十四日に「民族およびライヒの危難を除去するための法律」（いわゆる全権委任法）を成立させた。これは、ワイマール憲法第七六条の憲法改正手続に従って、議員出席の三分の二の賛成によって成立した。議会の三分の二の多数を得るためには、中央党の支持が不可欠であったが、ヒトラーと党首カースの交渉により、中央党が賛成に回った。その背後には、一九三三年七月に締結されるドイツとヴァチカンの政教条約（コンコルダート）に中央党の党首カースがパーペンとともに交渉にあたっていたという事実があった。社会民主党だけが反対をしたものの、法案は通過したのである。

全権委任法は、第一条で「ライヒの法律は、ライヒ憲法に定める手続の他、ライヒ政府によってもこれを議決することができる」とし、第二条で「ライヒ政府の議決したライヒ法律は、ライヒ議会およびライヒ参議院の制度自体を対象としないかぎり、ライヒ憲法に違反することができる」と定めていた。つまり、政府の制定法の憲法に対する優越である。この全権委任法により、ライヒ立法について定めたワイマール憲法第五章第六八条から第七七条（第七一条を除く）が事実上廃止され、これ以後、議会の法律は政府の法律にとって代わられた。立法権と執行権が完全に融合したのである。議会ないし参議院の存続は保障されているが、ライヒ政府の法律が憲法より優越することを考えれば、ワイマール憲法は事実上死んだも同然である。ワイマール憲法下においてもすでに見たように、頻繁に授権法は制定されていたが、個別的項目に限定され、期間が限定された授権であったのに対して、今度は包括的な立法権の授権であり、それによってワイマールの憲法構造が根本から破壊されることとなった。この法律がナチスの「暫定憲法」とも呼ばれるゆえんである。なお全権委任法は、一九三七年四月一日までの時限立法として制定されたが、実際には一九四五年五月八日のドイツの敗戦まで効力を有した[35]。さらに、全権委任法制定の時点で存立が保障されていたライヒ参議院は一九三四年二月十四日の「ライヒ参議院の廃止に関する法律」によって、またライヒ議会およびライヒ大統領の権利は、一九三四年一月三十日の「ライヒの改造に関する法律」第四条により消滅した。

シュミットは、全権委任法に関する論考を『ドイツ法律家新聞』に寄稿し[36]、全権委任法の制定をきっかけにナチスに転向する。否、少なくとも、転向の論拠とした。

シュミットはすでに述べたようにパーペンの誘いによってナチスの「ライヒ総督法」の制定作業に協力していたものの、全権委任法は、シュミットにとって憲法の本質の革命的変化であり、一九一八年の革命に匹敵するものであった。全権委任法はワイマール憲法の改正手続に則って合法的になされたものであったが、実際は「憲法制定権力」の発動であり、ナチス革命であった。

シュミットは、従来の授権法と今回の授権法（全権委任法）が三点において異なると述べている。

第一点は、この全権委任法によって、単に法規命令（Rechtsverordnungen）を発するだけでなく、形式的な意味におけるライヒ法律も制定する新しい立法者が創造されたことによって、議会制立法国家に固有な伝統的な法律概念が克服されたことである。シュミットにとって、これは憲法史的な意義を有する転換であった。シュミットは『合法性と正統性』において、議会以外に憲法改正権力、大統領、人民を「特別立法者」として述べていたが、今や最も強力な「ライヒ政府」が登場し、ライヒ政府の発する法令が議会の法律にとって代わることになった。

第二点は、ライヒ政府が形式的な意味における憲法法律を制定できることによって、従来の憲法法律とは異なる新しい実質的な憲法を創造できるようになったことである。つまりライヒ政府は、新しい憲法法律を制定する広範囲な権限を持つに至った。シュミットはこのことを、「ライヒ政府に憲法法律を制定する権限の一部が委任される」と述べている[37]。

第三点は、法外な権限がライヒ政府に委譲されることによって、典型的な授権法が対応するのとはまったく異なった構造が生み出されたことである。つまり授権の範囲が限定されたり内容的に制約されるのではなく、内容的に無制限な授権が行なわれるに至った。

たしかに、全権委任法においては、ライヒ議会、ライヒ参議院、ライヒ大統領の制度的保障が記されている。[38]しかし、それは名目にすぎない。共産党は二月の段階で事実上非合法化され、次に社会民主党が六月二十二日に禁止され、次いで国家人民党、人民党、国家党、バイエルン人民党、中央党が相次いで解散し、一九三三年七月十四日の「政党新設禁止法」によって、事実上の一党独裁が実現した。また、一九三四年二月十四日の「ライヒ参議院の廃止に関する法律」によってライヒ参議院が廃止され、一九三四年八月一日の「国家元首法」によって、ライヒ大統領の官職も失われることとなり、ワイマール憲法の制度的保障はことごとく廃棄された。

シュミットが全権委任法を「暫定的な憲法」と理解し、ワイマール憲法体制からの完全な決別と考えたことは、間違ってはいない。この点に関してシュミットは、全権委任法は形式的にはワイマール憲法第七六条の憲法改正の規定に基づいて制定されたものの、「国民的革命の勝利」の表現であると述べている。[39]シュミットにとって全権委任法に基づく政府は、多元的な政党国家に対して、国民的な統一的・政治的意思を体現しているものであった。

シュミットが、ワイマール憲法、そしてそれに基づく大統領の緊急権との決別を表明しているのが、三月に講演した「近代的な憲法のあり方における国家緊急権」である。[40]この講演は、シュミットがワイマールで開催される「国家学の再構築のための大会」の春の大会に招待され、三月二十七日に行なったものである。ここでシュミットは、ナチスの国民的な革命を支持し、合法性に対して正統性、「非常事態＝例外状態」を創出することが肝要であると述べている。そして第四八条の緊急権はもはや意味をなさないとして、「非常事態＝例外状態」から「常態」への転換が表明されているのである。

こうしてワイマール憲法第四八条の適用は、場合によっては合法的に可能なことをするすべてのことを濫用するための形式的な法基盤となり、法意識を害し、法的安定性の地盤を作り上げはしないのである。(41)

ここでは、第四八条の緊急権は通常の状態にはふさわしくなく、「法的安定性」を脅かすものという否定的な評価が与えられている。全権委任法の成立によって、シュミットは、ライヒ議会によって可決された法律、国民によって可決された法律、政府によって可決された法律の三種類の法律を挙げ、「ライヒ政府の立法行為は他の二つの立法者に優越している(42)」と述べている。この講演において、シュミットは、ワイマール憲法はもはや終わったと宣言し、「私たちは「合法的方法」で、超合法性(Überlegalität)の領域に入りこんだのである(43)」と述べている。

しかしこの事態こそ、シュミットが『合法性と正統性』で、合法的方法による憲法破壊と新たな憲法の樹立を警告していたものではなかったのか。シュミットは、ナチス革命の側に立つことによって、自らの法理論的立場を自ら抹殺したのである。それはナチスに対して魂を売り渡す行為であり、彼の転換はどのように言いつくろっても正当化されるものではない。

一九三六年にシュミットは、「立法的な授権の諸問題の最近の発展に関する比較考察」において、授権法に関する英国、フランス、米国の事例を比較すると同時に、ビスマルク憲法、ワイマール憲法、ナチス時代における授権法に対する見解の変遷を取り上げ、ナチスの全権委任法は立法と行政の権力分立を廃棄し、ワイマール憲法を事実上廃棄するものであったと書いている。

授権法は、ワイマール憲法の概念からすれば、立法的授権、いわゆる憲法改正的な授権、正しく言えば、憲法を除去するものであった。しかしそれは同時に、従来の憲法体系や、その権力分立的な法律概念を根本的に変化させ、新しい法律概念の土台が達成される法的な梃子である。(44)

この論稿の最後で、シュミットは、モンテスキューやロックの権力分立的な憲法概念は克服されたとし、立法を統治の事柄とするアリストテレスやトマス・アクィナスの新しい法律概念が誕生したと述べている。そして彼は、今日いかなる国家も「簡素化された立法」の必然性を免れることはできないとし、全権委任法に「独裁」というレッテルを張り、異常なものとして退けることは、学問的ではないと断じるのである。これもまた、シュミットがワイマール共和国を通して一貫して主張してきた「委任独裁」を否定するだけではなく、シュミットが『憲法論』で定式化した「市民的法治国家」――人権と権力分立――のトータルな否定であった。自らの学問的成果をトータルに否定するほどまでに、いったいなぜシュミットはナチスを支持するようになったのであろうか。

シュミットは立法権と行政権の融合を支持しただけではない。いわゆる「レーム一揆」において、立法権、行政権だけでなく、司法権をもヒトラーに委ねるのである。

3　「長いナイフの夜」

ナチス・イデオローグのシュミットに関して、どうしても触れておかなければならない事件は、一九三四年六月三十日の「長いナイフの夜」である。六月三十日から七月二日までの間に、ヒトラーは、レームをはじめSA（突撃隊）の隊員を一五〇〜二〇〇名殺害しただけではなく、シュミットと親しく、国防軍の将校で首相もつとめたクルト・フォン・シュライヒャー、ブレドゥ将軍、パーペンの助言者エドガー・J・ユングなどを殺害し、パーペン自身も自宅軟禁状態に置かれた。政府は「反逆行為を鎮圧するため、六月三十日、七月一日、二日にとられた措置は、国家による正当防衛の行為として合法である」と声明を発表した。そして事後法として、七月三日に「国家の正当防衛の措置に関する法律」を公布した。

このヒトラーの大虐殺に対して、シュミットはどのような反応をしたのであろうか。シュミットは、「総統は法を護持する――一九三四年六月十三日のアドルフ・ヒトラーのライヒ議会演説に関して」において、総統の行為は、彼の正当な権限の範囲内のものであり、国民に対する極度の危険が存在する時には、「総統は最高の裁判官として行動し、友・敵を区別し、適切な権利を有する」と主張した。彼は「総統」の地位に裁判権を結びつけたのである。

総統は、指導者原理に基づいて、最高の裁判官として直接的な法を創造する。「こうした瞬間において、私はドイツ民族の運命の責任を負い、それとともにドイツ民族の最高の裁判官になった」。真の指導者は、常にまた裁判官でもある。指導者原理から裁判官の職務が流れ出る。この二つを相互に分離するか、あるいは対立させようとする者は、裁判官を総統の反対者か、反対者の道具にするものであり、司法の助けを借りて国家を変革しようと試みるものである。……自由主義的な法治国家におけるように、立法、行政、司法が相互に不信感を抱きながら抑制しあうことのない総統国家においては、……自由主義的法治国家において「統治行為」として適法であるとされることも、総統が自らの最高の指導者原理と裁判官としての職務を実証した行為とみなされるのである。(45)

シュミットにとって「総統が司法のもとに立つ」のではなく、総統自身が「最高の司法」(46)（höchste Justiz）なのである。ただシュミットは、緊急状態が取り除かれれば、正規の裁判制度が回復されるというヒトラーの言葉を言い添えている。

ここにおいて、大統領ではなく総統が、「緊急事態」において、行政・立法・司法の全権限を行使することによって、完全に権力分立を破壊するに至った。これは、シュミットが第一次大戦の時の軍事独裁に反対して、最も嫌っていたことではなかったのか。当時シュミットは、軍国主義によって刑事訴訟の手続さえも侵害されることに対して、憤激を示していたのである。

この論稿の中では、シュミットの「友・敵の区別」という思考様式が再度示されている。つまりシュミットは、ヒトラーが内敵宣言を発し、政治統一体を守ったことを評価しているのである。つまりヒトラーは、ビスマルク帝国が自由主義的な法治国家的な思想のゆえに、つまり戦争状態において「反乱者や国家の敵を然るべき法に従って取り扱う勇気を持たず[47]」、友と敵を区別することをしなかったので、反乱によって瓦解したことを教訓にしたのである。シュミットがワイマール共和国の機能的合法体系を槍玉にあげるのではなく、ビスマルク帝国を標的にしていることが、ここでは重要である。シュミットの攻撃は、第二帝国の市民的法治国家の伝統にまで及んでいた。

Ⅳ　第三帝国におけるシュミットの活動と著作

シュミットは五月一日にケルンで入党の手続きをした。シュミットの党員番号は二、〇九八、八六〇である。これ以後シュミットは、第三帝国において矢継ぎ早に昇進の階段を昇っていく。シュミットを支援したのが、ナチの幹部ゲーリングとフランクであった。B・リュータースは、第三帝国下におけるシュミットの活動について次のように述べている。

シュミットは、以前はナチではなかった一流の法学者の中でも、新しい事実の土台にすばやく乗った一人であった。彼は彼の著作目録が示しているように、ナチスの権力掌握後数週間ないし数カ月のうちに、異常なほど熱狂的に著作活動を行なったが、それは一九三六年の終わりまで、少しも弱まることなく続いた。……シュミットは一九三三年の四月から一九三六年十二月までに、じつに四〇本以上の論文を書いた。(48)

シュミットは一九三三年七月十一日にゲーリングによってプロイセンの枢密顧問官に任命され、一九三三年四月にケルン大学教授、一九三三年十月にはベルリン大学の国法学教授となる。またナチスの全国法指導者であるハンス・フランクの推薦で、十一月には「ナチス・ドイツ法律家連盟」(BNSDJ)の大学教官部会座長、一九三四年六月にドイツの指導的な法律雑誌『ドイツ法律家新聞』の編集長に任命され、栄光の絶頂にあった。ナチスにとっても、シュミットほどの名声のある一流の学者は、法学界の「強制的同質化」を行なうのにまさに適任であり、利用価値があったのである。シュミットがナチスに関与するきっかけとなったのは「ライヒ総督法」(ラントとライヒを一体化するための第二の法律)である。それ以後彼は、一九三三年に『国家・運動・民族』、一九三四年に『法学的思考の三類型』を発表し、ナチスの人種主義や指導者原理を正当化し、「ナチズムの法思想」や「ナチズムと法治国家」によって、数多くの親ナチス的憲法理論を提唱したり、反ユダヤ主義やドイツの帝国主義を正当化する「広域」(Großraum)理論を提唱し、名実ともにナチスのイデオローグとしての立場を確立していった。そこでは、自分がしていることに対する良心の呵責や戸惑い、逡巡はなく、ナチスのイデオローグとしての意気込みや権力欲だけが先走ることになる。

シュミットは、ナチスの権力と距離をとることもなく、あるいは沈黙することもなく、自らナチスに積極的にコミットしていった。ワイマール末期、ナチスを敵視していたシュミットのあまりにも大きな変身である。その変身ぶりは、彼がSAのレーム暗殺を法理論的に正当化することで頂点に達したことは、すでにみた通りである。しかし、シュミットに好意的な解釈をすれば、シュミットは一流の国法学者として、ナチズムの恣意的な支配や絶えざる革命に終止符を打ち、そこにある一定の秩序や合法性をもたらそうと試みたといえる。このシュミットの二律背反を、私たちは彼のナチ時代の思想と行動の中に見ることができる。

ここでは、彼の活動と著作の中から、『国家・運動・民族』そして『法学的思考の三類型』などをとりあげることにする。私たちは、シュミットがナチスに加担したことを理由にシュミットの全業績を闇に葬り去るものではない。しかしながら、なぜ彼がナチスに協力するに至ったか、そしてなぜナチズムを正当化したのか、彼の法・政治思想の著作からも問題点を検証しておかなければならない。

1　『国家・運動・民族』（一九三三年）

シュミットは一九三三年、ナチズムの運動と体制を正当化するために『国家・運動・民族』を書いた。シュミットのナチスへの方向転換は突然であり、彼の権力への野望の表れであり、バスに乗り遅れるな式の反応であったことは間違いない。しかしながら、彼がナチスのイデオロギーに親近感を示していることを、シュミットのワイマール期の思想の延長線上に考えることも可能である。『国家・運動・民族』を単なるナチスへのリップサービスと考えることは間違いであろう。

同書の構成は、第一章「今日における憲法の地位」、第二章「政治的統一体の三構成要素」、第三章「自由民主主義の二元的構造とドイツ官僚国家」、第四章「ナチズム法としての指導者原理と同種性」である。同書をワイマール共和国におけるシュミットの多元主義批判の延長線上に位置づける理由として、以下の四つの点を指摘しておきたい。

まず第一に、シュミットは『国家・運動・民族』において、ナチスがワイマール共和国の多元主義を克服したことを高く評価した。ナチ体制の成立によって「ワイマール体制の内的な弱さや腐敗の中で生じた多元的な党派的連邦国家（pluralistische Parteibundesstaat）が克服された」(49)のである。シュミットは、以下のように述べて、ナチスの一党独裁国家の長所を主張した。

ナチス国家ドイツは、一党国家であるから、この国家にあっては、先のようにドイツが各々で全体である複数政党に多元的に分裂してしまう危険性は克服されている[50]。

第二点は、ワイマール時代のシュミットは、友と敵を決断する国家の必要性を説いていたが、シュミットはナチスがワイマール共和国の多元主義のみならず、価値中立国家を克服し、友と敵を決断する国家を創出したことに拍手を惜しまなかった。ナチス体制の成立によって自由主義が完全に凋落した結果、例えば、「無差別に政党を設立することとか、反国家的志向を持っていても政治的宣伝・意見・思想・活動の自由を認められているとか、……ついには自滅するに至る中立性と平等を維持し、国家の敵と友を、また自民族と異民族とを差別せずに取り扱うことがもはや見られなくなったのである[51]」。

すでに『合法性と正統性』で見たように、シュミットはワイマール末期、ナチ党と共産党を国家の敵として想定していた。しかし『国家・運動・民族』においては、敵を共産党とマルクス主義に求め、当然のことながら、ナチ党を除外した。

一九三三年一月三日に大統領がナチスの指導者ヒトラーをドイツ国首相に任命した時はじめて、わが国はふたたび政治指導を得、ドイツ国家は国家の敵たるマルクス主義を根絶する力を見出した[52]。

シュミットがナチス国家を評価するさいに常に反面教師として持ち出すのは、ワイマール共和国の価値中立的な合法主義である。この点に関し、シュミットは、法治国家的要請を無視し、ヒトラーを最高の裁判官とまで断言した。彼は「総統は法を護持する」において、以下のように述べている。

一九三三年十月三日ライプツィヒでのドイツ法学者大会の席上、総統は法と国家について語った。彼は倫理と正義から切り離しえない実質的法と、虚構の中立性を帯びる空虚な合法性との対立を示し、このような中立的な合法性の中で自滅し、自らの敵に自己を譲り渡したワイマール制度の内的矛盾を指摘した。続けて彼は、「それは私たちにとって一つの警告でなければならない」と述べた。[53]

第三点は、シュミットが『憲法論』で展開していた「国民的同質性」の延長線上に、『国家・運動・民族』において「人種的同質性」＝「同種性」（Artgleichheit）を「同質性」の内実と解し、それを法や国家を内側から支える精神的原理とみなしたことである。[54] さらに彼は、この「同種性」を破壊する国家の敵に、階級的同質性に基づくマルクス主義だけでなく、価値中立性のゆえに「同質性」そのものを破壊する自由主義をも徹底して攻撃し、葬り去ろうとした。

同種性という原則がなければ、ナチス国家は、そのあらゆる制度もろともただちにふたたび自由主義的もしくはマルクス主義的な敵に引き渡されるであろう。[55]

第四点は、彼の歴史認識と関係する。彼は「中立化と脱政治化の時代」（一九二九年）において、世俗化の帰結である技術の時代が「精神的虚無」をもたらしたと述べていたが、シュミットの眼に、ナチズムは技術時代の無精神やニヒリズムを克服し、生き生きとした精神原理を導入して、偉大な時代の幕開けの役割を果たすものと思われた。彼は、歴史哲学的立場からもナチズムにかけたのである。彼の法・国家思想においてはすでに超越的視点は失われており、その時々の強力な精神的・政治運動のうねりに飲み込まれてしまう。これは、シュミットが

「ファシスト国家の本質と生成」（一九二九年）において描いた、ファシズムに見られる時代の政治・精神的運動の激流であった。

ところで、シュミットの『国家・運動・民族』は、ナチズムを法理論的に正当化するものであったにもかかわらず、ナチス・エリートからは好意的に受け止められなかった。そこには、二つの問題点があった。

一つは、民族の占める位置である。シュミットは、政治的統一体の三構成要素として、国家・運動・民族を挙げ、全体的な秩序において国家は政治的＝静態的部分、運動は政治的＝動態的部分、また民族は「もろもろの政治的決定によって保護され、庇護されて成長してくる非政治的側面」を構成すると指摘した。[56] こうした位置づけでは、民族は三番目に置かれ、しかも非政治的な存在として政治の主体ではありえない。こうした民族観に、ケルロイターをはじめナチス・エリートは反発したのである。

二つ目は、シュミットは国家をいまだ高く評価しすぎているという批判である。例えばケルロイターは、一九三四年二月に『青年戦線』の編集者に宛てた書簡の中で、シュミットとシュミットの学派がナチズムを、国家を唯一の権威とみなす新ヘーゲル主義の枠組みの中に押し込めようとしていると述べている。[57] 彼は、シュミットの国家論は、たとえナチス運動の担い手として党を前面に押し出しているとしても、ナチズムの民族共同体の理論と相入れないと批判した。

こうしたシュミットの国家論を新ヘーゲル主義と見る見方と関係して、シュミットの国家は軍隊と国家公務員からなる職業官吏制度として理解されるという理由で、ナチズムの国家理解とは無縁であるという批判もなされた。

シュミットは、ナチズムの新国家においても「職業官吏制度」の果たす安定的な役割を強調し、「ナチズム運動の使命が官吏国家の硬直した体に新しい血を注ぎ込む[58]」ことにあると述べている。またシュミットは、ナチスの「職業官吏制度再建法」を念頭に置いて、ナチズムは、「ドイツの官僚階級から異民族的要素を一掃することによってそれを身分（Stand）として再建した」[59]と述べている。彼は、合法性を特徴とする職業官吏制度を強調することによって、限定された法的安定性をもたらそうとしたのである。その意味において、シュミットが本質的にアナーキー的性格を持つナチズムの運動に一定の枠組みを設けようとしたと考えることができる。

2　『法学的思考の三類型』（一九三四年）

シュミットはこの著作で、法学的思考の三類型として、規範主義、決断主義、具体的秩序思考を挙げ、決断主義から「具体的秩序思考」への転回を明らかにした[60]。シュミットが初めて「具体的秩序思考」を明らかにしたのは、『政治神学』第二版（一九三四年）の序文においてであった。彼は、そこで「制度的思考」について書き、それが彼の「制度的保障論」やモリス・オーリウの制度理論によって導かれたものであることを指摘し、制度的思考の特徴を以下のように述べている。

今日私は、法学的思考については、もはや二種類ではなく、三種類の区別——すなわち規範主義的および決断主義的類型の他に、なお制度的類型——を設けたい。ドイツの法律学における「制度的保障」についての私の理論的研究、およびモリス・オーリウの深遠かつ重要な制度論についての業績が、私にこの認識をもたらしたのである。純粋な規範主義者が、非人格的な思考において思考し、決断主義者が正しく認識された政治的状況の正確な判定を、人格的な決断において貫徹するのに対して、制度的法思考（das institutionelle Rechtsdenken）は、超人格的諸制度および諸形態において展開される。そして規範主義者がその堕落形態において、法を単なる国家的官僚制の機能様式におとしめ、決断主義者が常に瞬間的時点を重視して、いかなる偉大な政治運動にも含まれている静的存在を捉えそこなう危険性を持つのに対して、孤立した制度的思考は、「主権なき、封建的－身分的な成長である多元主義へと行き着く」。こうして、政治的単位の三領域・三要素

――国家・運動・民族――が法律的思考の三類型に、その健全な現象形態においても堕落した形態においても帰属させられるのである。(61)

シュミットの『法学的思考の三類型』は、実は二つの講演を一冊にしたものであり、第一章の「法学的思考様式の区別」は、一九三四年二月二十一日にカイザー・ヴィルヘルム協会で、第二章の「法史の全体的連関への法学的思考様式の位置づけ」は、一九三四年三月十日にベルリンで開催された「ナチス・ドイツ法律家連盟」における若い法学者の大会で講演したものである。(62)

私たちは、シュミットの制度的思考が、ナチス時代に突然に生まれたものではなく、彼の「制度的保障論」の延長線上に展開されていることを知る必要がある。

ただシュミットは、ナチズムの『国家・運動・民族』における三元的構造を的確に認識しうる思考形態として、「新時代の生成しつつある諸々の共同体、秩序と形成を取り扱う具体的秩序思考」を提唱した。その意味において、シュミットの「具体的秩序思考」への本格的な転回は、ナチズム分析が契機となっていると考えられる。

当時、ナチスの時代に「具体的秩序思考」を展開したのは、民法ではフランツ・ヴィーアッカー、ハインリヒ・ランゲ、労働法では、ヴォルフガング・ジーベルト、刑法においては、ゲオルク・ダーム、フリードリヒ・シャフシュタインといったキール学派の法学者たちであった。

シュミットは『法学的思考の三類型』の中で、具体的秩序思考の具体的な事例として、アリストテレス－トマスの自然法、中世のゲルマン的思考、そしてナチズムの思想を取り上げている。シュミットは、ドイツの法思想史を振り返りながら、ローマ法の継受や法実証主義の支配によって排除されてきた「具体的秩序」の回復を主張した。「具体的秩序思考」は、本来的に多元的秩序を思考するものであり、中央集権的な権力機構に対立するものであった。したがって、シュミットは、ナチスの総統国家と「強制的同質化」の枠組みという限られた条件下で、多元的な秩序を強調したともいえる。例えば、シュミットは、ナチズムと具体的秩序思考との関係を強調した、「ナチズムの法思想」（一九三四年）において以下のように述べている。

私たちは、抽象的な規範主義タイプから具体的な秩序思考のタイプへと向かっている。ナチズムは至るところで今までとは異なった秩序を形成する。つまりナチ党から始まり、現在形成されている数多くの新たな秩序、例えば身分秩序、経営秩序、陣営や部隊といったさまざまな種類の秩序を形成するのである。(63)

シュミットがナチズム以外に具体的秩序思考の具体例としてとりあげているのが、ヘーゲルの国家であった。ヘーゲルの国家は「もろもろの秩序の中で最も根本的な具体的秩序、もろもろの制度の中で最も根本的な制度」であった。国家は、自己の内に、家族、市民社会、職能組合といった多元的秩序を含むものである。シュミットは、具体的秩序思考からすれば、国家が複数体からなる統一体として把握されるとして、次のように述べる。

制度論的な考え方にとっては、国家そのものはもはや規範でもなく規範体系でもなく、また単なる主権的決定でもなく、もろもろの制度の中で最も根本的な制度なのであり、その秩序の中において、それ自身自立的な他の幾多の制度が各々の保護と秩序づけを見出すのである。(64)

すでに『憲法論』において述べたように、こうしたシュミットの「具体的秩序思考」は、シュミットによるならば、彼の制度的保障の延長線上に考えられている、『憲法論』においては、婚姻（第一一九条）、私有財産制度（第一五三条）、職業官吏制度（第一二九、一三〇条）、地方公共団体の自治（第一二七条）、学問・教授の自由の保障（第一四二条）、宗教教育（第一四九条）が制度的保障として挙げられており、基本権と異なり、前国家的、超国家的な存在ではないが、憲法法律によってその存在が保障されるものであった。

ホッブズに象徴される決断主義においては、「伝統的な封建的・身分制的および教会的な諸々の共同体、階層的段階的な社会構成および諸々の既得権」が除去され、諸々の秩序が巨大な「リヴァイアサン」に飲み込まれるのに対して、「具体的秩序思考」は、多元的構成体を尊重し、主権的権力の制限へと導くものである。しかしながら、多元的秩序、また制度の特権を主張する「具体的秩序思考」は、ナチスの「指導者原理」（Führertum）や「強制的同質化」と整合的であろうか。たとえ多元的秩序が認められるにしても、各々の秩序は国家からの相対的独立性を保持することができず、同種性のイデオロギーによって完全に統制されるのではないだろうか。その意味において、ナチスの多元的秩序は、ワイマール共和国における大学、教会、官僚制、家族の在り方と根本的に異なっているといえよう。実際シュミットは、『国家・運動・民族』の第四章「ナチズム法の基本概念としての指導者原理と同種性」において、多元的な具体的秩序を規制し、統御する「指導者原理」を強調しているのである。

こうした矛盾に触れてカイザーは、全体主義国家における「具体的秩序思考」の機能に関して、「具体的秩序思考」という論稿で、「カール・シュミットは多元主義について語ることによって、集権的に振る舞う全体主義国家に対抗して、実質的な基礎を獲得し、それを制度として保障しようとしているように見受けられる」と述べている。[65] 本書がシュミットの「具体的秩序思考」の意義を強調するのは、それがナチス体制の法思考に整合的であるか否かという問題以上に、具体的秩序思考が、後に国際法の分野において展開され、「グロース・ラウム理論」として結実し、さらには戦後において『大地のノモス』を生み出していく法学的方法論であるからである。国内における多元主義的な国家構成は、グロース・ラウム理論においては、世界における多元的国際秩序として展開され、『大地のノモス』では「ヨーロッパ公法体系」として発展することとなる。[66]

3　ナチズム的法治国家

シュミットにとって十九世紀ドイツから伝えられてきた「市民的法治国家」は、ワイマール憲法においては「憲法制定権力」の決断であり、ワイマール憲法の実質的価値を構成するものであった。しかし彼の市民的法治国家に対する態度はアンビバレントであった。シュミットは第一次大戦から連邦共和国に至るまで、「市民的法治国家」の問題と取り組んできた。そして、シュミットはナチス時代に「ナチズムと法治国家」(一九三四年)、「法治国家」(一九三五年)、「「法治国家」をめぐる論争の意義」(一九三五年)を発表し、自由主義的な法治国家を批判し、実質的なナチズムの価値に担われる「ナチズム的法治国家」を提唱したのである。[67] シュミットにとって「ナチズム的法治国家」という名称は、自由主義的な市民的法治国家に対する批判であると同時に、ナチス国家といえども、法によって統治されるべき「法治国家」であるという二重のメッセージが含まれていた。彼は、権力分立に依拠する古い自由主義的な市民的法治国家が「法治国家」という言葉を不当に独占し、真の指導者主義を否定していると批判するのである。

シュミットは「ナチズムと法治国家」において、「国家の司法と行政の法律適合性や裁判の独立性はナチス国家において確実に存在しており、裁判官や行政官僚は現行の法律に依拠し、明確なかたちで廃止されない法律は、これからも妥当しつづける」と主張している。シュミットは、ライヒ議会議事堂の放火事件をめぐるライプツィヒ国事裁判所における裁判を引き合いに出して、ナチス国家が自由な国家ではなく、憲法も持っておらず、ましてや「法治国家ではない」という批判に反論している。シュミットは、合法的な機能様式としての法律適合性や法律の優位や留保を、自由主義的な法治国家概念から切り離し、ナチス的思考によって変革し、ナチズム的法治国家ないし「アドルフ・ヒトラーの法治国家」を創出し、維持する必要性を力説する。

上に述べた意味における法治国家的制度――裁判官の独立、司法と行政の法律拘束性――は、秩序の維持に不可欠であり、高い価値を持つものであり、維持しなければならないものである。しかしこれらの制度は、今までの自由主義的な法概念から切り離されなければならない。われわれは、それらの制度が以前の自由主義時代から引き継いだ精神的雰囲気やムードからも、それらの制度を解放しなければならない。そしてそれらを、まさにわれわれ自身のナチス的思考に奉仕するように作り変えなければならない。……ただ「ナチズム的なドイツ法治国家」についてのみ論じなければならないのである。(68)

それでは、ナチズム的法治国家と、シュミットが『憲法論』において展開し、克服の対象としている「自由主義的、市民的法治国家」とはどこが異なるのか。

第一に、「市民的法治国家」においては、立法と行政の権力分立に依拠して議会が法律を制定するが、「ナチズム的法治国家」においては、アドルフ・ヒトラー、そして彼に導かれた政府が一切の法律を決定する。したがって、行政や司法はヒトラーが命じた法律を執行するだけの存在であり、裁判所も法律に拘束されるので、実質的に「裁判官の独立」は存在しないといえる。

第二に人権概念であるが、「人種的同種性」が憲法の原理とされ、反ユダヤ主義的な「異質的なものの排除」が主張されるところでは、人権保障も存在しえない。法治国家的な制度は、シュミットが『国家・運動・民族』で定式化した全体的な構造の一つの構成要素としてしか意味をなさない。こうした認識からすれば、シュミットが「総統は法を護持する」で述べた「総統は最高の司法」という言葉も、それほど唐突なものではない。

シュミットは、個人の自由や人権を保障する体系としての市民的法治国家が実質的な内容を奪われ、機能的・技術的な合法性の様式である「法律国家」(Gesetzesstaat)に変質し、法的安定性と予測可能性が残ることを指摘したが、まさにその法治国家の形式性を利用して、シュミットは「ナチズム的法治国家」の形成を訴えたのである。そこには、総統国家であっても、法的安定性や予測可能性は必要不可欠というメッセージが含まれている。

本書の問題意識から重要なのは、シュミットが十九世紀ドイツにおいて生成・発展し、ビスマルク帝国とワイマール共和国において憲法の主要な構成要素となった市民的法治国家をトータルに否定していることである。そしてシュミットは、自由主義的な市民的法治国家への「精神的屈服」が過去のドイツの崩壊をもたらしたと断じる。

われわれドイツ人は異質な法概念に無抵抗で屈服してしまう、という大きな危険性に晒されている。われわれはローマ法を継受した民族である。われわれは、十五世紀に強烈なやり方で精神的に従属させられた。しかし、われわれはまた、同じように危険で有害な第二の継受を行なった民族でもある。われわれは、十九世紀に、いわゆる「立憲的な」、すなわち自由主義的 - 法治国家的な憲法思想を継受し、西欧の自由民主主義的な国家理念や法理念に服従したのである。それが原因で、われわれは戦争によって壊滅させられた。そしてまさにこの精神的崩壊の記録として書かれたものが、一九一九年のワイマール憲法である。したがって、異質的な法概念と国家概念に対する精神的服従が生じる政治的な危険性は大きく、概念の明確化へのこだわりには、それ相応の十分な根拠があるのだ。(69)

しかし、ここでこうした市民的法治国家の全否定には、疑問が生じてこざるをえない。第一次大戦中のシュミットは軍国主義の脅威に対抗して、市民的法治国家の伝統に訴えたのではないか。ワイマール時代のシュミットは、『憲法論』において、市民的法治国家を憲法制定権力の決断として、憲法の価値ないし実体として主張していたのではないか。さらに、市民的法治国家や立憲主義に対するトータルな否定、正確にいえば、その内容を換骨奪胎して合法性の機能様式にしてしまうことは、ワイマール共和国末期のシュミットが警告を発していたことではないのか。法治国家概念を自由主義的法治国家から剝奪し、ナチズム的法治国家に譲り渡したシュミットは、こうした疑問にいかに答えるであろうか。

4 『第二帝国の国家構造と崩壊』(一九三四年)

上述した疑問は、シュミットが一九三四年に発表した『第二帝国の国家構造と崩壊――軍人に対する市民の優位』にもそのままあてはまる。この書物は「ナチズム的法治国家の立場からの市民的法治国家批判」の一環として書かれたものである。(70)

シュミットの同書の副題、つまり第二帝国の崩壊の原因を「軍人に対する市民の優位」に見る見方は、帝政時代の歴史的な現実を無視していると同時に、ヴィルヘルム時代におけるシュミットの軍国主義に対する憎悪と批判とも矛盾する。すでに第一章で見たように、シュミットは戒厳命令によって巨大な権力を集中させた軍事的指揮官の無制限の権力に対する恐れを示し、権力分立などの立憲主義、市民的法治国家を要請していたのである。

同書は、第一章の「プロイセンの軍人国家と市民的立憲主義」と第二章の「崩壊」によって構成されている。シュミットはプロイセンと第二帝政が、軍人と市民、軍国主義と市民的法治国家という二元的構造の中で相互に対立しあっていたと述べる。

指導的なドイツの国家であるプロイセンにとって、十九世紀の市民的‐自由主義的な発展は、政府と議会、国家と人民代表の間の公然の、あるいは覆い隠された絶えざる闘争の時代を意味した。この闘争は、典型的には軍隊と国家予算に係るものであり、政府と議会、国家と社会、軍隊と経済、軍人と市民は、「立憲的プロイセン」の全体的構造において対立していた。この対立は、帝国創設後にドイツ国に継承され、ドイツ国は精神的・政治的に二つの部分に分裂せざるをえなくなったのである。(71)

シュミットによるならば、一八六二年から一八六六年まで続いたプロイセンの憲法闘争は、ドイツの軍人国家と市民的な立憲国家の矛盾を明らかにした。こうした矛盾はワイマール憲法体制に継承されてきたという。同書はナチス体制による「市民的法治国家」に対する克服という時間軸から遡って、プロイセン国家や第二帝政の構造的二元論の問題点を叙述しようとするあまり、歴史的にきわめてバイアスのかかった書となってしまった。歴史家のH・クローンは、シュミットの著作に対する書評で、「シュミットは歴史的な現象を完全に歪曲し」、存在しない対立を構成した、とシュミットを批判している。(72) ただシュミットの問題関心は、ドイツの国法学を百年あまり支配した市民的法治国家や立憲主義の影響をトータルに一掃することにあった。彼はこの点に関して、以下のように述べている。

十九世紀の国家・憲法思想は今日まで持続している。約百年間の余波は、強力である。……憲法、自由、平等、法治国家そして法律といった重大な諸概念は、特定の理想的なイメージを伴って、前世紀の国家・憲法思想や歴史像を支配した。それらは、軍人と市民の間の恒常的な抗争において、数多くの確実で扱いやすい諸概念と諸形式を造り出し、軍人と憲法、国家と社会、政治と経済の相互の分裂を持続的な状態として構成した。……ナチス体制の運動の勝利以来初めて、市民的社会思想の憲法概念を、他の国家的全体構造、つまり「国家・運動・民族」の三構成要素の政治的統一体によって克服する可能性が生まれたのである。(73)

かくして、「ドイツ民族は市民的立憲主義の百年の混乱から解放された」というのである。

私たちは、同書のもう一つの隠れた意図として、シュミットがドイツの軍人国家の伝統に訴え、それをナチズムの国家的再建の要素として位置づけていると理解することができる。シュミットは同書でも、ワイマールの多元主義的分裂の危機にあって、ドイツ国防軍が公然かつ潜在的な内戦状態においてドイツ国家を保持することに成功したと述べている。(74) この点について、ブラシウスは、ナチスの国家が存立しうるためにはプロイセンの国家的伝統に立ち戻ることが不可欠であるとシュミットは考えていたと述べている。(75)

5　反ユダヤ主義

シュミットは、ナチス時代以前、じつに多くのユダヤ人知識人と親交を結んだ。彼の『憲法論』は、共同で『影絵』（一九一三年）を作成し、第一次世界大戦で戦死したユダヤ人の友フリッツ・アイスラーに捧げられているし、彼の兄のゲオルク・アイスラーとも懇意の関係であった。またシュミットが一九一九年から一九三二年まで幾多の書物を出版したドゥンカー&フンブロート社のルートヴィヒ・フォイヒトヴァンガーとは、シュミットがナチスに加担するまで親しい関係を保っていた。また、シュミットのボン時代の弟子であったヴァルデマール・グリアンやオットー・キルヒハイマー、さらにH・プロイス、H・ケルゼン、E・カウフマン、E・ヤコービ、H・ヘラーといった国法学者など、シュミットはじつに多くのユダヤ人と交際した。しかし、彼の日記を読めば、すでにナチス時代以前においても、反ユダヤ主義的な言辞が散見されるのである。したがって、ナチス時代におけるシュミットの公然とした反ユダヤ主義は、彼の立場の転換というよりは、その帰結であるといえよう。例えばシュミットは、一九二五年五月二十一日のスメント宛の書簡において、次のように述べている。

私は私の職業において孤立しています。……ヴィットマイヤー、シュティア゠ゾムロ、メンデルスゾーン゠バルトルディ、ナヴィアスキー――一人のキリスト者に対して四人のユダヤ人が、あらゆる雑誌において私を攻撃していることはこっけいな状況です。誰も何が問題であるかに気づいていません。(76)

また、一九三〇年十二月二十八日の日記には、「くそったれユダヤ人ケルゼンに対する嫌悪感」とある。(77) さらに一九三二年三月八日の日記には、「ラートブルフ夫人とカントロヴィチが来る。忌むべきユダヤ人。彼の陰険で策を弄する無神経な商人気質」とシュミットのユダヤ人観がそのままヘルマン・カントロヴィチ（当時ラートブルフの後任でキール大学教授）に投影されている。こうしたユダヤ人に対する彼の生理的・本能的な嫌悪感は彼の日記の至るところで吐露されている。[78]

それでは、ナチス時代におけるシュミットの反ユダヤ主義を、ナチスの政策に沿って時系列的に検討していくことにしよう。一九三三年四月七日「職業官吏再建法」が制定され、第一次大戦で兵士として戦ったユダヤ人、および第一次大戦前に官吏であったユダヤ人を除くすべてのユダヤ人が公職から追放された。これによってドイツの大学教授の一一パーセントが罷免された。また一九三五年には例外規定も撤廃され、法学部は一九三八年までに二一〇名の教授陣を失ったが、その数は一九三一年度の教授陣の四五パーセントにも達していた。「職業官吏再建法」によってH・ケルゼン、H・ヘラー、ナヴィアスキー、K・レーベンシュタイン、W・シュキング、E・ヤコービ、H・カントロヴィチといった錚々たる法学者が職を奪われた。

シュミットは、「職業官吏再建法」に関してナチスの雑誌『ヴェストドイッチャー・ベオバハター』に「ドイツ革命の良き法」を発表し、「職業官吏再建法」を正当化した。そこには、ワイマール時代のシュミットの思考法の特質である「友と敵」また「異質者に対する戦い」がユダヤ人に対して適用されている。

官吏、医者、弁護士についての新たな規定は、公共生活を非アーリア的で人種的に異質な要素から純化することを目指している。ドイツの学校への入学に関する新規則やドイツ系学生団体の設立は、次世代のドイツ民族固有のあり方を最終的に擁護するものである。新しい職能身分的秩序が現れようとしている。この偉大で徹底的な、しかし同時に内面的で、私流に言えば親密な成長過程の中には、まったく異質なるものが入り込んではならない。異質的なるものは、たとえその異質的要素の意見が良いものであったとしても、それは有害で危険な仕方で私たちを攪乱する。私たちはふたたび区別することを学ばなければならない。私たちはとりわけ、友と敵を正しく区別することを学ぶのである。[79]

すでに述べたように、シュミットはケルン大学法学部のケルゼンの罷免の撤回を求める嘆願書にただ一人署名しなかったし、『政治神学』第二版（一九三四年）においては、初版において八箇所触れていたE・カウフマンに関する言及をすべて削除している。[80] すでにシュミットは、一九三三年三月十九日の日記において「ユダヤ人カウフマンと同化主義者の卑俗な影響力に対する激しい怒り」[81]を書き記している。

さらに反ユダヤ主義立法として、一九三五年九月、ニュルンベルクにおいて「ドイツ帝国市民法」（Reichsbürgergesetz）と「ドイツ人の血と名誉保護のための法律」（Blutschützgesetz）が可決された。前者の法律は、人種的に純粋なドイツ人を「帝国市民」（Reichsbürger）、ユダヤ人を政治的権利を有しない「国家市民」（Staatsbürger）と定めた。このようにしてユダヤ人は劣等な権利を持つ市民という烙印を押され、政治的権利を剝奪された。後者の法律は、ユダヤ人とドイツ人の結婚ないし内縁関係を否定したものである。この法律は、「ドイツ人の血の純粋性がドイツ民族の存続のための前提であるとの認識に満たされ、ドイツ民族を将来永遠に確保せんとする断固たる意志に裏づけられて」制定された。

シュミットは一九三五年十月に『ドイツ法律家新聞』に寄稿した「自由の憲法」と題する論考において、ニュルンベルク法を「自由の憲法」と呼んだ。[82]

シュミットにとって、ニュルンベルク法は単なる法律ではなく、「憲法」とでもいえるものであり、それは、ドイツ法全体を包括し、「ドイツにとって倫理・公共の秩序、礼儀作法、そして良き作法と呼ばれるものを規定する」[83]。まさにニュルンベルク法によって「ドイツ人の血と名誉」がドイツ法の主要な概念にまで高められたのである。これは、彼の「同種性」＝「人種的同質性」が具体的な憲法原理として定められたことを意味する。

シュミットがニュルンベルク法を「自由の憲法」と呼んだのは、等しくないものを等しいように取り扱う自由主義的な平等概念に対して、等しいものを等しく取り扱うドイツ的平等概念を対決させたからである。

ドイツ人という言葉は、ただ「すべてのドイツ人が法の前に平等である」ことを強調するためにだけ登場する。しかしこの文章は、実体的・民族的なドイツ概念を前提として正しく理解されなければならないにもかかわらず、人種の異なる者をドイツ人のように取り扱い、法の前に平等なすべての人をドイツ人とみなすことに手を貸したのである。かくして実体的・民族的なドイツ概念から見れば大きな誤りが犯され、民族は国家構成員の総計となり、国家は不可視の法人格となったのである。(84)

こうしたシュミットの普遍的な平等概念に対する批判は『憲法論』における「同質性」を想起させるものであるが、決定的な相違は、ドイツ人の血の純粋性が区別の基準となっていることである。

ところでシュミットは、一九三六年十月三、四日に「ナチス法擁護者連盟」（NSRB、一九三六年に「ナチス・ドイツ法律家連盟」から名称変更）の大学教官部会の会長として「法学におけるユダヤ主義と戦う会議」をベルリンで開催した。ドイツ全土から参加した約百名の法学教授たちによって、民法、刑法、法理論などの諸分野におけるユダヤ人の影響についての講演が二日間にわたって行なわれ、シュミット自身も「ユダヤ精神と戦うドイツ法学」と題して、開会と閉会の演説を行なった。

開会の演説において、シュミットは、ドイツにおいてユダヤ的な思考がいかに法学や法実践を長い間支配してきたかを批判している。

来る年も来る年も、毎セメスターごとに、ほとんど百年の間、何千という若いドイツ人、将来の裁判官や弁護士がユダヤ的な法学者によって教育されてきた。また、最も重要な法分野の標準的な教科書やコンメンタールは、ユダヤ人の手によるものである。したがって、彼らは典型的にユダヤ的な思考を唯一学問的なものとみなし、他のすべての意見を非学問的かつ笑うべきものとして断罪することができたのである。あなたがたは、そのことが何を意味するかを、決して忘れてはならない[85]。

したがって、シュミットにとっての焦眉の問題は、ドイツの法生活の中に巣くっているユダヤ的思考を発見し、それからドイツの人種的・民族的秩序を純化することであった。彼は、閉会演説の中で、図書館においては法学的著作をユダヤ人かユダヤ人でないかに従って区別すること、ユダヤ人の著書を引用することは許されないが、引用することがやむをえない場合には、ユダヤ人の著者であることを名指しすることが重要であると述べた。というのも「ユダヤ人の」という言葉をつけ加えることから、効果的な「悪魔祓い」が生じるからである[86]。

シュミット自身、「ユダヤ人ケルゼン」(Jude Kelsen)、「ユダヤ人シュタール゠ヨルゾン」(Jude Stahl-Jolson)、「ユダヤ人マルクス」(Jude Marx) というふうに、悪魔祓いを行なっている。彼はユダヤ人を「精神的寄生虫」と呼び、ユダヤ人が用いるカムフラージュがもたらす議論の多大な危険性を回避するために、「私はアドルフ・ヒトラー総統が『我が闘争』の中でユダヤ人問題について書かれたすべての言葉、とりわけユダヤ的詭弁に関する総統の所説がもっと読まれるべきことを声を大にして叫びたい[87]」と主張した。シュミットは、ユダヤ人は文化や学問を創造的に作り出す能力を持っていないが、ドイツ精神に寄生することによってその影響力を徐々に拡大し、シュタールやマルクスに見られるように、ドイツ人を精神的に屈服させてきた、と考えたのである。

閉会演説において再度ヒトラーの『我が闘争』を引き合いに出しながら、シュミットはユダヤ人の精神的な「世界支配」に言及し、ユダヤ人を不倶戴天の敵 (Todfeind) と規定する。

総統が著作『我が闘争』において述べているように、ユダヤ主義は、ユダヤ人にとって敵対的なすべてにおいて敵対的であるだけではなく、すべての他の民族におけるすべての真の生産的な精神に対する不倶戴天の敵である。ユダヤ人の世界支配は、いかなる民族的な生産性をも許容しない。そうしなければ、ユダヤ人の実存的態様が否定されるからである。(88)

最後にシュミットは、私たちが追求し、戦う大義は「ユダヤ精神によって変質させられていないドイツ固有の特性であり、ドイツ民族の全き純粋性である」と述べて、「私はユダヤ人から身を守ることによって、主の御業のために戦うのである」というヒトラーの言葉を引用している。(89)

B・リュータースは、シュミットのこの発言を引き合いに出して、シュミットにとってユダヤ人に対する闘争は、文字通り「神奉仕」(Gottesdienst) であったと述べている。(90)

シュミットの生涯における最大の誤りは、ナチズムのイデオローグになったのみならず、公然と反ユダヤ主義を先導したことであった。これにより、シュミットと親しかった多くのユダヤ人との関係は破綻し、消すことのできない汚点を残すことになった。

V　シュミットとハイデガー

1　両者の関係

すでに述べたように、シュミットはナチス・エリートから民族を軽視し、国家を過大評価するものという批判を受けていた。そのような批判を抱いていたナチスの哲学者に、M・ハイデガーがいた。ハイデガーはシュミットと異なり、ヒトラーの政権掌握以前からナチズムに共感を示していた。

まず、ナチス体制におけるシュミットとハイデガーの関係を紹介しておきたい[91]。ハイデガーは一九三三年四月二十二日に、シュミットに入党を勧める書簡を送っている。二人とも五月一日にナチ党に入党している。ハイデガーは一九三三年五月二十七日にフライブルク大学学長として、大学におけるドイツ民族の「強制的同質化」を主張した「ドイツ大学の自己主張」の講演を行ない、それを一九三三年七月にシュミットに送っている。

シュミットはその返礼に『政治的なものの概念』(第三版)をハイデガーに送っている。ハイデガーは、八月二十二日にシュミットに協力を依頼する書簡の中で、ヘラクレイトスの「闘争」(polemos)を引き合いに出して、「私は闘争の中にいます」と書き、シュミットに大学におけるナチズムの「強制的同質化」の要請をしている。

今日、私が貴殿に申し上げたいのは、ただ一つ、私が貴殿の決定的な協力を頼みにしているということであります。それは、法学部の全体を、その学問的・教育的な目的に合わせて内部から新たに立て直すことが重要だからであります。

一方、シュミットは八月二十七日のハイデガー宛書簡の中で、「闘争に関するあなたの認識に対して私の喜びがどれほど大きいか、同封する小さな就任講義の示唆から読み取って下さるようにお願いします」としたため、ケルン大学就任講演「ライヒ、国家、連邦」を送っている。この「ライヒ、国家、連邦」では、「戦争は万物の生みの親であり、万物の王である」というヘラクレイトスの言葉が引用されている[92]。ナチズムのための「闘争」こそ二人を結びつけたキー概念であった。

二人はまたハイデルベルク大学の学生の招待を受けて、ハイデガーは六月三十日に「新しい帝国の大学」、そしてシュミットは数日後「新しい国法」と題して講演を行なっている。

しかし、ナチス政権初期におけるシュミットとハイデガーとの関係は急速に疎遠になってしまう。それは、ハイデガーがシュミットの思考の中にナチズム革命と異質なものを見出したからである。

2 「自然、歴史、国家の本質と概念」（一九三三―一九三四年）

ハイデガーは、一九三三年の冬学期、シュミットの『政治的なものの概念』と批判的に取り組んだ。彼は一九三三年冬学期のゼミナール記録「自然、歴史、国家の本質と概念」[93]において、シュミットにおける民族概念の欠如を指摘したのである。これは、シュミットにおいては民族概念よりも友・敵概念が優越しているとするケルロイターの批判と同じものであった。ハイデガーは、シュミットにおいては「敵の区別という端緒がさまざまな政治主体に開かれており、政治的統一は国家や民族と同じである必要はないことになる」と批判した。ハイデガーは、民族は国家を形成する国民（Nation）であるとするナチスの指導者国家における民族概念の重要性を指摘したのである。

ここではハイデガーのこの論文を考察し、ハイデガーにおける民族、国家、そして政治的なものとの関係を検討することにする。彼にとって民族は「存在者」（Das Seiende）で国家は「存在」（Sein）であった。彼は両者の関係について以下のように述べている。

存在者である民族は、存在である国家とまったく明確な関係を有している。このような民族と国家との関係、存在者と存在の関係がどのように結びついているかを考えなければならない[94]。

この両者の関係を示すものが、アリストテレスの、人間は「政治的動物」（ゾーン・ポリティコン）という言葉である。ハイデガーはこの意味について「これは人間が共同体的存在、社会的存在でなければならないことを言うのではなく、共同体（Gemeinschaft）の中に自らの存在を形成し、完成する可能性と必然性を有している」[95]ことを意味し、ポリスを形成する力と資質を有していることだと説明している。ハイデガーにとって、人間に代わるものは民族であり、民族こそ、国家形成の中核であり、シュミットのように国家によって保護される非政治的存在ではなかった。民族は国家において自らの存在様式を獲得し、国家を愛し、国家に献身し、国家のために戦うのである。

ハイデガーは、国家と政治的なものとの関係を一体のものとみなしつつも、政治的なものの優位において理解する。ただその場合の政治的なものとは、まさに民族なのである。

この真の意味における国家と政治の相互の関係は、国家はただ政治に基づいてのみそもそも可能となったのであり、人間の存在は政治的なものであることに依拠している。もし逆に国家が政治に対する条件であると信じられるならば、政治とは国家の業務であるという誤った通俗的な概念の普及によるものである。それによって、政治は国家の存在に依存するものとなり果てるのである。[96]

こうした国家と政治の基本的理解に基づき、ハイデガーはシュミットの政治概念を攻撃する。

私たちは、特別な覚悟を持って、民族と国家の本質を解明するよう努めなければならない。そのさい、ふたたび私たちは、人間の存在様式としての政治的なるものが国家を可能にするということから出発しなければならない。こうした見解は、政治的なものの異なった概念、例えばカール・シュミットに帰せられる友・敵関係に対立するものである。友・敵関係の政治的なものの概念は、戦争の現実的可能性としての闘争が政治的行為の前提であるという考えに基づいている。……すべての政治的実存が友・敵のこの対立の統一と全体性に依拠している。しかしこうした見解に決定的なことは、政治的統一体が国家や民族と一体でなくてもよいということである。(97)

シュミットもハイデガーも国家ではなく政治的なものから出発するが、政治的なものを友・敵に求めるシュミットと、民族の存在様式に求めるハイデガーの相違は明らかである。そこには、民族の問題を人間の存在如何と深く結びつけて考える哲学者ハイデガーと、ただ国家の構成要素としてのみ考える法学者シュミットとの相違が歴然としている。

ところでハイデガーは、ナチスの指導者原理に沿うかたちで、民族内部の秩序として、総統と指導されるものとのヒエラルヒーと一体性を強調する。

総統と指導されるものが、共通に一つの運命を自分に結びつけ、一つの理念の実現のために戦う時に、真の秩序が生まれてくる。……総統の存在と卓越性は、民族の魂や存在に感銘を与え、使命に対する根源性と情熱に民族を結びつける。民族がこのような献身を感じる時に、民族は戦いに導かれ、戦いを欲し、愛する。民族は自らの力を発揮し、持ちこたえ、忠実であり、自己犠牲を惜しまない。あらゆる瞬間において総統と民族は密接に結びつき、自らの国家、自らの存在の本質を引き起こすのである。民族は相互に目覚めつつ、二つの迫りくる諸力、つまり死と悪魔――うつろいやすさ（Vergänglichkeit）と自らの固有の存在からの頽落（Abfall）に対して、自らの有意義な歴史的存在と意欲を対置するであろう。(98)

まさにハイデガーにとって、民族のうつろいやすさや「頽落」からの解放は、民族の死をかけてのたえざる闘いの中に求められるのである。このようにハイデガーのこの論稿においては、彼が『存在と時間』で使用したキーワードである「頽落」が民族概念に対して使用されている。『存在と時間』において、頽落した「非本来的自己」から「死への先駆的決意性」によって「本来的自己」を救い出そうとしたように、民族の本来的自己は、戦いの先駆的決意性の中にあらわされる。ただ「頽落」のドイツ語は『存在と時間』においては verfallen というドイツ語が用いられているのに対して、ここでは abfallen が用いられている。まさに「自然、歴史、国家の本質と概念」についての論稿こそ、ハイデガーが『存在と時間』の主要な諸概念を駆使しつつ、民族に賭けることによってナチズムに傾斜していったその論理的プロセスを示しているといえよう。そのような民族概念に対する決死の覚悟を、シュミットから期待することはできない。なぜならシュミットにとっての優先順位は、依然として「民族」ではなく、政治的統一体である国家なのである。ナチズムに対してハイデガーの心は燃えているが、シュミットの心は醒めているのである。

3　「ヘーゲルの『法哲学』」（一九三四―一九三五年）

さらにハイデガーは、一九三四年度の冬学期（一九三四・一一～三五・一）に行なったヘーゲルの『法哲学』についてのゼミナールにおいて、国家に対する民族の優位を、ヘーゲルの「人倫」(Sittlichkeit) の概念を用いて定式化しようとした。このゼミナールは、ハイデガーが一九三四年四月にフライブルク大学の学長を辞任し、六月三十日に発生したレーム殺害の後に行なわれている。いわば、ハイデガーとナチ体制との間に軋轢が生じている時期である。しかし、ハイデガーは第三帝国の終わりまでナチ党員として留まった。

このゼミナールの目的はヘーゲルの『法哲学』の逐語的解説であるが、ヘーゲルの人倫国家をナチスの人種国家と同一視するものである。このゼミナールの記録からシュミットに言及している箇所を考察することにする。

まずハイデガーは、「立法権力」の項目に関して、シュミットの『合法性と正統性』を参照して、立法権限は政府にあるので、もはや立法府と行政府は分離されえないと述べている。[99]

またハイデガーは「ヘーゲルとナチス国家」の項目において、シュミットの『国家・運動・民族』の一節を取り上げて、以下のように述べている。

一九三三年一月三十日に「国家は死んだ」。否！ 国家はまだまったく「生きて」いなかった。その時、国家は初めて生きたのである。歴史がまさに生き、また死ぬように。にもかかわらず、いやまさにそれゆえに、「更新」は不可能だ。もしヘーゲルを国家哲学的に官僚国家の形而上学と理解するならば、すべてのことが無意味となる。それは、ヘーゲルの国家理念の本質的契機と「事実」を混同するものである。(100)

これは、シュミットが国家を官僚制国家とみなしていることに対する批判である。ハイデガーはナチズムによって初めて人倫の国家が成立したと考えたのである。シュミットは『国家・運動・民族』において、次のように述べていた。

十九世紀のヘーゲル的官僚国家の特徴とするところは、官僚国家と国家を担う階層とが一体となっていたという点にあったが、先の一月三十日にこの官僚国家はもう一つ別の国家構造によって取って代わられたのである。だから、この日こそ「ヘーゲルは死せり」と言うことができる。(101)

しかし、シュミットはこれに続けて「もっともそう言ったからといって、このドイツ国法学者の持つ偉大な価値が無意味になってしまったとか、社会の利益というエゴイズムに優位する政治指導という思想が見捨てられてしまったということではない。ヘーゲルの力強い精神構造には、時代を越えた偉大でドイツ的なものが宿っているのであり、これは依然として新しい形態をとって活動しつづけている(102)」と述べていた。

だが、シュミットのヘーゲル解釈がどうであれ、ここで大事なことは、ハイデガーがシュミットの国家観を、民族の実体のない官僚制的な制度とみなしたことである。シュミットの国家は、永続的な革命に対する伝統的な保守の側からの反応であった。

最後に、ハイデガーは「政治的なもの」の項目において、シュミットの政治概念が自由主義的であることを指摘して、「カール・シュミットは自由主義的に思考する。というのも彼が政治を「領域」として考えていること、また個人と個人の態度から出発しているからである」とシュミットを批判している。またハイデガーは、シュミットが「まさに国家が民族の存在（Sein）としてあるかぎりにおいて、抗争が国家に向かう内的な超越を持っており、国家との関係において抗争の根本的意味があることを看過している[103]」と批判している。ハイデガーにとって、シュミットは個人主義者であり、民族を欠いているがゆえに、国家に対する個人の内的な超越に至らないと批判したのである。現存在（Dasein）は歴史的な共同存在（Miteinandersein）であるので、民族と国家である。

ナチス初期には、ハイデガーはシュミットを法学における「強制的同質化」のリーダーとして期待し、共にナチズムのために戦う同志と考えていたが、この段階において、シュミットとの間に「民族」や「政治」概念をめぐる根本的相違があることを認めざるをえなかったのである。

ちなみにハイデガーと同様にシュミットの政治的なものの概念に自由主義の特徴を見ていたのはレオ・シュトラウスである。シュトラウスは一九三二年に「C・シュミットの政治概念の注釈」を書き、「シュミットの自由主義批判は自由主義の範囲内において行なわれている。したがってシュミットによって手筈を整えられた自由主義批判は、自由主義を超えた地平を獲得することに成功する時においてのみ完成する[104]」と批判していた。

VI　シュミットの失脚（一九三六年）

1　SSのシュミット批判

リュータースによれば、ナチズムにコミットする法学者で、シュミットの失脚をねらっていたのは、ミュンヘン大学教授オットー・ケルロイター、ボン大学教授カール・アウグスト・エックハルト、ベルリン大学教授ラインハルト・ヘーンの三人であった。エックハルトもヘーンもベルリン時代のシュミットと知り合いであり、ヘーンはシュミットの下で勉強したこともあり、エックハルトも何度もシュミットを訪問している。しかしシュミットがナチスの「桂冠法学者」として活動するようになると、彼らはシュミットのオポチュニズムを批判するようになった。特にミュンヘン大学の国法学者で、ナチスの権力掌握以前にナチ党に入党していたケルロイターは、シュミットの『国家・運動・民族』が、同種的な民族共同体についてのナチズムの核心と根本的に矛盾すると攻撃した。またエックハルトとヘーンはSSの権力機構において影響力を持ち、シュミットの失脚を画策していた。

一九三六年十二月三日、SSの機関紙『黒色軍団』はシュミットを攻撃した。シュミットが表明した反ユダヤ主義は「ナチス以前のユダヤ人との交流関係を隠蔽しようとする日和見主義的なものである」と断じ、ワイマール期の彼の政治的カトリシズムの立場を非難し、シュミットが自分の経歴に対する野心からナチスに加わったと批判した(105)。またシュミットがかつて大統領内閣の時にナチ党に対する憲法上の権利の停止を訴えたことなども、過去の反ナチス的言動を示すものとして報告書に加えられた。

シュミットは、同月、「ナチス法擁護者連盟」における大学教官部会の指導的地位と『ドイツ法律家新聞』の編集長の地位を辞任したが、ナチスにおけるシュミットの後見任的存在であるフランクやゲーリングの介入もあり、プロイセン枢密顧問官とベルリン大学教授の職は保ちつづけた。

シュミットはこれ以後、ナチス体制についての憲法・政治的著作は避け、国際法の分野に全精力を投入するようになる。ベンダースキーは、第三帝国におけるシュミットの関与を以下のように述べているが、真相に近い指摘である。

シュミットがナチズムに関与した主要因は、たしかにオポチュニズムであった。しかしそれと同じくらい重要であったのは、自分がナチスの桂冠法学者として第三帝国の憲法の骨格を形成しうるというシュミット自身の信念であった。彼にとってナチズムは、政治と法に関する理論的基礎のさらなる発展を要する未熟な運動であった。伝統的な権威主義体制の線に沿ってこのような基礎を提供していこうとした彼の意図は、あらかじめ挫折を運命づけられており、彼は結局、全体主義独裁の確立に手を貸しただけであった。(106)

リュータースも、シュミットの失脚は、彼がナチズムに対して内的に距離を保ったり、ナチス的要素を撤回したからではなく、彼のナチスに対する過度の忠誠の表明が、ナチス体制における彼の強力な敵対者やライバルを挑発し、シュミットの失脚を画策したからであると述べている。(107)シュミットの栄光は、ナチス体制成立後三年経過して地に落ち、彼は転落と悲哀を味わうようになる。しかしこの失脚を過度に強調し、シュミットをナチス体制の犠牲者として評価することは誤りである。シュミットの失脚は、シュミットがナチスに抵抗したから生じたのではなく、ナチス・エリート間の権力闘争の結果にすぎないからである。

2　O・ケルロイターのシュミット批判

シュミットの失脚をもたらした原因の一つとして、シュミットより先にナチスになっていたケルロイターのシュミット批判があった。ケルロイターは「憲法危機における民族と国家――カール・シュミットの憲法理論との対決」(一九三二年十二月二十日におけるドイツ政治大学での講演)において、シュミットは民族の政治的理解に至っておらず、権威主義的自由主義の段階に留まっていると批判した。ケルロイターがシュミットを自由主義者とみなしているのは興味深い事実である。(108)しかし、シュミットがナチスの「桂冠法学者」になる前の段階では、まだシュミットとケルロイターとの関係は良好であった。一九三三年三月二十九日のシュミットの日記には「イエナに行き、ケルロイターと会い、親しく話し、ユダヤ人について非常に意見が一致する。……ケルロイターは私についての彼の論稿を手渡す(109)」と記されている。この論稿は、シュミットが自由主義的国法学者であると述べたものである。

またケルロイターは、シュミットの友・敵という政治概念は、政治的対立をもたらすだけで、民族を中心とした共同体形成には無縁であり、ナチズムの民族共同体とは異質であるとシュミットを批判した。シュミットの民族に対する無理解を告発するケルロイターのこのような批判は、三〇年代を通して行なわれた。畢竟、シュミットはナチズムの新しい法秩序を理解しておらず、自由主義的思考に囚われているというのである。ケルロイターは、すでに述べたグリアンの『ドイツ書簡』におけるシュミット批判の情報をナチス幹部にも広めたのである。

3　W・グリアンのシュミット批判

すでに述べたように、グリアンは、ボン時代にシュミットの『政治的ロマン主義』、『政治神学』、『ローマ・カトリシズムと政治形態』を読み、自由主義やロマン主義に対する批判に共鳴し、シュミットに心酔し、彼のゼミナールに参加するようになった。しかしグリアンは、一九二六年に教皇庁がシャルル・モーラス率いる「アクシオン・フランセーズ」を断罪して以降、教会を秩序の原型として推奨しつつも、「私はカトリックであるが無神論者である」と述べる不可知論者モーラスにシュミットをだぶらせて理解するようになった。バーバラ・ニヒトヴァイスは、「グリアンはペーターゾン宛の書簡の中で、シュミットを第二のモーラス、つまりニヒリスティックで『政治的形態』としてしかカトリシズムに興味を引かない人物とみている」と述べている(110)。グリアンは、教会の超自然的本質や啓示に対する信仰を喪失したカトリシズムを「世俗化されたカトリシズム」として攻撃し、その中にシャルル・モーラスやシュミットを含めたのである。そしてシュミットの決断主義は、ニヒリスティックな性格を有し、シュミットのナチスへの加担はまさに「無からの決断」にすぎず、オポチュニスティックなものであり、シュミットが『政治的ロマン主義』で特徴づけた「主観的機会原因論」はシュミット自身にもあてはまると批判した。

グリアンはユダヤ人であったため、第三帝国において文筆家として活動することが困難となり、一九三四年にスイスに亡命、オットー・クナープと『ドイツ書簡』を創刊し、そこでシュミットを批判する論稿を書きつづけた。グリアンは一九三四年から一九三六年末までのシュミットの思想と行動を追跡し、「第三帝国の桂冠法学者カール・シュミット」(一九三四年十月二十五日)、「シュミットは人間を廃棄する」(一九三五年十二月十三日)、「人民投票についての桂冠法学者」(一九三六年四月二日)、「弱い性格」(一九三六年六月五日)、「ドイツ週刊」(一九三六年六月七日)、「ナチスの桂冠法学者に対するナチスの狩猟」(一九三六年十二月十八日)、「亡命か強制収容所行きか」(一九三六年十二月二十四日)といった一連の記事を掲載した。グリアンは「第三帝国の桂冠法学者」において、「シュミットはナチスを真剣に受け止めず、個人的目的の手段としてしか見ていない。このような人物が法や国家制度の形成に決定的な影響力を振るうのは恐ろしいことである」(11)と述べている。

彼はまた『ドイツ書簡』において、シュミットが政治的カトリシズムを代弁していたのに、ナチス政権樹立後はその解体を支持したこと、彼が親ユダヤ主義から反ユダヤ主義に変質したこと、ワイマール末期にナチスに敵対していたシュミットが一転してナチスのイデオローグになったことを挙げ、シュミットのオポチュニズムを執拗に攻撃しつづけた。そのことが功を奏して、シュミットは「黒色軍団」の批判を浴びるようになった。そしてグリアンはシュミットの失脚の状況を把握し、「枢密顧問官カール・シュミット」において「指導的な桂冠法学者としてのシュミットの役割は終わってしまった。もはや彼は必要とされなくなり、失脚している」(12)と書き、また「亡命か強制収容所行きか」においては、一九三四年六月三十日の「レーム一揆」において殺害されたパーペンの協力者エドガー・ユングにシュミットの将来を見て、「シュミットは、彼を脅かしているものが何かをはっきりと知っている。エドガー・ユングも彼がナチスの不興を買ってから、何とか一年はもったが、その後殺害された」[113]と予測している。しかしシュミットは殺害されることはおろか「強制収容所」に行くことも、亡命することもなく、それどころかベルリン大学教授の職に留まり、ナチスの侵略政策を間接的に擁護しつづけるのである。

Ⅶ　『ホッブズの国家論におけるリヴァイアサン』（一九三八年）

シュミットは一九三六年の失脚の後に『リヴァイアサン』を書いた。この書物ほどシュミットの自己分裂、また国家論におけるその反映を示しているものはない。この著作の中にシュミットのヤヌスの顔——一方における無政治的個人主義と他方における国家への献身——がはっきりと現れているのである。彼はこの著作を、戦後の『獄中記』（一九五〇年）において、ナチズムに対する内的抵抗の書に仕立て上げた。シュミットは「カール・マンハイムのラジオ講演に答えて」の中で、全体主義的な一党支配が内面の領域を把捉することが可能かと問い、「亡命のかたちをとらずとも、内面において、リヴァイアサンの爪牙の下においてさえ、精神はそれを失わない」[114]と述べている。

シュミットは、同書において「一国に国家権力の組織した公然性が支配する時、その国民の心は内面への秘めたる途を辿りはじめる。こうして沈黙と静寂という対抗勢力が成長しはじめる」と述べていたが、シュミットは『獄中記』でこの言葉を引き合いに出し、保護と服従の関係を破壊するテロ国家ナチスへの内的な抵抗の表現とみなしたのである。こうした自己弁護は説得力があるものではない。すでに私たちはシュミットの失脚についてのベンダースキーやリューターースの評価を参照したし、とりわけシュミットはナチスの「桂冠法学者」からの失脚にかかわらず、その後も特に「広域」理論を提唱することによって、ナチズムを正当化していたからである。

しかしここで確認しておきたいのは、シュミットが圧倒的な権力を前にして内面に逃げ込む姿は第一次大戦以降一貫していることである。

私たちは、『リヴァイアサン』を、シュミットが第二次大戦後弁明するようにナチズムに対する「抵抗」の書として読むだけではなく、近代的な国家、さらにはワイマール国家の崩壊についてのシュミットの診断の書と読むべきであろう。この書の副題は「政治的シンボルの意味と挫折」である。彼は、個人の自由が多元的集団を生み出し、その諸集団によって国家が破壊されると考えた。

多党制は、自由主義的法治国家固有の国家破壊法を完成した。「巨大な機械」としての国家の神話的象徴たるリヴァイアサンは、国家と個人的自由の区別のゆえに壊滅した。個人的自由を組織した諸組織がメスとなり、そのメスを持って反個人主義勢力がリヴァイアサンを切り刻み、その肉を分配した。かくて可死の神はふたたび死んだ。(115)

ホッブズにとって、国家は「可死の神」であり、機械であった。シュミットは一九三七年に書いた「ホッブズと全体主義」において、ホッブズの「可死の神」とヘーゲルの「地上の神」を比較し、「ホッブズは、霊魂を持った機械というデカルト的人間を国家に転用し、国家を主権的・代表的人格という霊魂を持った機械とした」とみなしていた。(116)

ホッブズにとって、国家は人間の制作物であり、その素材と技師も人間であり、物理的生存を保障する巨大なメカニズムであった。国家は技術時代の産物であり、「最も機械的な機械」であった。ホッブズは、中世的な多元性を克服し、「予測不可能な仕方で機能する中央集権的国家の合理的統一性を対置しようとした」のである。中立化と脱政治化という「世俗化」の流れの中で国家はあらゆる実体を喪失し、機械と化すことによって、決断機能を喪失してきた。

シュミットはホッブズの業績を「あらゆる種類の間接的権力に対する闘争」と評価しつつも、「聖俗権力の自然的統合を擁護したホッブズは、私的内面を留保したため間接的権力の危険な新形態に突破口を示したのであった」[117]と述べている。ホッブズの内面と外面の分離に特徴づけられる国家は、個人の内面を把捉しえないがゆえに、結局は崩壊せざるをえないのである。

シュミットが、第二帝政時代『国家の価値と個人の意義』の中で強調したのは、個人の内面をも把捉し、国家と一体になっている国家であった。この彼の教授資格請求論文こそは、その後の単なる「機械」と化した国家を批判する基準をなしている書である。

こうした視点からシュミットは、『リヴァイアサン』において、ホッブズによってもたらされた「内面と外面の分離」が突破口となってスピノザ、モーゼス・メンデルスゾーン、シュタールといったユダヤ人たちが国家の解体をもたらしたと批判した。そこにはシュミットの反ユダヤ的な発言が見え隠れしている。

ホッブズの正面には、公的平和と正義があり、個人的自由の思想は、背後の最終的留保にすぎないが、スピノザは逆に個人の思想の自由が枠組みの構成原理をなし、公的平和と主権を単なる留保に転化させた。ユダヤ的実存に発した思考過程の小転換が、単純極まりない一貫性を持って、暫時のうちにリヴァイアサンの運命に決定的瞬間をもたらしたのである。[118]

シュミットにとって、特に「同化したユダヤ人」は、国家の中に入り込みながら、国家を内側から解体することを目指した危険な敵であった。彼らは、啓蒙主義時代の思想的背景の下で、抽象的な人権や規範を合言葉に、国民国家を内側から破壊しようと企てたのである。

私たちは、シュミットの『リヴァイアサン』における近代国家の崩壊についての診断をどのように評価すべきであろうか。実は三つの相異なる評価が可能であり、そのいずれも説得力を持っている。一つは、ホッブズにおける「間接権力」における闘いと主権国家の創設を評価し、シュミットとホッブズを同一視する見方である。実際ワイマール期において、シュミットは、多元主義的勢力と戦い、国家の主権と決断能力を回復しようと試みたからである。内乱の中で秩序を回復し、『リヴァイアサン』において「ビヒモス」を克服しようとするホッブズの試みは、ワイマール期におけるシュミットの課題でもあった。二つめの解釈は、ホッブズが「内面と外面の分離」を国家論における「トロイの木馬」として残したので、それを突破口としてリヴァイアサンの主権国家が解体したと主張することで、機械と化した国家に個人の内面性をも糾合させるような実体的価値を注入することがシュミットの課題であったとする見方である。この点においては、シュミットの立場は「同種性」を実体的価値に据えることで、ナチズムの側に立つことになると同時に『国家の価値と個人の意義』に示された国家と個人の関係――個人の無と法を体現した国家の全能――の再現でもある。

第三はシュミットが「内面と外面の分離」の側に逃げ込むことによって、リヴァイアサンである強力な国家に抵抗したとする解釈である。

その三つの解釈がすべて正しいとするならば、シュミットの『リヴァイアサン』は、シュミットの中の内的矛盾を象徴した書であると言わざるをえない。一方において、個人の内面を把捉する全体主義国家に対する無政治的個人主義の抵抗という側面と、多元主義的な勢力と戦い、個人を実体的な価値を体現した国家に完全に自らをコミットさせようとする、相矛盾する傾向の不安定な共存なのである。まさしくそれこそ、『国家の価値と個人の意義』以来のシュミットの国家と個人との関係における特徴であった。ナチス時代においては振り子が国家に圧倒的に傾き、失脚に伴い、また振り子が逆に傾き、止まることを知らないのである。『リヴァイアサン』こそはシュミットの矛盾を典型的に示している著作である。

Ⅷ　シュミットの広域理論（一九三九年）

シュミットは、一九三六年にSSの機関紙『黒色軍団』の攻撃を受け、桂冠法学者としての地位を追われて以来、国際法学に目を転じるようになった。彼が一九三六年から一九四一年までに書いた主要な論文は、ホッブズ論を除けば、ほとんどが国際法に関するものであり、「広域」（グロース・ラウム）を訴えたものであった[119]。

シュミットが「広域」理論を展開するのは、ナチス・ドイツの侵略政策と時を同じくしている。シュミット自身が、「今日大規模な軍事的・政治的事態が進行し、かつ国家ではなく、ライヒが国際法の真の創造者であるという認識が急速に勝利をおさめている[120]」と述べている。この辺の事情についてホフマンは、「チェコスロヴァキアの解体と一九三九年三月におけるボヘミアとモラビアの保護領化を、シュミットは、本来の言葉の意味において、画期的な総統の行為と称賛した。彼は「広域」の新しい理論によって、ヒトラーの侵略を歴史的に必要なラウム秩序のための戦争として正当化した。それによって、一九三七年以来、シュミットの著作において、新しい重要な射程の長い転回が明らかになった」と述べている[121]。

シュミットは、『域外列強の干渉禁止に伴う国際的広域秩序』における「国際法におけるライヒ概念」において、ドイツ民族や国家の領域を超えた「広域」の達成を目指した。彼は、「国際法のこれまでの中心概念である国家に、国際法的に有用な、現代的適応性に優れている、より高次の概念を対置することが重要である」と述べ、「国家」の後にくるものを、「広域」か「普遍主義」かの二者択一に見た。「普遍主義」においては、西欧民主主義的国際法学、特に国際連盟を支持する多くの法学者が「主権概念」を批判し、国家概念を中心的位置から退け、国際法を普遍主義的世界法へと再構築しようとした。彼らにとって、国際連盟や国際司法裁判所を強化することがその出発点であった。シュミットはこうした動きを批判し、「ナチズムの勝利によって平和主義－普遍主義国家による国家の退位とは別の出発点、それとはまったく異なった目的から出た国際法上の国家概念の克服が実を結んだ」[122]と述べ、「広域秩序」に期待したのである。

シュミットの「広域秩序」のモデルは、一八二三年に宣言されたアメリカの「モンロー・ドクトリン」であった。彼は「モンロー主義が近代の国際法史における国際法的「広域」の最初の例であり、今までに成功した例である」と述べている。[123]シュミットは、モンロー・ドクトリンの特徴として、第一にすべての米州諸国の独立、第二にこの地域の植民地化の拒絶、第三にこの地域への米国以外の列強の不干渉を挙げている。シュミットは、「普遍主義対広域」（一九三九年）において、「普遍主義」が欧州の「広域秩序」に干渉をもたらし、ラウムによる区別や場所確定を無視して、そのイデオロギーを強制しようとすると批判し、両者の対立について、「ラウム外的諸勢力の干渉を拒否する原則に立った明確なラウム秩序と、全地球をその干渉の場とし、生気に満ちた諸国民の自然的成長を阻害せんとする普遍主義イデオロギーの対立[124]」と定式化している。

シュミットによれば、十六世紀から二十世紀に至るヨーロッパ公法体系における「帝国」(Imperium) は、非ヨーロッパ地域に進出し、そこに植民地を作ることによって成り立っていた。ポルトガル、スペイン、フランスはそれぞれ南米、東南アジアに植民地を求め、ハプスブルク帝国はバルカン半島に進出し、ロシア帝国はシベリア、東アジア、中央アジアに勢力圏を拡大した。したがって、「帝国」概念は、海外の植民地に依存するものであった。[125]こうしたラウムを無視した帝国主義運動は、他民族に対して支配的な民族への「同化」を強要したのである。シュミットにとって、「ライヒ」や「広域」は「帝国」と異なり、各民族の尊重と共存を特徴とし、「同化」を拒否するものであったし、民族と国家を結びつける「民族国家」の原理に反対するものであった。シュミットは、彼が創出を目指す中東欧の「広域」の特徴について、以下のように述べている。

中欧は、脆弱無力な状態から、強力かつ不可侵の中欧へと成長したので、その偉大な政治理念と、種および出生ならびに土に規定された生活現実としての各民族の尊重とが、中欧、東欧の地域に拡張、普及することを可能とし、かつ域外の非民族の介入の拒絶を可能にしている。総統の業績が、ドイツ・ライヒの思想に政治的現実と歴史的真理ならびに偉大な国際法的な未来を付与したのである。(126)

シュミットによれば、中・東欧における「広域」を可能としたのは、一九三八年二月二十日におけるヒトラーの演説であり、それは「外国国籍を有するドイツ民族に対するドイツの保護権」の主張であった。またそれは、すべての民族の相互尊重の原理に基づき、あらゆる同化、坩堝化を拒絶するものであった。シュミットはこの「民族の相互尊重」について、「多数であるが互いに異質のものではない民族および民族群の生活する中部および東部ヨーロッパ地域に関して、ここにおいて発達した特殊な国際法的秩序原理の意義を有する政治理念である」(127)と述べている。この中・東欧の「広域」に対しては、域外列強は干渉することはできないのである。シュミットは「普遍主義対広域」において、アジア版「広域」である日本の「大東亜共栄圏」にも言及している。シュミットにとって「広域」は、一民族一国家を原則とする国民国家とは異なり、さまざまな民族の共存を可能とするものであった。

こうしたシュミットの「広域」理論には、当然のことながら、多大な批判が浴びせられた。シュミットの弟子で、ナチスに協力したE・R・フーバーでさえも、シュミットの「広域」理論がドイツの帝国主義を正当化するものであると批判した。(128)またホフマンは、シュミットの「ライヒ」や「広域」の思想が正確な概念規定を欠き、民族的な政治理念から民族を越えた「広域」の法がいかに発展させられるかが不明であると指摘している。(129)またヘゲモニー民族であるドイツ民族と、支配を受けるスラブ民族との間の関係は対等であるとはいいがたい。そこには、中・東欧内における垂直的な権力関係が構造的に存在するのである。

実際シュミットによれば、中・東欧の「広域」を導くのが、ヘゲモニー国家である「ライヒ」(Reich)であった。そのライヒは、「広域」の他の構成国に政治理念を伝播し、指導するのである。彼は「ライヒ」を、「その政治理念が一定の広域によく行きわたり、かつ、この広域のために域外列強を根本的に排除する指導的・保障的強国」と定義している。[130]広域とは、ヘゲモニー国家であるドイツの植民地支配体制の正当化であるといえよう。中・東欧の政治理念もまったく明らかではない。G・マシュケは、「広域」が国民国家を超えていく秩序であるという議論に対して、その国家主義的な実態を容赦なく批判した。

シュミットにおける中心的思想は、ドイツのヘゲモニー権力であり、それは支配された諸国家に対して何かある方法で国家的な関係を有する。……国家は、シュミットにおいては放棄されているのではなく、国家からの決別は事実上存在しない。逆に国家的なものを救出しようという試みが見出されるのである。シュミットにおいては、海洋勢力やアングロサクソンに対抗することが重要である。したがって「国家性」が常に暗黙の前提となっている。シュミットの「広域」思想は、国家主義的な中核を有している。[131]

ところで、シュミットは一九三四年の『法学的思考の三類型』において「具体的秩序思考」を展開し、一九三九年以降は、それを「広域」理論に適用した。一九三四年論文と一九三九年論文の相違点は、前者が民族的秩序を前提にしているのに反し、後者は民族を越えた歴史的構成体を問題にしていることである。また前者が過去の自生的秩序に着目し、静態的な秩序であるのに対して、後者は未来に開かれており、現状変革的なものであった。それだけ、ヘゲモニー国家の政治的決断が重要なものとされたのである。

シュミット自身、「「広域」の政治理念にとって不可欠なものは、特定の民族が政治理念を担い、その政治理念が特定の「敵」を念頭に置き、そうすることによって政治的なものの性格を保持していることである」[132]と述べている。そうなると、シュミットの「広域」理論は、「具体的秩序思考」というより、決断主義に限りなく接近しているといえよう。

シュミットが真に「具体的秩序思考」に基づいて、国際法秩序を構想するのが、一九四二年の『陸と海』および一九五〇年の「ヨーロッパ法学の状況」『大地のノモス』においてである。後者の二つの論稿は、実際には一九四〇年代前半の産物である。こうした著作においては、「具体的秩序の内容がドイツ的なものからヨーロッパ的なものへと重点を移し、ヨーロッパ的具体的秩序というかたちでヨーロッパに共通の法的思考や精神の存在を強調することになる」[133]と述べている。ただ、この時期のシュミットの成果については、第二次大戦後の時期のシュミットの著作のところで考察することにする。

シュミットは、一九四二年以降はナチスに対してはかなりの距離を保っていたようである。一九四四年七月二十日には主犯シュタウフェンベルクによるヒトラー暗殺事件が発生する。シュミットの盟友でプロイセンの財務大臣であったポーピッツはこの事件に関与したかどで、一九四五年二月二日に処刑され、彼の知人W・アールマン（プロイセン文部省の係官）は、逮捕を回避するために一九四四年十二月七日に自殺した。

シュミット自身が、この暗殺計画に関与した証拠はない。しかしシュミットは、彼らのことを忘れず、『獄中記』（一九五〇年）をヴィルヘルム・アールマン（一九四四年十二月七日没）に、『憲法論集』（一九五八年）をヨハネス・ポーピッツに捧げている。

第六章　ボン基本法体制下におけるシュミット

I　シュミットとニュルンベルク裁判

1　ニュルンベルク裁判

ドイツは一九四五年五月八日に連合国に降伏したが、シュミットはベルリンを占領したソ連軍によって拘留され、尋問を受けた。その後九月二十五日に、米軍によって翌年の十月十日に釈放されるまで約一年ほどベルリンのヴァンゼー収容所に拘禁され、十二月二十九日にベルリン大学教授を罷免された。

一九四七年三月十九日に再度逮捕されたシュミットは、ニュルンベルクに護送され、次席検事総長ローベルト・ケンプナーの尋問を受けた。(1) H・クヴァーリチュ編集の『カール・シュミットのニュルンベルク答弁』に、ケンプナーによる三回の尋問と四つの上申書（Stellungsnahme I~IV）が収録されている。

シュミットに対する尋問の目的は、シュミットが「攻撃戦争、戦争犯罪、人道に対する犯罪」に直接・間接に関与したかどうかを問いただすことであった。(2) シュミットは、「ポーランド、ノルウェー、フランス、ロシア、デンマークが攻撃されたか」の問いには「明らかである」と答えているが、そのためのイデオロギーを提供したかの問いには、「否」と答えている。また彼は、ヒトラーの思想にそって国際秩序を唱道したかの問いを否定し、「診断」しただけであると回答している。

ここで問題となるのは、ヒトラーが唱道した「生存圏」(Lebensraum) と、シュミットが戦争時に理論展開した「広域」(Großraum) との関係である。

ケンプナーが問題としているのは、本書でとりあげた『域外列強の干渉禁止に伴う国際的広域秩序』である。この点に関しては、ケンプナーの尋問においては議論が深められていないので、シュミットの「上申書」から見てみよう。「上申書Ⅰ」は、「あなたはどの程度、ヒトラーの広域政策の理論的な根拠づけを推進しましたか」という問いに対する答えである。彼は、「広域理論」と「生存圏理論」の相違に関して、「私はラウム（領域）概念から出発し、生物学的な視点や議論を斥けた。同様に私は、人種について語ることを回避した。というのもこの多義的な言葉は、まったくヒトラーによって専有されていたからである(3)」と述べ、自分はナチスやSS（親衛隊）の機関紙によって反感を抱かれていたと述べている。真正なナチスの信奉者は、シュミットの「批判的－学問的なラウム」理論にイデオロギー的危険性を感じ取っていたという。

シュミットはケンプナーから反ユダヤ主義の発言についても尋問を受けた。「あなたはユダヤ人問題一般について、また第三帝国におけるユダヤ人の処遇についてどう思いますか」という問いに対して、「たいへん不幸なことです。最初から(4)」と答えている。また「国際法学者であったユダヤ人同僚の影響を不幸と考えなかったのか」という質問に対して、カウフマンが『事情変更の原則』と『国際法の基礎』において、「社会的理想とは安全保障戦争」であると述べたことを挙げている。これは、自分よりユダヤ人カウフマンのほうがより好戦的であることを印象づける狙いがあった。ケンプナーは皮肉を交えて、「しかしここにいるのは、エーリヒ・カウフマンではなく、あなたです」と述べている。ただシュミットは、「一度だけ、ユダヤ人の理論家は領域理論に対する感覚を持っていない」と書いたことを認めている。これは、シュミットが領域なき普遍主義イデオロギーがユダヤ的思考であるとみなしていたからである。一九三六年末にシュミットが「ナチス法擁護者連盟」（ＮＳＲＢ）の大学教官部会の会長として「法学におけるユダヤ主義との戦い」というテーマで大会を開催し、反ユダヤ主義的発言をしたことに対する反省はまったく見られない。またシュミットのナチスへの積極的加担や反ユダヤ主義的言動によって多くのユダヤ人国法学者がシュミットと決別したことに対する良心の呵責を感じ取ることもできない。

シュミットは「上申書Ⅱ」で、「私はすべての点で自分の責任を深刻に考えており、法的な責任と非法的な責任の区別を利用して、責任からのがれようと思ってはいません[5]」と言いながら、実際には弁明に終始している。

ここで私たちは、シュミットの「上申書」に目を移して、シュミットがこの時点でナチス体制をどのように総括していたかを検討することにしよう。

シュミットは、「尋問Ⅲ」において、「あなたが当時このようなこと［ナチスを正当化するようなこと］を書いたのは恥ずかしいとは思いませんか」という問いに対して、「今から思えば当然恥ずかしいです。……たしかにゾッとします。それについては言葉もありません[6]」と述べている。シュミットがナチ体制を正当化したことを恥じているとも思える言辞である。

ここで重要なのは、シュミットが「上申書Ⅲ」において、ヒトラー体制の異常性と予測不可能性について語っている点である。彼の予測をはるかに超えてナチス体制は異常で専制的な体制であったのである。

彼は、カトリック教会の教皇とヒトラーを比較して、ヒトラーにおける権力の前代未聞の集中を批判している。

ヒトラーの意図的な主観主義と彼の体制の根本的な「異常性」は、実際には類例をみないものであり、比較不可能である。カトリック教会の頭である教皇は教義上は「無誤謬」とされているが、彼の無誤謬性は同時に最も明確なもの、しかも一般的な確定に制約されており、その行使は最も明確で可視的な形態（教皇座から ex cathedra）に拘束されている。これに反してヒトラーは、あらゆる種類の一般的、個別的命令を発し、法律を発布し、離婚を認め、刑罰を執行し、好きなように親権を剥奪する。……かくして「総統の命令」を引き合いに出すと、誰も彼をコントロールできない。[7]

ヒトラーは全能と全知の存在となり、まさしく彼に対する個人崇拝が要求されるようになる。シュミットは、総統の命令が社会の隅々の領域に浸透していく「全体主義体制」を見抜けなかった。いや予感したとしても、「職業官吏制度」によりコントロールできると期待したのである。ナチス時代のシュミットは、ナチズム体制とその無軌道な運動を官僚制や合法性によってコントロールし、法的安定性を付与しようと努力したが、彼はその試みが完全に失敗であったことを学んだのである。職業官吏層は、ヒトラーの恣意的な権力行使を制限するどころか、ヒトラーの手となり足となって、ヒトラーの命令をまさに自動機械のように実行した。

彼は「上申書IV」において、職業官吏層がなぜヒトラーに唯々諾々と従ったかを分析し、一九三三年一月までの職業官吏層のヒトラーへの態度について、以下のように述べている。

多くの官吏は、ヒトラーが繰り返して約束したので、彼をドイツの職業官吏制度の救い主と考えた。すべての人々は公然と内戦を恐れ、ヒトラーの合法性への誓いの中に内戦に対する保護を見た。伝統的なドイツの官僚国家に対して全体主義的な一党支配がもたらす危険性にはほとんど気づかなかった。[8]

そしてシュミットは、職業官吏たちがヒトラーへ盲目的に服従し、ヒトラーの犯罪に加担し、それを貫徹していく悲劇の原因として、職業官吏制度の「合法性信仰」を挙げている。彼は「徹底して機能化された官吏制度の行動は、全体主義的な権力集中の時代においては、このようなひどい現象［明らかな非人間性への関与］をもたらした」[9]と述べ、「ヒトラー体制を認識する鍵概念」としての合法性問題をとりあげている。この合法性信仰こそ、職業官吏層の良心を衰退させ、自らの責任についての自己欺瞞を植え付け、非人間的な犯罪行為の共犯者に仕立て上げたものである。しかしそれは、「全権委任法」の成立とともに、ナチズムを全面的に支持するに至ったシュミットにもあてはまるのではないだろうか。

シュミットは起訴を免れ、一九四七年五月に生まれ故郷のプレッテンベルクに帰ってきた。四十八歳の時である。彼はここで、亡くなるまで、戦後ドイツの約四〇年を過ごすことになる。プレッテンベルクは、その風景といい、住民といい、シュミットにとって心温まる避難地であった。妻のドゥシュカも十月にベルリンからプレッテンベルクに引っ越してきた。プレッテンベルクのシュミットの家には、後にたくさんの人がシュミットを訪ねて来ることになる。シュミットのボン時代の弟子エルンスト・フォルストホフやヴェルナー・ヴェーバー、そしてベルリン時代の弟子ハンス・シュナイダーも彼との接触を求めてきた。

ところで、シュミットはニュルンベルク裁判そのものに対してはどのような態度をとったのであろうか。シュミットがニュルンベルク裁判でとった態度を示しているのが、『攻撃戦争論』である。

2 『攻撃戦争論』（一九四五年）

第二次大戦で敗北したドイツは、ニュルンベルク裁判によって「戦争犯罪」を裁かれることとなった。シュミットがニュルンベルク裁判を批判した書物が『攻撃戦争論』である。(10)

シュミットは、ここで戦争犯罪を三つに区分している。第一は、戦争の規則や慣例に対する戦闘員による侵害で、ハーグ陸戦規則、海洋法規範、戦時捕虜法規範といった交戦法規に対する違反である。彼は、これらの国際法は「戦争を許されたもの、合法的なものとして前提している」と述べ、この国際人道法に違反する戦争犯罪を認めている。

第二の戦争犯罪は、ニュルンベルク裁判において裁かれた「人道に対する罪」であり、それは正常な人間の理解力を越えた「残虐行為」、また「許しがたい犯罪」である。アウシュヴィッツにおけるユダヤ人虐殺がその最たる事例である。

シュミットは、この種の「戦争犯罪」を否定しているわけではない。この犯罪に関しては、「法律がなければ刑罰なし」という原則は成立せず、「その非人間性は、きわめて重大かつ明白なので、事実や行為者を確定するだけでよく、これまでの実定刑法をまったく考慮せずに罰しうる[11]」と述べ、ニュルンベルク裁判における戦争犯罪の構成要件として、「人道に対する罪」を承認している。シュミットは、事後法を遡及して「人道に対する戦争犯罪者」を裁くことを、彼が『政治的なものの概念』において述べた「法的保護の停止」と関係づけて、以下のように述べている。

ナチスの計画的な残虐行為の犯罪の粗暴さ、残酷さは、正常な人間の理解を越えるものである。それは、従来の国際法や刑法のあらゆる枠を超えたものであり、犯罪者はそれによって自らを「法の外」に置く[12]。

シュミットが批判するのは、第三の「攻撃戦争」(Angriffskrieg)という戦争犯罪である。攻撃戦争を犯罪とする見方について言えば、とりわけ一九二四年の「ジュネーブ議定書」、そして一九二八年のケロッグ規約が攻撃戦争の違法化に貢献した。しかし戦争から一切の規範的要素を排除するシュミットにとって、攻撃を悪、防御を善と断定することは困難であり、攻撃と防御は状況に規定されたものであり、絶対的な道徳概念ではない。シュミットにとって、戦争を始める権利は国家主権に属しているもので、道徳的にも法的にも許容されるものであった。また最初に発砲し、国境を越えたからといって、戦争全体の経過から見て、必ずしも不正であるわけではない[13]。

総じてシュミットは、ヒトラーの犯罪を「人道に対する罪」に限定し、「攻撃戦争」による「平和への罪」を否定するのである。彼はヒトラー政権の人道上の犯罪と、攻撃戦争に対する批判とを混同すべきでないと主張する。[14]

しかし、J・ハバーマスは、シュミットが「人道に対する罪」を認めたというのは、戦術であると批判する。[15]というのも彼は、シュミットが『グロッサリウム』(注釈集)の一九四八年三月十二日の記事において述べたこと、つまり「人道に対する罪とは何か。愛に対する犯罪がありうるだろうか。殺人、子供の誘拐、強姦は犯罪である。こうした構成要件を度外視するならば、純粋な非人間性としては何が残っているだろうか[16]」と書いたことを知っているからである。このシュミットの言葉は、別に「人道に対する罪」を設けなくても、国内法によって十分に裁けるという主張である。また一九四八年五月六日の『グロッサリウム』においても、「人道に対する罪」は敵を殲滅するための一般条項の中でも最も一般的なものであると述べている。[17]一九四九年十二月六日の記述には、「人道に対する犯罪(Verbrechen gegen die Menschlichkeit)と人道のための犯罪(Verbrechen für die Menschlichkeit)がある。前者はドイツ人によって犯されたものであり、後者はドイツ人に対してなされたものである[18]」と述べ、あたかもドイツ人が、アングロサクソンの「人道概念」の被害者であるという印象を与えかねないものである。

また同じ『グロッサリウム』において、シュミットは、一九四九年三月三十一日に「一連の続く不正——ベルサイユの不法が、ヒトラーの不法にまで強まり、またヒトラーの不法は、ヤルタ、モスクワそしてニュルンベルクの不法にまで亢進した[19]」と述べている。ここでは、ヒトラーの不法の原因がベルサイユ条約の不正に由来するものであるというシュミットの認識が読み取れる。ヒトラーの不法はニュルンベルクの不法を招いたという認識から、勝者が敗者を裁くニュルンベルク裁判に対するシュミットの批判を見て取ることができる。

シュミットは、『政治的なものの概念』において、「人類(Menschheit)の名を掲げ、人間性を引き合いに出し、この語を私物化すること、これらはすべて、敵から人間としての性質を剝奪し、敵を非合法(hors-la-loi)・非人間と宣告し、それによって戦争を、極端に非人間的なものにまで推し進めようという恐ろしい主張を表明するものに他ならない[20]」と述べ、人類や人道を掲げる戦争が対立を絶滅戦争までエスカレートさせると主張していたが、戦後になっても彼の見解は変化していない。「人道に対する犯罪」を宗教的・道徳的な法廷で裁くという視点は存在せず、すべてが友・敵という視点でとらえられることになる。「人道に対する罪」は、連合国のドイツ破壊のための戦略にすぎないという考えである。

II　シュミットの戦後の歩み

シュミットは戦後は大学にもどることは許されなかったし、国法学者たちの大会やアカデミックな法学雑誌に寄稿することも許されなかった。また講演活動も制限されていた。ナチズムに関与し、積極的に支持したという彼の過去は、戦後のシュミットの活動を制限し、大きな影を投げかけたのである。

シュミットは、自分の故郷プレッテンベルクの家を、マキアヴェリがメディチ家の寵愛を失って亡命中に住んだサン・カッシアノという名で呼んだ。そこには自分をマキアヴェリと同一化し、国家のために貢献したにもかかわらず迫害の憂き目にあっているという被害者意識が表明されている。

しかしプレッテンベルクの避難の生活の中でも、彼に救いの手を差しのべる人々もいた。彼に学問的な活動の刺激と機会を与えたのが、ミュンスターとエーブラッハにおける研究会であった。シュミットは、ヘーゲル研究家で有名なヨアヒム・リッターが指導者であるミュンスターの「哲学講座」(Collegium Philosophicum) に頻繁に参加した。彼はこの「哲学講座」で一九五七年三月九日に「今日の大地のノモス」について発表している。このミュンスターの「哲学講座」に集まった学者は、ヨアヒム・リッター以外に、いわゆる「リッター学派」に属する人々で、法学者のエルンスト＝ヴォルフガング・ベッケンフェルデ、哲学者のオード・マルカード、政治哲学者のヘルマン・リュッベといった人々である。

もう一つの共同研究の場は、E・フォルストホフが率いていたエーブラッハ修道院での研究会で、一九五七年三月にフォルストホフはこの会に「大地のノモス」のテーマの講演のためにシュミットを招待した。これはフォルストホフのゼミの学生たちが休みの日に集まって、憲法や国際法の根本問題について議論するために計画されたものであり、最初は約四〇名の学生が参加した。シュミットは一九五七年から一九六七年までほとんど毎年この会合に参加した。この会は一九七一年まで続いている。シュミットの『価値の専制』（一九六〇年）もエーブラッハでの議論が下地になっている。[21] ラークはこの会合がシュミットに対して持った意味について次のように述べている。ちなみにフォルストホフはシュミットと同様ナチスにコミットしていたが、戦後ハイデルベルク大学で続けて教壇に立つことが許された。

シュミットはエーブラッハのために、特別に全力を尽くし、会話において明らかに生気を取り戻した。少数の学生はゼミナール以外にシュミットとコンタクトを持ち、手紙を交換し、自分の書いたものをシュミットに送ったり、個人的にシュミットを訪問した。師にもう一度アカデミックな活動の場を提供し、若い世代の人々にシュミットの影響力を実証するというフォルストホフの意図は、疑いもなく、成功したのである。[22]

またシュミットの論稿は、一九六二年にベッケンフェルデがローマン・シュヌールと共同で立ち上げた学術雑誌『国家』に掲載できるようになった。この雑誌は、法学者だけではなく、政治学者、歴史家、哲学者も寄稿する学際的な雑誌として構想された。今までの権威ある『公法雑誌』に対抗して、ないし補完するために作られたが、主にシュミット学派に属する人々が寄稿している。

また一九五九年にハンス・バリオン、エルンスト・フォルストホフ、ヴェルナー・ヴェーバーの編集により、シュミットの友人や弟子たちの論稿を集めた『シュミット記念論文集』がシュミットの七十歳の誕生日を祝して刊行された。寄稿者の中には、ベッケンフェルデ、E・フォルストホフ（ハイデルベルク大学）、J・H・カイザー（フライブルク大学）、ハンス・シュナイダー（ハイデルベルク大学）、ローマン・シュヌール（シュパイアー行政学院）、ヴェルナー・ヴェーバー（ゲッティンゲン大学）といった戦後のシュミット学派の系譜に属する法学者が寄稿している。さらにシュミットの八十歳の誕生日を祝して、ハンス・バリオン、ベッケンフェルデ、E・フォルストホフ、ヴェルナー・ヴェーバーの編集によるシュミット記念論文集 *Epirrhosis* 二巻本が一九六八年に刊行された。そこには「一九四五年以後、シュミットと学問的、個人的に親しい関係にあった人々」の論稿が掲載され、専門領域や国を越えて多彩な人々が寄稿している。編集者以外には、国法学者でナチスのイデオローグであったが戦後ボン基本法のコンメンタール『ドイツ国法』で有名となったテオドール・マウンツ（一九〇一―一九三）、法学者でシュミットの遺言執行人のヨーゼフ・H・カイザー（フライブルク大学）、政治哲学者のヘルマン・リュッベ、保守革命派のアルミン・モーラー、歴史家のラインハルト・コゼレックといった人々の論稿が収載されており、日本では阿部照哉の「日本の明治憲法の崩壊についての考察」や国家緊急権の研究で知られている大西芳雄の「人民主権について」が掲載されている。大西は黒田覚とともに京都大学の憲法学・国法学の講座を一九四〇年代に担当したが、双方ともシュミットの憲法理論に精通した法学者であった[23]。

特にベッケンフェルデは、連邦共和国においてシュミットの理論を受け継ぎつつも、それを自由主義的に解釈し、またボン基本法に矛盾しないかたちで展開した。ベッケンフェルデの存在は戦後ドイツの公法学におけるシュミットの名誉回復に大きな役割を果たした。

シュミットは基本的に戦後プレッテンベルクに引きこもっていたが、彼を支えていたのは妻ドゥシュカと娘アニマであった。

愛妻ドゥシュカは一九五〇年十二月三日に四十七歳で亡くなったが、そのことはシュミットを悲しみの淵に追いやった。妻ドゥシュカが死去したことにより、シュミットはカトリック教会からの除名を取り消された。ドゥシュカ亡き後は、アニー・シュタントが家政婦としてシュミットの身の回りの世話をした。またシュミットが愛し、シュミットの戦後の著作活動を支えた娘アニマは、一九八三年六月十七日に、五十二歳の若さで癌のため亡くなった。シュミットの九十五歳の誕生日の約一カ月前のことである。そしてシュミット自身は一九八五年四月七日に息を引き取った。享年九十六歳、波瀾万丈の生涯であった。彼は、生前彼が望んでいたように、プレッテンベルクにあるカトリックの墓地に葬られた。墓石には「Kai Nomon Egno（彼はノモスを知っていた）」という言葉が刻み込まれている。

Ⅲ　シュミットとボン基本法

シュミットは、ドイツ連邦共和国の誕生とボン基本法をどのような態度をもって迎えたのであろうか。またシュミットの憲法論はボン基本法にどのような影響を及ぼしたのだろうか。(24)

まず、ワイマール憲法と比較したボン基本法の特徴として、以下の六点があげられる。それはワイマール憲法の弱点が共和国の崩壊につながったとして、それを克服するために構想されたものである。ボンはワイマールではないのである。

(一)人民投票の意思形成の排除、(二)大統領と首相の政治的二元論の回避、(三)首相の立場の強化、(四)政治的な意思形成の担い手としての政党の承認、(五)立法者に対する基本権の拘束性、(六)国家権力の司法的コントロールのための憲法裁判所の設立。

その中で、シュミットが影響を与えたものとしては、第六七条の建設的不信任投票（das konstruktive Mißtrauensvotum）や第七九条の憲法改正の限界（第一条の基本権規定や第二〇条の連邦国家、権力分立、社会的法治国家、抵抗権の諸原理などの憲法の基本原理は憲法改正に対して不可侵であるという説）が挙げられる。

ここではまずシュミットが、ハウシュタインという名前で書いた「ドイツ連邦共和国の基本法」の概要を示した後、『憲法論集』（一九五八年）におけるシュミット自身の発言に依拠して、シュミット自身が、自らの憲法論的立場とボン基本法との関係をどのように考えたかを検討することにする。したがって、憲法の起草の段階でシュミットの憲法論がどのように議論され、影響を及ぼしたかは、ここでは取り扱わない。

1　「ドイツ連邦共和国の基本法」（一九四九年）

この論文におけるシュミットのボン基本法解釈は、あまり自らの政治的・イデオロギー的立場を交えることなく、きわめて抑制したかたちで論じられている。まさに彼の『憲法論』を読んでいるような印象を受け、彼の憲法制定権力論、憲法改正限界論、基本権の保障、法治国家的思考が叙述されている。この論稿は、一「基本法の一般的意義」、二「基本権」（一―一九条）、三「連邦とラント」、四「連邦共和国の最高の機関」、五「連邦の立法」、六「司法」によって構成されている。[25]

シュミットはドイツの敗戦と占領によって、政治的統一体としての国家は変容したが、根絶されたわけではなく、ドイツは国家として存続しつづけていると最初に述べている。[26]『憲法論』においても述べられていた国家の連続性の主張である。約四年間の占領を経て、ボンにおいて議会評議会は、一九四九年五月八日にボン基本法を制定したが、しかしこの憲法には重要な制約があった。シュミットは、この点について彼の『憲法論』の観点から、ボン基本法が無制限な人民の憲法制定権力によって生じたのではなく、三つの占領軍政府の持続的な影響と同意のもとに成立したと述べている。[27]しかし、だからといって憲法の正統性を否定しているわけではない。

またシュミットは、ここで彼が最も憂慮していた憲法裁判所について触れ、政治的に沸騰した時代においては、人々は政治的な敵から「自由で民主的な基本秩序」の性格を剝奪する傾向があることを指摘し、政党を違憲と決定する憲法裁判所の裁判官は政治的に重要な権力を持つと主張している。また基本権に関しては、一九三三年に制定された全権委任法がワイマール憲法の基本権を侵害したが、ボン基本法においてはそれが許されないとして、以下のように述べている。

基本権は、公共生活、特に立法、司法、行政における国家活動のすべての部門に浸透し、規定しなければならない。立法者は、最も厳格に、すべてを支配する基本権の意義を遵守する義務がある。たとえ立法者が法律に基づいて基本権の制約や侵害を行なうにしても、彼は基本権そのものを除去することは許されない。この点においてボン基本法は、第一九条第二項において、「いかなる場合でも基本権は、その本質的内容において侵害されてはならない」と定めている。

ここには、立法者といえども侵害できない基本権の前国家的性格が表明されている。また基本権の侵害に関する争いは、第四項において「何人も公権力によって自己の権利を侵害された時は、裁判で争う余地が開かれている」と記されているので、裁判所が少なくともボン基本法の基本権部分の「憲法の番人」であると述べている。[28] ここでは、シュミットがワイマール共和国において「憲法の番人」として否定していた裁判所を、ボン基本法においては「憲法の番人」と認めているように思われるが、真意は明らかではない。

さらにシュミットは、「ドイツ連邦共和国は、民主的かつ社会的な連邦国家である」と規定した第二〇条第一項において、「立法者は法律適合的な秩序の上位にあるわけではない。民主的、社会的、法治国家的な連邦国家の原則が彼にとっても不可侵である」と述べている。ここから憲法改正の限界も生じてくる。また第六七条の「建設的不信任決議案」は、ワイマール共和国において相互に敵対的な政党が一致して、政府に対して不信任投票を行ない、倒閣を行なったことを反省して導入されたと評価している。

シュミット自身のボン基本法に対する見解をより詳しく知るには、『憲法論集』に収められた各論稿にシュミットが追加した注釈を検討することが不可欠である。

2　『憲法論集』（一九五八年）

（1）憲法改正限界論

R・ムスヌークは、「カール・シュミットの憲法論とドイツ連邦共和国の国法への影響」において、アンシュッツに代表される憲法改正権力の無限界説がナチスの「全権委任法」への道を開いたとして、シュミットの解釈が、ボン基本法の第七九条の憲法改正権力の限界につながったと評価している。

カール・シュミットは［憲法改正限界説］をワイマール国法学に説得できなかった。しかしボン基本法の父たちは、シュミットと彼の憲法論に従った。……ボン基本法第七九条第三項は、連邦の諸ラントへの編成、立法にさいしての諸ラントの原則的協力、民主主義、法治国家と社会国家、人間の尊厳の保障、不可侵の基本権への国家権力の拘束といった憲法の基本原理に対する憲法改正権力の干渉を斥けたのである。[29]

こうした認識は、当然のことながら、シュミット自身も有していた。シュミットは一九五八年の『憲法論集』に『合法性と正統性』を収載しているが、その後記にいかに自らの「憲法改正限界説」が当時の通説によって無視されたかを回顧しつつ、憲法の実体を守ろうとする自らの立場がボン基本法につながったと指摘している。

憲法改正権力は自らの内に憲法構造を根本的に変革する権限を持っていないという学説は、現在ボン基本法の第七九条や数多くのラント憲法で明らかに承認されている。私たちにとって今日説得力のあるこの学説は、残念ながら、ワイマール時代においてはほとんど支持されなかった。ライヒ憲法の有名な注釈者であるG・アンシュッツは、憲法改正は憲法の政治的実体を破壊しうるという見解を持っており、私の見解を立法論上

(de lege ferenda) は注目すべき政治的要請であるが、ワイマール憲法中にいかなる根拠も見出されないとあっさり片づけたのである。(30)

(2)「建設的不信任決議案」

ムスヌークは、ボン基本法の第六七条の「建設的不信任決議案」に対してシュミットが及ぼした影響を指摘している。第六七条には「連邦議会は、その議員の過半数をもって連邦首相の後任を選出し、連邦大統領に対し、連邦首相を罷免すべきことを要請することによってのみ、連邦首相に対して不信任を表明することができる」とある。こうした「建設的不信任決議案」は、特にワイマール後期における議会の機能麻痺を反省して、ボン基本法に採択されたものである。一九二四年に書いた「ライヒ議会の解散」についての後記で、シュミットは以下のように述べている。

議会制の困難は、積極的な議会の多数が存在せず、否定的多数派が立法上の空白を形成した時に克服不可能となった。それはワイマール共和国末期に特徴的であった。この空白を除去するさまざまな試みは、たいていの場合、不信任投票を困難にするという標語のもとに結集する。そうした試みは、最終的に一九四九年のボン基本法の第六七条において、重要な実際的な成果をもたらした。(31)

この成果こそ、「建設的不信任決議案」の制度である。

(3) 法律と措置の区別

シュミットの法律概念の特徴は、法律と措置を区別し、措置に法規命令を含ませなかったことである。ワイマール共和国では、実際に第四八条第二項の緊急権を行使して大統領が法規命令を下すことによって、特別立法者として立ち現れ、議会の立法機能を脅かしていた。シュミットは、法律と措置の区別が、ボン基本法第一九条第一項（「法律は一般的に適用されるものでなければならず、単に個々の場合にのみ適用されるものであってはならない」）において具体化されていると考えた。彼は、「一九四九年のボン基本法は、古典的な法律概念を再興する。それは、基本権の制限のために、ただ一般的規範としての法律を許容する（第一九条第一項）」と述べている。[32]

こう述べつつも、シュミットはボン基本法第八〇条、つまり「法律によって、連邦政府、連邦大臣またはラント政府に対し、法規命令を発する権限を与えることができる。その場合には、与えられる権限の内容、目的および程度は、法律において規定されなければならない。命令の法的根拠は、その命令の中に示されなければならない」に着目し、法律に規定された法規命令を「措置－法律」（Maßnahme-Gesetz）と呼び、通常の一般的な法律である「法－法律」（Recht-Gesetz）と区別し、「措置－法律」の有効性を、特に「社会国家」への発展において確認している。

かくして法律と措置の区別が、法律自体の中に入り込み、「法法律」（Rechtsgesetzen）と「措置法律」（Maßnahmegesetzen）の区別をもたらした。その中に、生存の配慮（Daseinsvorsorge）を行なう「行政国家」への不可避的な発展が示されている。[33]

シュミットによれば、こうした法律概念は国家と社会の古典的な区別に依拠する法律概念ではなく、社会国家的発展に見合った法律概念なのである。

(4) 制度的保障

シュミットは、一九三一年に発表した「自由権と制度的保障」を『憲法論集』に再度収載し、後記においてボン基本法との関係において言及している。シュミットは「制度的保障」がワイマール憲法においても見られるものであり、それは規範主義的・決断主義的な法思考よりも具体的秩序思考によって十分に把握されるものであると述べている。そしてシュミットは制度的保障とボン基本法との関係について、「一九四九年のボン基本法において制度的保障理論が継受された」として、フォン・マンゴルトとフリードリヒ・クライン共著のボン基本法のコンメンタールを挙げている。[34] シュミットは、「自由権と制度的保障」においては、制度的保障を個人の自由に対する「連結的・補完的保障」と位置づけるよりは、主観的権利は制度的保障の下位に立つとして、双方の対立の可能性と「自由」が「特権」となる事態について言及していたが、後記においては「連結的・補完的保障が今までよりも一層注目に値する」[35]と強調点をシフトさせている。

(5) 憲法裁判所

今まで述べてきたように、シュミットは比較的ボン基本法の規定に好意的であり、自らの憲法論をボン基本法の精神に合わせるように努力した。しかしシュミットおよび彼の弟子E・フォルストホフにどうしても受け入れられなかったのが、ボン基本法第九三条と第九四条に規定された憲法裁判所の役割であった。彼らにとってボンはワイマールではないのみならず、さらに悪いことにカールスルーエ(憲法裁判所の所在地)であった。シュミットはワイマール期の「憲法の番人」論争で、司法の政治化と政治の司法化を警告していた。シュミット自身はボン基本法に対する批判的発言は控えたが、シュミットの弟子たちからは批判が寄せられた。例えばフォルストホフは、憲法裁判所の必要以上の権限の拡大を批判し、本来は政治的決断にゆだねなければならないことを裁判所にゆだねることは、法治国家を司法国家に変質させるものであり、事実上、憲法裁判所を他の国家機関よりも上位に置くものであると批判した[36]。

ボン基本法の制定に関しては、「憲法の番人」を裁判所に求めることによって「司法の政治化」や「政治の司法化」をもたらすと警告したシュミットやフォルストホフの訴えは無視されてしまったのである。

しかしシュミット学派のE＝W・ベッケンフェルデが憲法裁判所の判事を務めた（在任期間一九八三・一二―一九九六・五）ことからも明らかなように、ベッケンフェルデの世代はその前の世代のE・フォルストホフやW・ヴェーバーの世代と異なり、憲法裁判所の役割を基本的に受け入れたのである。

シュミットは『憲法論集』に再度掲載した「憲法の番人としてのライヒ裁判所」の後記において、「一九四九年のボン基本法によって、広範な権限を有する憲法裁判所が憲法の番人に高められた。その権限は法律を違憲とみなし、無効を宣言する可能性だけに関係するのではなく、「非合法性（Illegalität）の宣言」（ボン基本法第一八条と第二一条）といったすぐれて政治的な行為の権限を有している[37]」と述べている。第一八条は「自由で民主的な基本秩序」に敵対するために基本権を濫用する者の基本権の喪失規定であり、第二一条は同じく「自由で民主的な基本秩序を侵害し、もしくは除去し、またはドイツ連邦共和国の存立を危うくすることを目指す」政党を違憲とみなす規定であり、憲法裁判所が双方の問題について決定するのである。実際一九五二年に極右の「社会帝国党」、一九五六年に極左の「ドイツ共産党」が非合法化された[38]。

シュミットにとって、そのような決定権を持った憲法裁判所は、議会や政府の上に立つ機関であり、まさに自らが政治化することによって、中立性を喪失するのである。

（6）緊急権

シュミットが一九六八年に制定された緊急権の憲法条項にいかなる立場をとったのかを、シュミット自身の著作や発言に従って再構成するだけの確実な資料がないので、『憲法論集』に収載された「緊急権の国法的意義、特にその法的妥当性」(一九三一年)にシュミットが加えた後記を通して、シュミットがボン基本法における緊急権のあり方についてどのような見解を抱いていたかを検討しておくことにする。

まずシュミットは、「いかなる憲法も非常事態(Ausnahmezustand)なしで済ますことはできない。たとえ非常事態が委任独裁、政治的戒厳状態、緊急事態(Notstand)、非常大権の体制など別の言葉で表現されようと[39]」と述べている。そして緊急権がどのような方法で誰が行使するかは、ネガティブにその時代、その国の憲法構造を正確に反映しているものであると主張する。

シュミットは、ボン基本法の中にも緊急事態条項に似たものを見て、「ボン基本法の第九条第二項(憲法秩序に違反する結社を禁止する規定)、第一八条(基本権の制限)、そして第二一条(憲法秩序に違反する政党の禁止)は、〔緊急事態の到来を阻止する〕法的な可能性として十分である」と述べている。[40]

また基本法制定当時は、第一四三条に「内乱罪」(暴力を用い、もしくは暴力による威嚇によって、連邦もしくはラントの憲法秩序を変更する者)に対する罰則規定があったが、その後一端廃止されたものの、一九五六年三月の基本法改正において復活し、それをより詳細に規定する施行法の必要性が明記された。そこには、「国内的緊急事態の場合に、軍隊の出動を請求することが許される条件は、第七九条の要件を満たす法律によってのみ、これを規律することができる[41]」とある。しかし実際にはこの法律は制定されなかったので、英米仏の駐留軍の非常事態権限が存続しているとシュミットは記している。[42]

シュミットはワイマール憲法第四八条の運命(その拡大解釈)を考える場合、第五項で記されていた「施行法」が制定されなかったことに原因があるとし、自らが「施行法」制定の必要性を強調した一九二六年の論文「ライヒ憲法第四八条施行法、いわゆる独裁法」に触れることによって、施行法の作成の必要性を示唆したと言える。

しかし特筆すべきは、大衆の生存を配慮する(Massen-Daseinsvorsorge)行政国家においては、警察や軍隊の出動に関係する緊急事態は「古典的な旧式の緊急事態」であって、現代の行政国家においては緊急事態を引き起こさないようにすることが寛容である、とシュミットが述べていることである。「行政国家は、致命的となりうる危機が到来するのを待ち、その後危機を克服することをしてはならない。そうではなく前もって危機が生じないように早めに阻止すべきである」[43]。このように見てくると、シュミットは緊急事態をもたらさないためにすでにある第九条第二項、第一八条、第二一条で十分であると考えたのかもしれない。

IV　戦後におけるシュミットの著作とその影響

ここで、シュミットが戦後発表した主な著作を検討し、戦前のシュミットの著作との連続性や不連続性について検討することとする。戦後におけるシュミットの主要な著書は、ワイマール期のそれと比較すれば少ないし、少なくとも憲法論上の新たな展開が示されているわけではない。

1　『大地のノモス』（一九五〇年）

シュミットのナチス時代における「広域」理論においては、いまだ民族的な色合いが強く、ヘゲモニー国家としてのドイツを中核とする中欧の圏域であったが、一九四二年の『陸と海』や一九四三年の『ヨーロッパ法学の状況』においては民族的理念が背後に退き、「ヨーロッパ的秩序」が全面に登場してくることになる[44]。つまりシュミットの具体的な秩序思考が民族的色彩を脱色されて、ヨーロッパまで拡大されることになる。シュミットは、一九四三年から一九四四年にかけてヨーロッパの諸大学で行なった講演を、戦後の一九五〇年に『ヨーロッパ法学の状況』として出版した。シュミットはこの書の中で、十九・二十世紀の法実証主義に対して、サヴィニー（一七九六―一八六一）に依拠して「具体的秩序思考」を強調し、「具体的秩序としての法は、決してその歴史から切り離すことはできない」と主張し、「法は制定されるものではなく、意図しない展開の中で生成してくるものである」[45]ことを強調する。サヴィニーこそ「法律国家的合法性」(die gesetzesstaatliche Legalität)のパラダイムから最初に訣別した法学者であり歴史学派の指導者であった。シュミットにとって法実証主義は「国家にとらわれている」ものであって、単なる諸国家の条約や協定の寄せ集めではない「具体的秩序」としてのヨーロッパ法秩序を認識しえないのである。シュミットは、法実証主義の発展によってもたらされたヨーロッパ共同体の危機について、以下のように述べている。

ヨーロッパの精神が十七世紀から十九世紀にかけて一つの特殊ヨーロッパ的な国際法を発展させてきたが、今度は、時代が十九世紀から二十世紀に転換した頃に、その国際法は全地球上の五〇ないし六〇の国家の取り結ぶ無数の無差別な国家的な諸関係へと、言い換えればラウム(領域)を喪失した普遍性へと分解してしまったのである。[46]

『ヨーロッパ法学の状況』から『大地のノモス』までは一直線であり、ヨーロッパの公法的秩序の発生から解体までが跡づけられ、回顧的に語られることになる。[47]マシュケは、一九一六年から一九六九年までの諸論文を編集したシュミット論文集に『国家、広域、ノモス』(一九九五年)というタイトルを付けたが、ここにシュミットの法・国家思想の発展が示されている。それでは、そもそもシュミットの言う「ノモス」とは何なのか。

シュミットのノモス概念は、『法学的思考の三類型』においては、いまだラウム的要素を有していなかった。そこでシュミットは、ピンダロスの「王としてのノモス」という言葉の規範主義的解釈に反対し、ノモスの具体的秩序の意味に関して、次のように述べている。

正しい王という意味を持つとされるノモスは、一定の至高にして不変でしかも具体的秩序たる性質を内含していなければならない。……真の王としての真のノモスについて語りうるのは、ノモスがまさに、具体的な秩序と共同体を包含する法という全体的概念を意味している場合だけである。[48]

『大地のノモス』になると、ノモス概念が具体的秩序思考の延長線上に、ラウム（領域）理論における陸地取得の関係で定義される。ノモスとは、ネメイン（nemein）、つまり「取得する」（nehmen）、「分配する」（Teilen）、「生産する」（weiden）を意味する言葉からきている。ノモスは、「以後に続くすべての基準を基礎づける最初の測定、最初のラウム分割としての最初の陸地取得または始原的分割（Ur-Teilung,Ur-Verteilung）についてのギリシャ語である[49]」。

つまりノモスとは、領域を取得し、確定し、秩序を構成する行為である。シュミットは、ノモスの歴史を三段階に区別している。第一のノモスは、キリスト教共同体という具体的なラウム秩序である。第二のノモスは、アメリカ大陸の発見によって開始され、近代主権国家を単位とする新しいヨーロッパ的秩序であり、「ヨーロッパ公法」の段階である。国際法では、「ウェストファリア体制」と呼ばれる時期である。第三のノモスは、第一次大戦後の「ヨーロッパ公法」崩壊後に生じるノモスである。それは普遍主義イデオロギーやインターナショナルな秩序形成が行なわれる段階である。

シュミットは、生涯にわたって、近代国家の誕生から終わりまでを分析しつづけた。彼は『獄中記』（一九五〇年）において、「私こそ正戦の問題の全体をその深みと根底において把握し体験した世界で唯一の法学者である[50]」と述べていたし、また「私は、ヨーロッパ公法の自覚的代表者であり、実存的な意味においてその最後の教師・研究者である[51]」と主張している。ヨーロッパ公法は、宗教戦争を克服して世俗的な国家が台頭するところから始まるのである。

それでは、シュミットがその代表者であると自覚している「ヨーロッパ公法」というノモスの秩序は、どのような特徴を有しているのだろうか。彼は次のように書いている。

ヨーロッパ大陸の国際法、すなわちヨーロッパ公法（ius publicum Europaeum）は、十六世紀以来、その核心において、本質的にヨーロッパ主権者たちの国家相互間的な法であり、かかるヨーロッパ的な核心からその他の大地のノモスを規定したのである。「国家的なもの」はそのさい、あらゆる人民に妥当する普遍的な概念ではなく、時代に制約された具体的・歴史的な事象である。人が特別の意味で国家と名づけるまったく無比の具体的な歴史的特性は、この国家が世俗化の道具であるという点に存する。このために、この時代の国際法的な概念は、唯一の軸——主権的な領域国家のみを知っている。[52]

ヨーロッパ公法の具体的秩序は主権国家の均衡に基づいており、それぞれの主権国家は、ヨーロッパという枠組みの中に置かれている。敵は「正統な敵」であり、殲滅すべき敵ではない。したがって、ヨーロッパの公法秩序は戦争の「制限」に寄与してきたのである。

宗教戦争や党派戦争——これらは、その性質によれば殲滅戦争であり、そこにおいては、敵は犯罪者および海賊として相互に差別しあうのだが——の野蛮的な残忍性と比較して、また野蛮な人民に対して遂行される植民地戦争と比較して、それは最も強力な作用を持った合理化と人道化を意味している。平等の国家的な性格が、両方の戦争遂行当事者に平等の権利として当然に帰属する。両当事者は互いに国家として承認しあう。それによって、敵を犯罪者から区別することが可能であった。敵という概念は、法的な構成を可能とするものであった。敵は「殲滅されなければならない」何かであることをやめる。……かくしてヨーロッパ国際法には、戦争の限定が、国家概念の助けを借りて、成功したのである。[53]

正戦論の否定と戦争の制限というモチーフにおいては、『大地のノモス』は『政治的なものの概念』の延長線上にある。しかし相違も明らかである。『政治的なものの概念』においては、交戦権や内敵宣言を有する主権国家に強調点があったが、『大地のノモス』においては、主権国家を成り立たせているヨーロッパという具体的秩序に光があてられている。それは、共通のヨーロッパの土地にヨーロッパの「家族」(Familie) を形成し、相互の主権国家が正統な敵として尊重される秩序である。シュミットは、同等の権利を有する広域国家の集まりであるヨーロッパの国際秩序を、「家族」以外に、societas, communitas という言葉で表現している。[54] シュミットは『政治的なものの概念』においては、相手の物理的殺戮の可能性を持つ潜在的戦争状態を描き出したが、『大地のノモス』における戦争は、「競技のルール」や「決闘」のようなものであり、相手国を殲滅させるものではない。そこには一定の秩序が成立している。

こうしたシュミットの「ヨーロッパ公法」の理念型は、アングロサクソンの規範主義的な普遍主義に対抗するものとして創られており、また、ドイツの戦争責任を否定する目的があった。シュミットにとって、すべての種類の戦争が合法的であるとする「無差別的戦争概念」の方が、正戦論を認める「差別的戦争概念」よりも戦闘的ではないのである。

ここで、シュミットが理想的に描き出し、戦争を制限するヨーロッパ公法の秩序、つまりウェストファリア体制の問題点を三点指摘しておくことにする。

第一点は、ヨーロッパ公法（十七世紀から十九世紀）は、ヨーロッパと非ヨーロッパ、本国と植民地の二重構造によって構成され、ヨーロッパ圏外における植民地剝奪戦が、ヨーロッパ内部における戦争の制限を可能にしているという逆説を特徴とする。外においては殲滅戦が行なわれることによって、内において対立が緩和され、相互に「正統な敵」として認めることが可能となるのである。

第二点は、ヨーロッパ公法は列強の勢力均衡によって可能であるが、それは、十九世紀のポーランドのように、弱小国の主権を無視し、分割するに至る。さらにカントの言うように「勢力均衡」は一時的で、いつこわれるかもしれない脆弱なものにすぎない。

シュミットは、十八世紀に二回にわたってドイツ、ロシア、オーストリアによって三分割され地図上から消えていったポーランドを、「ポーランドは、封建的な段階を克服せず、近代のヨーロッパ国家の組織に到達していなかった。ポーランド王国は、まったく国家ではなく、だから十八世紀において諸国家によって分割されてしまったのである」と一刀両断に切り捨てている(55)。

第三点は、ヨーロッパ公法の解体をもたらした普遍主義法学による戦争の違法化が、国際人道法や人権法の普及をもたらすのではなく、正戦論および、それに伴う殲滅戦をもたらしたというシュミットの主張の是非である。シュミットは物事の一面を不当に強調している。実際、第一次、第二次世界大戦をもたらしたものは、普遍主義的なイデオロギーであるのか？ この点について、例えばG・モンテーシは、国家の絶対的な主権とその権力主張が拡張的な帝国主義を産み出し、古い秩序を解体したのであり、問題は国家主権が倫理的・道徳的拘束を振りほどき自己展開していったことにある、とシュミットを批判している(56)。

シュミットにおいては、「ヨーロッパ公法」が理想的に描かれることによって第一次大戦前後に始まった普遍主義的でインターナショナルな国際秩序がその堕落形態として否定的に描かれることになる。これはシュミットが『現代議会主義の精神史的状況』において理想化した討論と公開性を特徴とする古典的議会主義からの堕落形態として大衆デモクラシーの政党国家を描くのと、同じ手法の帰結である。

シュミットは、ヨーロッパ公法に代わる新しいノモスについて、戦後どのように考えていたのだろうか。彼は、一九六二年に書いた「第二次大戦後の世界秩序」において、将来の国際秩序を予測して、「冷戦の二元論が先鋭化するのか、世界の中での均衡を達成し、安定した平和秩序のための予備的条件を作る一連の「広域」が形成されるか、二つの可能性が前途にある[17]」と述べている。シュミット自身は、普遍主義的な一元的支配や、米ソの二元論に対抗して、ヨーロッパという「広域」を対抗させたのである。

2 『価値の専制』(一九六七年)

『価値の専制』の基本的立場は、すでに述べた『大地のノモス』や後に述べる『パルチザンの理論』と基本的に通底している。つまり、自らの側に正義ありとする正戦論が、戦争のエスカレートを引き起こすように、価値を定立し、その価値を実現することを主張する「価値哲学」は、相手の主張を「無価値」とみなすことによって、妥協不可能な対立を引き起こすというものであった。

この著作は、一九五九年十月二十三日のエーブラッハ研究会における「国家論における徳と価値」をテーマとする討論から生み出された。シュミットは、この問題に関する自分の意見を「価値による専制――価値哲学者についての一法学者の省察」と題して、私家版として研究会の参加者全員と友人に配布している。一九六七年の書物は、彼がそれに序文をつけて刊行したものである。

ここでは、この書を二つの観点から考察する。

第一点は、マックス・シェーラーやニコライ・ハルトマンの価値哲学に対する態度である。シュミットはワイマール時代、世俗化の進展による技術自体の「精神的虚無」からの救出を訴え、実質的な価値の回復を試みると同時に、合法性に正統性を対置していた。ワイマール時代後期、シュミットは「中立化と脱政治化の時代」において、技術時代の精神的虚無を克服する新たな精神運動の出現を期待し、また『合法性と正統性』では、ワイマール憲法第二編の価値中立的な機能主義に対して、第二編の実質的な価値を強調していた。このようなシュミットの立場から見ると、シュミットが戦後、ニコライ・ハルトマンの価値哲学に対して積極的な態度をとったと考えることが合理的であろう。しかし、事実は逆であった。彼は価値哲学を攻撃したのである。戦後のシュミットの立場に大きな変化が生じているのである。このような変化は、いったい何に由来するものなのか？

一つは、ナチスのイデオロギー支配に対する失望があったこと、また一つには、第一次大戦と第二次大戦におけるアングロサクソンの正戦論批判の影響である。

シュミットは、価値哲学の精神史的背景について、以下のように述べている。

> 価値哲学の課題、それは十九世紀ヨーロッパの危機的状況、すなわち、その時期における自然科学の高揚によって精神科学の学問的要求が陥った危機的状況からの脱出を試みることであった。換言すれば、価値哲学は十九世紀ニヒリズム危機に対応するための哲学であった。(58)

同時に価値哲学は、ヒトラーの台頭を価値相対主義や合法性が阻止できなかったことの反省から、第二次大戦後ドイツにおいて生じた「自然法論」の復活の一つの表現形態であった。この点においてシュミットは、「ドイツにおける法学が第二次大戦後に示した価値哲学的な基礎づけへの関心は、自然法論の再興と手を携えていた。価値哲学と自然法論は、法実証主義の単なる合法性を克服し、承認された正統性の地盤を確立しようとする一般的な試みの表れであった」と述べている。(59)

しかし、シュミットにとって自然法論も価値哲学も、形而上学が崩壊した状況において普遍性を担保できるものではなく、諸個人が主観的に価値を措定することから生まれてくるのは、ホッブズの「万人の万人に対する闘争」も牧歌的に思えるような、価値をめぐる熾烈な対立である。シュミットにとって、「価値」はたえず「闘争」を燃え立たせ、敵対性を覚醒しつづけるものであった。このような認識はM・ヴェーバーの「神々の闘争」と同一である。彼は言う。

完全で純粋な主観的な決断の自由において価値を措定するのは個人である。……しかしながら、価値措定の純粋に主観的な自由は、諸価値や諸世界観の永遠の闘争、「万人の万人に対する永遠の闘争」をもたらすのである。[60]

「価値哲学」はもはやさまざまな諸個人や諸勢力の共通の基盤を提供しえないどころか、敵対関係をエスカレートするにすぎない。

ここで考察したいもう一つの重要な問題は、価値哲学がボン基本法や憲法裁判所に及ぼす影響如何である。実はこの点が、憲法学者シュミットにとって最も大きな問題であり、そこにシュミットのボン基本法に対する態度が如実に示されていた。シュミットは、ボン基本法や裁判官の判決に対する価値哲学の影響について、以下のように述べている。

第一次大戦後の一九一九年から一九三三年までのワイマール憲法のもとで、価値哲学の概念やその思考様式は、国家論・憲法上の基本権を価値体系の中で捕捉・解釈されることにはなお否定的であった。第二次大戦後になって初めて、一部のドイツの裁判所が、その判決・決定を如実に価値哲学の視点の上に立って基礎づけるようになったのである。[61]

そのさい重要なことは、裁判官が判決を下す場合、つまり法治国家的な憲法を執行するにあたって、価値哲学が「客観的な基礎づけ」を提供しうるかである。シュミットは、憲法裁判所の判事が、憲法規範の解釈のさいに価値を指定し、自ら直接的に価値を執行することによってもたらされる混乱と対立を憂慮する。彼はカールスルーエに対する反感を持っていた。そしてシュミットは、裁判官が「価値を支え価値を感知する主体として客観的な価値体系を設定し、これに基づいて法的効力ある判決・決定を宣告することを決心する」前に、現代の価値哲学の問題について十分に理解するよう警告するのである。シュミットが要請するのは、直接的な価値の執行ではなく、「法律に媒介された価値の執行」なのである。彼は憲法の道徳化や政治化に警告を発してやまない。シュミットの憲法裁判所に対する批判的態度を、カール・ブルクハルトは以下のように述べている。

シュミットは、こうした発展〔憲法裁判所の権限強化〕を懐疑を持って考察した。というのも、彼は憲法裁判所の政治化を恐れ、それが、自らの判決を価値哲学的な基礎づけに置くかぎりにおいて、最高の裁判所の新しい役割に対する正当な根拠を見ることはできなかった。彼は『価値の専制』という評論において、最終的な価値が問題となる闘争は、すべての価値が価値の引き上げや引き下げの応酬の中で媒介に対する共通の基礎が存在しなくなるので、最も悲惨な闘争になると主張した。……シュミットが体験した四つの国家形態の中で、彼は連邦共和国に対して最も大きな留保を抱いていた。[62]

またクリストフ・シェーンベルガーは、このシュミットの正統性から合法性への「転回」について書いている。

価値思考に対する批判は、シュミットがここで「転回」を行なっていることを示している。しばしば合法性に対して正統性を対置して漁夫の利を得ていたシュミットが、今や相争う正統性の諸要求に対する合法性の擁護者となり、彼が以前軽んじていた形式的な法治国家を、彼の法思考の基準となる視点とすることを示したのである。[63]

3　『パルチザンの理論』（一九六三年）

『政治的なものの概念』や『大地のノモス』において展開された「正統な敵」と「犯罪者としての敵」の区別は、パルチザンに対するシュミットの診断においてもそのまま継承されている。ベトナム戦争中に書かれたシュミットの『パルチザンの理論』は、「政治的なものの概念についての中間考察」という副題があるように、彼の政治概念を主権国家体系に反逆するパルチザンに適用したものであるが、今まで「国家」や「広域」をテーマとしてきたシュミットが、視点や対象を変えて「パルチザン」をテーマとしたところに、国際状況の認識、診断そして概念化に対するシュミットの飽くなき学問的追求心を読み取ることができる。

シュミットは『大地のノモス』においては、戦争を限定し、敵対関係を相対化する「正統な敵」と、戦闘員と非戦闘員の区別なく殲滅する「犯罪者としての敵」とを区別した。ここで彼は、主権国家を中心とする戦争を限定するシステムとしてのヨーロッパ公法が崩壊し、敵や戦争概念の犯罪化・違法化が第一次大戦以降に急速に進行していったプロセスを跡づけた。『パルチザンの理論』も「近代ヨーロッパの国家性とヨーロッパ公法の国際法組織の終焉」を示すものであった[64]。

シュミットは、ここでは敵を「在来的な敵」「現実的な敵」「絶対的な敵」に区別した。「在来的な敵」とは、国民と無関係に行なわれていた王朝間の戦争における敵のようなもので、戦争は君主のゲームであった。「現実的な敵」とは、自己の実存を脅かす敵である。「絶対的な敵」とは文明の敵、人類の敵、民族の敵というかたちで唱えられる正戦論と関係している。シュミットは、第二次大戦以前には、正戦論や「絶対的な敵概念」をアングロサクソンの普遍主義のイデオロギーとの関係で取り上げたのに対して、『パルチザンの理論』においては、共産主義的な革命集団のイデオロギーを批判の俎上に載せている。

現代のパルチザンは、敵から法も赦免も期待しない。彼は、抑制され跡づけられた戦争という在来的な敵対関係から転じ、別種の、つまり現実的な敵対関係へとおもむいたのである。その現実的な敵対関係は、テロと逆テロによる相互の絶滅にまで、互いにエスカレートするものである。(65)

しかしここで重要なのは、すべてのパルチザンが敵の絶滅を主張したのではないということである。この点に関してシュミットは、外国の制服者に対して民族の土地を防衛するパルチザンと、レーニンに代表される世界革命を説くパルチザンを区別している。ここに具体的秩序の思考と普遍主義のイデオロギーの敵概念の相違が再度登場することになる。前者は、土地的性格を有する防御的パルチザンであり、敵対関係を境界づけ、抽象的な正義という絶対的要求を否定する。後者は、世界革命的パルチザンであり、敵は「絶対的な敵」となり、敵対関係がエスカレートする。前者のパルチザンとしては、スペイン内戦のパルチザン、ないし毛沢東、ホーチミン、カストロに主導されるパルチザンが挙げられる。後者の事例は世界革命を説くレーニンによって代表される。前者においては、土地防衛的性格のゆえに、それが敵に対する殲滅戦へとエスカレートすることはないが、後者においては敵対関係が絶対化し、「国際的内戦」状況を呈するのである。

シュミットは、革命的パルチザンによる戦争の「正戦論」の問題点を鋭く指摘している。

戦争が戦争相手を有罪化することによって戦われるならば、例えば、戦争が階級敵の内戦として遂行されるならば、また戦争の主目的が敵国政府を除去することにあるならば、そのさい、敵を有罪化するという革命的な破壊作用は、パルチザンが戦争における真の英雄になるというかたちで現れてくる。パルチザンが犯罪者に対して死刑宣告を行ない、また自分の側でも犯罪者あるいは有害者として取り扱われるという内容の危険負担を覚悟するのである。「正統な敵」(justus hostis)を承認することのない「正当原因」(justia causa)に基づく戦争の論理である。この論理によって、革命的パルチザンは戦争の本来の中心的形態となる。(66)

シュミットの時代においては、「絶対的敵」を主張するのは世界革命的なマルクス主義イデオロギー集団であったが、冷戦崩壊後においては、この種の世界革命的イデオロギー集団は「アルカイーダ」や「イスラム国」など「イスラム過激派集団」に移っており、シュミットの分析はなお今日的有効性を持つといえよう。

4　『政治神学Ⅱ』（一九七〇年）

『政治神学Ⅱ』は、「ハンス・バリオン七十歳の誕生日に捧ぐ。一九六九年十二月十六日」とあり、「あらゆる政治神学は一掃されたという伝説」を副題として持っている。本書はシュミット八十一歳の時の著作であり、シュミットの友人でカトリック神学者エリック・ペーターゾン（一八九〇―一九六〇）の『政治問題としての一神教』（一九三五年）に対する批判の書である。(67)

シュミットとペーターゾンの関係は、ペーターゾンが教会史と新約聖書学の教授としてボン大学に一九二四年に招聘されたので、学部は異なっていても、四年間ほど互いに同僚であり、親しい関係を保ちつづけた。ペーターゾンは、シュミットと知り合った一九二四年にK・バルトに書簡を送り、「唯一の理性的人間は、法学者シュミットです。彼は一介の教授のわりには、才気に満ちており、そのうえTh・ヘッカーの友人です。ちなみに彼はカトリックです(68)」と述べている。ちなみにTh・ヘッカーは、キルケゴール研究家であり、バルトも、シュミットも、そしてペーターゾンも、キルケゴールの「あれか、これか」の思考様式の影響を受けていた。

またペーターゾンは、個人的にも、一九二六年にシュミットがドゥシュカ・トドロヴィッチと再婚した時は、結婚立会人をつとめている。しかし、シュミットがナチスに加担したことによって、ナチスとの戦いを唱道するペーターゾンとシュミットの間に亀裂が走った。

シュミットは、ペーターゾンの『政治問題としての一神教』が、自分の『政治神学』に対する批判と受け取って、憤慨した。シュミットは一九六五年三月四日にディートリヒ・ブラウンに宛てた書簡で「ペーターゾンとの友好関係は、政治神学をめぐって壊れてしまいました。今日においても、すべての政治神学が三位一体のドグマによって不可能とされたというペーターゾンの主張は、私を憤慨させるものです(69)」と述べている。シュミットが、自分に対する批判の書であると受け取ったのは、『政治問題としての一神教』の最後の注において、以下のように記されていたからであった。

政治神学の概念は、カール・シュミットの『政治神学』（一九二二年）によって文献の中に登場した。彼の当時の短い著作は体系的なものではなかった。私たちはこの論文の中で、政治神学の神学的不可能性を具体的な例に基づいて立証しようと試みた(70)。

『政治問題としての一神教』は、ペーターゾンの以前の二つの論文、つまり「神的君主制」（一九三一年）と「古代キリスト教の判定におけるアウグストゥス皇帝」（一九三三年）から構成されている。後者の論文では、シュミットについて次のように書かれている。

以下の論述は、現代のドイツの国法学者カール・シュミットが政治神学と呼んだ領域に属する。政治神学はその本質からすれば神学の構成要素ではなく、むしろ政治的思考である。……政治神学は、政治的ユートピアと同様に、神学者によって常に不信の眼を持って見られ、その異教的特性が認識されているが、政治家によって再三再四新しい期待を込めて主張されている(71)。

この言葉に示されているように、ペーターゾンにとって、政治神学は「神学的思考」ではなく「政治的思考」

であり、異教的なものであった。三位一体という神学的立場に立てば、「唯一神」によって「君主制」を正当化することは不可能であるが、異教ないしユダヤ教の地盤の上に「政治神学」を構築することは可能である。畢竟彼にとって、「政治神学」は「キリスト教の宣教を政治的状況の正当化のために乱用するもの」に他ならなかった。したがって「政治神学」とは、ある特定の政治的立場を正当化するために神学概念を利用しようとする政治的思考である。

『政治問題としての一神教』は、ローマ帝政時代の紀元後数世紀の素材を考察対象としているものだが、執筆の目的は、そうした歴史的素材の批判を通して、当時のナチス国家による教会や宗教に対する支配を批判することにあった。シュミットは、この書物の有する時代批判的な性格について、次のように述べている。

本書は概念史や問題史の諸問題に関する研究である。一九三五年という時期に、ドイツにおいて「唯一神－唯一君主」(Ein Gott-Ein Monarch) という定式に関する著者が現れた時、それは危険な現実に足を踏み入れずにはおられなかった。それが君主を「総統」と呼んでいるのだからなおさらである。それは、現実問題についての批判・抵抗と受け取られた。つまり、総統崇拝・一党制・全体主義に対する巧みに偽装された、知的に婉曲化する一個のあてこすりと受け取られたのである。(72)

シュミットは、ペーターゾンがコンスタンティヌス帝と彼に仕えたエウセビウス(二六三―三三九)との関係を、ヒトラーと自分との関係に当てはめていると感じたのである。シュミットは、「ペーターゾンは、政治神学の否定的モデルたるコンスタンティヌス大帝の賛美者、カエサレアの司教エウセビウスを修辞家と決めつけ、彼の皇帝賛美を頌詞として、それを神学から遠ざけた。エウセビウスの徒とされるには、私にとって身分の不相応の名誉である」(73)と述べている。

ここで、このシュミットの難解な『政治神学II』を、本書の問題意識から、二点に関して考察することにする。第一点は、政治的な目的のために神学を利用するという意味での「政治神学」は、シュミットにあてはまるのかという問題である。こうした批判に対してシュミットは、一九二二年に展開した『政治神学』は、あくまでも「神学的概念と法学的概念との間の体系的な構想的な親縁性」を述べたものであり、社会学や法史学における認識であって、神学によって法学や政治を正当化するものではないと反論している。[74] たしかに、シュミットは政治概念や法概念をストレートに神学概念によって正当化しようとはしなかった。すでに述べたように「存在の類比」は、神と人間との緊張関係を前提としており、神概念をストレートに政治や法概念に反映させることは法学者としてナンセンスであった。もしそうであったならば、彼は政治神学的イデオローグとして知られていたとしても、ワイマール憲法の解釈を専門とする世俗的な法学者としては名声を博することはなかったであろう。しかし、神学概念と法・政治概念の構造的類似性を説くシュミットの『政治神学』が、法治国家や自由主義を間接的に攻撃する理論的武器を提供したことは疑いえない。

たしかに、シュミットは「非常事態＝例外状態」について判断し、危機克服の権限を有する大統領に神に似た無制限の権力を与えようとしなかったし、大統領を「主権的独裁者」として構成しようとしなかった。彼は、ワイマール憲法という枠組みの限度を超えないようにギリギリの努力を行なったのである。彼の友と敵の区別という政治的なものの概念も、神と悪魔の対立までに先鋭化し、敵を犯罪者として殲滅すべきことを主張しているわけではない。彼は『獄中記』において、十六、十七世紀の宗教的内戦を通して成立した「ヨーロッパ公法」の立場から、イタリアの国際法学者アルベリクス・ゲンティリスが正戦論を主張した神学者に対して語った言葉「黙しをれ、神学者よ、他事に容喙するなかれ」を引用している。[75] 彼は同じ『獄中記』の中で、「神学者には、敵を絶滅の対象と定義する傾向があるが、私は法学者であって、神学者ではない」[76] と言明している。

しかし、ワイマール憲法が事実上克服され、全権委任法が可決されてヒトラーに全権力が集中された後のいわゆる「レーム一揆」において、シュミットはヒトラーを立法権、行政権の担い手のみならず、「最高の司法」とみなし、ヒトラーによる殺害行為を弁証したのである。そこにシュミットの「政治神学的思考」が影響を及ぼしているといえよう。シュミットの政治神学的思考を彼のワイマール憲法やナチス体制の解釈にそのまま適用することはシュミットの誤った解釈につながるが、他方、政治神学的思考が彼の憲法概念の形成に少なからず影響を及ぼしていることも否定できない。

ワイマール時代においても、シュミットは『独裁』や『憲法論』で、「憲法制定権力」をシェイエスに倣って、スピノザの「構成的自然」(natura naturans) の類比のもとに、自らは何ものにも縛られず、たえず新たなる形態を生み出していく源泉とみなした。そのことについてシュミットは、「構成的自然の類比としての構成的権力の形而上学は、政治神学の理論に属する」[77]と述べていた。「構成的自然」の類比のもとに「憲法制定権力」が定式化されることによって、憲法制定権力に無制限の権力が付与されることになる。したがって、シュミットの「政治神学」という概念は、過去の神学と法学の概念的類比を考察するだけでなく、特定の法的・政治的立場の正当化のために間接的に利用されたといっても過言ではないだろう。

私たちはシュミットの「政治神学」の持っている二面的性格を認識する必要がある。そのことは、すでに「存在の類比」との関係で触れたとおりである。シュミットは、一九四七年十月三日に『グロッサリウム』に、自らの法学者としての立場を、「神学と技術によって引き裂かれており」、自らは、神学の法学者ではなく、法学の神学者であると位置づけている[78]。これはきわめて重要な発言であり、シュミットの政治神学の特徴を言い当てて余りある。つまり、法学者として法学の技術化、ないし世俗的な合法主義と戦う一方、神学に全面的にコミットするわけではなく、あくまでも世俗的な法学の立場に立つのである。しかし、法学の神学者として、法的概念と神学的概念の構造的類似性を明らかにし、技術主義を克服しようと努力する。その意味において「引き裂かれている」という表現は適切である。

第二点は、終末論にかかわる問題である。ペーターゾンは、終末論的な視点に立ち、アウグスティヌスの「二王国論」に依拠して、ローマ帝国に「神の国」を見るエウセビウスの「政治神学」を批判した。それはいわば「世俗化された終末論」に対する批判であった。ペーターゾンが政治神学の典型として、オリゲネスの神学を受け継ぎ、コンスタンティヌス帝に仕えたカエサレアのエウセビウスを持ち出すのは、エウセビウスが終末論を「世俗化」して、「ローマ帝国」を救済史において過大評価した点にあった。そこでは、終末論のダイナミズムが失われ、超越と内在、彼岸と此岸、神学と政治の根源的二元論が破棄されることとなる。ペーターゾンは、エウセビウスを批判して、「世界と人類に真の平和をもたらしうるものは、キリストの再臨のみであり、いかなる皇帝も真の平和をもたらすことはできない」と主張する。エウセビウスの「一つの神、一つの世界、一つの帝国」という神的君主制は、キリスト教神学の終末論からして許容されない政治神学の典型なのである[72]。

ペーターゾンは、一時的な平和をもたらした「アウグストゥスの平和」や「コンスタンティヌスの平和」と比較して、終末におけるキリストの再臨によって永遠の平和が打ち立てられると説くアウグスティヌスの平和を対置した。ペーターゾンの『政治問題としての一神教』が法外な反響を引き起こしたのは、それがヒトラー、そしてヒトラーに協力した教会や神学者に対する批判としてとらえられたからである。そしてシュミットも、ヒトラー時代におけるエウセビウスとして攻撃されていると感じたのである。

たしかに終末論は、彼の『ドイブラーの極光』から『政治神学』や「中立化と脱政治化の時代」を経て『政治神学II』まで、シュミットの著作の根底に一貫して流れる通奏低音であった。しかし、ワイマール期になると、彼の終末論には超越的契機が見失われ、再臨における秩序の完成の希望が背景に退き、結局ヒトラーの中に政治的秩序の完成を見出そうとした。その意味において、シュミットをエウセビウスと同列に論じることも可能であるとペーターゾンは考えたのである。

実際にシュミットの周囲には、ナチズムとキリスト教や教会を架橋しようとする神学者や思想家が集まっていた。カトリックではすでに述べたコンラート・ヴァイスや神学者で教会法学者のK・エッシュヴァイラー、H・バリオン、プロテスタントではW・シュターペルや「ドイツ的キリスト者」のH・オーバーハイトなどである。

例えば、エッシュヴァイラーは、ローマ教皇庁とナチス政府との間に結ばれた政教条約のすぐ後の七月二十三日にシュミット宛に書簡を書き、「私はナチズムのために神学的・哲学的に戦うことを断固として決意しました。というのもそこでは神とキリストの支配が問題となっていたからです[80]」と述べている。また彼は、別のシュミット宛書簡において「アドルフ・ヒトラーが最終的に実現するライヒの民族的統一と国家的な統合は、私たちドイツ人に課せられている神の最高の命令です[81]」と断言している。またシュミットの『ローマ・カトリシズムと政治形態』から強烈な影響を受けていた教会法学者バリオンは、一九三三年のナチス政権成立後、ナチ党員となり、同年『ヨーロッパ・レビュー』誌に「教会ないし政党――新ライヒにおけるカトリシズム」を発表し、カトリック教会もナチスの「強制的同質化」に服すべきことを主張した[82]。ベルリン時代からシュミットに心酔していたオーバーハイトも「アーリア条項」を教会に適用し、ユダヤ人を教会から排除しようとするドイツ的キリスト者となり、ナチス時代頻繁にシュミットと連絡を取り合っていた[83]。またシュターペルは、ナチ党員にはならなかったものの、『キリストの教会とヒトラーの国家』（一九三三年）を出版し、ナチズムとキリスト教や教会を架橋しようとした。彼が編集長をつとめる『ドイツ民族性』は、極端なナショナリズムと反ユダヤ主義を特徴とするものであり、シュミットをはじめ、ナチスに加担したプロテスタントの神学者でドイツ的キリスト者のF・ゴーガルテンやエッシュヴァイラーが寄稿していた。こうした状況を考えた時に、シュミットが彼の「政治神学的思考」によってヒトラーを正当化しようとペーターソンが考えたことは自然である。

シュミットは、エウセビウスに対するペーターゾンの批判に対して、エウセビウスがローマ帝国に望んだことは、この世に「神の国」を打ち立てることではなく、反キリストの登場を止める「カテコーン」であったと述べている。ここで「カテコーン」について一言説明すると、カテコーンとは、反キリストが来るのを「引き留めている者」という意味であり、テサロニケ第二の手紙二章六節「不法の者がその定められた時に現れるようにと、今はその者を引き留めている者があることを、あなたがたは知っています」に依拠している。このカテコーンが何であるかは、初代教会から今日に至るまで盛んに議論されてきたが、シュミットもまた彼の終末論的なパースペクティブの中に「カテコーン」を位置づけ、世俗化が進み、精神的虚無に突進する世界の崩壊を「引き留めているもの」に注目したのである。この点においてB・ニヒトヴァイスは、シュミットの歴史哲学の特徴について、「シュミットは首尾一貫して反キリストの像を取り扱い、その反キリストをペーターゾンと同様に、近代の技術的－経済的装置と結びつけた。しかし、彼の最も深い関心は、カテコーン、正確に言えば、ローマ帝国の崩壊以降、誰がカテコーンの役割を演じているかという問題に向けられていた[84]」と述べている。

シュミットは、一九五〇年の『獄中記』において、自分の正体について問われて、「わが児が父の運命を知ろうとして、わが生涯の最奥の核心にあたる言葉を求めるならば、それはドイブラーの詩句ではない。わが児には、プロメテウスとしてではなく、キリスト教的エピメテウスと答えるものである」と書き記している[85]。キリスト教的エピメテウスとは、一九三三年にカトリック詩人コンラート・ヴァイスが出版した本の題名であった。エピメテウスは、神から離反した近代的人間の象徴であるプロメテウスの弟であり、歴史の中に神の摂理を発見し、それに従うものの象徴である。ヴァイスは、近代をトータルに批判し、「市民的世紀というバビロンの塔」が崩壊するのを目撃したのである。シュミットは自由主義的－市民的文化に対する嫌悪や、経済主義－技術主義的な近代に対する批判で、ヴァイスと完全に一致することができた。ヴァイスは、この書物の中でヒトラーを神の摂理を実現する人物として理解し、ヒトラーに対する信仰告白を行なった。ヴァイスは、ナチ革命という事象の中に救済史的な次元を見たのである。シュミットは、この書物に積極的に取り組み、この書を時代に対する預言の書として理解した。シュミットもまた「悪しき品位なきエピメテウス」として、彼の歴史哲学の枠組みの中で「カテコーン」としてのヒトラーに注目したとも考えられる。長尾龍一も、「シュミットはヒトラーのうちに、ドイツ・西欧の没落を阻止するカテコーンの像を見たのではないか。しかし実際には、彼はむしろ滅びの子であり、人々を誘惑してドイツを破滅に誘い込んだのである。したがってシュミットの事例は、「悪しき、品位なきキリスト教的エピメテウス」であると告白せざるをえなかったのではないか」と述べている。[86]きわめて興味深い指摘である。ただ、シュミットがナチス時代にヒトラーを「カテコーン」とみなしていたかどうかは、カテコーンという言葉が頻繁に使用されるのは戦後であることを考慮すると、論議の余地のある問題である。[87]

戦後においてもシュミットは終末論を展開したが、もはや『ドイブラーの極光』において見られる終末における新しい世界の到来ではなく、「カテコーン」が終末論の中心を成している。シュミットは一九五〇年、『ウニベルシタス』に「実存的な歴史叙述」を寄稿し、中央集権化と民主化に突き進むヨーロッパの趨勢を悲観的に描くトクヴィルについて、次のように述べている。

トクヴィルには彼のヨーロッパ史観を絶望から救った救済史的な支えがなかった。ヨーロッパはカテコーンの観念を欠いたまま敗北した。トクヴィルもカテコーンを知らなかった。[88]

シュミットはまた「歴史的意味付与の三段階」（一九五〇年）において、終末論的信仰と歴史的意味とを結びつける架け橋としての「カテコーン」の意義を強調し、「直接的に迫っている世の終わりに対する生き生きとした期待はすべての歴史からその意味を奪い、終末論的な麻痺をもたらす」が、「カテコーン」こそが「終わりを引き留め、悪を抑止する」と述べている。[89]とはいえ何がカテコーンであるかについての聖書釈義をシュミットは示しておらず、その時々の歴史的文脈においてカテコーンの具体的内容が想定されることになる。

ちなみに、シュミットは生涯、カトリックとしてのアイデンティティを失うことはなかった。しかし彼にとって、カトリックないしカトリシズムとはいったい何であったのだろうか。彼がどれだけ個人的に神に対する信仰を持ち、カトリック教会のミサに通っていたのか、正確な史料は存在しない。彼は『グロッサリウム』の一九四八年四月二十日の記述の中で、「私にとってカトリックの信仰は、私の父の宗教である。私は単に信仰のみならず、私の出身からしてカトリックである。もしそう言うことが許されるならば、私の血筋（Rasse）からしてカトリックである」[90]と書いている。メーリングは、シュミットのカトリシズムについて、「シュミットは教会の忠実な息子ではなかった。彼は、折に触れて教会に行き、重要な祝祭日を祝ったが、毎日の宗教儀式は彼にとって重要ではなかった」[91]と述べている。

シュミットは『グロッサリウム』の中で、彼から離反したTh・ヘッカー、H・バル、W・グリアンなどを念頭に置いて、彼らがカトリックの厳しさを求める戦いから離脱していったと主張している。

私の精神構造と新聞・雑誌に物を書く態度の全体を理解するキーワードは、（中立主義者、審美主義的な享楽主義者、堕胎処理人、死体焼却人、そして平和主義者に対する）カトリック本来の厳しさを求めての闘いである。カトリックのこの厳しさを求める戦いの途上において、テオドール・ヘッカーはもはや私と行動を共にしなかった。この戦いで彼らは、みな私から離れてしまった。フーゴ・バルよ、お前もか。ただ、コンラート・ヴァイスとパウル・アダムスのような忠実な友だけであった。[92]

しかし、カトリックの厳しさを求める戦いから脱落していったのは、シュミット自身ではなかったのだろうか。バル、ヘッカー、グリアンにおいては、世俗化に背をむけて、本来の信仰を貫こうとする厳しさがあるが、シュミットは、世俗化の結晶たるナショナリズムやナチズムの精神運動に屈していったのである。

そこに彼の克服しえない近代的な自我意識の脆弱性があった。超越的なものに支えられていない彼の「無政治的個人主義」は、もはや自分を支えきれず、シュミットが『政治的ロマン主義』で診断した機会原因論的決断主義に自ら陥ってしまったのである。ちなみにシュミットが忠実な友であると主張するコンラート・ヴァイスやパウル・アダムスのようなカトリックは、ナチズムとキリスト教、教会を架橋した人々であった。

シュミットは私的生活においても権力欲、性欲、強烈な虚栄心、自己顕示欲、本能的な反ユダヤ主義に突き動かされ、たえず創造的な概念形式への志向性と抑うつ状態との間を揺れ動いた。ただ彼の心の奥底にはバルが歩んだ「禁欲」の道に対するあこがれがあり、一九三一年十二月三十日の日記では、「神が私をこの生活から贖い出して下さるように[93]」と悲鳴とも思えるような言葉が書き記されている。

V　ワイマール憲法第四八条の緊急権とボン基本法の緊急事態条項

1　シュミットとボン基本法の緊急事態条項

ベンダースキーは、ワイマール憲法第四八条に関するシュミットの解釈は、一九六〇年代以降の緊急事態をめぐる憲法改正に大きな影響を及ぼしたとして、以下のように述べている。

シュミットは、ワイマール共和国時代を通じて一貫して、第四八条の行使が国家と憲法の存続にとって必要不可欠であると論じた。そして一九六〇年、ボン政府が緊急立法の最初の草案を提出したさい、そこには、「第四八条がなければ、ワイマール共和国が一四年もの間存続しえなかったであろうことは、今日疑いえない事実である」と公式に謳われていた。ほぼ十年間にわたる白熱した議論の後に、緊急憲法条項が一九六八年に制定された[94]。

しかしこのベンダースキーの言葉は、物事の一面を表しているにすぎない。実際には、緊急権の憲法条項の制定過程において、ワイマール憲法第四八条第二項、そしてそれについてのシュミットの解釈には、ボン基本法下の緊急権条項の審議において批判的な態度が強かったからである。この点についてG・シュワーブは、ワイマール憲法第四八条第二項の緊急権の行使の慣行が、ボン基本法下における緊急権の議論に大きな影を投げかけていたと指摘している。

……一九六〇年、ボン政府が連邦議会に「緊急事態法」(Notstandsgesetz)を提出した。シュミットは、一九二〇年代においては、一般の用語法に従って常に「非常事態」(Ausnahmezustand)という言い方をしていた。今日ではしかし「非常事態」という用語よりも、「緊急事態」という用語の方がボンでは好んで用いられる。この理由は、非常事態という言葉が、ワイマール憲法第四八条を心理的に連想させるからである、と説明できるかもしれない。この第四八条がワイマール体制において嫌悪の対象となってしまったのは、主として大衆の誤解や半可通の著作や事実の故意の誤解に基づくものであったといえよう。したがって、この条項は、ボンの共和国では、長年にわたってまったくのタブーであった。ボン基本法は、ワイマール憲法第四八条を想起させるあらゆるものを注意深く排除した。[95]

緊急事態憲法条項が制定されたのは、一九六八年の大連立のキージンガー内閣の時であったが、東ドイツの新聞『新ドイツ』(*Neues Deutschland*)は「キージンガー、ザウアーラントにカール・シュミットを訪問」と伝えており、その記事が『シュピーゲル』にも掲載されているので、シュミットとキージンガーが会談した可能性は高いが、何を話したかは定かではない。

緊急事態法の議論が始まり、制定されるまでの十年間について、ディルク・ヴァン・ラークは以下のように述べている。

一九五八年に内務大臣ゲルハルト・シュレーダーが緊急事態憲法（Notstandsverfassung）の作成を呼びかけるほどに、国家制度の安定は固まったように思われた。その呼びかけは、「駆逐された例外状態」（verdrängten Ausnahmezustand）というタブーをもはや必要としない証拠のようであった。緊急事態法に対するプロテストと法律案を通過させようとする強硬策が相互に闘いあい、一九六七／六八年に終わる長く苦しい議論は、事実上「眠れる獅子」を呼び起こしたのである。必然的にこのテーマで、歴史的な先例が論じられ、ワイマールの緊急立法に対するシュミットの注釈が想起された。そのことにより、一九六〇年に最初の草案が提出された後に、それが民主主義の敵によってボン基本法体制を掘り崩すために利用されるのではないかという恐れが引き起こされた。批判者たちは、いわば新しい全権委任法に対抗することが大事であるという誤った思いを抱いたのである。[96]

まさにこの「眠れる獅子」こそ、シュミットなのである。緊急事態法の制定までのシュミットの役割を示すものが、政治学者M・フロイントの論説である。彼はドイツが真に独立国家となるためには緊急事態法の成立が不可避であると呼びかけた。一九五四年十月二十三日に締結されたドイツ条約第五条第二項においても、いまだ西側三カ国が「緊急事態」に関する権限を留保していたので、ドイツが真に主権を回復するためには、緊急事態の権限を西側三カ国から奪い返し、緊急事態を法制化することが不可欠であった。したがって、フロイントは言う。

もし私たちドイツ人が自ら憲法に緊急事態に対応する規定を盛り込むことに尽力しないならば、連合国がドイツにおける緊急事態を宣言する権利を留保することになる。世界のいかなる憲法も緊急事態なくして済ますことはできない。こうした緊急事態が濫用されること、また濫用されてきたことを私たちは皆知っている。

しかし、個人の生活において、また諸国民の生活において、世界から緊急事態をなくすことはできない。(97)

こう述べて、彼は、ワイマール憲法第四八条の実践が、ボン基本法に緊急事態条項を加えることの障害になっていると主張する。

ドイツにおいて私たちすべては、ワイマール憲法第四八条によって、緊急事態法を制定することを妨げられている。伝説は、ワイマール共和国の崩壊の原因を大部分この第四八条のせいにしているからである。基本法の父は、法外の大統領権力についていまだなお恐れているので、基本法は緊急状態に対する緊急立法を持っていないし、またその準備もない。

さらにフロイントは、第四八条がワイマール憲法を崩壊に導いたとする説に反論し、シュミットを引き合いに出して、「国法学者シュミットは、かつて独創的な試みにおいて、例外について決断する者が国家における主権者であると主張した。したがって、緊急事態法が作られなければ、連合国軍がドイツの主権者になるのである」と述べ、ドイツの主権の回復のためにも、緊急権の憲法条項は不可避であると論じた。たしかに彼は、「緊急事態法」は濫用される可能性を指摘しつつも、世界から「緊急事態」や非日常的なものが消滅しないかぎり、それが濫用されないように防御しつつ、「非日常的な状況において行動する可能性を政府に与えなければならない」と訴えた。そのために彼は、緊急権の憲法裁判所による司法的コントロールを提唱している。

一九八六年十月一日から三日にかけてシュパイアー行政学院で行なわれた「二十世紀の法学と精神科学におけるカール・シュミットの地位」と題するシンポジウムでも、緊急事態の憲法条項に対するシュミットの評価が問題になった。

このシンポジウムで、古代史家クリスチャン・マイヤーは、シュミットからの手紙を引き合いに出し、「緊急事態を求める叫びにも、それに反対する叫びにも、双方の不法についてシュミットは苦情を言っている」と語っている。(98) また政治学者ハンス゠ヨアヒム・アルントは、自分自身シュミット主義者であると認めたうえで、以下のように述べている。

シュミット主義者は一九六八年に緊急立法を力を込めて肯定しなかった。……「非常事態゠緊急事態」において決断する者が主権者であるとするならば、一九六八年に問題となっている時に、ボンにおいて緊急事態立法について審議した人々は、主権者ではなかった。当時一つの議論が左翼の人々にも説得的であったことを想起することができる。つまりこの領域で最も鋭利な武器を意のままに用いる――それはドイツ人ではない――者が疑いもなく緊急事態を意のままにするという確信である。そのことを私たちはかつてシュミットから学び、それゆえに、そこで規定されるものは、取るに足らないものであることを考慮して、この緊急状態の議論を黙殺したのである。連邦共和国に関係する決定的な梃子は、ボンではなくワシントンにあり、そのことは、軍備増強の議論が示しているように、今日でも変わりはない。(99)

このアルントの議論は、たとえ緊急事態の憲法条項を決定したとしても、結局のところ安全保障に関してはアメリカに権限が握られているので、主権の回復にはならないというものである。これに対して、自由主義的なシュミット継受を自認するH・リュッベは、一部アルントの主張を認めつつも、「そうした所見から、……ドイツ連邦共和国が緊急事態にまったく無能力であるという結論を引き出すことは、私にとっては理解できない。それは、私にとってむしろ「全てか無か」に向かう政治的ロマン主義を代表しているように思われる(100)」と反論している。

ところで基本法への緊急事態条項の導入に関するシュミットの覚書（一九五九年十二月十日の日付）がシュミットの遺稿集の中で発見され、フロリアン・マイネルが雑誌『国家』（*Der Staat*）に発表した。[101] この覚書は、連邦憲法裁判所副長官のルドルフ・カッツが内務大臣ゲルハルト・シュレーダーに刺激されて、緊急事態条項を憲法に導入することについて論じたことに対するシュミットの批判であった。[102] マイネルの論稿には当時の緊急事態条項に関する議論状況が詳細に説明されているが、ここではシュミットの覚書に依拠して、彼の見解を二点だけ紹介しておく。なお覚書は日刊紙 *Westdeutscher Sonntagsblatt* の編集長ゼップ・シェルツの依頼に基づいて書かれたものであるが、公表されなかった。

第一にシュミットは、緊急事態条項の導入を語るものはワイマール憲法第四八条の忌まわしい亡霊を呼び起こすものであり、「悪魔を壁に描くこと」になると警告する。ワイマール共和国においては、「施行法」が成立しなかったため、緊急権の濫用と拡大を許し、ワイマール共和国の崩壊に繋がったが、ボン基本法第一四三条に記されてある施行法が制定されなければ、連邦共和国は同じ運命を辿ると指摘する。

第二にシュミットは、たとえ施行法を作成しても「悪魔は消し去られても熱い鉄が残っている」と警告する。つまり施行法を作成することは、労働組合を抱える社会民主党やいまだドイツの非常事態権限を持っている米・英・フランスとの対立という危険な状況を生み出すので避けるべきであるという議論である。大衆の生存を配慮する行政国家においては、大衆の生活や生存を脅かす状況が逆に生じることになる。

最後にシュミットはこの問題に関して、以下のように述べている。

> カッツ連邦憲法裁判所副長官は、今平穏で光の照る状況においてこそ緊急事態の規定を制定すべきと主張する。――しかし私たちは、現代の産業国家は危機を招来させてはならないことを念頭に置こう。危機が存在する前に危機を規定することは危険である。壁にこの悪魔を書くことはワイマール時代の恐るべき亡霊を呼

び出すことよりも由々しいことであろう。[103]

私たちは、こうしたシュミットの見解をどのように評価すべきであろうか。この見解は、ワイマール憲法第四八条の緊急権行使の帰結と自らの関与を反省した末に到達した結論なのか、それとも、自らの忌まわしい過去を消し去ろうとする保身的な反応なのか、定かではない。こうした結論は、『憲法論集』の後記に加えた見解とほとんど等しいものである。しかし、史料の不足により、これ以上この問題にかかわることはしないで、シュミット以後の代表的な公法学者に光を当てることにする。

以下、旧西ドイツのスメント学派の代表的な国法学者であるコンラート・ヘッセとシュミット学派のエルンスト＝W・ベッケンフェルデが、緊急事態に対してどのような態度をとったのかについて紹介しておく。その前にボン基本法の緊急事態法の制定過程と内容について簡単に触れておく。

2　ボン基本法の緊急事態憲法条項の制定過程と内容

ボン基本法は、最初、専門委員会の「ヘレンキームゼー」草案を中心に議論された結果、一九四九年五月二十三日に公布され、二十四日に施行された。実は緊急事態に関する規定は、「ヘレンキームゼー」草案第一一一条において、「公共の秩序と安全に対する差し迫った危険」に対処するために、連邦政府は緊急命令を発することができ、そのさい、言論、出版、集会、結社の自由および通信の秘密の基本権を停止できるという規定があったものの、ワイマール憲法の反省から削除され、結局ボン基本法には規定されなかった経緯がある。

ワイマール憲法第四八条の緊急権の行使の慣行が、ボン基本法に緊急権を入れることの障害となっていたので、ボン基本法においては、連邦政府が国家の危機に対応するために、独自に緊急命令を発して事態を克服することは認められていなかった。しかし、例えば第九条第二項においては、憲法に違反する団体の禁止が規定されており、第一八条では、自由で民主的な基本秩序を攻撃する者の基本権の喪失規定、同じく第二一条では、自由で民主的な基本秩序を攻撃する政党を違憲化し、第三七条では、基本法、連邦法律の義務を履行しないラントに対する国の強制執行が規定されており、第八一条では、「立法緊急事態」が明記されている。いわば、平時の法律の中に国内的な緊急事態が混在しているのである。そしてすでに述べたように、一九五三年三月に第一四三条が導入され、国内的緊急事態における軍隊の出動は憲法改正に必要な手続きに従って制定される法律によってのみ規律されうるとされたが、その施行法は成立しなかった。そこに新たに緊急事態条項が一九六八年に基本法の中に組み入れられた。制定に至るまでの経緯は三段階ある。その特徴として、事前の連邦議会の同意なき緊急権の行使、法規命令の容認、基本権の一時停止、選挙の除斥が挙げられる。

第一段階は、一九六〇年にアデナウアー政権の内相G・シュレーダーが提案したもので、ワイマール憲法第四八条第二項を手本にしたものであった。

第二段階は、一九六二年のH・ヘッヒャール内相による提案で、緊急事態の認定を議会に留保させるものであった。

第三段階は一九六七年に出された草案で、これが第一七次基本法改正法（緊急事態憲法）に繋がった。

まず、一九六八年に成立した緊急事態の憲法条項の内容を紹介しておくことにする。(104) 緊急事態憲法においては、緊急事態は「対外的緊急事態」と「対内的緊急事態」に区別される。対外的緊急事態の一つは、連邦領域が武力で攻撃された場合の「防衛事態」（Verteidigungsfall）であり、その確定には連邦議会の投票の三分の二、かつ少なくとも過半数を必要とする。

第一一五a条第一項には以下のように記されている。

「防衛上の緊急事態の定義および確定」「連邦領域が武力によって攻撃され、または、このような攻撃が直前に差し迫っていること（防衛上の緊急事態）の確定は、連邦参議院の同意を得て、連邦議会がこれを行なう。その確定は、連邦政府の申し立てに基づいて行ない、連邦議会議員の投票数の三分の二の多数で、かつ少なくともその過半数を必要とする」。

ここでは、何が「緊急事態」かを確定する権限が、連邦議会と連邦参議院にあることが重要である。しかし、連邦議会や連邦参議院が適時に集会することができない場合は、合同委員会が代わって緊急事態の確定を行なう（第一一五e条）。合同委員会の権限の限界に関しては、第一一五e条第二項において「合同委員会の議決する法律によって基本法を変更し、その全部もしくは一部を失効させ、または、その適用を停止することは許されない。第二三条第一項第二文、第二四条第一項および第二九条による法律を発布する権限は、合同委員会の有するところではない」と記されている。つまり合同委員会は、憲法を改正したり、法律を議決する権限を有していないのである。また緊急事態の宣言によって、緊急事態法、特に連邦政府の法規命令（第八〇a条）が可能となる。また防衛上の緊急事態が公布されれば、第一一五b条「連邦首相の命令・指令権」の規定に従って、軍隊に対する命令権および指令権が、連邦首相に移行する。

次に、第一一五f条「連邦政府の非常権限」によれば、「防衛上の緊急事態」においては「全連邦領域において、連邦国境警備隊を出動させることができ」（第一項第一号）、「連邦行政の他、ラント政府に対しても、また連邦政府が緊急と認める時は、ラントの諸官庁に対しても、指図をなし、かつ、この権限を連邦政府によって特定されるラント政府の構成員に委譲すること」（第一項第二号）ができるとされ、「連邦議会、連邦参議院および合同委員会は、第一項によってとられた措置について、遅滞なく報告を受けるものとする」（第二項）と定められている。

また緊急事態の措置の廃止に関しては、第一一五l条第一項において「……合同委員会および連邦政府が危険を防止するためにとったその他の措置は、連邦議会および連邦参議院がこれを廃止すべきことを議決した場合には、これを廃止しなければならない」とあり、第二項においては、「連邦議会は、連邦参議院の同意を得て、いつでも連邦大統領が公布すべき議決によって、防衛上の緊急事態の終了を宣言することができる」と記されている。このように、連邦政府の緊急権の行使に対するコントロール手段は、連邦議会と連邦参議院の事前と事後の「政治的コントロール」があり、また連邦憲法裁判所による「司法的コントロール」がある。この緊急事態という概念の他に、緊急事態の前の「緊迫事態」(Spannungsfall) があり、これは、「防衛状態」の確定要件は満たしていないが、その発生が高い可能性をもって予測される事態であり、これも連邦議会の投票数の三分の二によって確定される。

次に、「国内的緊急事態」とは、自然災害および重大な災害事故、ならびに連邦またはライヒの存立、または自由で民主的な憲法秩序に対する切迫した危険がある場合である。第八七a条第四項には、以下のように記されている。

「連邦もしくはラントの存立またはその自由で民主的な基本秩序に対する差し迫った危険を防止するために、連邦政府は、第九一条第二項の要件が現に存在し、かつ警察力および連邦国境警備隊が十分でない場合には、民間の物件を保護するにさいし、および、組織されかつ軍事的に武装した反乱者を鎮圧するにさいし、警察および連邦国家警備隊を支援するために、軍隊を出動させることができる。軍隊の出動は、連邦議会および連邦参議院の要求があればこれを中止するものとする」。

この「国内的緊急事態」においては、事後の連邦議会および連邦参議院のコントロールだけが定められており、「国内的緊急事態」の認定については、連邦政府に委ねられている。なお第九一条第二項の規定とは、「危険が迫っているラントにおいて、その危険と自ら戦う用意がなく、または戦える状態にない時には、連邦政府は、このラントの警察力および他のラントの警察力を連邦の指示に従わせ、ならびに連邦国境警備隊の部隊を出動させることができる」というものである。

それでは、ボン基本法の緊急事態の憲法条項とワイマール憲法のそれとの違いは、どこにあるといえるだろうか。

第一は、議会ないし「合同委員会」が三分の二の多数をもって緊急事態に関する認定を行なうことである。しかしそれは、「対外的緊急事態」に関するかぎりである。「対内的緊急事態」の認定に関する議会ないし「合同委員会」の規定は存在しない。

第二は、「防衛事態」や「緊迫事態」(Spannungsfall) の要件の認定を、連邦議会の投票数の三分の二の多数（総議席の過半数）に求めている点である。

第三は、連邦議会と参議院が防衛上の緊急事態の終了を宣言することによって、平時の法と戦時の法との区別を行ない、「恒常的な緊急事態」(Der permanente Notstand) を阻止しようとした点があげられる。

第四は、緊急事態のゆえに、重要な基本権が制限されたり、抑制されることはなく、連邦憲法裁判所の機能も維持されていることである。

第五は、緊急権の行使は、憲法裁判所の司法的コントロールに服するとしたことである。

しかし、これらはあくまでも「防衛事態」や「緊急事態」という外からの脅威に関するかぎりであり、「国内的緊急事態」に関しては、緊急事態の認定は政府にあり、議会の事前の同意も必要とされていない。「国内的緊急事態」における基本権の一時的停止に関しては、移転の自由を定めた第一一条第二項に、「連邦もしくはラントの存立もしくは「自由で民主的な基本秩序」に対する差し迫った危険を防止する」場合にのみ制限される、と記されてあるだけで、ワイマール憲法第四八条第二項に列挙されてあった広範な基本権の停止は存在しない。

3　国法学者たちの緊急事態憲法条項に対する態度

ここでは、緊急事態憲法条項に関するスメント学派の重鎮コンラート・ヘッセの議論を紹介し、その後、一九六八年の緊急事態憲法によっても不十分にしか議論されていなかった「国内的緊急事態」の更なる憲法条項の制定を求めるE＝W・ベッケンフェルデの議論を紹介しておくこととする。

ここで、スメント学派に属し、日本の公法学会においてもよく知られているコンラート・ヘッセの緊急事態憲法条項に対する対応を、時系列的に検討することにする。彼は緊急事態憲法条項の審議に専門家として参加している。

(1) コンラート・ヘッセ(一九一九―二〇〇五)

本書では、ヘッセの論稿「非常事態と基本法」(一九五五年)、「非常事態の合憲的規定の根本問題」(一九六〇年)、そして『ドイツ憲法の基本的特質』[105]を通して、ヘッセの緊急事態法に関する見解を考察することにする。緊急事態法の制定の必要性について、ヘッセは、ボン基本法の制定者は緊急事態法を制定しなかったので、連合国が緊急権を有しており、ドイツの「主権」について語ることはできないと述べている。ドイツの「主権」の回復のためには、緊急事態憲法を作成することが不可避であるという認識である。これは上述したフロイントの見解と同様である。

ヘッセは、基本的にワイマール憲法第四八条が「国法的に命じられ、法治国家的に正統な問題の解決」であることを受け入れる[106]。そのうえで、彼は第四八条が辿った問題点を以下のように述べている。

第四八条の危険性は、大統領の広範な権限にあったのではなく、その適用が……真の非常事態に限定されていたからではなく、憲法障害にまで及んだからであり、また非常事態と憲法障害という二つの形態が相互に結びついていたことにある[107]。

ここで彼は、ワイマール共和国の崩壊は、第四八条が「非常事態」に適用されたからではなく、「憲法障害」

にまで適用されたからであると主張している。つまり、議会の多数の形成が困難な状態で、議会を解散したり、議会の機能麻痺を推進するようなかたちで第四八条が適用されたからである。

それゆえに、ヘッセは、ワイマール憲法の緊急権の行使の過ちを繰り返さないために、「真の緊急状態」と「憲法障害」(Verfassungsstörung) を区別する。

「憲法障害」は、「立法上の緊急事態」としてボン基本法第八一条に規定されている。「真の非常事態」とは、国家の存立が危機に陥り、公共の秩序や安定が危機にさらされる場合であり、その要因として、外国からの攻撃、国内の暴動や転覆の試み、甚大な天災、生活に重大な影響を及ぼすストライキ、国民の経済的・財政的な非常事態を挙げている。ヘッセは、経済的・財政的事項を「緊急状態」に含めることは伝統的な「緊急事態」を超えていることを認めつつも、それがワイマール共和国においてすでにかなりの役割を果たしていると主張する。

「憲法障害」は、外的な影響によって国家や憲法が危機にさらされるのではなく、最高の国家機関がそれ自体において存在する理由から、憲法によって指定された機能を行使することができない、国法的に異常な状態を指している。憲法障害の現象形態はさまざまであるが、ヘッセは、特にワイマール末期の多元的に分裂した議会の機能麻痺をその最も顕著な事例としてあげ、その克服の手段として大統領が「緊急権」を行使したことを批判している。

ヘッセは、緊急権の行使が永続的ではなく、一時的であり、その目的が既存の国家や憲法秩序の維持のためになされるべきことを強調して、以下のようにシュミットによる「非常事態」の永続化を批判している。

> 例外的権力は、自ら固有の正統性を有しない。その本質はまさに……通常の憲法状況の正統性原理や機能を再興し、自らをできるだけ早く余計なものにする点にある。したがって、特にカール・シュミットが教えたように、例外的権力の中に国家の本来の本質があるわけではない。[108](強調は引用者)

他方において、ヘッセは、緊急権力を法によって縛りすぎて、権力の発動が抑制されることにも反対であった。

> 緊急権力の濫用に対する心配は、たしかにかつてよりも根拠のあるものである。しかしながら、緊急権力の義務を解明する代わりに、ただその限界を追跡し、緊急権力がしてはならないことのみを問い、国法的思考を法治国家的思考によって代替できると考えるならば、それは、問題を誤って理解するものである。(109)
>
> （強調は引用者）

法治国家的思考、ないし立憲主義を憲法と同一視しない点では、考えがシュミットと類似している。しかし、ヘッセの憲法観は、スメントと同じく弁証法的であり、シュミットの二分法的思考とは対立する。ヘッセは、憲法構造が政治的現実において生存能力を持ちつづけるためには、たえずその構造の中に相対立する契機を含んでいることが必要と考えた。基本権は拘束（Bindung）なくして、権力の分立は権力の集中の可能性なくして、連邦主義は一定の中央集権主義なくしては存続できない。これは、シュミットが市民的法治国家と政治的構成原理を区別し、対立させたことに対する批判でもある。この弁証法においてのみ、自由な憲法は、極度の危機の状況においても、安定した状況に劣らずその妥当性を実証しうると考えた。ここには、たえず「非常事態＝例外状態」（Ausnahmezustand）から思考するシュミットと、「統合」（Integration）から思考するスメント、二分法を好むシュミットと弁証法的思考を用いるスメントとの相違が反映されている。

濫用が生じるのは、ワイマール後期に見られるように、「非常事態」と「憲法障害」が結び合わさった時である。重要なのは、緊急権力によって「憲法障害」を克服しようとしてはならないことである。

緊急権力が憲法障害の原因をとり除く措置をとるように要求されるとするならば、つまり、機能麻痺の状態にあるか、反抗的な憲法機関を改革することが要求されるとするならば、そのことは、解決しがたい矛盾を意味するであろう。というのも、それによって緊急権力はそれが守り、保持し、再興すべきである憲法を改正することを要求することになるからである。[110]

以下は、一九五五年段階におけるヘッセの緊急事態法についての見解である。

（一）緊急権の行使により、一時的に基本権を停止できる。

（二）政府は、連邦議会や連邦参議院が開催されていない時には、緊急法規命令（Notverordnungsrecht）を行使できる。

（三）緊急法規命令は、議会による事後の同意、ないし、憲法裁判所による司法的コントロールという二重のコントロールに服する。

そしてヘッセは、「緊急権の行使による基本権の効力の一時停止、連邦行政とラント行政の一元化は、権力分立、基本権の本質内容の保持、ラントより構成される連邦と矛盾するように思われるが、そうではなく、基本法の第七九条第三項に表明されている基本原則の侵害ではなく、その必要な補完ないし強化を意味するものである」と主張する。[111]

ヘッセは、緊急事態法の必要性を訴えて、「連邦共和国は、その存続の最初の七年間、一四年間の間に二五〇回もの第四八条の緊急権が行使されたワイマール共和国と異なり、国家的な実存の危険性からは守られていた。しかし、基本法を擁護するために必要な十分の権能を持った緊急権が付与されていないので、基本法は深刻な構造上の欠陥に苦しんでいる[112]」と述べている。

次にヘッセは、一九六〇年二月に『法学者雑誌』に寄稿した「緊急事態の合憲的規定の根本問題」においても、緊急権の意義について述べ、「ボン基本法を緊急事態条項の挿入によって、いわば風雪に耐えうるものにする必要性は今日ではもはやまったく疑いえない。危機の時代において持ちこたえない憲法は、無意味である」(113)と訴えている。ヘッセは、ボン基本法において「緊急事態」の規定は必要かと問い、現行法の規定が深刻な危機に対応するのに不十分であり、緊急状態に必要な規定を単純な法律で間に合わせることはできず、緊急権の規定を占領法や不文の緊急法によっては実現することはできないため、緊急事態の規定は必要である、と述べている。特に国内の争乱において国防軍の出動が必要となり、基本権の一時的停止が必要となる場合、基本法における欠陥は明らかである。(114)

こうした視点から、ヘッセは緊急事態憲法の制定には賛同しつつも、ワイマール憲法第四八条第二項の問題点を三点にわたって指摘している。一九五五年の論文ではどちらかと言えば、緊急権の意義が主張されていたのに対し、一九六〇年の論文は、緊急権のコントロールに力点が置かれている。それは、内相G・シュレーダーがワイマール憲法第四八条第二項を手本にした緊急権の憲法条項の草案を示したことに対して、激しい批判がなされたからである。

ワイマール憲法第四八条の問題点は、たしかにそれが「真正の緊急事態」ではなく、「憲法障害」に適用されたことに問題があったが、それ以外にも内容上の問題があった。第一に、大統領のみに危機克服の独裁的措置が与えられており、緊急の措置が基本権や連邦国家の基本原理に抵触する場合でも、議会の権限が排除されていたことである。第二に、緊急事態の始まりと終わりの要件が規定されておらず、議会の事前の同意がないので、緊急状態が存在しないのに存在すると宣言することも可能であり、また時宜にかなった緊急状態の終結を行ない、通常の法的状態に戻ることに対する法的保障も存在しなかった。第三に、大統領の緊急措置に対する政治的コントロールが弱く、たしかに議会に事後の同意の権限が規定されているものの、その内容があいまいであるので、「議会がコントロールする責任から逃避をし、それが本質的にワイマール共和国の崩壊につながった」(115)と、ヘッセはワイマールの緊急権を総括している。こうしてヘッセは、ワイマール憲法第四八条の問題点を指摘し、「緊急事態の永続化」の危険性と議会の政治的コントロールの脆弱性を強調している。

この論稿の特徴は、ヘッセの「憲法の規範力」の見解が強調されていることである。ヘッセは、従来緊急権の問題で十分に議論されてこなかったのは「国家生活における法的な憲法の優位」であり、「基本法において規範的に秩序づけられてきた公共の全体状態を、危機の時代において、またそれを越えて維持することが大事である」と述べている。[116] そこには、危機克服のために憲法を状況に近づけて解釈し、憲法規範に対して憲法現実の優位を主張するシュミット流の「状況法学」に対する批判が言外に含まれているといえよう。

次に、一九六八年に「緊急事態法」が憲法の中に組み入れられた後のヘッセのこの問題に対する対応を『ドイツ憲法の基本的特質』からみておくことにする。まずこの著作においても、ヘッセは緊急権の憲法条項の必要性を強調している。

憲法は、平常時においてだけではなく、緊急事態および危機的状況においても真価を発揮すべきものである。憲法がそうした状況を克服するための何らの配慮もしていなければ、責任ある機関には、決定的瞬間において、憲法を無視する以外にとりうる手段は残されていない。こうしたことも、超憲法的あるいは憲法外的な不文の緊急権によって正当化できるかもしれない。しかしこの場合には、成文憲法の優位、その安定性およびその威信は保護されず、事実上の必要のために犠牲にされざるをえない。[117]

ヘッセはこのように緊急事態立法の必要性から出発して、「緊急事態」によって要請される権力集中が「緊急事態」が終了した後にまで維持せられ、通常の憲法的秩序を排除するために濫用され、「緊急状態」の永続化がなされないことを保証する必要性について述べる。そしてそのために「緊急事態の始まりと終わりを明確に規律し、緊急権を強化されたコントロールのもとに置くこと」を改めて主張している。

ヘッセは、一九六八年に成立した「緊急事態憲法条項」に対する憂慮の念を三点表明している。第一点は、緊急事態に関する憲法規定が、平時に関する憲法規定と区別されずに、基本法全体にばらまくように配置されていることである。[118] それによって、通常の状態が知らない間に「緊急事態」に移行したり、「緊急事態」の永続化という事態が生じかねない。

第二の問題点は、議会の政治的コントロールが弱いという点である。たしかに「防衛事態」においては、緊急事態の認定と事後の廃止要求に連邦議会は権限を有するが、連邦政府がとった緊急措置に対する議会の審査には言及されておらず、国内的緊急事態においては、議会の事前の同意さえも必要とされない。これはワイマール憲法第四八条第二項と同様である。

第三の問題点は、第八七a条の第四項における「自由で民主的な基本秩序に対する差し迫った危険を防止する」ための軍隊の出動の要件が規定されていないことである。

強調しておかなければならないのは、ここでもコンラート・ヘッセが、シュミットの状況法学と異なり、「憲法の規範力」の必要性に訴えていることである。憲法保障のためには、憲法の規範力が必要不可欠であり、それが失われていけば、具体的な憲法保障の手段は、絵に描いた餅にすぎない。

> 憲法の規範力が究極的に依拠しているのは原則的なコンセンサスである。このコンセンサスが欠如していたり失われている場合には、憲法はその生命力と実効性の基盤を失い、そうなれば、もはや制度的な保障だけでは何の役にも立たない。[119]

ヘッセの三つの論稿の中でシュミットに言及しているのは最初の論稿における一回だけであるが、基本的にシュミットの第四八条解釈に対しては、法治国家と緊急状態を両立させるという点においては一致しつつも、緊急権の恣意的な拡大に対する歯止めがないことによって、基本権や法治国家の原則が侵害されることになると批判的に評価していたと思われる。

次にシュミット学派の代表的存在であるベッケンフェルデの議論を検討することにしよう。

(2) E＝W・ベッケンフェルデ(一九三〇―)

ベッケンフェルデは一九五三年にシュミットと出会い、シュミットの死まで親しい関係を築き、シュミットの憲法論や政治概念の影響を受けた。シュミットの『憲法論集』(一九五八年)の校正を手伝ったのも彼であった。彼は、連邦共和国といういわば「常態」においてシュミットの思想を自由主義的に継受し、シュミットのアカデミックな遺産をボン基本法体制において生かした著名な公法学者であった。(120) ベッケンフェルデは一九七八年に「駆逐された非常事態――非日常的な状況における国家権力の行為について」を発表している。(121) これは一九七八年五月三十一日に行なわれたフライブルク大学の就任演説であり、一九七八年七月十一日のシュミットの九十歳の誕生日を記念した講演でもある。ベッケンフェルデがこのタイトルで講演し、執筆した時に、シュミットの「非常事態」における立場が念頭にあったことは間違いない。この論文が発表された時、ボン基本法で緊急事態憲法が憲法に追加された一九六八年からすでに十年が経過していた。

ベッケンフェルデは、一九六八年の「緊急事態憲法」は対外的緊急事態が中心で、「対内的緊急事態」の権限が不十分であると考えていた。つまり八七a条第四項の規定では「対内的緊急事態」には対応できないと考えたのである。

一九七〇年代は西ドイツでも「ドイツ赤軍」(RAF)など極左テロが連続して発生した時期にあたっており、いわば「宣言されない非常事態」にあった。例えば一九七二年九月五日のアラブ・ゲリラによるミュンヘンオリンピック村襲撃事件、一九七七年九月のシュライヤー経営者連盟会長誘拐殺害事件がそうである。ベッケンフェルデは、「民主主義的な法治国家がその法治国家的性格を失わないで、緊急事態に対処しうるかの問題は、テロリズムから来る国家に敵対的な行為によって、現実なものになった[122]」と述べている。ベッケンフェルデにとって「常態（Normallage）の法の維持は、緊急状態の承認を前提としている」ので、憲法はたえず「緊急事態」を想定しておく必要があった。「対内的緊急事態」の要件は、内戦や災害のみならず、テロリズムにまで拡大する必要があった。

彼はまず、テロリズムに対する対応を憲法において規定しないことによって、政府が超法規的に振る舞うことを問題にする。例えば、密かに盗聴器をしかけることなどである。それは、刑法第三四条の緊急避難規定を根拠とする「超憲法的緊急事態」であった。「超法規的な緊急状態――そこにおいて憲法レベルが超憲法的な緊急事態に変わる――の原則は、法治国的憲法の不可侵性（Integrität）を解消し、立憲国家の原則を放棄する以外の何ものでもない[123]」のである。

ベッケンフェルデは、評判の悪いワイマール憲法第四八条第二項でさえも、緊急権の制限と最小限度の手続きが規定されてあったとし、ライヒ大統領の緊急権の行使には副署が必要であること（憲法第五〇条）、またライヒ議会への報告の義務、またライヒ議会はいつでもライヒ大統領の措置を無効にする権限が規定されていたことを指摘している。

ベッケンフェルデは「緊急事態」における緊急権の定式化について、シュミットの理論的寄与を指摘する。第一点は、緊急権の行使が既存の憲法の常態を回復することにあり、新しい憲法を創出することではないこと、つまりシュミットの言う「主権独裁」ではなく「委任独裁」であり、緊急権は既存の憲法を守るという目的に拘束されていることである。

第二点はシュミットが「大統領の独裁」（一九二四年）で強調したように、措置と法律を厳格に区分することである。緊急権をあくまでも具体的な措置に限定し、法規的な効力を持たせないことである。彼はこの点に関して、以下のように述べている。

常態の法の不可侵性は法律と措置の区別を要求する。そのことはとりわけシュミットが主張したことである。緊急事態の克服のための措置は、たしかに実現可能性と命令的性格を必要とする。しかしそれは、法律の性格を持たず、常態の法と同じ等級と性質を保持するわけではない。具体的状況によって規定され、依存し、目的によって規定された措置の性質、その一時性、目的達成のための入念な取り扱いは、明確であり、保障されなければならない。……それは、既存の法の変更ではなく、ただ一時的な重なり合い、ないし停止である。(124)

ベッケンフェルデのシュミットによるこうした「緊急事態」の継承に関して、A・アンドレアスやF・ベレナは、ベッケンフェルデの論稿が「カール・シュミットのカテゴリーを今日の憲法状況に適用し」、「民主主義的法治国家の正統性の中心問題、つまり国家は緊急事態に対して法治国家性を喪失することなくして存在可能かという問題の解明を目的としている」と述べている。(125)

ベッケンフェルデを初め、シュミットを自由主義的に継受したシュミット学派は、この立場に立つ。ヘッセの緊急権に関する議論と比べると、ベッケンフェルデの議論はシュミットの第四八条解釈にきわめて好意的である。

私たちは、一九八〇年に発表されたベッケンフェルデのもう一つの論稿「法治国家と緊急法」を検討することにしよう。(126)これは、当時二十七歳の博士授権有資格者のヴォルフ・ゲルトルーデが書いた「法治国家と緊急法」の論稿に対する反論の書である。

ゲルトルーデは、ワイマール共和国の第四八条のもたらした悲惨な結末に訴えつつ、ベッケンフェルデが緊急法を憲法の中に根拠づけることを要求することは誤りであり、そこから法的に制度化された緊急事態の永続化の危険性が生じると批判した。その危険性は、緊急事態下で非法な手段が採られることから生じる危険性よりもはるかに大きいと指摘したのである。[127]ゲルトルーデは、緊急事態の克服のためにたとえ一時的な非法が行なわれたとしても、それが制度化され、また永続化される危険性は少ないと判断したのであろう。これは、緊急権の条項を基本法に規定することそのものに対する徹底した反論である。しかし、緊急事態において国家機関が政治的な決断によって非合法な措置を行なうことは、ベッケンフェルデにとって結局は「超法規的な緊急事態」への道を開き、実定的な憲法秩序を破壊するものであり、絶対に避けなければならないものであった。[128]政治的な責任を果たし、正しく行動しつつも、法に反して、ないし超法規的に行動しなければならないという矛盾、つまり「法の欠飲」は埋められなければならなかった。シュミットは『政治神学』で、「国法はここで終わる」というアンシュッツの言葉を批判的に想起している。それこそが、シュミットの『非常事態＝例外状態』的思考の継受であった。

ベッケンフェルデは、ゲルトルーデに対する反論から一年後に「緊急法と民主主義的な法治国家」を元連邦憲法裁判所裁判官であるマルティン・ヒルシュの記念論文集に寄稿した。その内容は、基本的に彼が「駆逐された非常事態」において語ってきたことと同様であり、憲法に非常事態や緊急権の規定がなければ、「超法規的な緊急状態」や「国家緊急権」の名のもとに、非法的な行為が正当化されるというものであった。[129]

ベッケンフェルデはこの論稿の中で、基本法において緊急権の憲法条項を新たに設ける準備が始まったのは、一九五四年のドイツ条約による連合国の緊急事態の留保を解消し、完全な主権をドイツに奪還するためであったと主張する。しかし、一九六八年の「緊急事態憲法条項」は圧倒的に「防衛事態」という対外的危機に重点が置かれていて、国内の勢力による「自由で民主的な基本秩序」の破壊に対処するのに十分な法的規定になっていなかった。すでに述べたように、ベッケンフェルデが念頭に置いていたのは、一九七〇年代における一連のテロ事件であった。

こうした経験（テロ事件）は、外的な緊急事態に関係する現行の緊急憲法条項の規定が、国内における非日常的な事態（トラウブ事件、シュライヤーの誘拐、シュタムハイム刑務所事件）において国家機関が法律的な裏づけのない行為を正当化するために「超法規的な緊急事態」を引き合いに出し、それが議会や公衆によって受け入れられ、同意されることを阻止できなかったことを示している。[130]

国家機関による超法規的な措置は、法治国家にとって死活的な「法律の留保」という原則を侵害するものなのである。したがって、ベッケンフェルデは、緊急事態、特に国内の緊急事態を法的に規律する「一般条項」（Generalklausel）を設ける必要を訴え、その基本的なモデルとして五つの点を指摘している。これがベッケンフェルデの緊急事態を克服するためのモデルである。

第一点は、「常態」と「緊急事態」を区別し、緊急事態を宣言する権限と行使する権限を区別すること、第二に、「緊急権」の行使を「常態」の再興という目的のために限定すること、第三に、ワイマール憲法第四八条第二項において生じたように、措置の権限が代替の立法になることを排除すること、第四に、緊急事態の宣言とその期間、緊急権の範囲の規定を議会が行なうこと、第五に緊急権の行使に対する政治的責任を強化し、コントロールすることである。ベッケンフェルデは、こうした緊急事態法を「権力分立的で議会に関係する措置モデル」と呼び、それに基づいて具体的な緊急憲法条項の提案を行ない、X条項「例外状態の宣言と終結」、Y条項「緊急権の保持者と内容」、そしてZ条項「緊急権の責任とコントロール」（連邦憲法裁判所の事後の審査と政府の政治的責任）において詳細に説明している。[131] ちなみにY条項においては、危険の除去のために基本権の侵害がやむをえないかぎりにおいて、首相や大臣は第八条「集会の自由」、第一一条「移転の自由」、第一三条「住居の不可侵」を一時的に適用除外にすることができ、その他の基本権においても緊急事態を宣言する機関の議決によってのみ適用除外にすることができるが、基本権の第一条第一項「人間の尊厳」、第二項「人権の不可侵性」、第四条「信仰・良心の自由」、第一九条「基本権の本質内容保障」、第一〇一条「例外裁判所の禁止」、第一〇二条「死刑の廃止」、第一〇三条「遡及処罰の禁止」などは適用除外にされてはならないと主張している。ベッケンフェルデが基本権の一時的停止に触れるのは、一九六八年の緊急事態憲法条項から大きく逸脱し、ワイマール憲法の第四八条第二項に近づいているといえよう。またベッケンフェルデは、緊急権の内容を詳細に規定できないとして、一般条項を提案する点においても、第四八条第二項を想起させるものである。

このようにベッケンフェルデは、基本的にシュミットの緊急権と法治国家との関係についての見解を継承しつつ、権力分立を崩さず、緊急権をコントロールすることによって、危機克服の処方箋を提示したのである。しかし、そこに基本権の一時的停止や「一般条項」の規定といった問題も含まれていた。ベッケンフェルデのこの新しい憲法改正の提案は、顧みられることなく終わった。

ベッケンフェルデはシュミットから緊急権に関する見解のみならず、国家と社会の区別、政治的統一体における「代表＝再現前」の意義、そして市民的法治国家と政治的構成原理の区別も継承した。しかし区別するが対立させず、二つのものをいかに結びつけるかが課題であった。彼は言う。

法治国家の自由保障は、今日なお重要である。しかしだからといって、法治国家の自由保障だけで国家を構成したり維持できない。むしろ国家は統合するための絆帯を必要としている。つまり法治国家的自由に先行する力によって同質性が確保され、政治的統一体としての国家が維持していかなければならない。(132)

問題は「同質性」にいかなる内容を盛り込むかであろう。

終わりに

本書は、特に国法学者としてのカール・シュミットに焦点をあてて、シュミットの生涯と彼の活動を彼が生きた時代の文脈の中で追跡してきた。シュミットは国法学を専門領域としていたが、その分野を超えて、哲学、政治学、社会学、神学、文学にまで触手を伸ばした。そうした隣接領域は、シュミットの国法学を理解するうえできわめて重要であり、政治哲学、政治社会学、政治神学は、シュミットの法ドグマティークの背景ないし「立場」を形成している。しかし、シュミット研究は現在に至るまで圧倒的に隣接領域に光が当てられ、個別的なテーマにおける研究は別として、国法学者としてのシュミットの思想や活動の全貌を示す研究書は稀であった。『法学者としてのカール・シュミット』を書いたV・ノイマンは、現在までのシュミット研究の問題点について次のように述べている。

世界的な規模で現れる数えることができない二次文献を見るならば、彼の法学的な寄与が一度も法学的に評価されず、彼の法学的著作に関するいかなるモノグラフィーも存在しない有様である。H・ホフマンやP・シュナイダーといった法学者がそのために努力をしたが、彼らは、圧倒的に法哲学者、国家理論家としてそうしたのであって、現行の国家法や国際法のドグマティカーとして書いたわけではない。今日においても、……シュミットの著作の取り扱いは、国法学の内側ではなく、外側において行なわれている。(1)

しかしながら、国法学の解釈のためにも、彼の国家論や政治神学、政治社会学は重要であり、そうした彼の洞察や背景を無視して、法学者としての彼の業績を考えることはできない。他方、ノイマンが言うように、法学者としてのシュミットを扱った書物は少ない。そこで本書は、彼の精神史、政治神学、政治社会学、終末論が彼の国家論、憲法論に及ぼした影響については部分的に触れるにとどめ、国法学者としてのシュミットが、国家秩序の変遷の中でいかに憲法秩序の枠組みの中で時代の危機を克服しようとしたかを追跡し、できるだけ内側から再構成しようと試みた。

本書では、シュミットの日記や書簡も参照したが、シュミットの日記を読むと、彼の私生活は露骨な反ユダヤ主義的感情や異性に対する異常な性愛など本能的な感情や行動が多くみられ、精神的にもアップダウンが激しく、時折り自殺衝動が見られる。一例をあげると、一九三一年六月十四日の日記には、「情けない、気がふさぐ、なにもしたくない、ゾッとする抑うつ状態（scheußliche Depressionen）」と書き記されているが、彼の生涯において、類似した精神状態が一貫して見られるのである。初期のシュミットの後見人的役割をした枢密顧問官のフーゴー・アム・ツェーンホフは、シュミットについて、「私は、長い法律家の生活の中で、あなたほど思考と概念の中に多くの秩序を有しておられる方をみたことがありません。しかしまた、あなたほど、私生活において無秩序と混乱を経験してこられた方を見たこともありません」と語っている[2]。

こうした彼の精神的な特徴は、そのまま彼の国家と個人、公と私、機械と精神、外面性と内面性の「両極性」（Polarität）に反映される。彼の思想の特徴を一言でいえば「両極性」である。彼は、『ローマ・カトリシズムと政治形態』においてカトリック教会の「反対物の複合体」（complexio oppositorum）を称賛したが[3]、それは彼の理想とするところであって、実際には彼は、相対立するものに引き裂かれ、「両極性」に留まったという方が適切であろう。「両極性」を辞書で引くと「磁石の両極のように、一つのものが相対立する二つの極に分裂し、一方では統一を回復しようと努める性質」（三省堂『大辞林』）とある。シュミット自身の国家論や憲法論において、この「両極性」はいかなる具体的な内容を持つのであろうか。シュミットにおける公と私、秩序と無秩序との関係はいかなるものか。

すでに『国家の価値と個人の意義』にみたように、彼は個人の無力さ、野獣性、孤独を、国家という公的な秩序の中で解決しようと試みた。しかし、第一次大戦における国家の圧倒的な暴力に直面した時に、彼は、国家から逃れ、自らの内面に投げ返されてしまった。ワイマール期においても彼は、『憲法論』において民主的な法治国家という秩序像を提示し、その規範が政治的現実によって揺り動かされる内憂外患の非常事態に直面し、ワイマール憲法の範囲内において、民主主義的正統性に基づく大統領の委任独裁を定式化した。しかしナチス時代になると、シュミットは、ナチスのイデオローグとして、ナチズムの国家秩序の構築にコミットし、そこに個人の野獣性や孤独からの人間の救済を希求した。しかし、ナチスの権力が全体主義化し、個人の自由や生命を脅かすに至った時点で、シュミットはホッブズに依拠して外面と内面の区別や保護と服従の相関を持ち出し、ナチスという「リヴァイアサン」の下で内面への逃避に走ったのである。そしてシュミットは、基本的にボン時代において「安全の沈黙」を守り通したのである。

こうした彼の分裂は、彼が定式化した秩序像が、自然法的な規範や普遍主義的な理念に基づくものではなく、その時々の時代や状況に支配的なものであったことと関係している。まさにシュミットは時代の嵐に翻弄され、飲み込まれてしまった。シュミット自身法学者として国家体制の変遷に伴って、自らのスタンスや秩序像を変えていった。それを、法学という職業に固有な宿命というふうに評価することもできるが、やはり時代や国家を越えた普遍的な価値の土台を彼が持たなかったことに根本的原因があるといえよう。カール・レーヴィットが指摘したように、シュミット自身が診断した政治的ロマン主義のいかなる規範にも拘束されない「機会原因論的な主観主義」こそ、シュミットの思想と行動の根底にあるものとみなさざるをえない。彼は、H・ホフマンが『合法性に対する正統性――カール・シュミットの政治哲学の道』において分析したように、一貫して「正統性」を探しつづけてきたが、最後には「合法性」に屈服してしまったのである。

国法学者としてのシュミットに限定してみた場合、シュミットの洞察や知見また彼の失敗から学ぶべきことは少なくない。法治国家ないし立憲主義と「非常事態」との関係を、「状況法学」に陥ることなく、憲法の規範力を保持しつつ、いかに法的に構築するか、これはボン基本法の課題でもあったし、今日の日本国憲法の問題でもある。私たちは、憲法の立憲主義の部分と政治的構成部分と切り離して考えることができない。権力の構成を考えることなくして権力の抑制ないし分立だけを論じることは、シュミットが指摘するように、国家を危機にさらすと同様に、権力の抑制や分立を無視して、権力の構成や集中だけを考えると専制をもたらすことになる。イギリスの十九世紀の自由主義思想家アクトン卿が言ったように、「権力は腐敗する。絶対的な権力は絶対的に腐敗するのである」。シュミットは、個人の自由や権力分立に対する感受性を強く持っていたし、またそれを保持したいと願っていたにもかかわらず、内政や外交の「非常事態」に直面し、政治的統一体の維持を究極目標とし、徐々に市民的法治国家から離れ、結局はそれを捨て去り、ヒトラーの「総統原理」(Führerprinzip)に屈服してしまった。

シュミットの問題点は、彼が自由主義と民主主義、市民的法治国家と政治的構成部分を区別し、それらの思想的源泉の相違と双方の緊張関係を正当に指摘したのみならず、それを分離し、さらには対立させたことである。したがって、最終的には、民主主義から自由主義的要素を、政治的統一体の形成から「市民的法治国家」的要素を排除することが目的となり、内憂外患の政治状況の中で彼の「市民的法治国家」に対する信頼が完全に失墜していくのである。さらに問題なのは、シュミットが民主主義を「同質性」を前提とする「治者と被治者の同一性」として定義し、民主主義と独裁を結びつけ、民衆を支配の主体ではなく、客体に貶めたことである。民衆は、積極的に政治過程において意見を表明する主体ではなく、「喝采」を通して、指導者の意思に自らを「同一化」

させる存在になり下がる。その根底に流れているのは、シュミットが『国家の価値と個人の意義』や『政治神学』で指摘した「放縦で愚かなエゴイスト」や「野蛮な本能の嵐に翻弄される人間」というペシミスティックな人間観である。こうした人間観や愚民観に立つ限り、人間の判断力や選択を重視する民主主義は成立する余地がないといえよう。

私たちは、シュミットが指摘したように、自由主義や市民的法治国家と民主主義が基本的に異なったものであり、その間に対立の契機が潜んでいることを認めなければならない。しかし、それらを分離するのではなく、結びつけ、市民的法治国家の原理が、権力の構成や政治統一体の形成を阻害するのではなく、一層強化されていくように努めなければならない。なぜなら基本権や権力分立が侵害される政治統一体は長くは続かず、最終的には内側から崩壊していくことを、私たちは、ナチズムや共産主義の一党独裁の崩壊で学んできたからである。市民的法治国家、また立憲主義は単に権力を抑制・均衡させるのみならず、権力を構成するものなのである。

最後に彼の「概念形成」に対するパトスに触れておきたい。すでに述べたように、シュミットは普遍的な概念を認めず、歴史的に一回限りの現実を概念化し、またその概念に照らして変転する政治的・憲法的現実の変化を診断した。それは、古典的議会制から大衆民主主義の政党国家の変転というように、堕落していくプロセスであり、もとの理念型にもどることを不可能にするものであった。こうした見解に立つ限り、議会制の特徴である「公開性における討論」の形成の努力は放棄されることとなる。同様に、無差別的戦争から差別的戦争観、ヨーロッパ公法から普遍主義的な国際法、「正統な敵」から「犯罪者としての敵」への歴史的な変容も堕落的形態とみなされ、戦争の違法化が国際人道法の進歩ではなく堕落とみなされるのである。私たちはこうしたシュミットに特有の概念形成に飛びつくのではなく、それを注意深く吟味しなければならない。

同時に友と敵、合法性と正統性、規範と決断、「非常事態」と常態、法律と措置、中立国家と全体国家、立法国家と行政国家といった概念的な二項対立が強調されることにより、かえって双方の複雑な弁証法的関係が見落とされ、固定化されて、実態から遊離してしまう危険性が存在する。歴史的・政治的現実から抽出された概念が逆に認識主体の自由で客観的な認識を縛る「概念の呪縛」が生み出されるのである。これこそが、政治的立場を問わず、シュミットに魅了された人々が辿った陥穽であった。

さらにシュミットにとって概念は彼の精神的闘争の武器であった。シュミットは一九四〇年に『立場と概念――ワイマール、ジュネーブ、ベルサイユとの戦い　一九二三―一九三九』を刊行したが、シュミットの概念は彼の具体的な敵（ワイマール共和国、国際連盟、ベルサイユ体制）に対する確固とした「立場」を形成するものである。(4) それゆえにシュミットの概念形成においては彼が何を具体的な敵として念頭においているかが大事である。シュミットは、『政治的なものの概念』（第二版）において概念のポレミーク的性質を指摘し、国家、共和国、社会、階級、主権、法治国家、絶対主義、独裁、中立的権力、全体国家といった概念は、それが何を否定し、戦おうとしているかが理解されないと、抽象的で無内容な言葉になってしまうと主張したのである。(5)

シュミットはポレミカルな思想家である。ポレミークを通して自らの理論を形成してきた。彼の政治概念がたえず「敵」を想定して概念化されたように、シュミットは、特にワイマール共和国において激しい論争を展開してきた。シュミットの論争的な姿勢は、一方において論敵との間にさまざまな対立を引き起こしたが、他方において対立軸が明確になることによってワイマール期の国法学の水準を高め、実り豊かなものにしてきたことは否定しがたい事実である。本書でも、民主主義論、議会主義論、法治国家、憲法改正限界論、非常事態と緊急権、連邦国家をめぐって展開された、G・アンシュッツ、R・トーマ、H・ヘラー、H・ケルゼンなど当時の主だった国法学者との論争の経緯に触れた。シュミットの憲法学説は、戦後、ベッケンフェルデにみられるように、ボン基本法体制において、「自由主義的」に継受され、今日においても無視できない影響力を有している。特に、「非常事態」における緊急権の規定、「代表＝再現前」などは、今後も議論されつづけることであろう。

かつて一九八五年にシュミットが死去した時、K・ゾントハイマーは一九八五年四月一日に『ツァイト』誌に

「法より権力に接近する――カール・シュミットの死によせて」を寄稿し、「最終的に権力と主権的決断のみに依拠するような政治哲学からは私は何も得ることができない。したがって私は、なぜシュミットの著作が市民的立憲国家の理解にとって不可欠であるかを理解することはできない。自由民主主義に関心を寄せる者は、カール・シュミットを必要としないのである[6]」と断言した。しかし、本当に「市民的立憲国家」の理解にシュミットは必要とされないのであろうか。事実は逆である。シュミットはいまだなお「市民的立憲国家」の確立のために、積極的であれ、否定的（反面教師）であれ、議論されつづけるであろう。

シュミットは矛盾の人である。シュミットの憲法思想、政治思想に首尾一貫性を見出そうとすると、挫折してしまう。しかし、その矛盾を矛盾として排斥せず、その矛盾に内在し、なぜそのような矛盾が生じたかを理解する複眼的な思考が必要であろう。シュミットの「市民的法治国家」に対する二律背反は、そのような特徴的事例である。

もちろん、そのことは、シュミットのナチス時代の思想と行動を正当化するものではない。シュミットの第三帝国における思想と行動、特に反ユダヤ主義は、シュミットの生涯に消し難い汚点を残したし、「レーム粛清」を正当化した彼の「総統は法を護持する」は、はなはだしく野蛮であり、反人間的である。戦後シュミットが、自らのナチスへのコミットメントに向き合うことをせず、弁明、ないし沈黙に終始したことは、残念である。もしシュミットが自らのナチス時代の思想と行動に向き合っていたならば、ボン時代の彼の憲法論や政治思想は、新たな展開を遂げたのではなかろうか。

あとがき

本書は、私の一連のシュミット研究、『ヴァイマール自由主義の悲劇――岐路にたつ国法学者たち』（一九九九年）、『カール・シュミットとカトリシズム――政治的終末論の悲劇』（二〇〇一年）、『シュミット・ルネッサンス――カール・シュミットの概念的思考に即して』（二〇〇七年）の続編である。『シュミット・ルネッサンス』のあとがきに、「シュミット研究はこれで終了する」と書いてから、約一二年経過した。その間に内外のシュミット研究は飛躍的に発展した。特にシュミットの日記や往復書簡が次々に公刊され、また最新の資料を網羅したラインハルト・メーリングの『カール・シュミット――伝記』（二〇〇九年）も公刊され、こうした文献を参考することなくして、シュミットの憲法・政治思想の内在的理解は困難であることが常識となっている。私はこの一二年間、大学の西洋政治思想の講義録の作成として『ヘレニズムとヘブライズム』（二〇一〇年）、『コスモポリタニズムの挑戦』（二〇一四年）、『西洋政治思想と宗教』（二〇一八年）の執筆と出版に精力を注いできたため、私のシュミット研究の遅れは、歴然としていた。もはや出る幕はない状態であった。しかし、シュミット研究が新たな段階に突入した段階において、自らの力量を顧みず、従来あまり触れてこなかった憲法上の諸問題を中心に、シュミット研究をまとめたいという思いが生じてきた。憲法学は専門ではないというハンディはあるが、今までの私のシュミット研究の土台の上に、再度シュミットの著作を読み込み、シュミットの伝記やシュミットの日記、往復書簡の一部を参考にして生み出されたのが本書である。これからのシュミット研究の一助となれば幸いである。

シュミット研究の過程において本当に多くの人々に支えられてきた。その中で二人だけ心からの追悼の思いを抱いて名前をあげさせていただく。一人は、二〇〇五年四月十八日に永眠された宮本盛太郎京都大学名誉教授（一九四二―二〇〇五）である。もう一人は、二〇一一年八月十九日に逝去されたシュパイアー行政学院のヘルムート・クヴァーリチュ名誉教授（一九三〇―二〇一一）である。宮本先生は生前私のシュミット研究を励まし、刺激してくださり、発表の機会を与えてくださった。私は早稲田大学の大学院時代に公法学の佐藤立夫先生のゼミナールでシュミットの『憲法論』（Verfassungslehre）を読み、その概念の明晰性に感動して、シュミットを研究するようになった。宮本先生は、その後京都大学の博士課程に編入し、勝田吉太郎先生のゼミナールで政治思想を学んでいた私に、シュミット研究の意義を熱く語って下さり、ドイツやアメリカのシュミット研究者を紹介する労をとって下さった。

クヴァーリチュ先生は、ドイツを初め各国のシュミット研究者とのネットワークをもっておられ、先生との交流を通して、世界のシュミット研究の現状を知ることができ、またシュミット関係の書物をいつも定期的に送ってくださった。宮本先生や初宿正典先生と一緒にクヴァーリチュ先生の著作や編著を楽しく翻訳したことも懐かしい思い出である。先生の死去を知ったのは亡くなられてからしばらくしてであったが、感謝を込めて心から哀悼の意を表するものである。

なお渡辺暁彦氏（滋賀大学准教授）、奥正嗣氏（大阪国際大学名誉教授）、佐野誠氏（奈良教育大学教授）、中井大介君（同志社大学大学院後期課程）には原稿や校正紙をチェックしていただき、貴重なアドヴァイスをいただいた。

また大阪国際大学の図書館のスタッフには、今回も膨大な資料をＩＬＬ（図書館相互利用図書）で取り寄せていただくなど、多大な尽力をいただいた。研究の助力を惜しまない有能な図書館スタッフがおられることは、大学の誇りである。また大阪国際大学の「国際問題研究所」からは、シュミット研究に対して二〇一八年度の特別研究費の交付を受けたことを感謝をもって記しておく。

本書の出版に関しては畏友千葉眞氏にお願いしてみすず書房に紹介の労をとっていただいた。みすず書房の守田省吾社長は出版事情が厳しい折、私のシュミット研究に関心を示し、出版を快諾してくださったばかりか、自ら校正を引き受けて下さり、さまざまなアドヴァイスをして下さった。最初はラフな原稿であったが、校正を通じて読みやすいように仕上がったとするならば守田氏の助けによるものである。

二〇一九年三月一日　　大津市瀬田の自宅にて

古賀　敬太

シュミットの生涯と著作

一八八八年　ドイツのヴェストファーレン州のプレッテンベルクで敬虔なカトリックの家庭の長男として生まれる。父の名はヨハン、母の名はルイーズ。

一九〇〇年　近郊のアテンドルンのギムナージウムに入学、カトリックの寄宿舎に住む。

一九〇七年　ベルリン大学法学部に入学し、その後、ミュンヘン大学、シュトラスブルク大学で学ぶ。

一九一〇年　シュトラスブルク大学を最優等で卒業。学位論文は『責任とその種類——一つの述語的研究』（*Über Schuld und Schuldarten — Eine terminologische Untersuchung*）。司法官試補（Referendar）としてデュッセルドルフ実務修習。

一九一二年　『法律と判決』（*Gesetz und Urteil—Eine Untersuchung zum Problem der Rechtspraxis*）を発表。

一九一三年　F・アイスラーと『影絵』（*Schattenrisse*）を発表。

一九一四年　教授資格請求論文として『国家の価値と個人の意義』（*Die Wert des Staates und Die Bedeutung des Einzelnen*）を発表。

一九一五年　第二次国家試験（Assessorexamen）合格。ミュンヘンで兵役に就く、参謀本部勤務（一九一九年四月まで）。パウラ・ドロティッチと結婚。

一九一六年　教授資格を取得し、シュトラスブルク大学私講師となる（一九一八年十一月まで）。同年五月から八月まで長期の滞在許可を認められて、シュトラスブルク大学で講義。『テオドール・ドイブラーの極光』（*Theodor Däublers "Nordlicht"—Drei Studien über die Elemente, den Geist und die Akutualität des Werkes*）を発表。「独裁と戒厳状態」（"Diktatur und Belagerungszustand"）、「正規の刑事訴訟法の手続への戦争状態の影響」（"Die Einwirkungen des Kriegszustand auf das ordentliche strafprozessuale Verfahren"）、後者は、一九一六年二月十六日のシュトラスブルク大学就任講義。

一九一七年　「教会の可視性」（"Die Sichtbarkeit der Kirche"）と「ブリブンケン」（"Die Buribunken"）を『ズマ』に発表。

一九一八年　十一月にシュトラスブルク大学が閉鎖され、シュミットは大学での職を失う。

一九一九年　六月一日に軍隊勤務を解かれる。モーリッツ・ユリウス・ボンの斡旋で九月にミュンヘン商科大学私講師になる。この年『政治的ロマン主義』（第一版）（*Politische Romantik*）を発表。この時期、一九一九—一九二〇年までマックス・ヴェーバーの「講師のためのゼミナール」に参加。

一九二一年　十月にグライフスヴァルト大学正教授となる。『独裁』（*Die Diktatur—Von den Anfängen des modernen Souveränitätsgedankens bis zum proletarischen Klassenkampf*）を出版（これは、すでにミュンヘン商科大学時代の一九二〇年頃に執筆されている）。

一九二二年　四月にエーリヒ・カウフマンの助力でルドルフ・スメントの後任として、ボン大学正教授となる。『政治神学』（*Politische Theologie—Vier Kapitel zur Lehre von der Souveränität*）を出版（第二版は一九三四年）。『政治神学』の最初の三章は、「主権概念と政治神学の社会学」というタイトルでヴェーバー記念論文集に収載された。

一九二三年　『現代議会主義の精神史的状況』（*Die geistesgeschichtliche Lage des heutigen Parlamentarismus*）を出版（第二版は一九二六年）。また『ローマ・カトリシズムと政治形態』（*Römischer Katholizismus und politische Form*）を発表（第二版は一九二五年）。

一九二四年　妻パウラ・ドロティッチと離婚。四月にイエナで開催された国法学者大会で「ライヒ大統領の独裁」（"Die Diktatur des Reichspräsidenten nach Art.48 der Reichsverfassung"）に関する報告を行なった。「再度のライヒ議会解散」（“Nochmalige Reichstagsauflösung”）を『ケルン人民新聞』に寄稿。

一九二五年　『国際政治の対象としてのラインラント』（*Die Rheinlande als Objekt internationaler Politik*）、「現状維持と平和」（“Der Status Quo und der Friede”）を『高地』誌に発表した。また「ライヒ大統領とワイマール憲法」（“Reichspräsident und Weimarer Verfassung”）を『ケルン人民新聞』に寄稿。

一九二六年　ドゥシュカ・トドロヴィッチと再婚。このためカトリック教会から破門される。「ライヒ憲法第四八条の施行法、いわゆる独裁法」（“Das Ausfürungsgesetz zu Art. 48 der Reichsverfassung; sog. Diktaturgesetz”）を『ケルン人民新聞』に、「政治的なものの運命に関して」（“Um das Schicksal des Politischen”）を『盾の会』に、「議会主義と現代の大衆民主主義の対立」（“Der Gegensatz von Parlamentarismus und moderner Massendemokratie”）（これは『現代議会主義の精神史的状況』第二版の序文として収載される）を『高地』に寄稿。

一九二七年　『政治的なものの概念』（*Der Begriff des Politischen*）（第一版）を『社会科学と社会政策雑誌』に寄稿。また「マキアヴェリ」を『ケルン人民新聞』に寄稿。

一九二八年　モーリッツ・ユリウス・ボンの斡旋により、フーゴー・プロイスの後任として四月にベルリン商科大学正教授になる。『憲法論』（*Verfassungslehre*）を公刊。また「市民的法治国家」（“Der bürgerliche Rechtsstaat”）を『西洋』に、「国際連盟とヨーロッパ」（“Der Völkerbund und Europa”）を『高地』に寄稿。

一九二九年　「中立化と脱政治化の時代」（“Das Zeitalter der Neutralisierungen und Entpolitisierungen”）を『ヨーロッパ・レビュー』に、「ファシスト国家の本質と生成」（“Wesen und Werden des faschistischen Staates”）を『シュモーラー年報』に寄稿。「憲法の番人」（“Der Hüter der Verfassung”）第一版を『公法学雑誌』に掲載。五月二十二日にハレのカント学会において、「国家倫理と多元論的国家」（“Staatsethik und pluralistischer Staat”）のタイトルで講演（翌年出版）。

一九三〇年　一月十八日にワイマール共和国の創設を記念してベルリン商科大学で「フーゴー・プロイス」（“Hugo

Preuß—Sein Staatsbegriff und seine Stellung in der deutschen Reichsverfassung”）と題して講演、後に『ドイツ法律家新聞』に掲載。この年、娘アニマの誕生。三月二十七日に社会民主党のヘルマン・ミュラー内閣が倒れ、ブリューニングを首相とする大統領内閣の成立。

一九三一年　『憲法の番人』（第二版）を発表。また「ワイマール憲法における自由権と制度的保障」（“Freiheitsrechte und institutionelle Garantien der Reichsverfassung”）を『ベルリン商科大学二五年記念法学論集』に、「全体国家への転回」（“Die Wendung zum totalen Staat”）を『ヨーロッパ・レビュー』誌に、「ライヒ改革と行政改革」（Reichs-und Verwaltungsreform）を『ドイツ法律家新聞』に寄稿。

一九三二年　『政治的なものの概念』（第二版）、『合法性と正統性』（*Legalität und Legitimität*）。また「基本権と基本義務」（“Grundrechte und Grundpflichten”）を『ドイツ国法綱要』第二巻に寄稿。ブリューニング、四月十三日にナチスのＳＡ、ＳＳ禁止の緊急命令を行なう。六月にパーペン内閣が成立し、パーペンは六月十六日にナチスのＳＡ、ＳＳ禁止令を解除。七月二十日にプロイセン州政府を罷免する、いわゆる「パーペン・クーデター」を行なう。七月二十五日の選挙でナチ党は第一党になる。シュミットは七月十九日に『日常展望』紙に「合法性の濫用」（“Der Mißbrauch der Legalität”）と題して、ナチ党の総選挙での勝利を警告している。同年八月一日に「プロイセン・ラントに対するライヒ・コミッサールの任命の合憲性」（“Die Verfassungsmäßigkeit der Bestellung eines Reichskommissars für das Land Preußen”）を『ドイツ法律家新聞』に寄稿し、十月のライプツィヒ国事裁判所での裁判では、ライヒ政府の弁護人として参加。緊急権に関して、「今日の緊急命令の実際に対する基本的論点」（“Grundsätzliches zur heutigen Notverordnungspraxis”）を発表。十二月三日にシュライヒャー内閣成立。「全体国家の更なる発展」（“Weiterentwicklung des totalen Staates in Deutschland”）を起草。翌年『ヨーロッパ・レビュー』に掲載。

一九三三年　一月三十日、ヒトラー首相になる。三月二十四日に「全権委任法」が成立し、シュミットは「民族およびライヒの危機を除去するための法律」（“Das Gesetz zur Behebung der Not von Volk und Reich”）を『ドイツ法律家新聞』に寄稿。四月にシュティア＝ゾムロの後任として、ケルン大学教授となる（九月まで）。五月一日にナチ党に入党。六月二十日に、ケルン大学就任演説として「ライヒ・国家・連邦」（"Reich-Staat-Bund"）を講演。『ライヒ総督法』（Das Reichsstatthaltergesetz）を刊行。七月にゲーリングによりプロイセン枢密顧問官に任命され、十月にベルリン大学教授、十一月にナチス・ドイツ法律家連盟（ＢＮＳＤＪ）大学教官部会長になる。『国家・運動・民族』（*Staat, Bewegung, Volk*）を刊行。

一九三四年　『法学的思考の三類型』（*Über die drei Arten des rechtswissenschaftlichen Denkens*）。六月三日にレームやＳＡ隊員の殺害が行なわれた「長いナイフの夜」が発生し、シュミットは「総統は法を護持する」（"Der Führer schützt das Recht"）を『ドイツ法律家新聞』に寄稿。またナチズムと法治国家の関係を扱った「ナチズムと法治国家」（"Nationalsozialismus und Rechtsstaat"）を『ドイツ行政』に、「ナチズムの法思想」（"Nationalsozialitisches Rechtsdenken"）を『ドイツ法』に寄稿。また『第二帝国の国家構造と崩壊』（*Staatsgefüge und Zusammenbruch des zweiten Reiches—Der Sieg des Bürgers über den Soldaten*）を刊行。

一九三五年　九月に成立したニュルンベルク法を正当化する「自由の憲法」（"Die Verfassung der Freiheit"）を発表。

一九三六年　シュミットはナチス法擁護者連盟（ＮＳＲＢ、これはＢＮＳＤＪの改組した組織）の大学教官部会長としてベルリンで「ドイツ法学におけるユダヤ主義」という会議を開催。「ユダヤ精神と戦うドイツ法学」（"Die deutsche Rechtswissenschaft im Kamf gegen den jüdischen Geist"）を『ドイツ法律家新聞』に寄稿。ＳＳの機関紙『黒色軍団』から攻撃を受け、失脚。第一線から退く。ベルリン大学教授、プロイセンの枢密顧問官の地位は保持。

一九三七年　「ホッブズとデカルトにおける機械としての国家」（"Der Staat als Mechanismus bei Hobbes und Descartes"）を『法哲学と社会哲学雑誌』に寄稿。

一九三八年　『ホッブズの国家論におけるリヴァイアサン』（*Der Leviathan in der Staatslehre des Thomas Hobbes—Sinn und Fehlschlag eines politischen Symbols*）を刊行。

一九三九年　『国際法上の広域秩序』（*Völkerrechtliche Großraumordnung mit Interventionsverbot für raumfremde Mächte—Eine Beitrag zum Reichsbegriffe im Völkerrecht*）を発表し、「広域」理論を展開。

一九四〇年　『立場と概念』（*Positionen und Begriffe im Kampf mit Weimar, Genf-Versailles, 1923–1939*）を刊行。

一九四二年　『陸と海——世界史的考察』（*Land und Meer—Eine weltgeschichtliche Beobachtung*）を発表。

一九四五年　五月八日、ドイツ降伏。シュミットは四月にソ連軍により逮捕され、尋問の後、釈放。九月にアメリカ軍により逮捕され、ベルリン郊外の捕虜・政治犯収容所で拘禁される。企業家フリックの法的責任に関する鑑定書「攻撃戦争の国際法的犯罪と罪刑法定主義の原則」（“Das internationalrechtliche Verbrechen des Angriffskrieges und der Grundsatz ‘Nullum crimen, nulla poena sine lege’”）を起草（後に一九九四年にクヴァーリチュの編集によって単行本として刊行、本書では『攻撃戦争論』と表記）。

一九四六年　十月にいったん釈放される。

一九四七年　三月にアメリカ軍により再逮捕され、ヴァンゼーの監獄を経て、ニュルンベルクへ移送されたが、不起訴となり、五月にプレッテンベルクに戻る。

一九五〇年　『獄中記』（*Ex Captivitate Salus—Erfahrungen der Zeit*）、『大地のノモス』（*Der Nomos der Erde im Völkerrecht des Jus Publicum Europaeum*）、『ヨーロッパ法学の状況』（*Die Lage der europäischen Rechtswissenschaft*）を刊行。また歴史哲学に関する論稿「歴史的意味付与の三段階」（“Drei Stufen historischer Sinngebung”）と「実存的な歴史叙述」（“Existentielle Geschichtsschreibung”）を『ウニベルシタス』に寄稿。妻ドゥシュカの死。破門を解かれ、カトリック教会に復帰。

一九五八年　『憲法論集』（*Verfassungsrechtliche Aufsätze aus den Jahren 1924–1954. Materialien zu einer Verfassungslehre*）を出版。

一九六三年　『パルチザンの理論』（*Theorie des Partisanen. Zwischenbemerkung zum Begriff des Politischen*）を出版。

一九六五年　ホッブズ論の「完成した宗教改革」（“Die vollendete Reformation. Bemerkungen und Hinweise zu neuen Leviathan-Interpretationen”）を発表。

一九六七年　「価値の専制」（*Die Tyrannei der Werte. Über legungen eines Juristen zur Wertphilosophie*）。
一九七〇年　『政治神学Ⅱ』（*Politische Theologie II—Die Legende der Erledigung jeder politischen Theologie*）。
一九八三年　娘アニマの死。
一九八五年　四月七日にプレッテンベルクの病院で死去。享年九十六歳。カトリックの墓地に葬られる。
一九九一年　『グロッサリウム』（*Glossarium* 注釈集）の出版。
一九九五年　シュミットの論文集『国家、広域、ノモス』（*Staat, Großraum, Nomos—Arbeiten aus dem Jahren 1916–1969*）の刊行。
二〇〇三年　『カール・シュミット日記　一九一二〜一九一五年』の出版。
二〇〇五年　『カール・シュミット日記　一九一五〜一九一九年』の出版。
二〇〇五年　シュミットの論文集『平和、それとも平和主義？』（*Frieden oder Pazifismus? Arbeiten zum Völkerrecht und zur internationalen Politik 1924–1978*）の刊行。
二〇一〇年　『カール・シュミット日記　一九三〇〜一九三四年』の出版。
二〇一四年　『カール・シュミット日記　一九二一〜一九二四年』の出版。

古賀敬太
カール・シュミットとその時代

2019年 3月22日 第1刷発行

発行所 株式会社 みすず書房
〒113-0033 東京都文京区本郷2丁目20-7
電話 03-3814-0131(営業) 03-3815-9181(編集)
www.msz.co.jp

本文組版 キャップス
本文印刷所 理想社
扉・表紙・カバー印刷所 リヒトプランニング
製本所 誠製本
装丁 安藤剛史

ISBN 978-4-622-08785-4
[カールシュミットとそのじだい]

著者略歴

（こが・けいた）

1952年，福岡県生まれ．早稲田大学政治経済学部卒業．京都大学法学研究科博士課程修了．博士（法学）．現在　大阪国際大学現代社会学部教授．著書『ヴァイマール自由主義の悲劇——岐路に立つ国法学者たち』（風行社，1996）『カール・シュミットとカトリシズム——政治的終末論の悲劇』（創文社，1999）『政治思想における自由の伝統』（晃洋書房，2001）『シュミット・ルネッサンス』（風行社，2007）『政治思想の源流——ヘレニズムとヘブライズム』（風行社，2010）『コスモポリタニズムの挑戦』（風行社，2014）『西洋政治思想と宗教——思想家列伝』（風行社，2018）．編著『政治概念の歴史的展開』（第1巻～第6巻，第8巻，晃洋書房，2004-16）．論文「矢内原忠雄の政治思想（1）～(6)」（『国際研究論叢』第28巻2号（2015.1），第29巻3号（2016.3），第30巻1号（2016.10），第30巻3号（2017.3），第32巻1号（2018.10），第32巻2号（2019.1））．

人名索引

ア　行

アイスナー，クルト　Eisner, Kurt（1867-1919）　52
アイスラー，ゲオルク　Eisler, Georg（1867-1948）　13, 247, 276
アイスラー，フリッツ　Eisler, Fritz（1887-1914）　13-14, 23, 27, 276
アウグスティヌス，アウレリウス　Augustinus, Aurelius（354-430）　338
アクィナス，トマス　Aquinas, Thomas（1225-1274）　259
アクトン，ジョン　Dalberg-Acton, John Emerich Edward（1834-1902）　370
アダムス，パウル　Adams, Paul（1894-1961）　105, 232, 343
阿部照哉（1929-　）　311
アーベントロート，ヴォルフガング　Abendroth, Wolfgang（1906-1985）　207
アム・ツェーンホフ，フーゴー　am Zehnhoff, Hugo（1855-1930）　368
アリストテレス　Aristotelēs（B. C. 384-322）　259, 283
アールマン，ヴィルヘルム　Ahlmann, Wilhelm（1895-1944）　301
アルント，ハンス＝ヨアヒム　Arndt, Hans-Joachim（1923-2004）　347
アンシュッツ，ゲルハルト Anschütz, Gerhard（1867-1948）　2, 38, 44, 60, 74-79, 84, 86, 98, 127, 137, 147, 157-158, 161, 172, 177-178, 197-198, 207, 210-211, 214-218, 234, 248-249, 315, 364, 372
イェリネック，ヴァルター　Jellinek, Walter（1885-1955）　86, 197, 225, 245
イェリネック，ゲオルク　Jellinek, Georg（1851-1911）　138, 245
ヴァイス，コンラート　Weiß, Konrad（1880-1940）　35, 105, 339-340, 343
ヴィーアッカー，フランツ　Wieacker, Franz（1908-1994）　268
ヴィットマイヤー，レオ　Wittmayer, Leo（1876-1936）　276
ヴィティヒ，ヴェルナー　Wittich, Werner（1867-1937）　21
ヴイヨー，ルイ　Veuillot, Louis（1813-1883）　70
ヴィルト，ヨーゼフ　Wirth, Joseph（1879-1956）　154
ヴィルヘルム二世　Wilhelm II（1859-1941）　38
ヴェーバー，アルフレート　Weber, Alfred（1868-1958）　158
ヴェーバー，ヴェルナー　Weber, Werner（1904-1976）　58, 306, 311, 319
ヴェーバー，マックス　Weber, Max（1864-1920）　23, 26, 52, 59, 98, 103, 114, 328
エウセビウス　Eusebius（260-340）　335, 338-339
エックハルト，カール・アウグスト　Eckhardt, Karl August（1901-1979）　289
エッシュヴァイラー，カール　Eschweiler, Karl（1886-1936）　105, 232, 339
エピメテウス　Epimētheus　340-341
エーベルト，フリードリヒ　Ebert, Friedrich（1871-1925）　30, 73-74, 111, 136, 146, 150, 207
大木英夫（1928-　）　24
大西芳雄（1809-1975）　311
小倉大（1973-　）　84
オットー，オイゲン　Otto, Eugen（1889-

1977）152, 230
オーバーハイト，ハインリヒ・ヨーゼフ Oberheid, Heinrich Josef（1895–1977）339
オーリウ，モリス Hauriou, Maurice（1856–1929）267

カ 行

カイザー，ヨーゼフ Kaiser, Joseph H.（1921–1998）69, 270, 310–311
ガイル，ヴィルヘルム・フライヘル・フォン Gayl, Wilhelm Frhr. von（1879–1945）229
カウフマン，エーリヒ Kaufmann, Erich（1880–1972）58, 75, 160–161, 237, 241–242, 245, 247, 276, 278, 303
カース，ルートヴィヒ Kaas, Ludwig（1881–1952）235–237, 255
カストロ，フィデロ・アレハンドロ Castro, Fidel Alejandro（1926–2016）332
カッツ，ルドルフ Katz, Rudolf（1895–1961）348
カップ，ヴォルフガング Kapp, Wolfgang（1858–1922）52
カント，イマヌエル Kant, Immanuel（1724–1804）98, 326
カントロヴィチ，ヘルマン Kantrowicz, Hermann（1877–1940）277
キージンガー，クルト Kiesinger, Kurt G.（1904–1988）344
ギーゼ，フリードリヒ Giese, Friedrich（1882–1958）84, 210, 217–218
ギゾー，フランソワ Guizot, François P. G.（1787–1874）104
ギュンター，アルブレヒト・エーリヒ Günther, Albrecht Erich（1893–1942）230–231, 253
ギールケ，オットー・フォン Gierke, Otto von（1841–1921）98
キルケゴール，セーレン Kierkegaard, Sören（1813–1855）27, 34–36, 59, 69, 109, 333
キルヒハイマー，オットー Kirchheimer, Otto（1905–1965）58, 207, 246–247, 276
グァルディーニ，ロマーノ Guardini, Romano（1885–1968）105
クヴァーリチュ，ヘルムート Quaritsch, Helmut（1930–2011）302
クナープ，オットー Knab, Otto（1905–1990）292
クライン，フリードリヒ Klein, Friedrich（1908–1974）318
グラウ，リヒャルト Grau, Richard 76
クラフト＝フクス，マルギト Kraft-Fuchs, Margit（1902–1994）141
グリアン，ヴァルデマール Gurian, Waldemar（1902–1954）58, 105, 109, 145, 232, 247, 276, 291–292, 342
クルツィウス，エルンスト・ローベルト Curtius, Ernst Robert（1886–1956）109, 247
クロコウ，クリスチャン・フォン Krockow, Christian von（1927–2002）185
黒田覚（1900–1990）311
グロティウス，フーゴー Grotius, Hugo（1583–1645）123
ゲッツェニー，ハインリヒ Getzeny, Heinrich 109
ケネディ，エレン Kennedy, Ellen 185
ゲーリング，ヘルマン Göring, Herman（1893–1946）261–262, 289
ケルゼン，ハンス Kelsen, Hans（1881–1973）2, 12, 64–65, 68–69, 102, 143, 147, 162, 170, 175–178, 193, 207, 238, 241, 243, 276–278, 280, 372
ゲルトルーデ，リュッベ＝ヴォルフ Gertrude, Lübbe-Wolff 363–364
ゲルバー，カール・フリードリヒ・フォン Gerber, Carl Friedrich von（1823–1891）75
ゲルバー，ハンス Gerber, Hans（1889–1981）159, 167, 197, 245
ケルロイター，オットー Koellreutter, Otto（1883–1972）197, 246, 250–252, 266, 289–291
ゲンティリス，アルベリクス Gentilis, Albericus（1552–1608）336
ケンプナー，ローベルト Kempner, Robert M. W.（1899–1993）302–303
ゴーガルテン，フリードリヒ Gogarten,

Friedrich（1887-1967） 339
コゼレック，ラインハルト Koselleck, Reinhart（1923-2006） 311
コンスタン，バンジャマン Constant de Rebecque, Benjamin（1767-1830） 104, 147-148, 150, 169, 176
コンスタンティヌス大帝 Gaius Flavius Valerius Constantinus（272-337） 335, 338

サ 行

ザイデル，マックス・フォン Seydel, Max von（1846-1901） 214
サヴィニー，フリードリヒ・カール・フォン Savigny, Friedrich Carl von（1779-1861） 321-322
シェイエス，エマニュエル・ジョゼフ Sieyès, Emmanuel Joseph, Abbé（1748-1836） 337
シェーラー，マックス Scheler, Max（1874-1928） 109, 114, 327
シェーンベルガー，クリストフ Schönberger, Christoph 330
シーザー，ガイウス・ユリウス Caesar, Gaius Iulius（B. C. 100-44） 54
ジーベルト，ヴォルフガング Siebert, Wolfgang（1905-1959） 268
シャイデマン，フィリップ Scheidemann, Philipp（1865-1939） 40
シャフシュタイン，フリードリヒ Shafstein, Friedrich（1905-2001） 268
シュキング，ヴァルター Schücking, Walther（1875-1935） 145, 252, 277
シュタウフェンベルク，クラウス・フォン Stauffenberg, Claus Graf von（1907-1944） 301
シュターペル，ヴィルヘルム Stapel, Wilhelm（1882-1954） 230-231, 253, 339
シュタール，フリードリヒ・ユリウス Stahl, Friedrich Julius（1802-1855） 280, 295
シュタント，アニー Stand, Anni（1915-1997） 311
シュティア＝ゾムロ，フリッツ Stier-Somlo, Fritz（1899-1932） 86, 276
シュティルナー，マックス Stirner, Max（1806-1856） 6-7
シュトライス，ミヒャエル Stolleis, Michael（1941- ） 39, 75, 168, 251
シュトラウス，レオ Strauss, Leo（1899-1973） 288
シュトレーゼマン，グスタフ Stresemann, Gustav（1878-1929） 49, 207
シュナイダー，ハンス Schneider, Hans（1912-2010） 306, 310
シュナイダー，ペーター Schneider, Peter（1920-2002） 367
シュヌール，ローマン Schnur, Roman（1927-1996） 310
シュペングラー，オスヴァルト Spengler, Oswald（1880-1936） 95
シュミッツ，マティアス Schmitz, Mathias 183
シュミット，アニマ・ルイーズ Schmitt, Anima Louise（1931-1985） 311
シュミット，ヨハン Schmitt, Johann（1853-1945） 6
シュミット，リヒャルト Schmidt, Richard（1862-1944） 250
シュミット，ルイーズ Schmitt, Louise（1863-1924） 6
シュライバー，ゲオルク Schreiber, Georg（1882-1963） 158
シュライヒャー，クルト Schleicher, Kurt von（1882-1934） 152, 156-157, 214, 228-230, 235, 237, 259
シュライヤー，ハンス＝マルティン Schleyer, Hans-Martin（1915-1977） 362, 365
シュレーゲル，フリードリヒ Schlegel, Friedrich（1772-1829） 31-33
シュレーダー，ゲルハルト Schröder, Gerhard（1910-1989） 345, 348, 350, 358
シュワーブ，ジョージ Schwab, Georges（1931- ） 58, 86, 344
ショイナー，ウルリヒ Scheuner, Ulrich（1903-1981） 85, 111, 233

ショーペンハウアー，アルトゥール　Schopenhauer, Arthur（1788-1860）　35
ジンツハイマー，フーゴー　Sinzheimer, Hugo（1875-1945）　246
スピノザ，バルーフ・デ　Spinoza, Baruch de（1632-1677）　295
スメント，ルドルフ　Smend, Rudolf（1882-1975）　56, 75, 126, 130, 160-161, 168, 201, 241, 244, 249-250, 276, 356
スラ，ルキウス・コルネリウス　Sulla, Lucius Cornelius（B. C. 138-78）　54
ゼーフェリング，カール　Severing, Carl（1875-1952）　206
ゾーム，ルドルフ　Sohm, Rudolf（1841-1917）　28, 108
ソレル，ジョルジュ　Sorel, Georges（1847-1922）　93-95, 144-145
ゾントハイマー，クルト　Sontheimer, Kurt（1928-2005）　372
ゾンバルト，ヴェルナー　Sombart, Werner（1863-1941）　226

タ　行

ダーム，ゲオルク　Dahm, Georg（1904-1963）　268
チーテルマン，エルンスト　Zitelmann, Ernst（1852-1923）　90
ツェーラー，ハンス　Zehrer, Hans（1899-1966）　231
ディルクス，ヴァルター　Dirks, Walter（1901-1991）　109
デカルト，ルネ　Descartes, René（1596-1650）　31
テールマン，エルンスト　Thälmann, Ernst（1886-1944）　89
ドイブラー，テオドール　Däubler, Theodor（1876-1934）　8, 23, 26
トクヴィル，アレクシ・ド　Tocqueville, Alexis de（1805-1859）　341
ドストエフスキー，フョードル　Dostoevskii, Fyodor M.（1821-1881）　108
ドーソン，クリストファー　Dawson, Christopher（1889-1970）　29
トドロヴィッチ，ドゥシュカ　Todorovič, Duschka（1903-1950）　110, 311, 333
ドーナ，グラーフ・ツー　Dohna, Alexander Graf zu（1876-1944）　147, 158
ドノソ・コルテス，フアン　Donoso Cortés, Juan（1809-1853）　27, 57, 59, 66, 69, 70-73, 75
トーマ，リヒャルト　Thoma, Richard（1874-1957）　2, 38, 75, 86, 98-104, 127, 137-138, 158, 161, 172, 177, 197-198, 201, 243, 245, 249, 372
ド・メストル，ジョゼフ　De Maistre, Joseph（1753-1821）　57, 59, 66-67, 69-71, 73
トリーペル，ハインリヒ　Triepel, Heinrich（1868-1946）　51, 147, 159, 197, 207, 215, 244, 249, 251
トレルチ，エルンスト　Troeltsch, Ernst（1865-1923）　114
ドロティッチ，パウラ　Dorotič, Pawla（1883-1968）　7, 110

ナ　行

ナヴィアスキー，ハンス　Nawiasky, Hans（1880-1961）　86, 207, 218-221, 246, 277
ナウマン，フリードリヒ　Naumann, Friedrich（1860-1919）　100, 103
長尾龍一（1938-　）　340
ナルバエス将軍　Narváez　72
ニーキッシュ，エルンスト　Niekisch, Ernst（1889-1967）　231, 253
ニーチェ，フリードリヒ　Nietzsche, Friedrich（1844-1900）　33-34, 231
ニッパーダイ，ハンス，カール　Nipperdey, Hans Carl（1895-1963）　243
ニヒトヴァイス，バーバラ　Nichtweiß, Barbara（1960-　）　291
ノイス，ヴィルヘルム　Neuß, Wilhelm（1880-1965）　105
ノイマン，フォルカー　Neumann, Volker　20, 367-368
ノイマン，フランツ　Neumann, Franz（1900-1954）　246-247
ノインデルファー，カール　Neundörfer, Karl

(1885-1926) 109

ハ 行

ハイデガー，マルティン Heidegger, Martin (1889-1976) 141-142, 180, 185, 281-288
バイロン，ジョージ・ゴードン Byron, George Gordon (1788-1824) 33-34
パウリ，ヴァルター Pauly, Walter (1960-) 177
バクーニン，ミハイル・アレクサンドロヴィチ Bakunin, Mikhail Aleksandrovich (1814-1876) 71, 73
ハースト，ポール Hirst Paul (1946-2003) 65
ハバーマス，ユルゲン Habermas Jürgen (1929-) 185, 308
パーペン，フランツ・フォン Papen, Franz von (1879-1969) 139, 152, 156-157, 206, 210, 214, 221, 224, 227-230, 236-239, 254, 256, 259, 292
バリオン，ハンス Barion, Hans (1899-1973) 105, 232, 310-311, 339
バル，フーゴー Ball, Hugo (1886-1927) 105, 109, 247, 342
バルト，カール Barth, Karl (1886-1968) 333
ハルトマン，ニコライ Hartmann, Nicolai (1882-1950) 327
パレート，ヴィルフレド Pareto, Vilfredo (1848-1923) 94-96
ビスマルク，オットー・フォン Bismarck, Otto von (1815-1898) 214
ヒトラー，アドルフ Hitler, Adolf (1889-1945) 48, 156, 224, 228, 235-236, 239, 243-244, 247, 254-255, 259-260, 264, 272, 280, 297, 299, 304-305, 307-308, 328, 335-341, 370
ヒルシュ，マルティン Hirsch, Martin (1913-1992) 364
ビルフィンガー，カール Bilfinger, Carl (1879-1958) 74, 86, 159, 197, 207, 225
ピンダロス Pindaros (B. C. 518-442) 322
ビンディング，カール Binding, Karl (1841-1920) 51
ヒンデンブルク，パウル・フォン Hindenburg, Paul von (1847-1934) 45, 89, 111, 136, 152-153, 156, 176, 229-230, 235-238, 254
ファイヒンガー，ハンス Vaihinger, Hans (1852-1933) 35
フィヒテ，ヨハン・ゴットリープ Fichte, Johann Gottlieb (1762-1814) 98
フェルドロース，アルフレート Verdroß, Alfred (1890-1980) 12
フォアベルク，フリードリヒ Vorwerk, Friedrich (1893-1969) 230-231, 253
フォイヒトヴァンガー，ルートヴィヒ Feuchtwanger, Ludwig (1885-1947) 247, 276
フォルストホフ，エルンスト Forsthoff, Ernst (1902-1974) 58, 145, 225, 231, 242-243, 251-253, 309-310, 318-319
フォン・バーデン，マックス von Baden, Max (1867-1929) 30
プシュヴァラ，エーリヒ Przywara, Erich (1889-1972) 69
フーバー，エルンスト・ルドルフ Huber, Ernst Rudolf (1903-1990) 58, 78, 145-146, 171, 231, 237, 252-253, 299, 306, 310-311
ブムケ，エルヴィン Bumke, Erwin (1874-1945) 226
ブライ，フランツ Blei, Franz (1871-1942) 35, 105, 109, 247
ブラウン，オットー Braun, Otto (1872-1955) 206-207, 333
ブラウン，ディートリヒ Braun, Dietrich (1928-) 334
ブラシウス，ディルク Blashius, Dirk (1941-) 276
プラトン Plato (B. C. 427-347) 10
フランク，ハンス Frank Hans (1900-1946) 261, 262, 289
フリーゼンハーン，エルンスト Friesenhahn, Ernst (1901-1984) 58, 145, 220

ブリューニング，ハインリヒ　Brüning, Heinrich（1885–1970）152, 154–155, 157, 159, 163, 169, 206, 228, 235
ブルクハルト，カール　Burkhardt, Karl（1910–1997）330
プルードン，ピエール・ジョゼフ　Proudhon, Pierre Joseph（1809–1865）71, 183
ブレドゥ将軍　Bredow, Ferdinand Eduard von（1884–1934）259
ブレヒト，アーノルド　Brecht, Arnold（1884–1977）207, 220–221, 224, 226–227
フレンケル，エルンスト　Fraenkel, Ernst（1898–1975）246
プロイス，フーゴー　Preuss, Hugo（1869–1925）2, 38, 40–46, 48–49, 55, 97–99, 103, 145, 151, 199, 276
フロイント，ミハエル　Freund, Michael（1902–1972）345–346, 354
プロメテウス　Promētheús　340
ブロワ，レオン　Bloy, Léon（1846–1917）70
ヘーゲル，フリードリヒ　Hegel, Georg W.F.（1770–1831）10, 34, 69, 121, 191–192, 269, 286–288
ペータース，ハンス　Peters, Hans（1896–1966）207, 211–214, 221
ペーターゾン，エリック　Peterson, Erik（1890–1960）105, 109, 291, 333–335, 338–340
ヘッカー，テオドール　Haecker, Theodor（1879–1945）35, 105, 109, 333, 342
ベッカー，ヴェルナー　Becker, Werner（1904–1981）58, 145
ヘッケル，ヨハネス　Heckel, Johannes（1889–1963）246
ベッケンフェルデ，エルンスト＝ヴォルフガング　Böckenförde, Ernst-Wolfgang（1930–　）5, 181–182, 253, 309–311, 319, 349, 354, 361–366, 372
ヘッセ，コンラート　Hesse Konrad（1919–2005）5, 349, 353–360, 363
ペッチュ＝ヘフター　F. Poetzch-Hefter, F. 51, 84
ヘーフェレ，ヘルマン　Hefele, Herman（1885–1936）102
ヘラー，ヘルマン　Heller, Hermann Ignatz（1891–1933）2, 62, 86, 94–96, 102, 178, 182, 184, 188, 207, 223, 226, 243, 247, 252, 276–277, 372
ヘラクレイトス　Hērakleitos（B. C. 540–480）282
ベルグソン，アンリ　Bergson, Henri-Louis（1859–1941）93–94
ヘーン，ラインハルト　Höhn, Reinhard（1904–2000）289
ヘンゼル，アルベルト　Hensel, Albert（1895–1933）247
ベンソン，ロバート・ヒュー　Benson, Robert Hugh（1871–1914）70
ベンダースキー，ジョーゼフ　Bendersky, Joseph（1946–　）5, 38, 52, 58, 73, 152, 211, 229–230, 232, 238, 240, 254, 289, 293, 343
ボダン，ジャン　Bodin, Jean（1530–1596）62, 64
ホーチミン　Ho Chi Minh（1890–1969）332
ホッブズ，トーマス　Hobbes, Thomas（1588–1679）40, 62, 64, 73, 183, 187, 190–192, 270, 294–297, 328
ボードレール，シャルル　Baudelaire, Charles（1821–1867）34
ボナール，ルイ　De Bonald, Louis（1754–1840）57, 59, 69–71
ポーピッツ，ヨハネス　Popitz, Johannes（1884–1945）152, 227, 237, 239, 301
ホフマン，ハッソー　Hofmann, Hasso（1934–　）5, 120, 141, 297, 299, 367, 369
ボルト，ハンス　Boldt, Hans（1930–　）44
ボン，モーリッツ・ユリウス　Bonn, Moritz Jurius（1873–1965）52
ボンヘッファー，ザビーネ　Bonhoeffer, Sabine　244
ボンヘッファー，ディートリヒ　Bonhoeffer Dietrich（1906–1945）244

マ 行

マイスナー，オットー　Meissner, Otto（1880–1953） 152
マイネッケ，フリードリヒ　Meinecke, Friedrich（1862–1954） 30, 159
マイネル，フロリアン　Meinel Frorian 348
マイヤー，オットー　Mayer, Otto（1846–1924） 214
マイヤー，クリスチャン　Meier, Christian（1929– ） 347
マウンツ，テオドール　Maunz, Theodor（1901–1993） 311
マキアヴェリ，ニッコロ　Machiavelli, Niccoló（1469–1527） 55, 73, 124–125, 309
マコーミック，ジョン　McCormick, John P.（1954– ） 62, 65
マシュケ，ギュンター　Maschke, Günter（1943– ） 117, 300, 323
マリタン，ジャック　Maritain, Jacques（1882–1973） 105
マルカード，オード　Marquard, Odo（1928–2015） 309
マルクス，ヴィルヘルム　Marx, Willhelm（1863–1946） 50, 89
マルクス，エーリヒ　Marcks, Erich（1891–1944） 152, 226, 230, 235, 237
マールブランシュ，ニコラス　Malebransch, Nicolas（1638–1715） 31
マン，トーマス　Mann, Thomas（1875–1955） 114
マンゴルド，ヘルマン・フォン　Mangold, Hermann von（1895–1953） 318
ミュラー，アダム　Müller, Adam（1777–1829） 31–33
ミュラー，ヘルマン　Müller, Hermann（1876–1931） 153, 159
ミュラー，ルートヴィヒ　Müller Ludwig（1883–1945） 246
ムスヌーク，ラインハルト　Mußgnug, Reinhard（1935– ） 315–316
ムッソリーニ，ベニート　Mussolini, Benito（1883–1945） 96
ムート，カール　Muth, Carl（1867–1944） 105, 232
メーリング，ラインハルト　Mehring, Reinhard（1959– ） 5, 12, 14, 23, 26, 35, 56, 96, 110, 132, 146, 159, 170, 174, 192, 205, 247, 249, 342
メルクル，アドルフ　Merkl, Adolf（1890–1970） 159, 167
メンデルスゾーン，モーゼス　Mendelssohn, Moses（1729–1786） 295
メンデルスゾーン＝バルトルディ，アルブレヒト・フォン　Mendelssohn-Bartholody, Albrecht von（1874–1936） 276
毛沢東（1893–1976） 332
モスカ，ガエターノ　Mosca, Gaetano（1858–1941） 94
モーラー，アルミン　Mohler, Armin（1920–2003） 230–231, 311
モーラス，シャルル　Maurras, Charles（1868–1952） 95, 109, 291
モンテーシ，ゴットアルト　Montesi, Gotthard 326
モンテスキュー　Montesquieu, Charles Louis de Secondat（1689–1755） 259

ヤ 行

ヤコービ，エルヴィン　Jacobi, Erwin（1884–1965） 74, 85–87, 159, 172, 197, 207, 221–223, 225, 245, 276–277
ユンガー，エルンスト　Jünger, Ernst（1895–1998） 13, 185, 230–231, 253
ユング，エドガー　Jung, Edgar Julius（1894–1934） 259, 293

ラ 行

ライプホルツ，ゲルハルト　Leibholz, Gerhard（1901–1982） 103, 159–160, 243–245
ラーク，ディルク・ヴァン　Lark, Dirk van 310, 344
ラスキ，ハロルド　Laski, Harold Joseph（1893–1950） 189
ラーテナウ，ヴァルター　Rathenau, Walther

（1867-1922）　26
ラート，ハンス・ディーター　Rath, Hans Dieter　102
ラートブルフ，グスタフ　Radburch, Gustav（1878-1949）　158, 277
ラーバント，パウル　Laband, Paul（1838-1918）　21, 75, 146, 214
ランゲ，ハインリヒ　Lange, Heinrich（1900-1977）　269
リッター，ヨアヒム　Ritter, Joachim（1903-1974）　309
リュータース，ベルント　Rüthers, Bernd（1930-　）　261, 281, 289-290, 293
リュッベ，ヘルマン　Lübbe, Hermann（1926-　）　309, 311, 347
リュトヴィッツ，ヴァルター・フォン　Luettwitz, Walther von（1859-1942）　52
ルソー，ジャン＝ジャック　Rousseau, Jean-Jacques（1712-1778）　25, 73, 97-98, 104, 138, 177
レーヴィット，カール　Löwith, Karl（1897-1973）　141, 144, 185
レーヴェンシュタイン，カール　Loewenstein, Karl（1891-1973）　160, 197, 277, 369
レーデラー，エミール　Lederer, Emil（1882-1939）　192
レーニン，ウラディミール・イリイチ　Lenin, Vladimir Il'ich（1870-1924）　332
レーム，エルンスト　Röhm, Ernst（1887-1934）　244, 259
ロシター，クリントン　Rossiter, Clinton（1917-1970）　47, 50
ロック，ジョン　Locke, John（1632-1704）　259
ローハン，カール・アントン・プリンツ　Lohan, Karl Anton Prinz（1898-1975）　231, 253

ワ　行

ワーグナー，ヴィルヘルム・リヒャルト　Wagner, Wilhelm Richard（1813-1883）　35
ワトキンス，フレデリック　Watkins, Frederick（1910-1972）　43, 85
和仁陽　7, 186

公法雑誌などの略称

ARSP *Archiv für Rechts- und Sozialphilosophie*
ASwSp *Archiv für Sozialwissenschaften und Sozialpolitik*
AöR *Archiv des öffentlichen Rechts*
DJZ *Deutsche Juristen-Zeitung*
DR *Deutsches Recht*
HZ *Historische Zeitschrift*
JbAkDR *Jahrbuch der Akademie für Deutsches Recht*
JöR *Jahrbuch des öffentlichen Rechts*
JW *Juristische Wochenschrift*
JZ *Juristenzeitung*
NJW *Neue Juristische Wochenschrift*
VVDStRL *Veröffentlichungen der Vereinigung der Deutschen Staatsrechtslehrer*
ZgStW *Zeitschrift für die gesamte Staatswissenschaft*
ZgStrW *Zeitschrift für die gesamte Strafrechtswissenschaft*
ZP *Zeitschrift für Politik*

シュミットの著作の略称（初出時の年代順），古賀が使用した版は該当の註において記す．

SS *Über Schuld und Schuldarten. Eine terminologische Untersuchung*, 1910
GU *Gesetz und Urteil*, 1912
WdS *Der Wert des Staates und die Bedeutung des Einzelnen*, 1914
N *Theodor Däublers "Nordlicht". Drei Studien über die Elemente, den Geist und Aktualität des Werkes*, 1916
PR I *Politische Romantik*, 1. Aufl., 1919
D *Die Diktatur. Von den Anfängen des modernen Souveränitätsgedankens bis zum proletarischen Klassenkampf*, 1921
PT I *Politische Theologie*, 1. Aufl., 1922
GLP I *Die geistesgeschichtliche Lage des heutigen Parlamentarismus*, 1. Aufl., 1923
PR II *Politische Romantik*, 2. Aufl., 1925
RK *Römischer Katholizismus und politische Form*, 2. Aufl., 1925
GLP II *Die geistesgeschichtliche Lage des heutigen Parlamentarismus*, 2. Aufl., 1926

BP I　*Der Begriff des Politischen*, 1. Aufl., 1927
VL　*Verfassungslehre*, 1928
HdV I　*Der Hüter der Verfassung*, 1. Aufl., 1929
HP　*Hugo Preuß, Sein Staatsbegriff und seine Stellung in der deutschen Staatslehre,* 1930
HdV II　*Der Hüter der Verfassung*, 2. Aufl., 1931
BP II　*Der Begriff des Politischen* 2. Aufl., 1932
BP III　*Der Begriff des Politischen* 3. Aufl., 1933
RSG　*Das Reichsstatthaltergesetz*, 1933
SBV　*Staat, Bewegung, Volk. Die Dreigliederung der politischen Einheit*, 1933
PT II　*Politische Theologie* 2. Aufl., 1934
SZZR　*Staatsgefüge und Zusammenbruch des zweiten Reiches. Der Sieg des Bürgers über den Soldaten*, 1934
DARD　*Über die drei Arten des rechtswissenschaftlichen Denkens*, 1934
L　*Der Leviathan in der Staatslehre des Thomas Hobbes. Sinn und Fehlschlag eines politischen Symbols*, 1938
PB　*Positionen und Begriffe im Kampf mit Weimar-Genf-Versailles 1923-1939,* 1940
LM　*Land und Meer. Eine weltgeschichtliche Betrachtung*, 1942
DC　*Donoso Cortés in gesamteuropäischer Interpretation*, Vier Aufsätze, 1950
NE　*Der Nomos der Erde im Völkerrecht des Jus Publicum Europaeum*, 1950
GM　*Gespräch über die Macht und dem Zugang zum Machthaber*, 1954
ECS　*Ex Captivitate Salus. Erfahrungen der Zeit 1945/47*, 1950
VA　*Verfassungsrechtliche Aufsätze aus dem Jahren 1924-1954. Materialien zu einer Verfassungslehre*, 1958
TP　*Theorie des Partisanen. Zwischenbemerkung zum Begriff des Politischen*, 1963
TW　*Die Tyrannai der Werte*, 1967
PT II　*Politische Theologie II. Die Legende von der Erledigung jeder Politischen Theologie*, 1970
GL　*Glossarium. Aufzeichnungen der Jahre 1947-1951*, (Hrsg.) Eberhard von Medem, 1991
VAG　*Das internationalrechtliche Verbrechen des Angriffskrieges und der Grundsatz "Nullum crimen, nulla poena sine lege"*, (Hrsg.) Helmut Quaritsch, 1994
SGN　*Staat, Großraum, Nomos. Arbeiten aus den Jahren 1916-1969*, (Hrsg.) Günter Maschke, 1995
AN　*Carl Schmitt—Antworten im Nürnberg*, (Hrsg.) Helmut Quaritsch, 2000
FP　*Frieden oder Pazifismus? Arbeiten zum Völkerrecht und zur internationalen Politik 1924-1978*, (Hrsg.) Günter Maschke, 2005

シュミットとの往復書簡

CSRS　*Briefwechsel Carl Schmitt-Rudolf Smend, 1921-1961*, (Hrsg.) Reinhard Mehring,

2010
EFCS *Briefwechsel Ernst Forsthoff / Carl Schmitt, 1926–1974*, 2007
ERHCS *Briefwechsel Carl Schmitt-Ernst Rudolf Huber 1926–1981*, (Hrsg.) Ewald Grothe, 2014
EJCS *Briefwechsel Ernst Jünger / Carl Schmitt 1930–1983*, (Hrsg.) Helmuth Kiesel, 1999
CSS *Briefwechsel mit einem seiner Schüler*, (Hrsg.) Armin Mohler, 1995
FBCS *Franz Blei. Brief an Carl Schmitt 1917–1933*, (Hrsg.) Angela Reinthal, 1995
HBCS *Hans Blumenberg / Carl Schmitt / Briefwechsel 1971–1978 und weitere Materialien*, (Hrsg.) Marcel Lepper und Alexander Schmitz, 2007
LFCS *Carl Schmitt / Ludwig Feuchtwanger. Briefwechsel 1918–1935*, 2007
WBCS *Werner Becker. Brief an Carl Schmitt*, (Hrsg.) Piet Tommissen, 1998
CSÖ *Carl Schmitt und die Öffentlichkeit-Briefwechsel mit Journalisten, Publizisten und Verlegern aus den Jahren 1923 bis 1983*, (Hrsg.) Kai Burkhardt, 2013
JB *Carl Schmitt. Jugendbriefe. Briefschaften an seine Schwester Auguste 1905–1913*, (Hrsg.) Ernst Hüsmert, 2000

シュミットの日記

C. Schmitt, *Tagebücher 1912–1915*, (Hrsg.) Ernst Hüsmert, Akademie Verlag, 2003（以下 *Tagebücher I* と表記）
C. Schmitt, *Tagebücher Die Militärzeit 1915 bis 1919*, (Hrsg.) Ernst Hüsmert, Akademie Verlag, 2005（以下 *Tagebücher II* と表記）
C. Schmitt, *Der Schatten Gottes. Introspektionen, Tagebücher und Briefe 1921 bis 1924*, (Hrsg.) Gerd Giesler, Ernst Hüsmert und Wolfgang H. Spindler, Duncker & Humblot, Berlin, 2014（以下 *Tagebücher III* と表記）
C. Schmitt, *Tagebücher, 1930 bis 1934*, (Hrsg.) Wolfgang Schuller, Akademie Verlag, 2010（以下 *Tagebücher IV* と表記）

註

序

1　Volker Neumann, *Carl Schmitt als Jurist*, Mohr Siebeck, 2015, S. 1.
2　Hasso Hofmann, *Legitimität gegen Legalität—Der Weg der politischen Philosophie Carl Schmitts*, 3. Aufl., Duncker & Humblot, 1995.
3　Reinhard Mehring, *Carl Schmitt—Aufstieg und Fall,* C. H. Beck, 2009.
4　Joseph W. Bendersky, *Carl Schmitt, Theorist for the Reich,* Princeton University Press, 1983.

第 1 章

1　C. Schmitt, *ECS*, S. 80-81.
2　和仁陽『教会・公法学・国家——初期カール＝シュミットの公法学』（東京大学出版会，1990年），22頁.
3　C. Schmitt, *Der Wert des Staates und die Bedeutung des Einzelnen*（以下 *WdS* と表記），Duncker & Humblot, 2004, S. 9.
4　Ebenda, S. 71.
5　Ebenda, S. 56.
6　Ebenda, S. 101, 85.
7　Ebenda, S. 86.
8　C. Schmitt, *Tagebücher I,* S. 63.
9　C. Schmitt, *WdS*, S. 11.
10　Ebenda, S. 11-12.
11　Ebenda, S. 90-91.
12　Ebenda, S. 99.
13　Ebenda, S. 107.
14　Ebenda, S. 95.
15　Ebenda, S. 95.
16　C. Schmitt, *WdS*, S. 83.
17　C. Schmitt, *Tagebücher II*, S. 497-498.

18 Reinhard Mehring, *Kriegstechniker des Begriffs—Biographische Studien zu Carl Schmitt*, Mohr Siebeck, 2014, S. 8.

19 *Tagebücher II*, S. 125.

20 *Tagebücher I*, S. 198.

21 Ebenda, S. 220.

22 Ebenda, S. 198.

23 *Tagebücher II*, S. 71.

24 R. Mehring, *Carl Schmitt—Aufstieg und Fall*, (以下 *Carl Schmitt* と表示)S. 77.

25 *Tagebücher I*, S. 81. また1914年８月３日の日記には，「この戦争は勝利するより敗北する方が良い」とあり，その理由として，「軍人の傲慢は耐えがたく，その偏狭なエゴイズムは全くもって耐えがたい」(S. 175) と記されている．

26 プロイセンの戒厳状態法に関しては，www.verfassungen.de を参照．邦訳は，http://donttreadonme.blog.jp/archives.jp/archives/1035523162.html を参照．なおドイツの緊急権の歴史については，Michal Schneider, *Demokratie in Gefahr?—Der Konflikt um die Notstandsgesetze, Sozial Demokratie, Gewerkschaften und intellektuellen Protest, 1958-1968*, Verlag Neue Gesellschaft, 1986, S. 23-38を参照．

27 *Tagebücher II*, S. 130.

28 Ebenda, S. 131.

29 *Tagebücher II*, S. 135.

30 R. Mehring, *C. Schmitt*, S. 88.

31 C. Schmitt, "Diktatur und Belagungszustand: Eine staatsrechtliche Studie", in: *ZgStW*, XXXVII, 1916, pp. 136-161. 後にこの論稿は *Staat, Großraum, Nomos. Arbeiten aus den Jahren 1916-1969*, (Hrsg.) Günter Maschke, 1995 (以下 *SGN* と表記) に収載される．S. 3.

32 Ebenda, S. 16.

33 Ebenda, S. 19.

34 Volker Neumann, *Carl Schmitt als Jurist*, S. 30-31.

35 この点についてメーリングは「後にシュミットは，独裁と戒厳状態の厳密な区別を放棄し，法治国家の制度としての独裁を支持して議論している」と述べている．R. Mehring, *Carl Schmitt*, S. 92.

36 Ebenda, S. 91.

37 *Tagebücher I*, S. 501.

38 *Tagebücher II*, S. 300.

39 C. Schmitt, "Die Einwirkungen des Kriegszustandes auf das ordentliche Strafprozessale Verfahren", in; *ZgStrW, 38*, 1916, S. 783-797.

40 Reinhard Mehring, *Carl Schmitt*, S. 86.

41 C. Schmitt, *Theodor Däublers, „Nordlicht"—Drei Studien über die Elemente, den Geist und die Aktualität des Werkes* (以下 *N* と表記), 1916, S. 75.

42 Ebenda, S. 69.

43 Ebenda, S. 63.

44 Ebenda, S. 64–65.
45 大木英夫『現代人のユダヤ人化』（白水社，1976年），31頁．
46 長尾龍一『ケルゼンの周辺』（木鐸社，1980年），218頁．
47 C. Schmitt, "Das Zeitalter der Neutralisierungen und Entpolitisierungen", in: *Der Begriff des Politischen*（以下 *BP II* と表記），1963, S. 92–93.
48 C. Schmitt, *N,* S. 69.
49 Ebenda, S. 52.
50 Ebenda, S. 76.
51 Reinhard Mehring, *Carl Schmitt.* S. 85.
52 C. Schmitt, *Römischer Katholizismus und politische Form*（以下 *RK* と表記），1984, S. 25.
53 C. Schmitt, "Die Sichtbarkeit der Kirche—eine scholastische Erwägung", 1917, in: *Summa,* S. 71.
54 『ズマ』は，シュミットの友人でカトリック教徒のフランツ・ブライが始めたもので，1917年に創刊されたが，翌年に廃刊されている．シュミットはこの雑誌に「教会の可視性」（1917年），『国家の価値と個人の意義』の第１章にあたる「法と権力」（1917年）そして「ブリブンケン（Die Buribunken）」（1918年）を寄稿している．シュミットとブライとの関係については，R. Mehring, *Carl Schmitt,* S. 77–83参照．ブリブンケンについては佐野誠『近代啓蒙批判とナチズムの病理』（創文社，2003年），24–48頁を参照．
55 Klaus M. Kodall, *Politik als Macht und Mythos,* 1973, S. 113.
56 José Marta Beneyto, *Politische Theologie als politische Theorie,* 1983, S. 83.
57 C. Schmitt, "Die Sichtbarkeit der Kirche", S. 71.
58 Ebenda, S. 72.
59 Ebenda, S. 49.
60 Repräsentation の意味を読み込み，それを「再現前」と訳したのは和仁陽であり，本書でもこの訳を使用し，Repräsentation を「代表＝再現前」とする．
61 Ebenda, S. 75.
62 C. Schmitt, *The Necessity of Politics,* with an Introduction by Christopher Dawson, 1931, p. 10.
63 C. Schmitt, *RK,* S. 53.
64 C. Schmitt, "Die Sichtbarkeit der Kirche", S. 79.
65 C. Schmitt, *RK,* S. 19.
66 C. Schmitt, *Politische Romantik*（以下 *PR* と表記），1968, S. 23. 邦訳は，大久保和郎訳『政治的ロマン主義』（みすず書房，1974年）を参照した．なお第１版は，C. Schmitt, *Politische Romantik,* 1. Aufl., 1919で，邦訳は，橋川文三訳『政治的ロマン主義』（未來社，1982年）を参照した．第１版と第２版の異同を確認しつつ，本書では主に第２版に依拠して論じる．
67 Ebenda, S. 22.
68 Ebenda, S. 140f.

69 Ebenda, S. 160.
70 Ebenda, S. 177. またシュミットは能動的政治家と受動的なロマン主義の相違を,「法と不法のいずれかを決断する能力如何」に求めている. S. 164.
71 Ebenda, S. 96.
72 Ebenda, S. 26.
73 Ebenda, S. 27.
74 Ebenda, S. 162.
75 Mehring, *Carl Schmitt*, S. 97.
76 Ebenda, S. 143.
77 Ebenda, S. 97.

第2章

1 Joseph Bendersky, *Carl Schmitt—Theorist for the Reich,* Princeton University Press, 1983, p. 28. 邦訳は, ベンダースキー『カール・シュミット論』(宮本盛太郎・古賀敬太・川合全弘訳, 御茶の水書房, 1984年) を参照した.
2 Michael Stolleis, *Geschichte des öffentlichen Rechts in Deutschland—Weimarer Republik und Nationalsozialismus,* C. H. Beck, 2002, S. 90. トーマは, 新体制について,「アンシュッツと私たちハイデルベルクの民主主義者たちは, 当時熱狂的な期待を抱いてドイツ国民議会を歓迎し, ワイマール憲法の中に民主主義的自由と正義, そして将来の全ドイツ人民の国民的・国家的統一の完成を見た」と述べている. R. Thoma, "Gerhard Anschutz", in: *Deutsche Rechtszeitschrift,* 1947, S. 26.
3 ワイマール憲法第48条は, プロイスの憲法草案Iでは第58条, 憲法草案IIでは第63条に,「ライヒ大統領は, ドイツ自由邦の一において, 公共の安寧および秩序に著しい規模で障害が生じまたは生じるおそれがある時は, 兵力を用いてこれに介入し, 公共の安寧および秩序を回復するに必要な命令を下すことができる. 大統領は, これについて遅滞なくライヒ議会の承認を求める義務を有し, ライヒ議会がこの承認を拒否した時は, そのような命令を廃止する義務を有する」と記されている (初宿正典著『カール・シュミットと五人のユダヤ人法学者』, 成文堂, 2016年, 459-460頁). プロイスとワイマール憲法との関係については, 同書, IVの「フーゴー・プロイス」を参照.
4 Hugo Preuß, *Gesammelte Schriften IV, Politik und Verfassung in der Weimarer Republik,* Mohr Siebeck, 2008, S. 574-5.
5 Harlow James Heneman, *The Growth of Executive Power in Germany—A Study of the German Presidency,* Greenwood Press, 1975, p. 46. ワイマール憲法第48条は,「憲法草案II」(Entwurf II, いわゆるプロイス草案) では第63条に,「ライヒ大統領はドイツ自由邦の一において, 公共の安寧および秩序に著しい規模で障害が生じまたは生じる危険がある時は, 兵力を用いてこれに介入し, 公共の安寧および秩序を

回復するに必要な命令を下すことができる．大統領は，これについて遅滞なく，ライヒ議会の承認を求める義務を有し，ライヒ議会がこの承認を拒否した時には，そのような命令を廃止する義務を有する」とある．そして「憲法草案III」(Entwurf III) では，第66条にラントに対する強制執行の規定があり，第67条に大統領の緊急権についての規定がある．憲法草案IIと異なる点は，7つの基本権の一時的停止が記載されていることと，後に施行法が制定されることがつけ加えられている．「憲法草案IV」(Entwurf IV) では，「憲法草案III」の大統領の緊急権規定は変更されていない．「憲法草案V」(Entwurf V) では，第48条にワイマール憲法第48条第1項の規定，つまり義務を履行しないラントに対する強制執行の規定があり，第49条にワイマール憲法第48条第2項，第3項，第5項の規定があるが，第4項のラント政府による緊急権行使の規定はない．Heinrich Triepel, *Quellensammlung zum Deutschen Reichsstaatsrecht.* Neudruck der 5. Auflage, 1987, Scientia Verlag Aalen, S. 15, 23, 30, 40. なお初宿正典，前掲書，459-60頁も参照．

6 Ibid., p. 46.

7 Frederick Mundell Watkins, *The Failure of Constitutional Emergency Powers under the German Republic,* Harvard University Press, 1939, p. 21.

8 Hans Boldt, "Article 48 of the Weimar Constitution, its Historical and Political Implications", in: Anthony Nicholls, Erich Matthias (edited), *German Democracy and the Triumph of Hitler,* George Allen and Unwin, 1971, pp. 80-82.

9 ロシターは，「憲法立案者たちは，執行部による独裁条項の濫用を防止するために，まったく楽観的に，通常の政治秩序における責任体制を信頼した．エーベルトはその楽観主義に恩返しし，ブリューニングはその善良な意図にもかかわらずそれを裏切り，パーペンとヒトラーはワイマール体制を破壊するためにそれを抜け目なく利用した．ドイツの立憲主義的道義心および議会制民主主義がこの恥ずべき独裁制の反憲法的濫用を認めるほどに徹底して堕落していくさまは，プロイス博士やその共同作業者によってもほとんど予測されることはなかった」と述べている．クリントン・ロシター『立憲独裁』(庄司圭吾訳，未知谷，2006年) 126頁．

10 Hugo Preuß, "Reichsverfassungsmäßige Diktatur", *ZP,* 13, 1924, S. 102.

11 Ebenda, S. 105.

12 Ebenda, S. 114.

13 プロイスは "Die Bedeutung des Artikels 48 der Reichsverfassung", 1925, in: Hugo Preuß, *Gesammelte Schriften*, 4 Bd, *Politik und Verfassung in der Weimarer Republik*, (Hrsg.) Detlef Lehnert, Mohr Siebeck, 2008, S. 571-575において，ワイマール憲法が認めていない大統領の緊急命令権が1924年の経済・財政危機の克服のために行使されていることを批判している．また大統領の緊急権はあくまでも「公共の安全や秩序」に対する脅威が切迫していることが大事であり，単なる困難や不都合な事態が存在するだけでは不十分で，大統領の緊急権が乱用されてはならないと警告している (S. 373-374)．また "Zur Rechtgültigkeit von Ausnahmeverordnungen", in: *Gesammelte Schriften*, Bd. IV, 1925, S. 566-567も参照のこと．

14 クリントン・ロシター『立憲独裁』68頁．

15 同書，75頁.

16 Hans Boldt, op. cit., p. 91.

17 Poetzsch-Heffter, "Handhabung des Art 48", in: *JöR,* Bd. 13, 1925, S. 206ff. ワイマール時代の授権法に関しては，高橋秀憲「特殊ドイツ的授権慣行の形成過程」(『富士大学紀要』第21巻第 1 号，1989年)，1-19頁参照. この中で高橋は，授権法の歴史を，限定された授権法を特徴とするワイマール憲法成立直後の「移行期」と，包括的な授権を特徴とする23年と24年の「危機時」に区別し，双方の連続性の契機を強調する. さらに水野豊志「ドイツにおける委任立法（1）～（3）」『国家学会雑誌』，第69巻第11・12号，17-60頁，第70巻第 6 号，37-83頁，第70巻第 7 号，35-62頁を参照.

18 クリントン・ロシター『立憲独裁』，41頁.

19 C. Schmitt, "Vergleichender Überblick über die neueste Entwicklung des Problems der gesetzgeberischen Ermächtigungen（Legislative Delegation）", 1936, in: *Position und Begriffe*（以下 *PB* と表記), S. 224.

20 Ebenda, S. 214.

21 J. Bendersky, *Carl Schmitt,* p. 16.

22 Hugo Preuß, "Reichsverfassungsmäßige Diktatur," *ZP,* vol. 13, 1924, S. 101. プロイスはこの論文の中で，シュミットの独裁論以外に，グラウの以下の著作を高く評価している. Richard Grau, "Die Diktaturgewalt des Reichspräsidenten und der Landesregierungen auf Grund des Art. 48 der Reichsverfassung", in: *5. Heft der öffentlichrechtlichen Abhandlungen,*（Hrsg.）Triepel, Kaufman, Smend, Berlin, Otto Liebmann, 1922.

23 J. Bendersky, *Carl Schmitt,* p. 34.

24 C. Schmitt, *Der Diktatur,* S. 201-202. 邦訳は『独裁』（田中浩・原田武雄訳，未來社，1991年）を参照した.

25 Ebenda, S. 202.

26 Ebenda, S. 6-7.

27 Reinhard Mehring, *Carl Schmitt*, S. 123.

28 シュミットとスメントの書簡のやりとりは1921年から始まって1961年まで続いている. スメントはシュミットの『独裁』を読んで，シュミットと接触した. Reinhard Mehring（Hrsg), *Auf der gefallenvollen Straße des öffentlichen Rechts!—Briefwechsel Carl Schmitt-Rudolf Smend 1921-1961*, S. 7. ちなみにスメントは，1908年にキールで教授資格請求論文に合格した後，グライフスヴァルト（1909年)，チュービンゲン（1911年)，ボン（1915年)，ベルリン（1922年）に招聘された. シュミットのナチスへの関与が 2 人の関係の決定的な悪化につながった.

29 C. Schmitt, "Soziologie des Souveränitätsbegriffs und politische Theologie", in: *Hauptprobleme der Soziologie, Erinnerungsgabe für Max Weber,* Band II, 1923.『政治神学』の最初の 3 章は，ミュンヘン時代のヴェーバーの学問に対する応答として書かれ，最後の第 4 章の「反革命の国家学」は1922年の夏に書かれたものである. Reinhard Mehring, *Carl Schmitt*, S. 124.

30 C. Schmitt, *Politische Theologie,* 1. Aufl.（以下 *PT I* と表記）, Duncker & Humblot, 2015, S. 22. 邦訳は『政治神学』（田中浩・原田武雄訳，未來社，2005年）および長尾龍一訳『政治神学』（『危機の政治理論』所収，ダイヤモンド社，1973年）を参照した．

31 C. Schmitt, *PT I,* S. 11.

32 Ebenda, S. 12.

33 Ebenda, S. 12-13.

34 C. Schmitt, “Anschütz”, in; *JW,* 55. Jahrgang, 1926, Heft 19, S. 2272.

35 C. Schmitt, *PT I,* S17-18.

36 H. Heller, “Souveränität”, 1927, in: *Gesammelte Schriften,* Bd II, S. 90.

37 John P. McCormick, “The Dilemmas of Dictatorship: Carl Schmitt and constitutional Emergency Powers” in: David Dyzenhaus（edited）, *Law as Politics,* Duke University Press, 1998, p. 223. こうした見解は他にも多く見出される．例えばOren Gross, “The Normless and Exceptionless Exception: Carl Schmitt’s Theory of Emergency Powers and the “Norm-exception” Dichotomy” in: *Cardozo Law Review,* Volume 21, May 2000, Numbers5-6 は，「『独裁』の 1 年後に出版された『政治神学』は，緊急権に関するシュミットの以前の立場から革命的なモデルの緊急権への変化を示している．彼の以前の立場が委任独裁によって裏打ちされるとするならば，シュミットの新しい定式は主権独裁のモデルを含んでいる」（p. 1840）と述べ，Renato Christi, *Carl Schmitt and Authoritarian Liberalism: Strong State, Free Economy,* 1998は，すでに『独裁』においてシュミットは「主権独裁」を選択しているとまで主張する．pp. 63-70.

38 C. Schmitt, *PT I,* S. 15.

39 C. Schmitt, “Die Diktatur des Reichspräsidenten”, in: *Die Diktatur,* Duncker & Humblot, 1978, S. 236-7. 邦訳は，『大統領の独裁』（田中浩・原田武雄訳，未来社，1974年）を参照した．

40 C. Schmitt, *Die Diktatur,* S. 237.

41 Ebenda, S. 39.

42 C. Schmitt, *PT I,* S. 18-9.

43 Paul Hirst, “Carl Schmitt’s Decisionalism”, in: Chantal Mouffe（edited）, *The Challenge of Carl Schmitt,* Verso, 2006, p. 12.

44 Ibid., p. 14.

45 Ibid., p. 16.

46 Oren Gross, op. cit., p. 1841.

47 Jürgen Manemann, *Carl Schmitt und die Politische Theologie,* Aschendorff Verlag, 2002, S. 145.

48 C. Schmitt, *Die Diktatur,* S. 139.

49 C. Schmitt, *PT I,* S. 49.

50 Ebenda, S. 49.

51 Ebenda, S. 43.

52 Ebenda, S. 46.
53 Ebenda, S. 46.
54 Joseph H. Kaiser, "Konkretes Ordnungsgedanken", in: (Hrsg.) H. Quaritsch, *Complexio Oppositorum,* 1988, S. 329.
55 プシュヴァラのイデオロギー概念については，Thomas Ruster, *Die verlorene Nutzlichkeit der Religion,* 1994. S. 280-287. Erich Przywara, "Analogia Entis", in: *Erich Przywara Schriften, Bd III,* 3. Aufl., 1996も参照.
56 C. Schmitt, *PT I,* S. 60.
57 Ebenda, S. 61.
58 C. Schmitt, *Römischer Katholizismus und politische Form*（以下 *RK* と表記), S. 25.
59 C. Schmitt, *Donoso Cortēs in gesamteuropäischer Interpretation*（以下 *DC* と表記), S. 108.
60 C. Schmitt, *RK,* S. 25f.
61 C. Schmitt, *PT I,* S. 61.
62 Ebenda, S. 55.
63 Donoso Cortés, "Speech on Dictatorship", in: Menczer Bela, *Catholic Political Thought, 1789-1848,* 1952, p. 173.
64 Ebenda, p. 165.
65 Ebenda, p. 176. ドノソ研究家でもあるマシュケは，シュミットの「主権独裁」と「委任独裁」との相違をドノソに適用し，ドノソの「短刀の独裁」対「剣の独裁」を「委任の独裁」と「主権的独裁」とに同一視している．Günter Maschke, "Die Zweideutigkeit der Entscheidung", in: H. Quaritsch, a. a. O., S. 203.
66 C. Schmitt, *PT I,* S. 63.
67 C. Schmitt, *BP II,* S. 61.
68 J. Bendersky, *Carl Schmitt,* p. 73-74.
69 C. Schmitt, *Vereinigung der Deutschen Staatsrechtslehrer,* Heft 1, "Der deutsche Föderalismus", "Die Diktatur des Reichspräsidenten", 1924.
70 アンシュッツのコンメンタールは1933年まで14回も版を重ね，手を加えられたが，ここでは最後の第14版を使用する（*Die Verfassung des Deutschen Reiches vom 11. August, 1919,* Neudruck der 14. Auflage 1933, 1987, Scientia Verlag Aalen)．ケルロイターは1922年に「アンシュッツのコンメンタールは，目下のところ私たちがこの分野で持っている最良の書である」と述べている．Michael Stolleis, a. a. O., S. 96.
71 Ebenda, S. 96.
72 Richard Grau, *Die Diktaturgewalt des Reichspräsidenten und Landesregierungen,* Verlag von Otto Liebmann, 1922. S. 18, 71. この点について，岩間昭道『憲法破毀の概念』(尚学社，2002年)，61，70頁を参照のこと．
73 G. Anschütz, a. a. O., S. 290.
74 C. Schmitt, "Rezension von Gerhard Anschütz, *Die Verfassung des Deutschen Reichs vom 11. August* 1919", in: *JW,* 55. Jahrg, Heft19, 1926, S. 2271. これは，コンメンタールの第３版（1926年）の書評である．

75 Ernst Rudolf Huber, *Deutsche Verfassungsgeschichite seit 1789, Band VI—Die Weimarer Reichsverfassung,* Verlag W. Kohlhammer, 1993, S. 716.

76 C. Schmitt, "Die Diktatur des Reichspräsidenten nach Artikel 48 der Weimarer Verfassung", in: *Die Diktatur,* S. 238.

77 Ebenda, S. 241.

78 シュミットは『憲法論』の中で，憲法の廃絶（Vernichtung），除去（Beseitigung），侵害（Durchbrechung）そして停止（Suspension, Auβerkraftsetzung）を区別している．特に第48条第２項に関しては「侵害」と「停止」の法的な区別が重要である．C. Schmitt, *Verfassungslehre,* Duncker & Humblot, 1970, S. 99. 邦訳は阿部・村上訳（『憲法論』みすず書房，1974年）と尾吹善人訳（『憲法理論』，創文社，1972年）を参照した．

79 C. Schmitt, *Die Diktatur,* S. 229.

80 Ebenda, S. 239.

81 Ebenda, S. 201-2.

82 Ebenda, S. 244.

83 Ebenda, S. 254.

84 Ebenda, S. 235.

85 Ebenda, S. 233-4.

86 Ebenda, S. 241.

87 Ebenda, S. 87.

88 Frederick Mundell Watkins, *The Failure of Constitutional Emergency Powers under the German Republic,* Harvard University Press, 1939, p. 19.

89 Ibid., p. 19.

90 Ibid., p. 155.

91 小倉大「ヴァイマール憲法48条２項における大統領非常権限」（水島朝穂編著『世界の有事法制を診る』，法律文化社，2003年），60頁．

92 Ulrich Scheuner, "Die Anwendung des Art. 48 der Weimarer Reichsverfassung unter der Präsidentschaften von Ebert und Hindenburg", in: *Staat, Wirtschaft und Politik: Festschrift für Heinrich Brüning*, 1967, S. 268. ショイナーはスメントの弟子であるが，シュミットがショイナーと初めて会ったのはスメントの家である．２人はそれ以来，親しい関係を保ちつづけた．R. Mehring, *Carl Schmitt*, S. 231. フーバーも緊急権を「措置」に限定しようとする試みを「徒労」と述べ，「例外状態の慣行においては，最初から，具体的な個々の行為と並んで，法律に代わる緊急命令が有効であった」と主張している（Ernst Rudolf Huber, a. a. O., S. 705）．

93 Erwin Jakobi, "Die Diktatur des Reichspräsidenten", in: *Veröffentlichungen der Vereinigung der Deutschen Staatsrechtslehrer,* Walter de Gruyter & Co., 1924, S. 118, 124-125.

94 C. Schmitt, *Tagebücher III,* S. 337.

95 *Veröffentlichungen der Vereinigung der Deutschen Staatsrechtslehrer,* Heft 1, 1924. S. 138-9. しかし「施行法」の早期の制定に関しては，1924年の段階で，R・トーマも

H・プロイスも慎重であった．トーマは，施行法の早期の制定は，一層の対立や混乱を引き起こすので，延期すべきであると主張している．R. Thoma, “Die Regelung der Diktaturgewalt”, in: *DJZ,* 29, 1924, S. 657. プロイスも1924年の「合憲的な独裁」において，大統領の緊急権を制限することは現下の危機的状況では危険であるとし，より平穏な時代にすべきだと述べている．Hugo Preuß, “Reichsverfassungsmäβige Diktatur”, S. 105.

96 U. Scheuner, a. a. O., S. 267. ショイナーはシュミットが緊急権を措置に限定したことに関しては，シュミットはすでに緊急権が立法行為にまで拡大されている現実に向き合っていないと批判している．Ebenda, S. 268.

97 Ebenda, S. 269.

98 C. Schmitt, “Nochmalige Reichstagsauflösung”, in: *Kölnische Volkszeitung* vom 26. Okt. 1924.

99 C. Schmitt, “Einmaligkeit und gleicher Anlaβ bei der Reichstagsauflösung nach Art. 25 der Reichsverfassung”, in: *AöR,* NF 8, Heft 1 /2, S. 161-174.

100 C. Schmitt, “Reichspräsident und Weimarer Verfassung”, in; *Kölnische Volkszeitung* vom 15. März 1925. シュミットは，大統領のクーデターとしては，フランス国民によって選出された共和国大統領ナポレオン三世がクーデターによって1851年に皇帝に就任したことを挙げている．

101 C. Schmitt, *Die Geistesgeshichtliche Lage des heutigen Parlamentarismus*（以下 *GLP* と表記), 4. Aufl., Duncker & Humblot, 1969, S. 30. 邦訳は稲葉素之訳『現代議会主義の精神史的地位』（みすず書房，1973年）を参照した．なお当時，議会制と民主主義を対立するものとみなしたのは，シュミットだけではなかった．スメントもまた自由主義の産物たる議会主義とルソーに由来する人民投票的民主主義は矛盾すると説いたのである．T・オサドニクは，この点に関して「特にスメント的な民主主義理解にとって特徴的なことは，民主主義と議会主義の分離と代表思想の拒否である．後者はルソー的な民主主義のモデルへの志向性から必然的に生じざるをえないものである」と述べている．Theodor Ossadnik, *Die Liberalismusfremdheit in der Staatslehre Rudolf Smends,* 1977, S. 121, 126.

102 Ebenda, S. 41.

103 Ebenda, S. 58.

104 Ebenda, S. 63.

105 Ebenda, S. 80.

106 Ebenda, S. 89.

107 Hermann Heller, “Europa und der Fascismus”, in: *Gesammelte Schriften,* vol. II, 1971, S. 489.

108 Hermann Heller, *Staatslehre,* S. 314.

109 J. Bendersky, *Carl Schmitt,* p. 93.

110 C. Schmitt, *GLP,* 1969, S. 89.

111 R. Mehring, *Carl Schmitt,* S. 161.

112 C. Schmitt, *GLP,* S. 25.

113 Ebenda, S. 13.
114 Hugo Preuß, "Deutschlands Staatsumwälzung. Die verfassungsmäßigen Grundlagen der deutschen Republik, 1919," in: *Gesammelte Schriften*, 4. Band, S. 112.
115 Ebenda, S. 115.
116 Richard Thoma, "Der Begriff der Demokratie in seinem Verhältnis zum Staatsbegriff", in: *Hauptprobleme der Soziologie. Erinnerungsgabe für Max Weber*, Bd. II, München 1923, S. 37-64. トーマの国法学に関しては，古賀敬太『ヴァイマール自由主義の悲劇——岐路に立つ国法学者たち』（風行社，1996年），346-373頁．またトーマとシュミットとの関係については，Reinhard Mehring, "Die Austreibung des Heidelberger Geistes—Carl Schmitt und der Heidelberger Rechtspositivismus", in: Manfred Gangl（Hrsg.）, *Die Weimarer Staatsrechtsdebatte*, Nomos, 2011, S. 131-132を参照．
117 C. Schmitt, "Der Begriff der modernen Demokratie in seinem Verhältnis zum Staatsbegriff", 1924, in: *PB*, 1940, S. 19-25.
118 R. Thoma, Artikel "Staat", in: *Handwörterbuch der Staatswissenschaften*, 4. Aufl., 1926, Bd. VII, S. 742. 以下 *HWBtW* と表記．
119 R. Thoma, "Das Reich als Demokratie", in: *Handbuch des Deutschen Staatsrechts*（以下 *HdbDStR* と表記）, 1. Bd, S. 193.
120 Hans-Dieter Rath, *Positivismus und Demokratie—Richard Thoma 1874-1957*, 1981, S. 102.
121 R. Thoma., *HdbDStR*, Bd. I, S. 189.
122 C. Schmitt, "Der Begriff der modernen Demokratie in seinem Verhältnis zum Staatsbegriff", in: *PB*, 1940, S. 24.
123 R. Thoma, *HdbDStR*, Bd. 1, S. 190.
124 Hugo Preuß, "Volksstaat oder verkehrter Obrigkeitsstaat?, 1918. Vom Obrigkeitsstaat zum Volksstaat", 1921; in: *Gesammelte Schriften* 4. Bd., Mohr Siebeck, 2008.
125 R. Thoma, *HdbDstR*, 1. Bd, S. 186.
126 Ebenda, S. 186.
127 C. Schmitt, *GLP*, S. 16.
128 Ebenda, S. 14.
129 R. Thoma, "Zur Ideologie des Parlamentarismus und der Diktatur", in: *ASwSp*, 1924.
130 Hans Dieter Rath, a. a. O., 1981, S. 112.
131 R. Thoma, a. a. O., S. 215.
132 Ebenda, S. 214.
133 C. Schmitt, a. a. O., S. 8.
134 "Die Wahlrechtsreform und ihre Grundlagen", in: *VVDStRL*, Heft7, 1932. S. 201. なおシュミットとトーマとの論争は，国家論，議会主義や政党国家論に限らず，基本権論にまで及んでいる．例えば，シュミットは日記（1930-1934）（*Tagebücher IV*, S. 26）において「トーマは自由権を法律適合性に還元している」と批判している．また彼は，1931年の Nipperdey のコンメンタールの書評においてトーマの基本権理解を批判している（*JW*, 60, 1931, S. 1675-77）．しかし，不思議にもシュミット

は，トーマから依頼を受けて基本権に関する論文を “Inhalt und Bedeutung des zweiten Hauptteils der Reichsverfassung” と題して，*Handbuch des Deutschen Staatsrechts,* II. Bd, 1932, §101, S. 572-606に寄稿した．これは後に Carl Schmitt, *Verfassungsrechtliche Aufsätze*（以下 *VA* と表記）, S. 181-231に再収載されている．

135 C. Schmitt, *RK,* Klett-Cotta, 1984, S. 14.

136 Ebenda, S. 23-24.

137 Ebenda, S. 28.

138 Ebenda, S. 31-32.

139 Ebenda, S. 36.

140 Ebenda, S. 53-54.

141 Ebenda, S. 55.

142 Heinrich Getzeny, “Katholizismus des Seins oder Katholizismus des Geltenwollens”, in: *Die Schildgenossens,* 7. Jg., S. 3423.

143 Barbara Nichtweiss, *Erick Peterson—Neue Sicht auf Leben und Werk*, 1992, S. 729.

144 R. Mehring, *Carl Schmitt*, S. 145.

145 C. Schmitt, *Tagebücher III,* S. 36.

146 Barbara Nichtweiss, a. a. O., S. 729.

147 R. Mehring, *Carl Schmitt,* S. 159.

148 Ebenda, S. 184.

第３章

1 U. Scheuner, a. a. O., S. 266.

2 C. Schmitt, *D*, S. 255-256.

3 C. Schmitt, “Das Ausführungsgesetz zu Art. 48 der Reichsverfassungs: sog. Diktaturgesetz”, in: *Staat, Großraum, Nomos,* Duncker & Humblot, 1995, S. 41. なお *Diktatur*, 2. Aufl., 1928に収録された「ライヒ大統領の独裁」は，1924年のシュミットの報告と後の「施行法」に関する論考を付け加えたものである．邦訳の原田・田中訳『大統領の独裁』も同様である．

4 Ebenda, S. 39.

5 Ebenda, S. 40.

6 Piet Tommissen, “Baustein zu einer wissenschaftlichen Biographie”, in *Complexio Oppositorum,*（Hrsg.）H. Quaritsch, S. 79.

7 Günter Maschke, “Die Zweideutlichkeit der Entscheidung”, in *Complexio Oppositorum,* S. 215.

8 C. Schmitt, “Die Rheinlande als Objekt internationaler Politik”, 1925, in: *Positionen und Begriffe im Kampf mit Weimar-Genf-Versailles 1923-1939*（以下 *PB* と表記）, S. 30-31.

9 C. Schmitt, “Der Status Quo und der Friede”, in: *PB,* S. 38.

10 Ebenda, S. 41.
11 Ebenda, S. 42.
12 C. Schmitt, "Der Völkerbund und Europa", 1928, in: *PB,* S. 94-95.
13 C. Schmitt, "Der Begriff des Politischen", in: *Archiv für Sozialwissenschaft und Sozialpolitik*（以下 *BP I* と表記）, Bd. 58, 1927.
14 シュミットの政治的なものの概念形成に国際政治が及ぼした影響に関しては以下の文献を参照．H. Günter Maschke, "Die Zweideutigkeit der Entscheidung—Thomas Hobbes und Juan Donoso Cortés im Werk Carl Schmitts", in: *Complexio Oppositorium,* S. 214-216; Günter Maschke, "Drei Motive im Anti-Liberalismus Carl Schmitts", in: *Carl Schmitt und die Liberalismuskritik,* (Hrsg.) Klaus/Hans Lietzman, 1988, S. 79-73.
15 Hasso Hofmann, *Legitimität gegen Legalität,* 1. Aufl., 1964, S. 109.
16 C. Schmitt, *BP I,* S. 6.
17 Ebenda, S. 30.
18 Ebenda, S. 15-16.
19 Ebenda, S. 13.
20 Ebenda, S. 17. シュミットは第一次世界大戦だけでなく，第二次世界大戦においても，連合国の正戦の主張，ドイツの戦争責任の断定に対してニュルンベルク裁判の不当性を訴えつづけた．
21 Ebenda, S. 17.
22 Ebenda, S. 20.
23 Ebenda, S. 20.
24 C. Schmitt, "Machiavelli-zum 22. Juli 1927", in; *Kölnische Volkszeitung* von 21. 6. 1927. 引用は Carl Schmitt, *Staat, Großraum, Nomos*（以下 *SGN* と表記）, (Hrsg.) Günter Maschke, 1995, S. 104から．
25 Ebenda, S. 105.
26 C. Schmitt, *Verfassungslehre*（以下 *VL* と表記）.
27 Ebenda, S. 173.
28 Ebenda, S. 21.
29 Ebenda, S. 24.
30 Ebenda, S. 77.
31 Ebenda, XI.
32 Ebenda, S. 200.
33 Ebenda, S. 236.
34 *CSRS, S.* 65.
35 Ebenda, S. 125.
36 C. Schmitt, "Der Bürgerliche Rechtsstaat", 1928, in: *Staat, Großraum, Nomos.* 邦訳は，竹島博之訳「市民的法治国家」（『カール・シュミット時事論文集』，風行社，2000年）を参照．
37 Ebenda, S. 47.
38 C. Schmitt, *VL,* S. 234.

39 Ebenda, S. 227.

40 Ebenda, S. 231.

41 Reinhard Mehring, *Pathetische Denken—Carl Schmitts Denkweg am Leitfaden Hegels: Katholische Grundstellung und antimarxistische Hegelstrategie*, 1989, S. 93.

42 C. Schmitt, *VL*, S. 205.

43 Ebenda, S. 214.

44 Ebenda, S. 209.

45 Ebenda, S. 210.「代表＝再現前」の概念がシュミットの『憲法論』において持つ意義と重要性に関しては，和仁陽，前掲書，252-291頁参照．

46 Ebenda, S. 220.

47 Ebenda, S. 292.

48 Ebenda, S. 350.

49 Ebenda, S. 351-2.

50 Ebenda, S. 352.

51 Ebenda, S. 27.

52 Ebenda, S. 27.

53 Ebenda, S. 163.

54 C. Schmitt, *Tagebücher IV.* シュミットが基本権を国家に対する防御権として定式化したのに対し，スメントは基本権を実質的な価値とみなし，国家への統合の一契機とみなした．スメントにあっては，基本権は政治に参加する権利，国家への統合の価値規範として定式化されるのである．こうした基本権理解においては，トリーペルもカウフマンも賛成であった．スメントは『憲法と憲法法律』の中で，「基本権は，特定の文化体系，価値体系であり，この憲法によって構成された国家生活の意味をなすものである．それは国家理論的には実質的な統合意図を意味している」と述べている．R. Smend, Verfassung und Verfassungsrecht, 1928, in: *Staatsrechtliche Abhandlungen*, 1928, S. 216. なおベッケンフェルデは，基本権の解釈を，第一にシュミットによって定式化された自由主義的，法治国家的基本権理論，第二に制度的に保障された基本権理論，第三にスメントの統合理論に展開された基本権の価値理論，第四にやはりスメントに見られる民主的で政治的なプロセスへの参加に必要不可欠な民主主義的・機能的基本権，そして第五に国家に対する給付請求権を成立させる社会国家的緊急権に分類している．Ernst-Wolfgang Böckenferde, *Staat, Verfassung, Demokratie*, 2. Aufl., 1992, S. 119-140.

55 Ebenda, S. 172.

56 Ebenda, S. 389.

57 Ebenda, S. 376.

58 Ebenda, S. 22.

59 宮本盛太郎・初宿正典編『カール・シュミット論集』，木鐸社，1978年，178頁．

60 Hasso Hofmann, *Legitimität gegen Legalität*, S. 107.

61 Karl Löwith, "Der okkasionelle Dezisionalismus von Carl Schmitt", in: *Gesammelte Abhandlungen—Zur Kritik der geschichtlichen Existenz*, W. Kohlhammer Verlag, 1960. 邦

訳は田中浩・原田武雄訳「カール・シュミットの機会原因論的決定主義」(『政治神学』所収）を参照した.

62 C. Schmitt, "Das Zeitalter der Neutralisierungen und Entpolitisierungen", 1929, in: *BP,* 1963, S. 92.

63 Ebenda, S. 86.

64 Ebenda, S. 94.

65 Ebenda, S. 79.

66 K・レーヴィット「ウェーバーとシュミット」(原田・田中訳『政治神学』所収, 未來社), 124-125頁.

67 Ernst Rudolf Huber, "Carl Schmitt in der Reichskrise der Weimarer Endzeit", in: *Complexio Oppositirum,* S. 36.

68 R. Mehring, *Carl Schmitt,* S. 205. なおメーリングは, シュミットの前にラートブルフ, ケルゼン, ケルロイター, ローテンビュッヒャーがベルリン商科大学からの招聘を断っていると述べている.

69 C. Schmitt, "Der Hüter der Verfassung", *AöR,* Neue Folge 16, 1929, S. 161-237.

70 Ernst Rudolf Huber, in: *Complexio Oppositorium,* S. 26-27.

71 C. Schmitt, "Das Reichsgericht als Hüter der Verfassungen", in; *VA,* S. 63-109.

72 ケルゼンの1928年のドイツ国法学者大会における報告の内容については, 長尾龍一『ケルゼン研究III』(慈学社出版, 2013年), 149-156頁を参照.

73 C. Schmitt, *VL,* S. 118.

74 Ebenda, S. 137.

75 C. Schmitt, "Der Hüter der Verfassung" (以下 *HdV I* と表記), in: *AöR,* Neue Folge, 16, S. 161-237, S. 174. 邦訳は田中・原田訳『大統領の独裁』(ここに1929年の「憲法の番人」第１版の翻訳が収載されている）を参照.

76 Ebenda, S. 217.

77 Ebenda, S. 234.

78 Ebenda, S. 235.

79 C. Schmitt, "Reichspräsident und Weimarer Verfassung", 1926, in: *SGN,* S. 28. なおシュミットの「中立的権力」についての評価については, 竹島博之『カール・シュミットの政治――近代の反逆』(風行社, 2002年) 71-81頁を参照.

80 C. Schmitt, "Wesen und Werden des Faschistischen Staates", 1929, in: *PB,* S. 113.

81 C. Schmitt, *HP,* 1930, S. 22.

82 C. Schmitt, *Tagebücher IV,* S. 6.

第４章

1 J. Bendersky, *Carl Schmitt,* p. 113. *Tagebücher IV* ではシュミットとポーピッツとの家族ぐるみでの交流が描かれている.

2 Ibid., p. 114.
3 E・コルプ『ワイマール共和国史』(柴田敬二訳, 刀水書房, 1987年) 201頁.
4 U. Scheuner, a. a. O., S. 275.
5 Ebenda, S. 278.
6 権左武志「ワイマール共和国の崩壊とカール・シュミット」,『思想』2004年3月, No. 959, 20頁.
7 C. Schmitt, "Staatsrechtliche Bedeutung der Notverordnung", in: *VA,* S. 260.
8 G. Anschütz, *Aus meinem Leben,* Vittorio Klostermann, 1993, S. 250.
9 Herbert Döring, *Der Weimarer Kreis,* Hain, 1975, S. 103.
10 Ebenda, S. 115.
11 この大会の内容については, "Entwicklung und Reform des Beamtenrechts: Die Reform des Wahrrechts: Berichte", in: *Veröffentlichungen der Vereinigung der Deutschen Staatsrechtslehrer,* Heft 7 を参照. この大会では,「選挙法の改正」というテーマで, ハインリヒ・パウルとゲルハルト・ライプホルツが報告した.
12 R. Mehring, *Carl Schmitt,* S. 169.
13 U. Scheuner, "Die Vereinigung der Deutschen Staatsrechtslehrer in der Zeit der Weimarer Republik", in: *AöR* 97, 1972, S. 3.
14 *Veröffentlichungen der Vereinigung der Deutschen Staatsrechtslehrer,* Heft 7, 1932, S. 204.
15 Ebenda, S. 193.
16 Erich Kaufmann, "Zur Problematik des Volkswillens", 1931, in: *Gesammelte Schriften,* Bd. III, S. 280. なおカウフマンについては, 拙著「エーリッヒ・カウフマンの保守的政治思想」(『ヴァイマール自由主義の悲劇——岐路に立つ国法学者たち』, 風行社, 1996年), 138-187頁を参照.
17 Gerhard Leibholz, *Die Auflösung der liberalen Demokratie in Deutschland und das autoritäre Staatsbild,* 1933, S. 67. なお邦訳は「ドイツにおける自由民主主義の崩壊と権威主義国家」(『ヴァイマール民主主義の崩壊』, 初宿・宮本他訳, 木鐸社, 1980年) を参照.
18 C. Schmitt, *Tagebücher IV,* S. 144-5, 155. シュミットはアンシュッツ, トーマ, ラートブルフがいるハイデルベルク大学で1932年1月13日に「合法性と正統性」というタイトルで講演している. *Tagebücher IV,* S. 165-166.
19 C. Schmitt, *VA,* S. 100.
20 C. Schmitt, *Der Hüter der Verfassung,* 2. Auflage, 1969. (以下 *HdV II* と表記), S. 3. 邦訳は, 川北洋太郎訳『憲法の番人』(第一法規, 1989年) を参照した.
21 Ebenda, S. 19.
22 Ebenda, S. 37.
23 Ebenda, S. 45.
24 Ebenda, S. 31.
25 Ebenda, S. 71-72.
26 Ebenda, S. 72.
27 Ebenda, S. 72.

28　Ebenda, S. 76.

29　シュミットはすでに「全体国家への転回」という論稿を『ヨーロッパ・レビュー』に掲載した．“Die Wendung zum totalen Staates”, in: *Europäischen Revue,* Dezemberheft, 1931. これは後に *PB,* S. 146-157に転載されている．シュミットは『憲法の番人』において「国家の中で自己自身を組織化する社会は，自由主義的な19世紀の中立国家から，潜在的な全体国家へと移行する途上にある．この激しい転回は，三段階において経過する弁証法的発展の部分として構成することができる．すなわち17・18世紀の絶対的国家から，19世紀の中立国家を経て，国家と社会の一致する全体国家へと至るのである」（*HdV II,* S. 79）と述べている．

30　C. Schmitt, “Weiterentwicklung des totalen Staates in Deutschland”, in: *VA,* S. 361-362.

31　C. Schmitt, *HdV II,* S. 89. シュミットは「全体政党」によって分割されたワイマール・ドイツの危機的状況について以下のように述べている．
「まったく結合不可能な……完結した全体性を持った５つの体系，すなわち５つのまったく対立する世界観・国家形態・経済形態を主張する諸体系……それらは，各々全体性を持ち，つきつめれば相互に否定しあい，絶滅しつくすまでやまぬものである．……民意はその震源からすでに５つの水路に分割され，もはや最後まで合流することはしない」．C. Schmitt. “Weiterentwicklung des totalen Staates in Deutschland”, in: *VA,* 1973, S. 362.

32　Ebenda, S. 90. シュミットは1930年に「国家倫理と多元主義的国家」を書き，H・ラスキやG・H・コールによる多元的国家論における「忠誠の多元性」と国家倫理の崩壊を解剖しているが，それはワイマールの多元主義的政党国家にもそのまま適用できるものであった．C. Schmitt, “Staatsethik und pluralistischer Staat”, in: *PB,* S. 135.

33　C. Schmitt, *HdV I,* in: S. 222. シュミットは『合法性と正統性』においても，次のように述べている．「立憲君主制という王朝的正統性が崩壊して以降，ドイツ国防軍とライヒ官僚とは，ドイツ国民によって選挙されたライヒ大統領の人民投票的正統性のうちに新たな基盤の可能性を見出した」（C. Schmitt, *Legalität und Legitimität,*（以下 *LL* と表記), 2. Aufl., S. 18.

34　Ebenda, S. 223.

35　C. Schmitt, *HdV II,* S. 149-150.

36　Michael Stolleis, *Geschichte des öffentlichen Rechts in Deutschland,* S. 198.

37　C. Schmitt. “Weiterentwicklung des totalen Staates in Deutschland”, in: *VA,* 1973, S. 362.

38　シュミットは，多元的政党国家に対立する国家については「このような国家は，新しい権力手段を独占する強力な国家である．それは自由主義や法治国家といった標語のもとで国家権力を掘り崩すことを容認せず，国家に敵対的・国家破壊的な諸力が登場することを許さない．すなわち友と敵を区別しうるのである」と述べている（*VA,* S. 361）が，憲法論の枠組みでは，友と敵を区別するのは，大統領なのである．

39 C. Schmitt, *HdV II,* S. 138.

40 Ebenda, S. 159.

41 Reinhard Mehring, *Carl Schmitt,* S. 259-260.

42 この点に関してはCarl Schmitt, "Reichs-und Verwaltungsreform", in: *DJZ* 36, 1931, S. 5-11.

43 Ernst Rudolf Huber, *Deutsche Verfassungsgeschichte seit 1789,* Band VI, S. 713.

44 C. Schmitt, *HdVII,* S. 120. シュミットの1930年7月28日の鑑定書では，すでに第48条第2項の権限が財政・経済問題にも適用されること，また緊急命令は単なる措置のみならず，法律に代わる大統領命令（gesetzvertretende Verordnungen）であることを述べていた．C. Schmitt, "Verfassungsrechtliche Gutachten über die Frage, ob der Reichspräsident befügt ist, auf Grund des Art. 48 Abs. 2 RV. finanzgesetzvertretende Verordnungen zu erlassen" (July 28, 1930). なおこの鑑定書に関しては，J. Bendersky, *Carl Schmitt,* p. 124を参照．なおすでに4月3日にシュミットは，議会解散後，政府は緊急措置を実施できるか，不信任をうけた政府が総選挙後においても統治できるかについての鑑定書をライヒ大蔵省官房長のヘルベルト・ドルンに対して提出していた．"Gutachten Dorn zu Punkt 1 der heutigen Ministerbesprechung（3. 4. 1930): Zur Frage der Anwendung des Artikels 48 der Reichsverfassung und der Auflösung des Reichstags," *Reichskanzlei,* R-43-1. この点に関して，J. Bendersky, *Carl Schmitt,* pp. 107-110を参照.

45 C. Schmitt, *HdV II,* S. 125.

46 Ebenda, S. 120-121.

47 C. Schmitt, *VL,* S. 24.

48 Ebenda, S. 99-101.

49 Reinhard Mehring, *Carl Schmitt,* S. 260.

50 シュミットの講演は，*Mitteilungen des Langnamvereins* 29, 1930, S. 458-464に収載されている．R. Mehring, *Carl Schmitt,* S. 260も参照.

51 C. Schmitt, *VL,* S. 4. メーリングはシュミットについて「1928年以降憲法論から国家論への転回について語ることができる」と述べている（Mehring, *Carl Schmitt,* S. 248).

52 H. Kelsen, "Wer soll der Hüter der Verfassung sein?", in; *Die Justiz,* 6 Band, 1931. S. 576-628. この論稿は，同年単行本として出版された．*Wer soll der Hüter der Verfassung sein?,* Dr. Walther Rathschild, 1931. 本書ではこちらの単行本を使用する．ケルゼンのこの反論に関しては，長尾龍一『ケルゼン研究III』(慈学社出版, 2013年)，166-172頁を参照.

53 Ebenda, S. 20.

54 Ebenda, S. 42.

55 Ebenda, S. 11.

56 Ebenda, S. 43.

57 この点については拙著『ヴァイマール自由主義の悲劇』(風行社, 1996年)，82-83頁を参照.

58 *Tabebücher IV*, S. 131.
59 C. Schmitt, *GL*, S. 39.
60 Walter Pauly, "Zum Leben und Werk von Gerhard Anschütz", in: *Aus meinem Leben,* XXXIX.
61 H. Heller, "Rechtsstaat oder Diktatur", 1929, in: *Gesammelte Schriften,* Bd. II, S. 445.
62 C. Schmitt, *Der Begriff des Politischen,* 2. Aufl.（以下 *BP II* と表記）, S. 33.
63 Ebenda, S. 33.
64 Ebenda, S. 46-48.
65 Ebenda, S. 26.
66 Ebenda, S. 27.
67 Ebenda, S. 37.
68 Ebenda, S. 34-5.
69 C. Schmitt, *PT I,* S. 11. なおシュミットの政治概念における限界概念の重要性に関しては，Uwe Justus Wenzel, "Die Dissoziation und ihr Grund", in: *Überlegungen zum «Begriff des Politischen»,*（Hrsg）Hans-Georg-Flickinger, Acta humaniora, 1990, S. 24-28を参照.
70 C. Schmitt, *PT I,* S. 22.
71 シュミット研究家のG・マシュケは，シュミットの限界概念はクラウゼヴィッツの「絶対戦争」に類似しているという．クラウゼヴィッツの戦争論は，いかに「全体戦争」を避けるかにあった．Günter Maschke, *Der Tod des Carl Schmitt,* S. 127.
72 E-W. Böckenförde, "Der Begriff des Politischen als Schlüssel zum staatlichen Werk Carl Schmitts", in: Helmut Quaritsch（Hrsg.）, *Complexio Oppositorium über Carl Schmitt,* Duncker & Humblot, 1988, S. 284. 邦訳は初宿正典・古賀敬太編訳『カール・シュミットの遺産』（風行社，1993年）を参照.
73 Mathias Schmitz, *Die Freund-Feind-Theorie Carl Schmitts,* Westdeutscher Verlag, 1995, S. 129.
74 H. Heller, "Politische Demokratie und Soziale Homogenität", in: *Gesammelte Schriften,* 2. Band, S. 424-425.
75 C. Schmitt, *BP II,* S. 55.
76 Ebenda, S. 55.
77 Ebenda, S. 65.
78 Paul Noack, *Carl Schmitt—Eine Biographie,* Propyläen, S. 119.
79 C. Schmitt, *BP II,* S. 66-67.
80 E. Kennedy, "Politischer Expressionismus: Die kulturkritischen und metaphysischen Ursprünge des Begriffs des Politischen von C. Schmitt", in: Helmut Quaritsch（Hrsg.）, *Complexio Oppositorum über Carl Schmitt,* 1988.
81 J. Habermas, *Vergangenheit als Zukunft,* Pendo-Verlag, 1990, S. 44. 邦訳は河上倫逸・小黒孝友訳『未来としての過去』（1992年，未來社）41頁を参照.
82 Karl Löwith, "Der okkaasionelle Dezisionismus von C. Schmitt", in: *Gesammelte Abhandlungen,* W. Kohlhammer Verlag, 1960. Christian Graf von Krockow, *Die*

Entscheidung, 1958. 高田珠樹訳『決断——ユンガー，シュミット，ハイデガー』（柏書房，1999年）．

83 C. Schmitt, *BP II,* S. 37.

84 Ebenda, S. 39.

85 C. Schmitt, “Weiterentwicklung des totalen Staates in Deutschland”, 1993, *VA,* S. 361.

86 Ebenda, S. 362.

87 Ebenda, S. 47. ローマの内敵宣言については Theodor Mommsen, *Römisches Staatsrecht, III,* 2, 3. Band 2 Teile, 4. Aufl., Wissenschaftliche Buchgesellschaft, S. 1240-51を参照のこと．

88 Hermann Heller, “Freiheit und Form der Reichsverfassung”, in: *Gesammelte Schriften,* 2. Band, S. 377.

89 C. Schmitt, *BP II,* S. 61.

90 C. Schmitt, “Staatsethik und pluralistischer Staat”, in: *PB,* S. 135.

91 Ebenda, S. 134.

92 Ebenda, S. 138.

93 C. Schmitt, *LL,* S, 93.

94 『カール・シュミット時事論文集』においては，「シュミットの全体国家論」の項目の下で，“Wesen und Werden des faschistischen Staates”, 1928, “Die Wendung zum totalen Staat”, 1931, “Weiterentwicklung des totalen Staates in Deutschland”, 1933, in *PB* が翻訳されている．シュミットは「ドイツにおける全体国家」の発展の中で，ワイマールの現実となった多元主義的政党国家を「量と容積の意味における全体国家」と定義し，友と敵を決断し，国家的統一を達成する国家を「質とエネルギーの意味における全体国家」と区別している．前者は弱体な国家であり，後者は強力な国家である．C. Schmitt, *PB,* S. 186-187.

95 C. Schmitt, *BP II,* S. 53. シュミットはナチス時代に書いた『ホッブズの国家におけるリヴァイアサン』において，再度，ホッブズの「保護と服従の相関関係」を強調している．シュミットは『国家・運動・民族』においても，「強力な国家は，国家を構成するさまざまなメンバーが揺るがぬ強い個人生活を送るための前提条件である」（C. Schmitt, *Staat, Bewegung, Volk*（以下 *SBV* と表記）Hanseatische Verlagsanstalt, 1933, S. 33. 邦訳は初宿正典訳『国家・運動・民族』（『ナチスとシュミット』，木鐸社，1976年所収）を参照）と述べている．

96 C. Schmitt, “Die vollendete Reformation”, in: *Der Staat,* 4 Band, 1965, S. 61. 邦訳は「完成された宗教改革」（『ホッブスと抵抗権』，木鐸社，1976年，三好敏博・初宿正典訳）．

97 C. Schmitt, *BP II,* S. 70.

98 Ebenda, S. 45.

99 C. Schmitt, “Grundsätzliches zur heutigen Notverordnungspraxis, in; *Reichsverwaltungsblatt und Preußisches Verwaltungsblatt,* Bd. 53, Nr. 9, 1932, S. 161-165. 邦訳は，原田武夫訳「今日の緊急命令の実際に対する基本的論点」『カール・シュミット時事論文集』，所収．

100 R. Mehring, *Carl Schmitt,* S. 284.
101 Ebenda, S. 285.
102 C. Schmitt, *LL,* S. 9.
103 Ebenda, S. 10.
104 Ebenda, S. 70.
105 Ebenda, S. 71-72.
106 Ebenda, S. 74.
107 C. Schmitt, *VA,* S. 347.
108 C. Schmitt, *LL,* S. 32. 1932年7月の「パーペン・クーデター」のプロイセン側の代理人A・ブレヒトでさえも，議会におけるナチ党の勢力拡大に憂慮して，シュミットの主張に賛同し，「平等の機会という原則は，すべての関係者がその原則を守ろうとする気持ちを完全に持っているわけではないと疑うに十分な根拠のあるような場合には，適用できないものであろう」というシュミットの言葉を『合法性と正統性』から引用している．
109 Ebenda, S. 33.
110 Ebenda, S. 49-50.
111 Ebenda, S. 50.
112 G. Schwab, *The Challenge of the Exception. An Introduction to the political ideas of Carl Schmitt between 1921 and 1936,* 1970, p. 96. 邦訳は『例外の挑戦』（服部・初宿・宮本・片山訳，みすず書房，1980年）．シュミットはアンシュッツと政治的・法的立場は異なっていたとしても，人間として，また学者としてのアンシュッツに信頼を置いていた．*Tagebücher IV,* S. 44.
113 R. Thoma, “Das Reich als Demokratie”, in: *Handbuch des deutschen Staatsrechts,* Bd. 1, S. 193. 戦後トーマは，ナチズムの体験を反省し，三分の二の多数といえども侵すことができない憲法の基本原理が存在することを承認し，憲法保障に賛成するようになった．彼は「革命やクーデターを人を欺くような疑似合法性という羊の皮で包むことなど不可能」とし，民主主義の自殺を防止するような憲法典の導入に賛成した．R. Thoma, “Über Wesen und Erscheinungsformen der modernen Demokratie”, 1949, in: *Grundprobleme der Demokratie,*（Hrsg.）U. Matz, 1972, S. 104ff. を見よ．
114 C. Schmitt, *LL,* S. 50-51.
115 Ebenda, S. 50.
116 C. Schmitt, “Der Missbruch der Legalität”, in: *Tägliche Rundschau,* 19. 7. 1932.
117 C. Schmitt, *VA,* S. 345.
118 C. Schmitt, *LL,* S. 98. シュミットは，1933年2月1日にロスコップとのラジオ対談で，法実証主義批判を念頭に置いて以下のように述べている．「実定法は，決して〔事を〕最終的に決定する言葉ではありませんし，法や正義そのものについての最後の言葉でもありません．実定法は，それ自身の中には理性も正義もなく，ただ実質的な正義の核心から派生したものにすぎません．もし実定法が，内容のある実質的な正義との関係を見失ってしまって，価値にも真理にも中立的な機能

主義に堕してしまえば，実定法は意味のない破壊的なものとなり，党派間の闘争や利害間の闘争のおどろおどろしき道具となり果てるでしょう．実定法がわが民族との現実的な実存との関係を見失ってしまうようなことになれば，事は最悪です」（初宿，前掲書，55頁）．

119 C. Schmitt, *LL*, S. 97. シュミットは「10年のライヒ憲法」（1929年）においても基本権を単なる個人の利益と考えるのではなく，憲法の実体として考えるべきだとして次のように述べている．「憲法は常にドイツ民族の全体に関係し，それゆえに実体や基盤を持たないということはありえない．そしてこうした憲法の基本的な特殊性が意識されている時にのみ，ドイツ民族の聖域（Heiligtum）について語る権利を有する」．Carl Schmitt, “Zehn Jahre Reichsverfassung”, 1929, in: *VA*, S. 40.

120 C. Schmitt, “Grundrechte und Grundpflichten”, 1932, in: *VA*, S. 194.

121 Ebenda, S. 199.

122 C. Schmitt, “Freiheitsrechte und institutionelle Garantien der Reichsverfassung”, 1931, Berlin, in: *VA*, S. 140-178. 邦訳は，佐々木高雄訳「ワイマール憲法における自由権と制度的保障」（時岡弘編『人権の憲法判例「第三集」』（成文堂，1983年），281-318頁を参照．なおこの論文は最初に，*Rechtswissenschaftliche Beiträge zum 25jährigen Bestehen der Handels-Hochschule,* Berlin, 1931に収載されたものである．またその内容が C. Schmitt, “Grundrechte und Grundpflichten” (1932), *VA*, S. 213-216において要約されている．

123 C. Schmitt, *VA*, S. 140-141.

124 Ebenda, S. 160.

125 Ebenda, S. 171.

126 Ebenda, S. 149.

127 C. Schmitt, “Wohlerworbene Beamtenrechte und Gehaltskürzungen”, in: *VA*, S. 179. 官吏の俸給の削減問題に関しては，以下の論稿も参照．C. Schmitt, “Das staatliche Bedeutung der Notverordnung”, 1931, in: *VA*, S. 251-257.

128 Ebenda, S. 179.

129 Ebenda, S. 171. 石川健治は，シュミットの「制度保障論」が危険なものと理解されている現状を以下のように述べている．「かかる制度の保障は，一般に，人権の保障を（制度的に）強化するための連結的・補充的な意義を持つが，むしろ，制度を人権に優越せしめ，人権抑圧的な機能を営む可能性もある，と批判される．制度的保障説は，通説の地位を占めたが，しばしば克服すべき解釈学説として攻撃の対象となり，非常に悪名が高かったのである」（石川健治『自由と特権の距離——カール・シュミット「制度体保障」論再考［増補版］』，日本評論社，2007年）2頁．

130 R. Mehring, *Carl Schmitt,* S. 262-263.

131 C. Schmitt, *LL,* S. 89.

132 国事裁判所については，ワイマール憲法第19条，第108条において設置が記されている．その審査対象は，国事裁判所法において，各ラント間の憲法争議，ライヒ対ラントの憲法争議，ライヒ議会の提訴による大統領，首相，大臣の憲法違反

の行為である.

133 *Preussen contra Reich vor dem Staatsgerichtshof, Stenogrammbericht der Verhandlungen vor dem Staatsgerichtshof in Leipzig vom 10. bis 14. und vom 17. Oktober 1932,* Verlag J. H. W. Dietz, Berlin, 1933. この中で，第４章で，ライヒの連邦国家的構造一般について，第５章，第６章で，第48条第１項についての法的議論がなされ，第７章，第８章で第48条第２項について，第９章においては，裁判官の審査権の範囲と限界について論じられている．その意味において，第48条第１項，第２項をめぐる国法学者の対決が如実に記録されている点で重要である．邦訳は，山下威士『クーデターを裁く――1932年７月20日事件法定記録』(2004年，尚学社）を使用した．なお「パーペン・クーデター」に関する代表的な文献は，Gabriel Seiberth, *Anwalt des Reiches—Carl Schmitt und der Prozess "Preußen contra Reich" vor dem Staatsgerichtshof,* Duncker & Humblot, 2001がある．また高橋愛子「「プロイセン対ライヒ」裁判での弁論の背景をなす議論連環――シュミットの「独立した権限規範」とヘラーの「政治的意図」をめぐって」(『聖学院大学総合研究所紀要 Bulletin』No. 64，2017年，81-242頁）も参照のこと．

134 Poetzsch-Heffter, "Handhabung des Art 48", in; *Jahrbuch des öffentlichen Rechts,* Bd. 13, 1925, S. 99, 149. またエーリッヒ・アイク『ワイマール共和国史1921～1926』(救仁郷繁訳，ぺりかん社，1984年)，75-76頁を参照．裁判では，ザクセンと同じような事例として，チューリンゲン地方の諸ラントに対するライヒの措置，ゴータ・ラントにおけるライヒの措置が言及されている．ところで，第48条第４項は，危険が迫っている場合に，ラント政府が第２項の緊急命令を発動できると規定しているが，1923年にバイエルンでこのことが行なわれた．つまりバイエルン・ラント政府が非常事態を布告し，同首相はカールをラント・コミッサールに任命して，執行権を委任したのである．

135 C. Schmitt, "Die Verfassungsmäßigkeit der Bestellung eines Reichskommissars für das Land Preußen", in: *DJZ,* 37. Jahrgang, Heft 15, 1932. S. 955.

136 Ebenda, S. 951.

137 C. Schmitt, *Tagebücher IV,* S. 189.

138 J. Bendersky, *Carl Schmitt,* p. 165.

139 G. Anschütz, *Drei Leitgedanken der Weimarer Reichsverfassung,* 1922, S. 2. 彼はバイエルンの地方分権運動に警告を発し，ライヒから国家的性格を剝奪し，統一国家をライヒの寄せ集めである国家連合に解消する動きに反対した．

140 G. Anschütz, *Aus meinem Leben.* S. 66-67. なおアンシュッツの生涯に関して古賀敬太『ヴァイマール自由主義の悲劇』，307-344頁を参照．

141 Arnold Brecht, *The Political Education of Arnold Brecht—An Autobiography 1884-1971,* Princeton University Press, 1970. なお「パーペン・クーデター」の叙述は，p. 352-380を参照．

142 C. Schmitt, "Schlußrede vor dem Staatsgerichtshof in Leipzig in dem Prozeß Preußen contra Reich", in: *PB,* S. 183.

143 Ebenda, S. 184.

144 Ebenda, S. 142.

145 C. Schmitt, *Tagebücher IV,* S. 223.

146 シュミットとW・イェリネックの往復書簡に関しては，R. Mehring (Hrsg.), "Walter Jellinek-Carl Schmitt, Briefwechsel 1926 bis 1933", in: *Schmittiana,* Neue Folge, Bd. 2を参照のこと．シュミットとW・イェリネックとの関係については，Reinhard Mehring, *Kriegstechniker des Begriffs,* Mohr Siebeck, 2014, S. 60-66を参照．

147 C. Schmitt, *Tagebücher IV,* S. 224.

148 C. Schmitt, *Tagebücher IV,* S. 227. この点に関しては，権左武志「ヴァイマール末期の国法学とカール・シュミットの連邦主義批判」(『ドイツ連邦主義の崩壊と再建』，岩波書店，2015年）96-108頁を参照．また現代史家エーリッヒ・アイクは，「このソロモン王式の」裁きについて「一方では違法に罷免された州政府閣僚に対して，理論上は彼らの権威を正当と認めながら，他方では実際に州政府の権能をパーペン中央政府に移すことを是認するものであった」と述べている．エーリッヒ・アイク『ワイマル共和国史IV』，230頁．なおアイクは，ライプツィヒ国事裁判所におけるシュミットを批判した論文 "Der geistige Kampf um die Reichsexekution: Carl Schmitts Auslegung des Artikels 48", in: *Vossische Zeitung* vom 6. 8. 32. を書いている．

149 U. Scheuner, a. a. O., S. 281.

150 Ebenda, S. 282.

151 R. Mehring, *Carl Schmitt,* S. 138.

152 シュライヒャー首相下におけるシュミットの行動は，E. R. Huber, "Carl Schmitt in der Reichskrise der Weimarer Endzeit", in: H. Quaritsch (Hrsg.), *Complexio Oppositorum über Carl Schmitt,* Berlin, 1988やシュミットの日記（*Tagebücher IV*）で知ることができる．また権左武志「カール・シュミット——大統領内閣のブレーン活動を中心として」(『思想』No. 959, 2004年3月）とE・コルプ／W・ピタ「パーペン・シュライヒャー両内閣における国家非常事態計画」(同じく『思想』No. 959に収載されている）を参照のこと．

153 Bendersky, *Carl Schmitt,* p. 133. シュミットとE・ユンガーとの往復書簡は，*Ernst Jünger / Carl Schmitt, Briefwechsel 1930-1983,* (Hrsg.) Helmuth Kiesel, 1999. A・モーラーとの往復書簡は，Carl Schmitt, *Breifwechsel mit einem seiner Schüler,* (Hrsg.) Armin Mohler, 1993. シュミットとシュターペルとの往復書簡は，Tomissen, *Schmittiana* V, S. 27-108を参照．

154 Armin Mohler, "Carl Schmitt und die konservative Resolution", in: *Complexio Oppositorum,* S. 151. 邦訳「カール・シュミットと保守革命——非体系的考察」(『カール・シュミットの遺産』所収，風行社，1993年)，208頁．モーラーは，フーコー，デリダ，リオタールといったポスト・モデルネを保守革命の延長線上に位置づけ，このポスト・モデルネという迂回路を通して，シュミットと保守革命との関係を立証しようとした．なおモーラーのこの報告においては，シンポジウム参加者でシュミットのカトリック性を強調するG・マシュケ，ベッケンフェルデ，H・マイヤー，K・クレーガーが痛烈に批判している．日本でシュミットを保守

革命の文脈で位置づけた書物が，山下威士『カール・シュミット研究——危機政府と革命運動』（南窓社，1986年）である．また小野清美『保守革命とナチズム』（名古屋大学出版会，2004年），256，275，322頁を参照．小野はシュミットの「市民的法治国家」を読み解き，シュミットが憲法改正を目指していたと主張する．

155　J. Bendersky, *Carl Schmitt,* p. 139.

156　Ibid., pp. 136-138. シュミットの日記を編集したW. Schullerも，シュミットは1930年から保守革命の人々と絶えず会話をしていたが，彼らと一体性を感じていたわけではないと述べている．*Tagebücher IV*, S. 466. この点に関してはP. ノアックも同意見である．Paul Noack, *Carl Schmitt—Eine Biographie*, Propyläen, 1993, S. 137.

157　U. Scheuner, a. a. O., S. 250.

158　Ebenda, S. 286. ショイナーは「ワイマールの国家制度の弱体とその最終的な挫折の原因は，政党制度の形成とその内部の対立，人民の広範な層と教養層の担い手の民主主義的な国家制度の諸条件に対する認識不足にある」（S. 250）と述べている．

第5章

1　C. Schmitt, *LL*, S. 50-51.

2　この書簡の全文は，E. Matthias/R. Morsey, *Das Ende der Parteien,* 1960, S. 428-429に掲載されている．邦訳は，初宿正典『カール・シュミットと五人のユダヤ人法学者』（成文堂，2016年），47頁を参照した．

3　P. Tommissen, “Carl Schmitt in Gespräche mit Dieter und Klaus Figge”, in; *Over en in zake Carl Schmitt,* S. 102.

4　E. R. Huber, “Carl Schmitt in der Reichskrise der Weimarer Endzeit”, in: *Complexio Oppositorum,* S. 49.

5　C. Schmitt, *Tagebücher IV,* S. 257.

6　このシュミットのカース宛書簡の全文が，Helmut Quaritsch（Hrsg.), *Complexio Oppositorum,* S. 53-54に収載されている．邦訳は，初宿，前掲書，48-50頁．

7　J. Bendersky, *Carl Schmitt,* p. 199.

8　C. Schmitt, *Tagebücher IV,* S. 276.

9　C. Schmitt, *Das Reichsstaathaltergesetz, Das Recht der nationalen Revolution,*（Hrsg.）G. Kaisenberg u. F. A. Medicus, Heft 3, Berlin, 1933.

10　C. Schmitt, “Reich-Staat-Bund. Antrittvorlesung gehalten an der Kölner Universität am 20, Juli 1933”, in: *PB,* 1940. 邦訳は，長尾編『シュミット著作集Ⅰ』の長尾訳「ライヒ・国家・連邦」を参照した．

11　Ebenda, S. 197.

12　J. Bendersky, *Carl Schmitt,* p. 200.

13　Rudolf Smend, “Zu Erich Kaufmanns wissenschaftlichen Werk”, in: *Um Recht und*

Gerechtigkeit. Festgabe für Erich Kaufmann zu seinem 70. Geburtstag, 1950, S. 397. ニコラス・ゼミナールに関しては，初宿正典『カール・シュミットと五人のユダヤ人法学者』，259-286頁を参照.

14 『政治神学』第2版において抹消された第1版におけるカウフマンに関するシュミットの言及箇所に関しては，初宿，前掲書，189-207頁を参照.

15 Ernst Forsthoff, "Der Staatsrechtler im Bürgerkrieg/Carl Schmitt zum 70. Geburtstag", in: *Christ und Welt,* 11. Jahrgang, N. 29 vom 11. Juni 1958, Erich Kaufmann, "Carl Schmitt und seine Schule—Offener Brief an Ernst Forsthoff", in: *Gesammelte Schriften,* Bd. III, 1958. 邦訳は，初宿，前掲書，251-258頁.

16 Erich Kaufmann, a. a. O., XLIV.

17 Bernd Rüthers, *Carl Schmitt im Dritten Reich—Wissenschaft als Zeitgeist-Verstärkung,* 2. Auflage, Verlag C. H. Beck, S. 66. 邦訳は，ベルント・リュータース『カール・シュミットとナチズム』(古賀敬太訳，風行社，1997年）を参照した．なお，ケルン時代のシュミットに関しては，初宿正典，前掲書，3-43頁を参照.

18 ライプホルツの本は，*Das Wesen der Repräsentation unter besondere Berücksichitigung des Repräsentativsystem,* 1929である．ライプホルツとシュミットの関係については，Mehring, *Carl Schmitt,* S. 231, 241を参照．ライプホルツに関しては，古賀『ヴァイマール自由主義の悲劇――岐路に立つ国法学者たち』，268-306頁，初宿，前掲書，287-339頁．シュミットとライプホルツとの関係については，初宿，前掲書，340-369頁を参照のこと．シュトライスは，ライプホルツの「代表」概念について，「代表は，国家において組織された人民の理念的統一を可視的にすることであり，およそ諸個人の経験的な合計ではない」と述べ，こうした彼の「代表＝再現前」概念は，人民の理念的統一や真の意思を特定の人物に託そうとする反民主主義的諸力と親和的であったと批判している．Michael Stolleis, a. a. O., S. 198-199. シュミットにも同じことが言える.

19 この翻訳については，初宿正典「G・ライプホルツのシュミット批判」(『政法論集』，第5号，1985年）を参照.

20 C. Schmitt, *Tagebücher IV,* S. 355.

21 R. Mehring, *Carl Schmitt,* S. 637.

22 Ebenda, S. 313. シュミットとキルヒハイマー，フレンケル，ノイマンとの関係については，中道寿一（『カール・シュミット再考』(ミネルヴァ書房，2009年）35-62頁参照.

23 G. Anschütz, *Aus meinem Leben,* S. 116.

24 G. Anschütz, "Wandlungen der deutschen evangelischen Kirchenverfassung", in; *Zeitschrift für öffentlichen Recht,* Bd. XX, 1940, S. 239, 243.

25 Walter Pauly, "Zu Leben und Werk von Gerhard Anschütz", in: G. Anschütz, *Aus meinem Leben,* XLII.

26 Hans-Dieter Rath, a. a. O., S. 25.

27 R. Mehring (Hrsg.), *Briefwechsel Carl Schnitt-Rudolf Smend 1921-1961,* Duncker & Humblot, 2. Aufl., 2012, S. 8. すでに2人の関係はワイマール共和国後期から微妙

であった．シュミットはスメントから軽視され，迫害されているという感情を抱いていた．1931年12月12日の日記には「トリーペル，カウフマンそしてスメントの迫害によって感情を害し，侮辱を受ける」（*Tagebücher IV*, S. 155）とあり，また1932年３月２日の日記には，スメントが「シュミットは不誠実な人間で最終的にはドイツの運命に無関心である」と言ったことを聞き，憤慨していることが記されている（*Tagebücher IV*, S. 182）．

28 R. Smend, *Staatsrechtliche Abhandlungen*, 2. Aufl., Duncker & Humblot, S. 542.

29 Michael Stolleis, a. a. O., S. 277.

30 *Veröffentlichungen der Vereinigung der deutschen Staatsrechtslehrer*, Heft 7, Walter de Gruyter & Co, 1932, S. 199.

31 *Briefwechsel Ernst Forsthoff-Carl Schmitt*, Akademie Verlag, 2007.

32 *Briefwechsel, Carl Schmitt-Ernst Rudolf Huber 1926–1981*, Duncker & Humblot, 2004, S. 136.

33 R. Mehring, *Carl Schmitt*, S. 314.

34 J. Bendersky, *Carl Schmitt*, p. 196.

35 高田敏，初宿正典編訳『ドイツ憲法集』第七版，信山社，2016年．

36 C. Schmitt, "Das Gesetz zur Behebung der Not von Volk und Reich", in; *Deutsche Juristen-Zeitung*, 38. Jg., Heft 7, Spalten, S. 455-458.

37 Ebenda, S. 456.

38 Ebenda, S. 457.

39 C. Schmitt, "Das Gesetz zur Behebung der Not von Volk und Reich", 1933, *DJZ*, S. 456. なおメーリングは「シュミットのこの論考は，発展の革命的性格を完全に認識していることを告げるものであった．全権委任法の成立後初めて，シュミットは新しい正統性の地盤に移動したのである」（R. Mehring, *Carl Schmitt*, S. 306）と述べている．

40 C. Schmitt, "Das Staatsnotrecht im modernen Verfassungsleben", in: *Deutsche Richterzeitung*, Jg. 25, Heft 8/9, S. 254-255. 原田武夫訳「近代的な憲法のあり方の中における国家緊急権」（『カール・シュミット時事論文集』所収），76-81頁．

41 Ebenda, S. 254.

42 Ebenda, S. 255.

43 Ebenda, S. 254.

44 C. Schmitt, "Vergleichender Überblick über die neueste Entwicklung des Problems der gesetzgeberlichen Ermächtigungen (Legislative Delegationen)", in: *PB*. S. 227.

45 C. Schmitt, "Der Führer schützt das Recht", 1934, in; *PB*, S. 200. 邦訳は古賀敬太訳「総統は法を護持する」（『カール・シュミット時事論文集』所収）を参照．

46 Ebenda, S. 200.

47 Ebenda, S. 199.

48 Bernd Rüthers, a. a. O., S. 71-72.

49 C. Schmitt, *Staat, Bewegung, Volk*（以下*SBV*と表記），Hanseatische Verlagsanstalt, 1933, S. 18. 邦訳は，初宿正典「国家・運動・国民」（『ナチスとシュミット』木鐸社，

1976年）を参照した.

50 Ebenda, S. 11.

51 Ebenda, S. 5-6.

52 Ebenda, S. 31.

53 C. Schmitt, “Der Führer schützt das Recht”, 1934, in: *PB,* S. 199.

54 C. Schmitt, *SBV,* S. 42.

55 Ebenda, S. 42.

56 Ebenda, S. 12.

57 J. Bendersky, *Carl Schmitt,* p. 221-2.

58 C. Schmitt, *SBV,* S. 32.

59 Ebenda, S. 32.

60 C. Schmitt, *Über die drei Arten des rechtswissenschaftlichen Denkens*（以下*DARD*と表記）. 邦訳は，加藤新平・田中成明訳「法学的思惟の三種類」（『危機の政治理論』）を参照.

61 C. Schmitt. *PT,* S. 7. シュミットは，『憲法論』において「制度的保障」に言及していたが，このテーマに関するシュミットのまとまった論稿は，“Freiheitsrechte und institutionelle Garantien der Reichsverfassung”, 1931, in: *VA,* S. 140-173である. シュミットの「制度的保障論」を論じた石川健治『自由と特権の距離――カール・シュミット「制度体保障」論・再考』は，「制度的保障論を完成した31年論文と，具体的秩序思考を提唱した「法学的思考の三類型」との間にははっきりとした断絶があり，後者から前者へ遡っての類推という，制度的保障論研究に時折見られる手続きは，それがもたらす障害の方が大きすぎる」（32頁）と述べている.

62 C. Schmitt, *DARD,* S. 5.

63 C. Schmitt, “Nationalsozialistische Rechtsdenken”, in: *Deutsches Recht,* 4. Jg. Nr. 10, 1934. 邦訳は佐野誠訳「ナチズムの法思想」（『カール・シュミット時事論文集』）を参照した.

64 C. Schmitt, *DARD,* S. 56-7.

65 Joseph H. Kaizer, “Konkretes Ordnungsdenken”, in: H. Quaritsch（Hrsg.）, *Complexio Oppositorium,* Duncker & Humblot, 1988, S. 323. 邦訳は高田篤訳「具体的秩序思考」（初宿正典・古賀敬太編訳『カール・シュミットの遺産』，風行社，1993年）.

66 シュミットの具体的秩序思考が国家を超えるという指摘は，Mika Ojakangas, *A Philosophy of Concrete Life,* Peter Lang, 2006, p. 151を参照.

67 C. Schmitt, “Nationalsozialismus und Rechtsstaat”, in: *JW,* 63. Jg., Heft12/13. 1934, S. 713-718; “Der Rechtsstaat”, in: H. Frank（Hrsg.）, *Nationalsozialistisches Handbuch für Recht und Gesetzgebung,* München, 1935, S. 3-10; “Was bedeutet der Streit um den Rechtsstaat”, in: *ZgStw,* Bd. 95, Heft 2, 1935, S. 189-201. これら3つの論稿は，『カール・シュミット時事論文集』の中に収載されている.

68 C. Schmitt, “Nationalismus und Rechtsstaat”, in: *JW,* Heft 12/13, 63. Jahrgang, 1934, S. 717.

69 Ebenda, S. 717.

70　この本は最初はナチスの出版社 Hanseatische Verlagsanstalt で出されたが，本書で使用したのは，*Staatsgefüge und Zusammenbruch des zweiten Reiches,* Duncker & Humblot, 2011.

71　Ebenda, S. 45.

72　Ebenda, XIV.

73　Ebenda, S. 5.

74　Ebenda, S. 44.

75　Ebenda, XLIV.

76　Reinhard Mehring (Hrsg.), *LSCS,* S. 44. なおシュミットは，1936年7月17日の書簡で，1936年10月の「法学におけるユダヤ主義と戦う会議」における報告をスメントに要請している．S. 93.

77　C. Schmitt, *Tagebücher IV,* S. 73.

78　Ebenda, S. 184.

79　C. Schmitt, "Das gute Recht der deutschen Revolution", in: *Westdeutscher Beobachter von 12, May 1933.* 邦訳は，竹島博之訳「ドイツ革命の良き法」(『カール・シュミット時事論文集』所収).

80　第2版では，*Politische Theologie,* 1. Aufl., 1922, S. 14, 15, 19, 22, 26, 30, 37, 38が削除されている．なおこの点に関して，初宿正典「シュミットとカウフマン」(『カール・シュミットとその時代』初宿・古賀編，風行社，1997年）を参照．

81　C. Schmitt, *Tagebücher IV,* S. 271.

82　C. Schmitt, "Die Verfassung der Freiheit", in: *DJZ,* 1935.

83　Ebenda, S. 1135.

84　Ebenda, S. 1134-1135.

85　Karlheinz Müller, *Das Judentum in der Rechtswissenschaft,* 1936, S. 15.

86　"Die deutsche Rechtswissenschaft im Kampf gegen den jüdischen Geist", in: *DJZ,* 1936, S. 1196.

87　Ebenda, S. 1198.

88　Ebenda, S. 1199.

89　Ebenda, S. 1199.

90　Bernd Rüthers, *Carl Schmitt im Dritten Reich,* 2. Aufl., S. 99.

91　ナチス時代におけるシュミットとハイデガーの関係について，メーリング「1933年9月ベルリンのマルティン・ハイデガーとカール・シュミット」(権左武志訳，『思想』2013年9月号），同「ナチス期における学問と政治——マルチン・ハイデガーとシュミットを例として」(川合全弘訳『京都産業大学世界問題研究所紀要』29，2014年3月号，97-114頁)．R. Mehring, *Kriegstechniker des Begriffs,* Mohr Siebeck, 2014, S. 99-110. また Bernd Rüthers, *Carl Schmitt,* S. 21-42. また Emmanuel Faye, *Heidegger,* Yale University Press, 2009, pp. 151-164, 203-243を参照のこと．またナチス時代におけるハイデガーの思想と行動に関しては，ヴィクトル・ファリアス『ハイデガーとナチズム』(山本尤訳，名古屋大学出版会，1990年)，リュディガー・ザフランスキー『ハイデガー』(法政大学出版局，1996年）を参照．

92 C. Schmitt, “Reich-Staat-Bund”, 1933, in: *PB,* S. 198.

93 Martin Heidegger, “Der Wesen und Begriff von Nation, Geschichte und Staat”, in; *Heidegger-Jahrbuch,* 4, 2009, Karl Alber, 2010, S. 53–88.

94 Ebenda, S. 57.

95 Ebenda, S. 71.

96 Ebenda, S. 71.

97 Ebenda, S. 74.

98 Ebenda, S. 77.

99 Martin Heidegger, *Gesamtausgabe,* Band 86, *Seminare Hegel-Schelling,* Vittorio Klostermann, S. 72.

100 Ebenda, S. 85.

101 C. Schmitt, *SBV,* S. 31–32.

102 Ebenda, S. 32.

103 M. Heidegger, a. a. O., S. 174.

104 Leo Strauss, “Anmerkungen zu Carl Schmitt, Der Begriff des Politischen”, 1932, in: *ASwSp*, S. 749.

105 シュミットに対するSSの機関紙『黒色軍団』の攻撃については，Rüthers, *Carl Schmitt*, S. 104–108を参照.

106 J. Bendersky, *Carl Schmitt,* p. 242.

107 B. Rüthers, *Carl Schmitt,* S. 107.

108 Otto Koellreuter, “Volk und Staat in der Verfassangskrise—Zugleich eine Auseinandersetzurg mit der Verfassurgslehre Carl Schmitts”, in: *Jahrbuch für politische Forschung*, 1933, S. 12.

109 C. Schmitt, *Tagebücher IV,* S. 275.

110 Barbara Nichtweiss, a. a. O., S. 729.

111 W. Gurian/O. Knab, *Deutsche Briefe,* Bd. II, S. 114.

112 Ebenda, S. 489–490.

113 Ebenda, S. 510.

114 C. Schmitt, *Ex Captivitate Salus*（以下*ECS*と表記）, S. 16. 邦訳は長尾龍一訳「獄中記」（『危機の政治理論』所収）を参照した.

115 C. Schmitt, *Der Leviathan in der Staatslehre des Thomas Hobbes, Sinn und Fehlschlag eines politischen Symbols*（以下*L*と表記）, 1938, S. 118.

116 C. Schmitt, “Der Staat als Mechanismus bei Hobbes und Descartes”, in: *Archiv für Rechts-und Sozialphilosophie,* Band 30, Heft 4, 1937, S. 624. 邦訳は長尾龍一訳「ホッブスと全体主義」（『リヴァイアサン——近代国家の生成と挫折』（福村出版, 1972年）.

117 C. Schmitt, *L,* S. 131.

118 Ebenda, S. 88.

119 「広域（グロース・ラウム）」の概念史に関しては，Karl Bruckschwaier, “Carl Schmitt am Rande des Großraums: Die kurze Geschichte des Begriffs”, in: Wolfgang

Pircher (Hrsg.), *Gegen den Ausnahmezustand—Zur Kritik an Carl Schmitt,* Springer Verlag, 1999, S. 201-219を参照のこと.

120 C. Schmitt, "Völkerrechtliche Großraumordnung mit Interventionsverbot für raumfremde Mächte—Ein Beitrag zum Reichsbegriff im Völkerrecht, 1939", in: *SGN,* S. 308. 邦訳は岡田泉訳「域外列強の干渉禁止を伴う国際法的広域秩序」(『ナチスとシュミット』木鐸社, 1976年) を参照した. この著作の政治的背景に関しては, Gopal Balakrishnan, *The Enemy: An Intellectual Portrait of Carl Schmitt,* Verso, 2000, p. 235-6を参照. また1939年に出版された「広域」理論には, "Großraum gegen Universalismus: Der völkerrechtliche Kampf um die Monroedoktrin", in: *Zeitschrift der Akademie für Deutschen Recht,* Jg. VI, Heft 7, 1939, S. 337-9, in: *PB,* S. 295-302がある. この邦訳は, 長尾龍一訳「日本のアジア・モンロー主義」(『現代帝国主義論』所収, 福村出版, 1972年) を参照.

121 Hasso Hofmann, a. a. O, S. 204.

122 C. Schmitt, *SGN,* S. 300.

123 C. Schmitt, *SGN,* S. 277.

124 C. Schmitt, "Großraum gegen Universalismus", in: *PB,* S. 302.

125 C. Schmitt, *SGN,* S. 310.

126 Ebenda, S. 306.

127 Ebenda, S. 294. ナチスのイデオローグたちは, こうしたシュミットの諸民族の相互尊重という主張を痛烈に批判した. 彼らにとって「広域」がさまざまな民族によって占められることは, 内部の結束力を弱めることに他ならなかった. また彼らは, シュミットの「広域」理論が生物学的・人種学的基礎を欠いていると批判した. この点については, Karl Bruckschwaier, a. a. O, S. 212-5; J. Bendersky, *Carl Schmitts,* pp. 260-261を参照. シュミット自身, 自分の「広域」理論とR. ヘーンといったナチスのイデオローグの「広域」理論の相違について述べている. Carl Schmitt, *Antworten in Nürnberg* (以下*AN*と表記), 2000, S. 73-7.

128 E. R. Huber, "Positionen und Begriffe: Eine Auseinandersetzung mit Carl Schmitt", in: *Zeitschrift für die gesamte Staatswissenschaft,* Bd. 101, 1941, S. 39.

129 Hasso Hofmann, a. a. O., S. 220. なおシュミットの「広域」理論を利用しながら日本の「大東亜共栄圏」を正当化する試みも行なわれた. Gopal Balakrishnan, a. a. O., S. 239.

130 C. Schmitt, *SGN,* S. 295-6.

131 Helmut Quaritsch (Hrsg.), *Complexio Oppositorium,* S. 421.

132 C. Schmitt, *SGN,* S. 282.

133 新田邦夫「カール・シュミットの基底に一貫するもの」(山梨大学教育学部研究報告, 第44号, 1993年), 69頁.

第６章

1　ニュルンベルクでのシュミットに対する尋問は，C. Schmitt, *AN* を参照．なおシュミットとニュルンベルク裁判に関しては，長尾龍一編『カール・シュミット著作集１』（慈学社出版，2007年）451-462頁，牧野雅彦『危機の政治学――カール・シュミット入門』（講談社選書メチエ，2018年の第６章「第二次大戦の敗戦とニュルンベルク裁判」（157-182頁）を参照．

2　C. Schmitt, *AN*, S. 52.

3　Ebenda, S. 72.

4　Ebenda, S. 53.

5　Ebenda, S. 90.

6　Ebenda, S. 132.

7　Ebenda, S. 98.

8　Ebenda, S. 103. シュミットは戦後書いた「合法性の問題」においても同様のことを書き，「なぜドイツの官僚層がヒトラーに従ったかという私たちの問題に対する解答が合法性の概念に見出される」と述べている．C. Schmitt, "Das Problem der Legalität", 1950, in: *VA*, S. 442.

9　Ebenda, S. 108-109.

10　C. Schmitt, *Das internationalrechtliche Verbrechen des Angriffskrieges und der Grundsatz "Nullum crimen, nulla poena sine lege"*（以下 *VAG* と表記）. 邦訳は，新田邦夫訳『攻撃戦争論』（信山社，2000年）を参照した．同書は，1945年８月25日の鑑定書であり，政府が行なった戦争に対する企業家フリックの法的責任に関するものである．同書の第２章「ベルサイユ条約における戦争犯罪と戦争責任」，３章の「1919-1939年における攻撃戦争のインターナショナルな法的刑罰化の展開」が『大地のノモス』の第４章「戦争の意味変化」に対応している．

11　Ebenda, S. 23.

12　Ebenda, S. 16.

13　Ebenda, S. 37.

14　Ebenda, S. 81.

15　Jürgen Habermas, *Die Einbeziehung des Anderen,* Suhrkamp, 1996, S. 228. 邦訳は高野昌行訳『他者の受容』（法政大学出版局，2004年）．

16　C. Schmitt, *Glossarium: Aufzeichnungen der Jahre 1947-1951*（以下 *GL* と表記），Duncker & Humblot, 1991, S. 113.

17　Ebenda, S. 146.

18　Ebenda, S. 282.

19　Ebenda, S. 228. なおシュミットは，1989年８月21日の『グロッサリウム』では，「ジェノサイド，民族殺人（Völkermord）といった涙ぐましい概念を私は自らの身体で経験した．1945年，プロイセン－ドイツ官僚制度の根絶である」（S. 265）と述べている．この言葉についてベルント・リュータースは，アウシュヴィッツと一時的な年金支給の停止を同じ次元に置いているのではないかと疑問を呈し，

シュミットの病的な現実感覚や道徳観の喪失を示していると評している．Bernd Rüthers, “Klassikerworte im Umschwung der Epochen”, in: *Juristenzeitung,* 10, 1998, S. 500. シュミットの『グロッサリウム』を読む人は，リュータースと同じ見解を抱かざるをえない．また彼はこの中で，「まさに同化したユダヤ人が真の敵である．シオンの賢者の主張の偽りを証明することは無意味である」（S. 18）と述べ，「神が10万人のユダヤ人が殺害されたことを許された時に，神は同時にユダヤ人がドイツになした復讐を見た」（S. 45）と，驚くべきユダヤ人憎悪を吐露している．

20　C. Schmitt, *BP II,* S. 55.

21　シュミットが参加したミュンスターとエーブラッハの研究会については，Dirk van Laark, *Gespräche in der Sicherheit des Schweigens—Carl Schmitt in der politischen Geistesgeschichte der frühen Bundesrepublik,* Akademie Verlag, 1993, S. 192-208を参照.

22　Ebenda, S. 207.

23　大西芳雄氏の大日本帝国憲法における「国家緊急権」に対する解釈については，「国家緊急権の限界」（佐々木博士還暦記念論文集『憲法および行政法の諸問題』有斐閣，1938年）を参照．

24　シュミットとボン基本法との関係については，以下の文献を参考のこと．Hans Lietzmann, “Vater der Verfassungsväter? Carl Schmitt und die Verfassungsgründung in der Bundesrepublik Deutschland”, in: Klaus Hansen/Hans Lietzmann（Hrsg.）, *Carl Schmitt und die Liberalismuskritik,* 1988, S. 107-118; Reinhard Mußgnug, “Carl Schmitts verfassungsrechtliches Werk und sein Fortwirken im Staatsrecht der Bundesrepublik Deutschland”, in: H. Quaritsch（Hrsg.）, *Complexio Oppositorium,* S. 517-528; Ulrich K. Preuß, “Vater der Verfassungsväter? Carl Schmitts Verfassungslehre und die verfassungspolitische Diskussion der Gegenwart”, in: *Politisches Denken,* Jahrbuch 1993, S. 117-133; Dirk van Laak, *Gespräche in der Sicherheit des Schweigens—Carl Schmitt in der politischen Geistesgeschichte der frühen Bundesrepublik,* Akademische Verlag, 1993.

25　Dr. Haustein（C. Schmitt）, “Das Grundgesetz der Bundesrepublik Deutschland”, 1949/50. なお同年にシュミットは同じくHausteinの名で，“Grundfragen der Verfassung”, 1949を書いている．これらのシュミットの論稿は，Klaus Hansen/Hans Lietzmann（Hrsg.）, *Carl Schmitt und die Liveralismuskritik,* Opladen, 1989に収録されている．シュミットが偽名で書かざるをえなかった背景には，ナチスの桂冠法学者シュミットに対する当時のドイツ社会に対する強い批判があった．

26　Ebenda, S. 175.

27　Ebenda, S. 176.

28　Ebenda, S. 180.

29　H. Quaritsch（Hrsg.）, *Complexio Oppositorium,* 1988, S. 519. ムスヌークは，1963年にハイデルベルクのハンス・シュナイダーのところで学位を取得している．師のハンス・シュナイダーはシュミットのボン時代の弟子で終生シュミットに忠実であったヴェルナー・ヴェーバーの弟子であった．

30　C. Schmitt, *VA,* S. 347.

31 Ebenda, S. 27. なお「建設的不信任決議」に関しては，渡辺暁彦「ドイツにおける議院内閣制と政権の安定——基本法六七条のいわゆる「建設的不信任投票」制度に関する一考察」(『同志社法学』第52巻第２号，272号，2000年）を参照.

32 Ebenda, S. 347.

33 Ebenda, S. 548. 措置法律については，Ernst Forsthoff, “Über Maßnahme-Gesetze”, in: *Forschungen und Berichte aus dem öffentlichen Recht*, Isar Verlag, 1955, S. 221-336を参照のこと.

34 Mangolt-Klein, *Das Bonner Grundgesetz*, 2. Aufl. I, 1957, S. 83-90. 石川は，戦後におけるクラインの制度保障論はシュミットの制度保障論と似ても似つかないものと述べている．石川健治，前掲書，203-204頁.

35 C. Schmitt, *VA*, S. 173.

36 Ernst Forsthoff, “Die Umbildung Verfassungsgesetzes”, 1964, in; *Festschrift für Carl Schmitt*, Duncker & Humblot, 1989, S. 54.

37 C. Schmitt, *VA*, S. 105.

38 この２つの政党の禁止については，シュミットの最後の論稿を参照のこと．C. Schmitt, “Der legale Weltrevolution. Politischer Mehrwert als Prämie auf juristische Legalität und Superlegalität”, 1978, in: Günter Maschke（Hrsg.），*Frieden oder Pazifismus?—Arbeiten zum Völkerrecht und zur internationalen Politik 1924-1978*, Duncker & Humblot, 2005, S.932を参照．なおシュミットのこの論稿については，初宿正典，前掲書，135-150頁に詳細な紹介がある.

39 C. Schmitt, *VA*, S. 260.

40 Ebenda, S. 262.

41 第143条に関しては，高田敏・初宿正典編訳『ドイツ憲法集』第７版，308-309頁参照.

42 C. Schmitt, *VA*, S. 262.

43 Ebenda, S. 261.

44 この点に関して新田氏は，「1942年の『陸と海』や1943年の論文「ヨーロッパ法学の状況」の段階となると，具体的秩序の内容はドイツ的なものからヨーロッパ的なものへと重点を移し，ヨーロッパ的具体的秩序というかたちでヨーロッパに共通の法的思惟や精神の存在を強調することになる」と述べている．新田邦夫「カール・シュミットの基底に一貫するもの」(山梨大学教育学部研究報告，第44号，1993年)，69頁.

45 C. Schmitt, “Die Lage der europäischen Rechtswissenschaft”, in: *VA*, S. 411. 邦訳は初宿正典・吉田栄司訳『ヨーロッパ法学の状況』(成文堂，1987年).

46 Ebenda, S. 388. シュミットは，ヨーロッパ共同体の「共通法」ないし「真正のコモン・ロー」について語っている．Ebende, S. 390.

47 『大地のノモス』は1950年に刊行されたが，書かれたのは戦争の終わり頃であり，『陸と海』よりも早く書きはじめられたと思われる．この点については，Reinhard Mehring, *Pathetishes Denken*, Duncker & Humblot, 1989, S. 197を見よ.

48 C. Schmitt, *DRD*, S. 123.

49　C. Schmitt, *NE,* S. 36.
50　C. Schmitt, *ECS,* 1950, S. 11-12.
51　Ebenda, S. 75.
52　C. Schmitt, *NE,* S. 97.
53　Ebenda, S. 114.
54　Ebenda, S. 118. また彼は，家共同体（Hausgenossenschaft）という言葉を用いている．S. 211.
55　Ebenda, S. 137.
56　Gotthard Montesi, “Carl Schmitt redivivus”, in: *Wort und Wahrheit.* 6. jg., 1951, S. 221-4.
57　C. Schmitt, “Die Ordnung der Welt nach dem Zweiten Weltkrieg”, in: *SGN,* S. 605. シャンタル・ムフは，アメリカの一元的世界が正統なアゴーンの表出を否定するので，アメリカに対するグローバルなテロリズムが生み出されるとして，いくつかの「広域」から成る国際秩序を支持している．Chantal Mouffe, “Carl Schmitt's Warning on the Dangers of a Unipolar World”, in: *The International Political Thought of Carl Schmitt,* (edited) Louiza Odyssens and Fabio Petilto, Routledge, 2007, pp. 152-153.
58　C. Schmitt, *Die Tyrannei der Werte*（以下 *TW* と表記），3. Aufl., Duncker & Humblot, 2011, S. 24. 邦訳は，森田寛二『価値による専制』（長尾龍一編『カール・シュミット著作集II，1936-1970』慈学社出版，2007年）を参照した．
59　Ebenda, S. 21.
60　Ebenda, S. 39.
61　Ebenda, S. 9.
62　Karl Burkhard (Hrsg.), *Carl Schmitt und die Öffentlichkeit,* Duncker & Humblot, 2013, S. 29. メーリングは，シュミットの『価値の専制』は，スメントの精神科学的価値論的な基本権や憲法の解釈で憲法裁判所における裁判官の価値の執行に影響を与えたという意味で，スメントに対する対決の書と述べている．R. Melring, *Carl Schmitt,* S. 522. この点に関するスメントの見解はシュミットの『価値の専制』が書かれる前のスメントの論稿「連邦憲法裁判所」（1962年）に詳しい．R. Smend, “Das Bundesverfassungsgericht”, 1962, in; *Staatsrechtliche Abhandlungen,* Duncker & Humblot, 1968, S. 581-593.
63　C. Schmitt, *TW,* S. 79. ただシェーンベルガーは，シュミットの真意は，彼がワイマール時代に「隠れた政治的司法」としてその導入に激しく反対した，憲法裁判所に憲法の実質的な価値の解釈を委ねようとしなかった点にあることを付け加えている．S. 83.
64　Jan-Werner Müller, *A Dangerous Mind: Carl Schmitt in Post-War European Thought,* Yale University Press, 2003, p. 144. 邦訳は中道寿一訳『カール・シュミットの危険な精神』（ミネルヴァ書房，2011年）を参照．なおミュラーによれば，シュミットのパルチザン理論に影響を及ぼしたのは，旧西ドイツのジャーナリストの著書，Rolf Schtoers, *Der Partisan: Ein Beitrag zur politischen Anthropologie,* Kiepenheuer & Witsh, 1961である．ミュラーの書物は，シュミットのボン時代の思想と行動を知

るうえでは必読の書．なおシュミットのパルチザンに関しては，亀嶋庸一『20世紀政治思想の内部と外部』（岩波書店，2003年），13-47頁，ギル・アニジャール「法の外」（白井隆一郎編『カール・シュミットと現代』沖積舎，2005年），218-36頁を参照のこと．

65 C. Schmitt, *Theorie des Partisanen*（以下 *TP* と表記）, 2. Aufl., 1973, Duncker & Humblot, S. 17. 邦訳は，新田邦夫訳『パルチザンの理論』（ちくま学芸文庫，1995年）を参照した．

66 C. Schmitt, *TP,* S. 35-36.

67 シュミットとペーターゾンとの関係，ないしシュミットのペーターゾン批判については，古賀敬太『カール・シュミットとカトリシズム』（創文社，1999年）の第9章「二つの終末論——カール・シュミットとエリク・ペーターゾン」（399-455頁）参照．またペーターゾン研究の代表的書物として，Barbara Nichtweiß, *Erik Peterson*, 1992がある．

68 Barbara Nichtweiß, a. a. O., S. 741.

69 Ebenda, S. 42.

70 Erik Peterson, “Der Monotheismus als politisches Problem”, in: *Theologische Traktate,* S. 105.

71 E. Peterson, “Kaiser Augustus im Urteil des antiken Christentums”, in: Jacob Taubes (Hrsg.), *Religionstheorie und politische Theologie,* 1983, S. 174.

72 C. Schmitt, *PT II,* S. 16. またシュミットは，「政治的問題の一神教」について，「同書は，1933年に権力を掌握したナチス・ヒトラー政権の，国民生活の全面を支配しようとする全体主義的試みのもたらした危機状態のうちに成立したものである」（S. 236）と書いている．

73 C. Schmitt, *Politische Theologie II*（以下 *PT II* と表記）1970, S. 28, Duncker & Humblot, S. 22, 101. 邦訳は，新正幸・長尾龍一訳『政治神学Ⅱ』（『カール・シュミット著作集Ⅱ』）を参照した．

74 Ebenda, S. 22.

75 C. Schmitt, *ECS,* S. 70.

76 Ebenda, S. 89.

77 C. Schmitt, *VL,* S. 80.

78 C. Schmitt, *GL,* S. 23.

79 Ebenda, S. 80-81.

80 *RW* 265-3372. なお *RW* はラインラント・ヴェストファーレン州のデュッセルドルフにある中央文書館に保管されているシュミットの遺稿集の略称である．この分類目的については Laak, Dirk van Villinger, Ingeborg (Bearb.), *Nachlass Carl Schmitt, Verzeichnis des Bestandes im Nordrhein-Westfälischen Hauptstaatsarchiv*, Siegburg, 1993を参照．

81 *RW* 265-3390/3.

82 エッシュヴァイラーとバリオンのナチスと教会の一体化に関しては，古賀『カール・シュミットとカトリシズム』の第8章「カトリシズムとナチズム」（341-398

頁）を参照.

83　オーヴァーハイトとシュターペルに関しては，Heiner Faulenbach, *Ein Weg durch die Kirche: Heinrich Josef Oberheid,* Rheinland-Verlag, 1992を参照．シュミットとの関係も詳しく書かれている．また佐野誠，前掲書，257-271頁を参照.

84　Barbara Nichtweiß, a. a. O. S. 81.

85　C. Schmitt, *ECS,* S. 52-53.

86　長尾龍一編『危機の政治理論』（ダイヤモンド社所収），373頁.

87　シュミット自身はカテコーンを知ったのは1932年であると言っているが，実際にカテコーンという言葉が使用されているのは，戦後の書物においてである．この点については，Felix Grossheutschi, *Carl Schmitt und die Lehre vom Katechon,* Duncker & Humblot, 1996, S. 57, 58を参照．シュミットの『グロッサリウム』には，「カテコーン」についての言及で満ちている．例えば「私はカテコーンを信じる．カテコーンは私にとって，キリスト者として歴史を理解し，それを有意味なものとして発見する唯一の可能性である．……今日の神学者はそれを知らないし，知ろうともしない」（*GL,* S. 63）と述べている.

88　C. Schmitt, “Existentielle Geschichstschreibung: Alexis de Tocqueville”, in: *Universitas,* 5. Jg, Heft 10, 1950, S. 117.

89　C. Schmitt, “Drei Stufen historischer Sinngeburg”, in: *Universitas,* 5. Jg, Heft 8, 1950, S. 929.

90　C. Schmitt, *GL,* S. 131.

91　R. Mehring, *C. Schmitt,* S. 96.

92　C. Schmitt, *GL,* S. 165.

93　C. Schmitt, *Tagebücher IV,* S. 161.

94　J. Bendersky, *Carl Schmitt,* p. 285.

95　G. Schwab, *The Challenge of the Exception.* p. 42-43. 邦訳は，シュワーブ『例外の挑戦――カール・シュミットの政治思想1921-1936』（宮本・初宿・服部・片山訳，みすず書房，1980年）を参照.

96　Dirk van Laak, a, a, O., S. 175-6.

97　Michel Freund, “Die Not mit dem Notstandsgesetz”, in: *Frankfurter Allgemeine Zeitung,* Nr. 147 (30. Juni 1959).

98　Helmut Quaritsch (Hrsg.), *Complexio Oppositorium über Carl Schmitt,* Duncker & Humblot, 1988, S. 442.

99　Ebenda, S. 441.

100　Ebenda, S. 442.

101　Florian Meinel, “Diktatur der Besiegten?—Ein Fragment Carl Schmitts zur Notstandsverfassung der Bundesrepublik”, in: *Der Staat,* 52. Band, Heft 3, 2013, S. 455-472. マイネルの論稿を正確に紹介したものとして高田篤「カール・シュミットの緊急事態の論じ方を例に」（日独文化研究所年報『文明と哲学』第 8 号，2016年），155-165頁がある．高田氏の論稿の存在については渡辺暁彦氏から御教示頂いた.

102　カッツの発言を示すものとして，Rudolf Katz, “Staatsnotrecht ist vordringlich: Die

Lücke in unserem Grundgesetz / Das Gespenst des Artikels 48, in: *General-Anzeiger der Stadt Wuppertal*, 1959, S. 1-2を参照.

103 Florian Meinel, a. a. O., S. 472.

104 引用に際しては，高田敏・初宿正典編訳『ドイツ憲法集』（第7版），信山社，2016年を参照した．なおドイツの緊急事態法に関する文献としては，山内敏弘「西ドイツの国家緊急権」（『ジュリスト』701号，1979年），粕谷友介「西ドイツ緊急事態法の制定過程 I ～VI」（『上智法学』17巻1号～18巻3号，1973年）などを参照のこと．

105 Konrad Hesse, "Ausnahmezustand und Grundgesetz", in: *Die öffentliche Verwaltung*, Heft 24; "Grundfragen einer verfassungsmäßigen Normierung des Ausnahmezustandes", in: *JZ*, 15. Jahrgang, S. 105-108; *Grundzüge des Verfassungsrechts der Bundesrepublik Deutschland*, 1999, 20. Auflage.

106 K. Hesse, "Ausnahmezustand und Grundgesetz", S. 744.

107 Ebenda, S. 744.

108 Ebenda, S. 742.

109 Ebenda, S. 744.

110 Ebenda, S. 745.

111 Ebenda, S. 746.

112 Ebenda, S. 746.

113 Konrad Hesse, "Grundfragen einer verfassungsmäßigen Normierung des Ausnahmezustandes", S. 108.

114 Ebenda, S. 105. E. Forsthoff, "Ausnahmezustand", in: *HDSW* 1, 1958.

115 Ebenda, S. 107.

116 Ebenda, S. 105.

117 Konrad Hesse, *Grundzüge des Verfassungsrechts der Bundesrepublik Deutschland,* 20. Auflage, C. F. Müller, 1999, S. 302. 邦訳はコンラート・ヘッセ『ドイツ憲法の基本的特質』（初宿正典・赤坂幸一訳，成文堂，2006年）を参照した．

118 Ebenda, S. 316.

119 Ebenda, S. 288.

120 R. Mehring, *Carl Schmitt*, S. 516.

121 Ernst-Wolfgang Böckenförde, "Der verdrängte Ausnahmezustand, zum Handeln der Staatsgewalt in außergewöhnlichen Lage", in: *NJW,* Heft 38, 31. Jahrgang, 20, September 1978, S. 1881-1891. なおベッケンフェルデの緊急権理論に関しては，水島朝穂『現代軍事法制の研究――脱軍事化への道程』（日本評論社，1995年）の第4章第3節の「E・W・ベッケンフェルデの非常事態規定モデル」（253-284頁）を参照のこと．

122 Ebenda, S. 1881.

123 Ebenda, S. 1883-4.

124 Ebenda, S. 1886. ベッケンフェルデにおけるシュミットの緊急権理論の継承については，Dirk Blasius, "Preußischer Bindungen. Carl Schmitts „Ausnahmezustand“ in

verfassungsgeschichtlicher Perspektive", in: Rüdiger Voigt (Hrsg.), *Ausnahmezustand,* Nomos, 2013, S. 115-116を参照のこと．この論稿でブラシウスは，シュミットの「非常事態」における強調点が1917年の「独裁と戒厳状態」では緊張権を法治国家的に縛ることにあったのに対して，『憲法論』においては緊急権の積極的な行使へと移行していると述べている（S. 120）.

125 Andreas Anter/Verena Frick, "Der verdrängte Carl Schmitt, Ernst-Wolfgang Böckenfördes Diagnostik des Ausnahmezustandes", in: Rüdiger Voigt (Hrsg.), a. a. O., S. 129.

126 Ernst-Wolfgang Böckenförde, "Rechtsstaat und Ausnahmerecht. Eine Erwiderung", 1980, in: *Zeitschrift für Parlamentsfragen* 11, S. 591-595.

127 Lübbe-Wolf Gertrude, "Rechtstaat und Ausnahmerecht. Zur Diskussion über die Reichweite des §34 StGB und über die Notwendigkeit einer verfassungsrechtlichen Regelung des Ausnahmezustandes", in: *Zeitschrift für Parlamentsfragen* 11, S. 110-125.

128 Ernst-Wolfgang Böckenförde, a. a. O., S. 595.

129 Ernst-Wolfgang Böckenförde, "Ausnahmerecht und demokratischer Rechtsstaat", in: Hans Jochen Vogel, Helmut Simon und Adalbert Podlech (Hrsg.), *Die Freiheit des Anderen—Festschrift für Martin Hirsch,* Nomos, 1981, S. 261.

130 Ebenda, S. 261.

131 Ebenda, S. 266-272.

132 エルンスト＝ヴォルフガング・ベッケンフェルデ『現代国家と憲法・自由・民主制』（初宿正典編訳，風行社，1999年），52頁.

終わりに

1 Volker Neumann, *Carl Schmitt als Jurist*, Mohr Siebeck, 2015, S. 1. なおペーター・シュナイダーの著作は，Peter Schneider, *Ausnahmezustand und Norm: eine Studie zur Rechtslehre von Carl Schmitt*, 1957.

2 C. Schmitt, *G*, S. 168. メーリングはシュミットの自己愛的病理性とボーダー（境界パーソナリティ障害）的特質を指摘している（R. Mehring, *Kriegstechniker des Begriffs*, S. 5）．まさにシュミットは時代の「例外状態」のみならず，彼自身の中に「例外状態」を抱えていたのである．しかしそうした彼の自己分裂的性質が一方において彼の行動や選択に暗い影を落とすと同様に，他方において他の国法学者の視点やパラダイムを超えた独自の理論や立場を生み出したことも事実なのである．

3 C. Schmitt, *RK*, S. 12-13. なおシュミットは，「複合性（complexio）と両極性（Polarität）の対立は，両極性を知っている精神的状態から生まれる」と述べている（*Tagebücher III*, S. 398）.

4 この点に関しては，Ernst Rudolf Huber, "Positionen und Begriffe—Eine

Auseinandersetzung mit Carl Schmitt", in: Ewald Grothe (Hrsg.), *Carl Schmitt-Ernst Rudolf Huber 1926-1981*, Duncker & Humblot, 2014, S. 451-453を参照.

5 C. Schmitt, *BP II*, S. 31.

6 Kurt Sontheimer, Carl Schmitt: der Macht näher als dem Recht, in: *Die Zeit*, Nr. 17, vom 19. April, 1985.